中国近代社会史研究集刊（第九辑）

中国社会科学院近代史研究所社会史研究中心主办

地方文献、区域社会与国家治理

周东华　赵晓阳　主编

中国社会科学出版社

图书在版编目（CIP）数据

地方文献、区域社会与国家治理／周东华，赵晓阳主编 . —北京：中国社会科学出版社，2020.8

ISBN 978 – 7 – 5203 – 6674 – 8

Ⅰ.①地…　Ⅱ.①周…②赵…　Ⅲ.①社会史—研究—中国—近代　Ⅳ.①K250.7

中国版本图书馆 CIP 数据核字（2020）第 104605 号

出 版 人	赵剑英
责任编辑	吴丽平
责任校对	杨　林
责任印制	李寡寡

出　　版	中国社会科学出版社
社　　址	北京鼓楼西大街甲 158 号
邮　　编	100720
网　　址	http://www.csspw.cn
发 行 部	010 – 84083685
门 市 部	010 – 84029450
经　　销	新华书店及其他书店

印　　刷	北京君升印刷有限公司
装　　订	廊坊市广阳区广增装订厂
版　　次	2020 年 8 月第 1 版
印　　次	2020 年 8 月第 1 次印刷

开　　本	710 × 1000　1/16
印　　张	25
插　　页	2
字　　数	360 千字
定　　价	119.00 元

凡购买中国社会科学出版社图书，如有质量问题请与本社营销中心联系调换
电话：010 – 84083683

编辑委员会

目　　录

序 ·· 李长莉（ 1 ）

一　学术回顾

三十年来中国近代社会史研究范式转换 ·············· 李长莉（ 3 ）

中国社会史研究四十年 ····························· 常建华（25）

二　地方治理与区域社会

民国时期城市寺庙管理及其困境
　　——以北平社会局对安化寺纠纷的
　　　监管为例 ·································· 郑秀娟（45）

从"民间机制"到"官方体制"：清及民国时期
　　江西的"义图" ····························· 李平亮（60）

妥协与对抗：清代以来洞庭湖区的渍涝灾害及其
　　因应之道 ·································· 刘志刚（78）

1933—1937年间华北白银走私与中国各方应对
　　探析 ······································ 肖红松（97）

底层政治：民国北平东岳庙道士的日常生活与社会
　　治理 ······································ 李俊领（122）

上海工部局早期市政权的建立与扩展
　　（1854—1863） ··························· 郭淇斌（138）

1

"教养兼施"的实践、成效与困境：民国浙江

　　救济院研究（1928—1937）……………… 黄鸿山（158）

出仕、保证与同乡：明清同乡京官印结 ………… 唐仕春（176）

授之以渔：土山湾孤儿院与近代上海孤儿救济 …… 徐华博（212）

三　新观念与社会演变

晚清科举改革和书店的应对之道 ………… 八百谷晃义（229）

发现"青年期"：20 世纪二三十年代青年问题

　　调查的兴起………………………………… 王　康（246）

从个人经历到公众记忆：作为全球史的近代

社会史书写

　　　　——以 20 世纪前西方人对"杭州"的

　　　　　描述为例 ………………………… 周东华（262）

以场域理论视角反思近代中国新闻业 …………… 王　毅（283）

早期宗教传统与实践 ……………………… 宗亦耘（300）

四　传统社会与革命新生

绅士的分裂：咸同之际山东乡绅刘德培的抗官

之路……………………………………… 崔　岷（321）

知识青年奔赴延安：一项战时交通社会史的考察

（1937—1945）……………… 汪效驷　李　飞（337）

国民党训政时期的区乡公所与自治行政

　　　　——以广东为中心………………… 黄珍德（356）

张啸林建议蒋介石开征遗产税考析 ……………… 雷家琼（375）

序

李长莉

2017 年 8 月 21—22 日，由中国社会史学会近代社会史专业委员会主办，中国社会科学院近代史研究所社会史研究中心与杭州师范大学民国浙江史研究中心承办的"地方文献、区域社会与国家治理暨第七届中国近代社会史国际学术研讨会"在杭州西子湖畔举办，参加会议的有来自中国大陆和中国台湾各高校及研究机构的学者，来自美国、日本、澳大利亚等地的海外学者，共计 120 余人，115 位学者提交并发表了论文，可谓中国近代社会史学科的又一次盛会。

"中国近代社会史国际学术研讨会"自 2005 年首次举办，此后每两年举办一届，形成系列年会。历次会议的主题大致依据当时学科研究的某一重点领域及承办单位的研究重心而确定，也在一定程度上反映了学科研究重心的趋向变化。此前六次会议主题依次为：近代中国的城市·乡村·民间文化；晚清以降的经济与社会；近代中国社会控制与社会流动；近代中国的社会保障与区域社会；社会文化与近代中国社会转型；华北城乡与近代区域社会。这些主题从初期比较宏观、笼统，到后来逐渐趋向更为集中的专题，如社会控制、社会保障、社会文化史及区域社会。本次会议主题为"地方文献、区域社会与国家治理"，一方面延续了"区域社会"这一近年来学科研究的重心，另一方面又提出了一个新的概念："国家治理"，这个新概念也确实是本次会议的一个中心词。

会议提交的百余篇论文涉及内容非常广泛，周东华教授领导的会务组汇总归纳为21个论题，按这些论题分成小组进行发表与讨论。这些论题多为某一专题领域，如：地方档案文献、人物与地方社会、市政与公共领域、水利与乡村、社会救济、基督教的社会事业、日常生活、性别史、教育、概念史等，而在这些列出论题中出现频次最高、最为集中的一个词即是"治理"，如下述论题：

1. 近代中国的政府治理；2. 近代中国的财政与治理；3. 近代早期的文化与治理；4. 近代中国的都市治理；5. 近代中国的基层治理；6. 中国共产党领导下的地方社会治理；7. 近代中国的边疆治理。

上述涉及"治理"的7个论题，占论题总数的三分之一，"治理"一词这种高频度出现，为以往会议所没有，这个新核心词与关键词的出现，既反映了设计本次会议主题时大家认可的当下研究重心，也反映了会议提交论文的一种不约而同的趋向，实则反映了中国近代社会史研究重心和研究范式的转移，是学科发展的一个新动向。

中国近代社会史研究自20世纪80年代中期兴起，迄今已经三十余年，研究重心及研究范式历经变化。研究重心从前期集中在社会结构、社会性质、社会组织、社会关系等宏观问题，以及秘密社会、吸禁鸦片、教案、女性解放、移风易俗等由政治延伸出的专题研究，逐渐转向民间社会、城市、乡村、区域社会、灾荒救济、生活史、性别史等民间社会及民生层面问题，反映了研究视角从上层移向下层，关注重心由政治转向社会问题本位。研究范式也从早期的"现代化范式"，向"本土现代性范式""国家与社会范式"及近年来的"社会治理范式"转换，"社会治理"成为越来越多社会史研究者的问题起点和分析框架。这一研究范式对一些老研究领域开辟了新的研究方向和解释理路，也超越了此前分析范式的直线进化论、二元价值论等局限，将中国近代社会史研究推向深入。关于研究范式转换的问题，正是笔者提交会议并被选入本书中论文的主题。

会后我们依照历次年会的惯例，编选一些论文汇集成册，刊为

"中国近代社会史研究辑刊"第九辑，为本次会议留下了集体探索的印迹，并与此前系列辑刊连接为记录学科的探索历程。但由于篇幅所限，只能选取与会议主题比较相近的论文，仅从这些论文中也可看出，多篇论文的内容也都涉及社会治理问题。这里选的论文只占参会论文的五分之一，读者仅可作为了解会议论文情况的一个窗口，借此一窥中国近代社会史研究的新成果和新趋向。

中国社会科学院近代史研究所社会史研究室主任赵晓阳与杭州师范大学历史系主任周东华两位教授主持筹办了本次会议，并编选了这本论集，感谢他们付出的心血。感谢被收录论文的各位作者，为读者提供了他们的最新成果。也感谢参加本次会议的海内外同行同人，从年逾八旬的资深前辈，到二三十岁的青年才俊，老中青三代学人同聚一堂，借助这个会议平台，相互结识，彼此交流，思想碰撞，学术交锋，结交学友，获取新知，凡此种种，都会在每个人学术年轮中留下印纹，学术流脉也借此而传承与发展。笔者作为亲历社会史兴起、带领团队搭建起这一年会平台的"老一代"，对此有切身感受，学科学术的发展及个人学业的进步，就是这样靠一代代学人的共同努力、相互交流、彼此激励，相信借年会及论集形成的学术纽带，成为承接中国近代社会史学术事业继往开来、不断发展的津梁。

是为序。

2019 年 6 月 12 日于北京

一
学术回顾

三十年来中国近代社会史
研究范式转换

李长莉

（中国社会科学院近代史研究所）

前　言

　　自 20 世纪 80 年代中期中国近代社会史复兴，迄今已经走过了三十年。中国近代社会史已经发展成为一门成熟学科，初步统计三十年来发表论文总量达 5000 篇，出版著作约千部，近年年均发表论文约 500 篇、出版论著近百部，且以递增速度增长，同时研究领域的广度和深度不断扩展，研究方法多有创新，可谓发展迅速、成绩斐然。① 社会史学科的主旨，是通过考察历史上普遍而具体的社会现象，探究社会的内在结构、演变机制及发展趋向，提出对社会历史变迁本质的解释与认知，为今人提供认识人类境遇及未来走向的经验性启示与理论。从这一学科目标着眼，审视当前的研究状况，还存在一些不足与缺陷，集中表现为三点：一是许多成果停留在还原历史的基础性研究，缺乏对社会变迁本质性问题的解释；二是许多成果为旧论题与旧框架下的同质性、重复性研究，缺乏实质性的深入开拓与突破；三是面对当今中国社会急剧转型过程中出现的种种现实课题，缺乏有效回应的理论成果，对于西方经验与理论

---

　　① 笔者曾对三十年发展概况及研究方法作过综评，参看《中国近代社会史研究三十年发展趋势与瓶颈》（《南京社会科学》2017 年第 1 期）、《近三十年中国社会史研究方法的探索》（《南京社会科学》2015 年第 1 期）。

已无力解释的"中国道路"这一当今世界学术界的理论之谜,中国社会史作为以研究本土经验为主旨的学科,尚没有提出被理论界广泛认可的本土解释理论。这些缺陷造成的直接后果是,本学科许多研究成果的知识交流仅限于狭窄的专业或专题范围之内,难以进入普遍性知识和公共理论交流平台,更难以进入理论创新的主流之中,这种状况形成制约学科价值提升的瓶颈。

如何寻求学科进一步发展的突破?从"研究范式"层面进行反省及开拓应是一个有效途径。本文所谓"研究范式"(或称"理论分析框架"),指在史学研究实践中,基于某种核心理论而形成的带有一定趋向性和导向性的研究路径、中心问题、认知范畴及分析框架,且形成一定的规模性影响。回顾中国近代社会史三十年来的研究实践,相继形成了"现代化""本土现代性""社会与国家""社会治理"等影响比较大的"研究范式",在不同阶段形成广受关注的热点,产生一定的导向性和规模性影响,成为许多研究成果或显或隐的主导路向和特征。对于这几个"研究范式"的相关内容,以往一些学术综述中也有所涉及,但有的并非从"研究范式"或"理论框架"这一宏观层面作考察,有的只是对某个研究范式的专题评述,尚未见将三十年间这些"研究范式"联系起来作总体考察、集中梳理及转换逻辑的反省。本文即从此点作一探讨,并对研究范式的进一步发展作一展望。

一 "现代化"范式

1949 年后的 30 年间,中国近代史以政治史为中心的"革命史范式"为主导,改革开放后思想解放,国家发展重心由阶级斗争转向以发展经济为中心的现代化建设,促使人们开始反省中国现代化为何没有成功?史学研究者也开始抛弃"革命史范式"的认识框架,从反省现代化的视角重新审视中国近代发展历程。1986 年举办了第一届中国社会史学术研讨会,提倡研究作为中国现代化基础和土壤的社会史,以求探索中国社会与现代化的关系,由此标志着社会史研究开始复兴。从这个意义上来说，社会史研究就是从反省现代化起步，且成为社会史复兴时期的主题。这样一种以现代化变迁为主线的社会史书写和解释模式，后被学界称为"现代化范式"。社会史由于直接从"现代化范式"起步，较少受"革命史范式"旧有模式的束缚，加之研究视角和理论方法的创新，使社会史研究呈现出不同于以往史学的新面貌。

以"现代化范式"研究中国近代社会史主要表现为以下理路：以西方现代化为标准及中国近代社会发展目标，按照现代化元素和模型，对照查找中国近代社会的对应元素及发展状况。在这种解释框架下，中国近代社会即是由中国传统农业社会向西方式现代工业化社会转变的过程，而这种转变的速度之慢、范围之小、道路曲折、不全面、不彻底等即是中国现代化不成功的原因。在社会史复兴初期，研究者在"现代化范式"主导下，对于中国近代社会状况、传统与现代化的关系、现代化的曲折与不成功、与西方现代化相比的缺失等展开研究，推出了一批不同于"革命史范式"而令人耳目一新的研究成果，开启了中国近代社会史研究的新方向，奠定了中国近代社会史研究的基础。对于这一研究状况，迄今已有不少评述，尤以乔志强和行龙在1998年撰文所作阐述比较集中与全面，文中对中国社会近代化变迁的过程、特征和阶段分别作了概括。①

"现代化范式"在20世纪80—90年代社会史复兴时期是主流解释理论，为中国近代社会史学科奠定了基础，并推动学科有了初期发展，其价值主要体现为以下三点。

一是研究重心"回归社会"。将中国近代社会发展目标确立为现代化，取代政治革命为核心价值，并由此反省探索中西比较下中国社会现代化变迁的缺陷、障碍与艰难曲折。使研究重心由以往政治斗争、革命运动转向社会本身，重点研究社会结构、社会阶层、社会状况等各社会要素的现代化程度及与现代化变革的关系。

二是研究视角"眼光下移"。鉴于现代化是社会全面、整体性

---

① 乔志强、行龙：《中国近代社会史研究中的几个问题》，《史林》1998年第3期。

变革，因而将研究领域扩展到社会各个方面，研究视角和关注重心由以往集中在上层精英阶层，转向社会与民众，使研究领域大大扩展。

三是理论方法更新。在"实证"这一史学基本方法基础上，借鉴社会学、人类学、政治学等社会科学理论方法，提高了历史分析力与解释力，使历史研究得到理论方法上的提升。重视理论反省与方法更新，也成为社会史不同于以往史学的一个学科特征。

在"现代化范式"研究实践经过一段时间发展后，显现出一些缺陷，对此已有学界的反省与共识，归纳起来主要有三：一是"西方中心"的一元现代化论，以西方模式生搬硬套中国社会，而忽视中国社会发展的本土特性和内在逻辑；二是用传统向现代的单线性、目的论概括中国近代社会变迁过程，过于简单化，而忽视了社会变迁的丰富性与复杂性；三是以"传统—现代""中国—西方""落后—进步"的二元对立价值论划分及评判社会现象，失之于概念化。由此，学界开始力求克服这些缺陷，寻求超越"现代化范式"的新突破。

二 "本土现代性"范式

进入 20 世纪 90 年代后，一些研究者在反省现代化范式缺陷基础上，力求立足中国本土社会，挖掘中国社会自身内在与现代化相关因素，而逐渐形成新的研究范式——"本土现代性范式"。

这一范式转向，既有社会史学术深化的内在动力，也与中国的现实发展有关，还有国际思潮影响的背景。80 年代以后，西方反省现代化的后现代思潮兴起，"西方中心观"的现代化单一模式受到质疑，出现多元文化观基础上的"现代性理论"。这种多元现代化理论的一个现实例证，就是中国经济高速增长，社会快速转型，越来越多的中外人士认为，中国走上一条不同于西方而有自身特色的现代化发展道路，并取得了举世瞩目的成就。由此引发了中外人士对"西方中心观"下以西方模式为唯一模板的"现代化范式"

解释中国近代以来历史的质疑，美国研究中国历史的学者开始出现由"西方中心观"向"中国中心观"转向。[1]

进入 90 年代后，在中国社会变革的大环境下，国内社会史研究者对历史的思考也在加深。在反省现代化思潮影响及学术内在反省的双重作用下，一些学者开始对"西方中心"的"现代化范式"进行反省与矫正，在研究实践中转向立足本土考察中国近代社会本身的状况，研究本土社会文化资源与近代化社会变迁的关系，注重探索传统与现代的连续性，以寻求中国社会现代化经验的地方性与普遍性的统一。这种立足中国本土探索中国社会现代化变迁的理论框架，可称为"本土现代性范式"。其主要理路，是以世界现代化的一些普遍特征，如工业化、市场化、城市化、政治民主化、文化世俗化、观念理性化等为基本指标，从中国本土探索其内在社会文化资源，以及由此形成的中国特色现代化道路。其主要认识思路，是注意传统与现代的连续性，注重传统内在与现代化元素相契合或能够发生创造性转化的元素及形式。

"本土现代性范式"在具体研究实践中，主要特征是由宏观渐入微观，由笼统走向具体，出现两个新兴的研究路向。

一是区域史的兴起，即以一定地域范围的地方性社会状况及社会各元素之间的关系为研究对象，考察地方社会结构、关系网络、制度运作等。一般以行政区划、自然环境、文化传统等形成的具有某种共同性的区域为研究单位。区域史研究在 20 世纪 90 年代中期兴起，形成研究热点，这从每两年一次的中国社会史年会的主题中便可以反映出来。1994 年第五届会议主题为"地域社会与传统中国"；1996 年第六届会议议题之一是"区域社会比较研究"；1998 年第七届会议主题为"家庭、社区、大众心态变迁"；2002 年第九届会议主题为"国家、地方民众互动与社会变迁"。区域史研究成为长期兴旺发展的一个重要领域，对此已有学者作过综述。[2]

---

① ［美］柯文：《在中国发现历史》，林同奇译，中华书局 1989 年版。
② 行龙：《二十年中国近代社会史研究之反思》，《近代史研究》2006 年第 1 期。

　　二是微观史、个案研究的兴起。研究者关注的重心从宏观建构向微观研究转向，表现为研究论题由宏大叙事转向个案研究。越来越多的研究者开始选取具有一定代表性和典型性的个案，如某个城市、村庄、团体、家族、个人、事件、现象、载体等，进行具体、深入、细致的考察与剖析，或称为"深描"，以求探索其特殊性与普遍性的特点。①

　　区域史和微观史研究在 20 世纪 90 年代兴起后，逐渐成为普遍流行的研究路向，反映了"本土现代性范式"的研究取向。这一新研究范式是对"现代化范式"反省基础上的深化与超越，体现了研究重心回归本土，立足于中国本土社会实际进行研究，注意发掘本土传统与现代化的连续性，探索地方经验。许多成果虽然仍然在普遍现代性的价值框架下来评述中国近代社会变迁，但不再停留在贴着现代化标签的空泛、西化的概念上，而是回归到本土实际，也不再是用西方现代化标签来概括中国社会元素，而是直接呈现中国社会本真面貌，还原中国社会实态。研究方法趋向微观化、具体化，力求深入、细致地观察中国社会内部的各个方面，甚至日常生活的细枝末节。

　　但随着研究成果的积累，研究领域的拓展，"本土现代性"研究范式也显现出一些缺陷，主要集中在三点。一是这些区域史或微观研究的重心虽然回归中国、立足本土，但隐含的现代性价值标准仍然是西方现代化模式，是一种"隐性的西方中心"，没有提出本土内在的理论解释；二是往往偏重"深描"、还原具体史实，而缺少宏观观照和理论分析，有"平面化"之弊；三是有些个案研究过于细碎、零散，缺少整体性观照与普遍联系，因而缺乏普遍性价值，呈现"碎片化"。《近代史研究》2012 年第 4、5 期开辟"中国近代史研究中的'碎片化'问题笔谈"专栏，多位学者对社会史研究中的"碎片化"问题作了分析反省，提倡应将微观研究与宏观研究相结合。

---

　　① 关于微观史与个案研究，笔者曾在《近三十年中国社会史研究方法的探索》（《南京社会科学》2015 年第 1 期）一文中作过讨论。

三 "社会与国家"范式

到 20 世纪 90 年代中期，在反省"本土现代性范式"的缺陷、探索新的研究路向时，西方政治社会学"市民社会""公共领域"理论被引入中国近代社会史研究领域，形成"社会与国家"研究范式。这一理论将基于个人权利的"市民社会"（"公民社会"）视为现代化的重要元素，研究基于公共权力的国家干预与基于个人权利的社会自治之间的互动关系。90 年代以后，伴随中国社会从计划经济转向市场经济，国家与社会之间的关系出现诸多新的问题，引起人们关注，这一理论遂被引入国内，成为理论界讨论的热点。由于这一现实问题与中国近代社会变迁有一定的延续与同构关系，因而也被中国近代社会史学者借鉴引用。"社会与国家"理论框架实际上是"本土现代性范式"的深化，意在探讨作为社会现代化重要标志的"市民社会"（亦称"公民社会"）在中国近代是否形成，以及影响现代化进程的两大因素——国家与社会之间如何互动及效应怎样，这其实也是回答中国本土现代性如何实现的问题。

中国近代社会史运用"社会与国家"理论的研究，主要集中在市民社会、公共领域、国家与社会互动等论题，主要研究领域是城市史、区域社会史、社会生活、民间组织、救灾慈善、法律等。自20 世纪 90 年代中期以后，越来越多的研究者借鉴这一理论来考察分析中国近代社会变迁的相关问题，如研究近代城市形成的商业、社区、公园、娱乐场所等"公共空间"，研究行会、商会、学会、民间组织等"公共领域"，研究公共交通、公共卫生、慈善等"公共事业"，研究城市商业生活及大众娱乐生活的"公共生活"，研究报刊、集会、演讲等"公共舆论"等等。这些因研究对象的差异而出现的"公共空间""公共生活""公共事业""公共舆论"等概念，都是运用"社会与国家"理论作为研究框架，逐渐成为中国近代社会史领域的一个流行理论。这些概念虽然仍然具有作为政治社会学意义的"公共领域"的基本含义，但在多数研究者的具体使用中，已经更加贴近中国本土历史的实际状况，并力求探索中国近代史上民间社会各种"公共性"的具体形态及特性。虽然研究者对中国近代社会的公共领域、公共空间、市民社会等具体内涵的认知和界定有所不同，但"公共领域"理论被越来越多的研究者运用，表明这些学者认为运用这一理论认识和分析中国近代社会具有一定的有效性。作为践行这一理论的代表性学者朱英于 2006 年发表《近代中国的"社会与国家"：研究回顾与思考》① 一文，对这一理论的研究状况作了比较全面深入的总结和评述。文中还对一些批评观点作了辨析，如有批评认为市民社会理论带有"西方中心"价值取向，不适合作为分析近代中国社会的理论工具；还有批评指出运用这一理论的研究仅限于大城市市民的"中产阶级公共领域"，而无法揭示中国广大农村地区错综复杂的国家与社会的关系。这些批评指出了"社会与国家"研究范式经过了早期发展，尚有待完善与深入拓展的方向。

从研究范式转换的角度来看，"社会与国家"理论对"本土现代性"范式下研究平面化、碎片化倾向有所矫正，注意探讨国家与社会的联系与互动，不同社会力量之间的权力关系，对近代社会状况及其变迁提出了理论层面的解释，使中国近代社会的研究达到一定的理论高度。对中国社会的公共领域、民间力量的研究，实则是对本土现代性的深化，是挖掘现代性的本土基础和资源，探索本土现代性的实际状况、社会力量及具体形态。社会与国家的关系，揭示了中国近代社会中蕴藏着的现代性内在元素及能动性，这种研究方向指向了探索中国道路的内在特性。因此，这一理论至今仍然是中国近代社会史领域中被广泛运用的一个热门理论。

---

① 朱英：《近代中国的"社会与国家"：研究回顾与思考》，《江苏社会科学》2006年第 4 期。文中用的是"社会与国家"，大概意在突出以社会为重心的学科视角。除此文外还有其他相关综述文章，如张志东：《中国学者关于近代中国市民社会问题的研究：现状与思考》，《近代史研究》1998 年第 2 期；徐松如、潘同、徐宁：《关于国家、民众、地方相互关系的理论与研究概述》，《上海师范大学学报》2002 年第 6 期；邓京力：《"国家与社会"分析框架在中国史领域的应用》，《史学月刊》2004 年第 12 期；闵杰：《近代中国市民社会研究 10 年回顾》，《史林》2005 年第 1 期。

四 "社会治理"范式

在"社会与国家"理论框架下，深入思考社会与国家的权力互动关系，最终指向的是社会效果。而如果从社会效果着眼观察的话，则不只是国家与社会的权力关系发生作用，而是还有其他多种因素参与下综合作用的结果。考察何种因素参与社会、以怎样的方式综合发生作用，以及形成了怎样的社会效果，由此探索如何取得最佳的社会效果，形成良治社会，概括这一过程的一个理论概念就是"社会治理"。

"社会治理"也是一个政治社会学概念，是在多元现代性观念基础上，深入探索不同社会良性发展的理论路向。进入 21 世纪以后，中国经济和社会急剧转型引起社会结构及利益格局变动，社会矛盾增多，社会问题丛生，对政府治理能力形成严峻挑战。如何调整改善治理方式进行有效的社会治理，以保障国家稳定与发展，成为社会学、政治学及理论界关注的问题，一些相关的西方理论也被介绍进来，直至 2013 年，"国家治理体系和治理能力的现代化"被确立为国家深化改革的总目标。理论界及现实中"社会治理"问题的凸显，也引起中国近代社会史研究者的关注。大致从 2005 年以后，一些研究者开始从"社会治理"视角选择切入点，将"社会治理""社会管理""社会控制""社会秩序"等相关系列概念作为研究论题或中心问题，形成以"社会治理"为中心的新理论框架和研究范式。

近十年来，从"社会治理"视角研究中国近代社会史的成果逐渐增多，渐成规模，开始形成引起关注的新研究路向。2016 年黄超《近二十年来国内近代中国社会治理研究发展概述》[①] 一文，从社会治理模式研究、人物治理思想研究、制度治理变化三个方面，对近代中国社会治理的研究成果作了综述。但其选择研究成果范围

---

① 《现代交际》2016 年第 10 期。

比较宽泛，对"社会治理"的界定也比较简略，从社会史学科角度的总结评述还不够清晰与全面。由于"社会治理"范式的研究是近十年来新兴的趋向，对其研究成果还缺乏比较全面、清晰的清理与评述，故本文稍作详述。

研究论著的论题，集中反映其研究的中心问题，笔者利用多个期刊、书籍、网络数据库，以"社会治理""管理""控制""秩序"等关键词检索中国近代史论著，搜到标题中有这些关键词的论著有几十篇（部），多为2005年以后出现的成果，尤以近年比较集中，而在20世纪90年代以前几乎没有，反映了"社会治理"研究是近十年来兴起的新趋向。此外还有更多成果虽然标题中没有这些关键词，但实际内容属于这一范畴或与此相关，这类成果数量更多，难以统计。下面以检索标题中有这些关键词的研究成果为主体作一梳理与分析，应能反映"社会治理"研究的主流状况。综观这些研究成果，比较集中在乡村治理、城市治理、治理制度、社会问题治理几个领域，下面分别简要评述。

（一）乡村治理

中国近代社会以农村为主体，八成以上人口在农村，县治下的乡村是中国的基层社会，也是社会结构的基盘。在以往"现代化"范式下，注重代表现代化标志、走在现代化前头的城市。后来寻求"本土现代性"对此有所矫正，回归本土与乡村，有了区域与乡村研究的兴起。"社会与国家"理论关注重心又回到城市。但要追究国家与社会力量对中国社会整体发生作用的实际效果，又必须首先回到中国社会的主体——乡村，覆盖绝大多数人口的广大农村，才是检验社会治理效能的主要承载体。考察中国近代国家治理、社会自治，也必须从中国社会的主体——乡村开始，因为这里是中国本土传统社会治理的原生形态，是社会治理近代化变革的基础和基点，也是决定社会治理成效的主体领域。因此，"乡村治理"受到研究者的集中关注。

中国近代乡村治理模式变迁过程中，既有传统的延续，也有近代的变革，体现为来自上方的国家权力与乡村内在力量的交互作用，这是乡村治理变迁的主轴，也是研究的一个重心。有一些从长时段、宏观史角度对中国近代以来乡村治理问题的研究，如张健《中国社会历史变迁中的乡村治理研究》一书，以国家治权、乡村精英和农民三种乡村力量为分析框架，考察了从中国古代至改革开放各时代，国家在乡村的权力配置方式、乡村精英的权威基础以及农民的行动逻辑对乡村社会政治稳定和经济的影响，对于传统与近代乡村治理模式与绩效分别作了分析。① 还有马欣荣《中国近现代乡村治理结构研究》的专论②，也从近代以来至改革开放的长时段考察，围绕"政治"和民间"自治"两种主要力量的相互控制和利用，以乡村治理组织各主体的转变为线索展开分析，认为乡村治理的总体发展趋势是：政府从弱小逐渐走向强大，农民自治组织与经济联合体不断增强，宗族组织由强转弱，乡村精英组织从传统的单一乡绅知识精英发展到多种形式的新乡村精英。此外还有对乡村治理模式历史演变的研究，③ 对近代农村基层社会治理体制变化的研究等。④

　　更多成果是对某一具体历史时期或具体个案的比较深入的专题研究。如任吉东《多元性与一体化：近代华北乡村社会治理》一书，通过对近代河北宝坻县和获鹿县的乡村治理进行深入研究及比较，探讨了传统乡村社会治理向近代转型起点的原型状态。指出近代国家政权建设对乡村的改造出现一体化趋势，但在国家一体化行政体系完成后，乡村治理由于乡村内生秩序不同而呈现多元性形态。这一研究揭示了近代华北乡村治理多元性内核与一体化模式并

---

① 张健：《中国社会历史变迁中的乡村治理研究》，中国农业出版社 2012 年版。
② 博士学位论文，西北农林科技大学，2012 年。
③ 汪荣：《我国乡村治理模式的历史演进及其发展路径浅探》，《理论月刊》2013 年第 7 期。
④ 明琪：《近代农村基层社会治理的发展——我国农村基层社会治理体制的比较研究之二》，《乡镇论坛》2014 年第 10 期。

存并行的实态。① 任吉东还对近代获鹿县新式学堂与乡村治理的关系作了个案分析。② 刘琼从传统的接续与现代性的生发角度对英租威海卫乡村治理作了个案研究。③

在近代中国各种政治力量中，中共对乡村治理最为重视并取得较大成效，且影响深远，因此受到研究者关注。抗日战争时期中共在一些根据地进行土地改革及乡村改革，是中共农村政策及乡村治理的早期探索，为中共对农村的改造与治理积累了最初经验。有多篇专题论文分别对中共在一些抗日根据地的乡村治理情况作了研究，如《抗日战争与乡村社会治理模式的变迁——以华中抗日根据地为中心》④《抗战时期晋察冀边区的民生问题与乡村治理》⑤《山东根据地的村政改造》⑥《革命中的乡村——土地改革运动与华北乡村权力变迁》。⑦

还有对参与乡村治理的一些重要元素作专题研究。如乡绅是乡村精英、乡民自治的支柱，也是官府与乡民之间的纽带，是国家对乡村治理的主要依靠力量，因此乡绅在近代乡村治理中的状况及变化也是一个研究重点。这方面的研究成果有杨银权《清朝陕西地方社会治理视野下的士绅研究》一书，指出清代陕西乡绅参与地方社会治理的主要形式是官绅合作，许多士绅在地方官员的委托下参与了地方社会大型公共工程，如桥梁水利、书院学校、庙宇城池的兴建等。⑧ 还有李巨澜《近代乡绅劣化的成因——以苏北为个案的研

---

① 任吉东：《多元性与一体化：近代华北乡村社会治理》，天津社会科学院出版社2007 年版。

② 任吉东：《锲入与磨合：新式学堂与乡村治理——以近代直隶获鹿县为例》，《中国农史》2008 年第 1 期。

③ 刘琼：《英租威海卫乡村治理：传统的接续与现代性的生发》，博士学位论文，山东大学，2014 年。

④ 杨丹伟，《青岛大学师范学院学报》2005 年第 3 期。

⑤ 夏松涛，《晋阳学刊》2013 年第 3 期。

⑥ 宋传伟，硕士学位论文，山东大学，2008 年。

⑦ 李里锋，《广东社会科学》2013 年第 3 期。

⑧ 杨银权：《清朝陕西地方社会治理视野下的士绅研究》，中国社会科学出版社2016 年版。

究》一文，① 认为民国时期，在全国范围内普遍出现了传统乡绅阶层劣化的现象，这是传统社会控制结构失衡之后的特殊产物，该文对近代苏北乡绅劣化的成因作了分析。农会是清末以后出现的新型农民组织，成为乡村治理中的一种新元素，有对农会在乡村治理中的活动及作用作专题研究。如胡明、盛邦跃《乡村动员与乡村控制——对民国江苏农会考察》一文，② 指出宗族、保甲是近代之前中国乡村中主要的组织形态，其管理人员都来自乡村本身，国家通过这些组织实现对乡村的控制和对乡村资源的动员。清末之后宗族、保甲制度松弛，清政府在实行新政中试图在乡村中建立"开通智识、改良种植、联合社会"的农会组织，一直延续到民国时期，但是在乡村中，农会并没能有效地发挥其改革农业、实现联合乡村社会的功能。唐元平《清末广东农会与县域治理——以香山为例》一文③，指出在清政府推行"新政"背景下成立的香山县各级农会，不可避免地卷入了旧有的社会体系之中，与旧有利益群体发生种种纠纷，实质上是香山士绅与顺德籍沙田业主双方争夺地方控制权。乡规民约是传统乡村自治的一种形式，体现了在国家政权县以下乡村依靠自身文化习俗力量进行乡民自治，这一传统在近代有延续也有演变，仍然发挥着一定作用。这方面研究成果有《明清时期乡约运行机制研究》④《清末民初桂北地区乡规民约研究》⑤，还有对乡村社会契约规范与秩序的研究⑥。

"乡村治理"是有关"社会治理"研究中成果数量较多且最具本土特色的领域，关于近代乡村治理中各种新旧元素的参与、纠葛、兴衰、替代与演变，国家力量与乡村自身力量的互动、消长、重构与演化，有一些比较深入的研究，提出了一些本土解释，揭示

---

① 《学海》2007 年第 5 期。
② 《农业考古》2010 年第 1 期。
③ 《南方农村》2013 年第 3 期。
④ 马馨，博士学位论文，南开大学，2014 年。
⑤ 李亚乐，硕士学位论文，广西师范大学，2013 年。
⑥ 梁聪：《清代清水江下游村寨社会的契约规范与秩序——以锦屏文斗苗寨契约文书为中心的研究》，博士学位论文，西南政法大学，2007 年。

了中国近代乡村治理的实态。

（二）城市治理

城市化、工商化是社会现代化的主要特征，城市也是中国社会现代化的火车头和桥头堡，中国社会现代化变革首先是从城市开始的，城市治理也是社会治理近代转型的重要标志，因此也是一个研究比较集中的领域，研究者的关注重点，从以往"社会与国家"范式下注重"市民社会"，转向从城市治理视角对综合因素共同作用的研究。

城市治理首先反映在政府对城市的管理，市政建设与管理是主要形式。关于近代城市市政史，已经有了不少研究成果，如张忠《哈尔滨早期市政近代化研究（1898—1931）》①、喻婷《近代武汉城市规划制度研究》② 等，2012 年刘志琴《近三十年中国近现代市政史研究综述》③ 一文曾作过总结与评述，在此不再赘述。

有一些从城市治理角度对政府力量与某些城市社会群体之间的管理治理与被管理治理互动关系的研究成果。对城市民间组织、社团在城市社会治理中地位与作用的研究，如《近代上海社团发展及其社会管理意义研究》④《近代上海非政府组织的社会经济协调作用——以近代经济群体为中心》⑤《明清以来自然灾害与民间组织应对——以福州救火会为论述中心》⑥。有对不同经济阶层冲突治理的研究，如《近代上海劳资争议治理对策初探（1927—1937）》⑦《近代上海经济社会功能群体与社会控制》⑧。有对城市治安管理及

---

① 博士学位论文，吉林大学，2011 年。
② 硕士学位论文，武汉理工大学，2011 年。
③ 《河北大学学报》2012 年第 3 期。
④ 郭彦军，博士学位论文，中共中央党校，2013 年。
⑤ 樊卫国，《上海经济研究》2007 年第 11 期。
⑥ 徐文彬，博士学位论文，复旦大学，2013 年。
⑦ 王明贵，《黑龙江史志》2009 年第 9 期。
⑧ 樊卫国，《上海经济研究》2001 年第 10 期。

下层社会控制的研究，如《近代市制与广州城市治安管理的近代
化》①《民国时期统治者对城市下层社会的社会调控——以山东为
例》②。有对城市摊贩治理的研究，如《二十世纪初的游动摊贩与
中国城市社会生活——以武汉、上海为中心的考察》③《近代上海
摊贩治理述论》④。还有对公共娱乐场所管理的研究，如《民国地
方政府对文化娱乐场所的管理——以汉口民众乐园为中心（1919—
1949）》⑤。

这些围绕城市治理的专题研究，或是对某一城市管理与治理的
综合性研究，或是对某一特定城市群体参与城市治理中作用的研
究，或是政府权力与社会群体之间治理与被治理关系的研究，从不
同角度揭示了近代城市治理的实态与复杂关系。

（三）治理制度

国家对社会的管理与治理主要通过制度实施，制度制定是否合
理，是否切合社会实际，且是否能依时势变化而相应做出改革与调
整，并保证有效地实施，这是决定社会治理优劣的根本。中国近
代，社会、政治变动急剧，特别是清末以后，政治制度发生根本性
变化，随之社会管理治理制度也发生很大变化，对近代社会产生了
很大影响，这些社会治理制度变化状况及效能如何，是一个研究比
较集中的问题。

农村是社会主体，国家对广大农村地区的基层管理制度是国家
治理的基本制度，这方面的研究集中在对"县制"这一国家对乡村
基层社会治理制度的研究。如胡恒《皇权不下县？——清代县辖政
区与基层社会治理》⑥ 一书，围绕明清之际基层社会治理模式转型

---

① 雷绍宇，《黑龙江史志》2008 年第 20 期。
② 郭谦，博士学位论文，山东大学，2007 年。
③ 胡俊修、姚伟钧，《学术月刊》2008 年第 11 期。
④ 魏晓锴，《江西社会科学》2014 年第 12 期。
⑤ 胡俊修、钟爱平，《湖北行政学院学报》2011 年第 6 期。
⑥ 胡恒：《皇权不下县？——清代县辖政区与基层社会治理》，北京师范大学出版
社 2015 年版。

这一核心问题，由清代州县佐杂官的分辖及在此基础上形成的县辖政区为切入点，以顺天府、广东、四川、江南、福建、甘肃、新疆等区域为个案，探讨了清代县辖政区的渊源、类型、空间分布及其与基层行政、法律实践、市镇管理、钱粮征收、州县置废、地区开发的复杂关系，力图从中国本土行政实践中寻找到清末以来县以下区划的历史渊源，对在学术界影响较大的"皇权不下县"等相关理论假说作了反思。此外还有《社会控制与秩序重建：抗战时期贵州"新县制"研究》①《民国时期湖北的新县制研究（1939—1949年）》②，对民国以后实行县制改革对乡村基层社会治理的影响作了研究。

社会治理制度近代化转型首先从城市管理开始。对于城市治理制度的研究，自清末开始实行地方自治制度，以往主要从政治运动及政治制度史角度切入，后来在社会史视角下，开始从市政管理制度角度进行研究，如市政建设、市民生活管理等。对于地方自治制度的综合性研究成果较多，在此不必列举，有一些对重要的城市治理制度的专题研究成果，如近代警察制度是国家对城市为中心的社会治理的主要制度，这方面的研究成果有丁芮《管理北京：北洋政府时期京师警察厅研究》③、孟庆超《中国警制近代化研究——以法文化为视角》④、彭雪芹《1927—1937年河南警政研究》⑤。

除了对城市、乡村治理制度变化的研究，还有一些对公共事务的管理制度研究。如郭飞平、段金生《制衡与牵制：南京国民政府治理边疆的政治策略——以边疆行政区域的新规划为中心》⑥一文，考察了南京国民政府的边疆区划制度改革，分别将甘肃分设宁夏、青海，内蒙古地区分设察哈尔、热河、绥远三省，西康亦设

---

① 李波，硕士学位论文，贵州大学，2016年。
② 汪巧红，博士学位论文，华中师范大学，2007年。
③ 山西人民出版社2013年版。
④ 博士学位论文，中国政法大学，2004年。
⑤ 硕士学位论文，河南大学，2006年。
⑥ 《云南行政学院学报》2011年第1期。

省，客观上消解了边疆地方实力派的压力，起到了制衡与牵制的作用，有利于推动中央政府对边疆的社会控制，提高边疆各省区的行政效率，并通过空间管理的重新布局抵御外国势力的干涉。但由于国民政府对边疆控制的有限性及谋划不周全，一些边疆地区新的行政区域规划，反而加剧了边疆地区的社会矛盾。此外还有对具体公共事业管理制度的研究，如《民国政府佛教管理政策研究（1912—1949）》① 《中国近代铁路事业管理的研究——政治层面的分析（1879—1937）》② 等。

这些关于近代国家管理、社会治理制度的研究，涉及乡村基层管理制度的县制、城市管理制度及公共事务管理制度，主要反映的是国家对社会管理制度性变化，这也是社会治理现代化转型的根本，这方面的研究还有待进一步拓展。

（四）社会问题治理

社会生活复杂多样且变化万端，特别是在中国近代百余年间，政治剧烈变动，社会急剧转型，各种社会元素碰撞、冲突、交汇、消长，地域、阶层、人群之间差别变异，激生种种社会问题，社会管理制度难以完全规范，成为社会治理的难点，有时问题发展严重，威胁到社会稳定与国家安全，因此对社会问题的治理一直是社会治理的一个重要方面，也是研究比较集中的一个领域。

关于近代社会问题治理的研究成果，唐仕春作了比较全面的综述，重点对灾害与救济、慈善、医疗卫生及禁毒、盗匪、赌博等社会问题的治理作了集中评述。③ 其所列举的大多数成果虽然并未在标题中明确标明"治理"等词汇，但内容基本都包括社会问题的状况及治理两个方面，其中有些在标题中明确标明"治理"的代表性成果，反映了研究者具有明确的社会问题治理的思路及研究路径。

① 刘思辰，硕士学位论文，四川师范大学，2013 年。
② 息圃，《中国经济史研究》1991 年第 2 期。
③ 参见李长莉、唐仕春、李俊领、吕文浩《当代中国近代社会史研究》，中国社会科学出版社 2017 年版，唐仕春执笔第七章"近代社会问题与社会治理研究"。

如鸦片烟毒泛滥是鸦片战争以后贯穿中国近代百年、祸害各阶层民众、导致国弱民穷的一个巨大社会祸患，是近代长期存在的一个严重社会问题，因而自晚清至民国，历届政府及社会力量都一直致力于治理烟毒、禁毒，采取的治理方式多有变化，效果也不同。同时，毒品在当今中国社会也是一个严重的社会问题，需要借鉴历史上的治理经验。因此对近代治理烟毒、禁毒的研究一直是一个受到关注的领域，已经取得了不少研究成果，王玥、赵留记《1997年以来的中国禁毒史研究》① 一文，对2010年前的禁毒研究状况作过综述。这些成果中肖红松可以说是明确从"社会治理"视角深入研究近代烟毒治理问题的一位代表者，他先后出版了两本标明"治理烟毒"核心概念的研究专著，一本是《近代河北烟毒与治理研究》②，系统论述了近代河北烟毒泛滥实态和历届政府及社会力量治理烟毒活动，总结分析了百年来河北治理烟毒的曲折历程及其经验教训。其后他又进一步对华北抗日根据地、解放区时期中共政权的治理烟毒作了深入的专题研究，出版了《中共政权治理烟毒问题研究：以1937—1949年华北乡村为中心》③ 一书，分析了中共治理烟毒的理念、举措、效果。指出中共烟毒治理政策与具体实践之间既有一致也有差异，梳理了中共受诸多因素制约而不断调整政策、不断克服障碍走向成功的过程，并透过治理烟毒活动分析中共革命政权与乡村社会如何互动、如何影响革命进程的基本问题。肖红松的研究使近代禁毒史这一延续几十年的老问题的研究，从早期反帝斗争话语，经过社会史的社会问题话语，推进到了社会治理这一层面，在理论分析及现实借鉴方面都有相当的深度。

除了禁毒问题，其他社会问题也有明确从社会治理视角出发的成果。如对赌博治理的研究，涂文学《近代中国社会控制系统与赌博之禁》④ 一文，从权力之禁，家庭、宗族及村社之禁，社会组织、团

---

① 《河北学刊》2010年第1期。
② 人民出版社2008年版。
③ 人民出版社2013年版。
④ 《社会学研究》1997年第4期。

体之禁，舆论之禁等方面，对近代中国的禁赌状况作了考察。此外还有《南京国民政府时期娼妓治理问题研究（1927—1937）》① 等。

上述梳理的"社会治理"范式下的研究状况，主要是以社会治理、管理、控制等为论题中心词的成果，此外还有更多虽然在标题中没有这类词汇，但内容属于或涉及这一范畴的研究成果，其数量更多，不胜枚举。但仅从上述粗略梳理，已经可以看到近十余年来"社会治理"这一新路向的发展趋向，特别是近年来这一论题日益受到关注。如 2009 年召开的第三届"中国近代社会史国际学术研讨会"，主题即为"近代中国社会流动、社会控制与文化传播"，2010 年出版"中国近代社会史研究集刊"第四辑《近代中国社会流动与社会控制》②，"社会控制"作为大型近代社会史学科会议的主题词，也可视为"社会治理"范式进入学科主流受到集中关注、开始形成规模性影响的一个标志。随着近年来研究成果日益增多，"社会治理"的概念与意识被越来越多研究者运用到研究实践和论著内容当中，可以说形成了一定规模性影响及趋向性，且至今仍在不断发展与深化之中。如 2017 年 8 月召开的第七届"中国近代社会史国际学术研讨会"，主题为"地方文献、区域社会与国家治理"，在设置的多场次分组会主题中，有"文化治理""都市治理""政府治理""基层治理""地方社会治理""边疆治理"等多个涉及"治理"的专题，可见"治理"是百余篇论文比较集中的论题。

"社会治理"范式下的研究与"社会与国家"范式相比，从三个方面有所深化。一是关注点从社会与国家的权力互动关系，转向这些互动作用对社会发生的实际效能与效果。二是从社会与国家二元互动关系，扩展为更加多元、多层、细化、复杂因素综合作用关系及其对社会生活的实际影响。三是不再以"传统与现代"二元对立价值观评判参与社会治理的社会因素，而是以不分传统与现代、

---

① 吕振，硕士学位论文，山东大学，2013 年。
② 社会科学文献出版社 2010 年版。

既有传统也有现代的现实多元因素的综合作用，来分析社会治理的效果与能力，即从价值评判转向综合效能评估。

结　语

从上述考察可见，中国近代社会史复兴三十年来，相继出现了具有较大影响的"现代化""本土现代性""社会与国家""社会治理"四个研究范式，先后相续，交汇转换，推动着中国近代社会史研究不断走向新的高度与深度。

促使这些研究范式的形成与重心转换的契机，大致为三个方面。一是中国社会转型和时代变动的现实刺激，社会现实问题对史学知识与史学理论需求的呼唤，许多理论范式的核心理论，就是中国社会现实提出的理论挑战或前沿问题，反映了近代社会史与中国社会现实具有紧密联系的学科特性。二是中国近代社会史学科内部学术发展与不断深化的内在逻辑所引导。三是中国近代社会史具有借鉴运用社会科学理论方法的学科特性，因此业内研究者一直具有较强的理论反省意识，对于相关的新理论方法比较敏感，乐于借鉴运用，使学科具有较强的内在生命力和理论更新能力，这些研究范式的核心理论基本都是借鉴社会科学理论，或对其加以改造而形成的。

中国近代社会史研究从改革开放反省现代化起步，从西方模式回归本土而产生"本土现代性"范式。对本土社会实证、微观研究出现"碎片化"弊端，以"社会与国家"理论的概括与解释则提供了新的理路，将中国社会本土现代性元素的认识提升到理论解释的层次。"社会治理"范式则使研究触角伸至社会多种元素（超越传统与现代的对立）综合作用对社会治理的实际效能。这几个研究范式之间前后相续，步步深化，使我们对中国近代社会变革的认识一步步推向接近实际和本质。

需要说明的是，本文所归纳的这些研究范式，并非指对中国近代社会史学科所有研究领域全面覆盖、一统天下的独占状态，实际上大量研究成果还是依循史学最基本的实证方法作基础性研究，因为作为研究对象的中国近代社会实在是包罗万象、丰富复杂，有太多被历史湮没的社会史实值得还原与重述，这些基础性研究，也是进行理论概括与认识提升的材料和基石。这些所谓研究范式，只是指一些研究者在研究实践中或显或隐、自觉或不自觉地采用了某种研究路向、理论框架或分析方式，形成了某种有一定共性的趋向与特征，而新的研究范式形成，往往是旧研究范式的深化与演化，使我们对历史的认识得以步步趋向深层与本质，得出一些深入解释历史演进的理性认知。

这些研究范式的相续与转换，也并非是彼此的绝对断裂、否定与替代。实际上，新范式往往是从旧范式中孕育生长出来的，而且都处于变化之中，彼此有交错、互渗甚至并存，虽有超越与深化，但界限可能并不清晰，更何况许多研究是多种理论并存、多种范式并用。对这些研究范式的"强行"区分与归纳，只是出于便于分析的无奈。而从学科发展的总体来看，随着学科的成熟发展、研究领域的日益扩展、成果的不断增多，理论方法与研究范式呈现日益多元化的趋向。如在学科复兴早期，"现代化范式"的影响相当普遍，成为多数研究者的主要分析理论，而到后期，往往研究者依研究对象与关注问题不同而采取不同的研究路径，或运用多种理论进行综合研究，因而呈现研究范式多元并行的状态。如现在研究实践中可以看到"社会与国家"与"社会治理"范式并存并相互渗透。本文对这些研究范式进行概括与分析，只是希望从学科理论方法层面，更清楚地认识学科发展的内在逻辑，以便我们有意识地改进研究理论与方法，以不断提升学科的理论创新力。

回顾中国近代社会史学科三十年来的发展，虽然随着"研究范式"的步步推进而使研究走向深入，但仍然面临缺乏回应现实理论问题及解释"中国道路"本质属性的理论创新难题，这仍然需要业内研究者从"研究范式"层面做出新的开拓。展望学科研究范式的进一步发展，也已经出现一些新的趋向。从"社会治理"研究范式为基点来看，有两个新的发展趋向。一个是当今的全球化趋势及全球史兴起，促使我们开阔视野，需将中国近代"社会治理"放到全球视野和坐标中予以观察，更多地进行国际比较、世界各国不同社会元素及治理方式的比较，特别是中国近代社会本身就对世界开放，在社会治理中有世界多种元素的作用，在这种世界坐标中可能更能凸显中国近代社会治理的本质特性。第二个新趋向是社会建设与发展的眼光，即研究中国近代社会治理的重心不应只停留在如何适应当时社会状况、维持社会力量的协调、消弭矛盾与冲突、整治社会问题等，而应加强"社会建设与发展"的纵向维度，以建设可持续发展的良治社会为目标，以探索近代以来中国社会治理的成败经验及良性机制为旨归。这方面已经开始出现探索性成果，如宣朝庆发表的《论近代以来社会建设的民间范式》① 一文，指出中国近代当国家力量衰弱而使国家陷于危亡之际，民间力量的发展壮大，成为国家、社会、文化生存的重要基础。此文从社会建设的新视角，对近代民间范式的作用提出了新的认识。

从"社会治理"研究范式着眼，展望中国近代社会史学科发展，在全球化坐标视野下，向社会建设与发展维度方向拓展，可能会推动我们对中国近代社会治理与发展得到更深入的认识，为当今中国建设可持续发展的良治社会与善治社会，提出一些有益的历史启示和理论阐释。由此可能会形成新的研究范式，引领学科在理论创新上取得新突破。

---

① 《史学月刊》2017 年第 6 期。

中国社会史研究四十年

常建华

（南开大学中国社会史研究中心）

1976 年"文化大革命"结束后，我国进入了改革开放的新时期，社会史学也发生了重大变化，至今已经四十年。特别是 1986 年 10 月全国举行了首届中国社会史学术研讨会，标志着中国社会史研究的复兴，若以此为界标，新时期的中国社会史研究已有三十年之久，堪称而立之学。有必要总结新时期中国社会史研究的学术史，把握其特色与趋势。这里就近三四十年的中国社会史研究学术脉络、重要议题、成就与不足，做一概述。

一 改革开放以来中国社会史研究的学术脉络

（一）酝酿：中国社会史研究的反思（1976.10—1986.9）

首先，社会生活史应运而生。马克思主义史学理论建构的宏观社会历史理论模式，形成了特有的社会史"骨架"，需要补充生活的"血肉"。20 世纪 80 年代初，中国学术界开始重新思考社会史研究的问题，试图建立以社会生活、生活方式为主要内容的新社会史。1949 年以来的历史研究领域是政治、经济、思想三大块，学术重心是阶级斗争史与农战史。《历史研究》杂志社、南开大学历史系以及云南大学历史系、天津师范大学历史系等单位，分别于 1983 年 8 月和 1985 年 5 月召开了"中国封建地主阶级研究学术讨论会""中外封建社会劳动者生产生活状况比较研究讨论会"，试图突破僵化的阶级斗争决定论，把多种社会关系、社会群体和民众生活纳入视野中。田居俭为会议论文集所作序言《略论中国史学研究方法的变迁》（《历史研究》1986年第2期），倡导开展"具体"层次的生活方式的研究。1985年9月，冯尔康率先发表《开展社会史的研究》（《百科知识》1986年第1期）一文，强调"恢复、开展社会史的研究，已是当今史学界一个刻不容缓的课题"。认为"社会史的研究，能够给予历史研究以有血有肉的阐述，真正建立立体的史学，形象化的史学，科学的史学"。哲学学者王玉波还将生活方式理论引入史学研究，1984年5月2日《光明日报》发表了他的《要重视生活方式演变史的研究——读吕思勉史著有感》一文，重提历史学家吕思勉对社会生活的重视，呼吁人们开展生活方式演变史的研究。接着他发表《为社会史正名》（《光明日报》1986年9月10日）一文，区别社会史和社会发展史，认为"社会史是以人的社会生活的历史演变过程和规律为基本内容"，"社会史可以说就是生活方式演进史"，而把社会发展史作为哲学范畴。

史学研究者认识到有必要吸收当代社会科学理论与方法开展历史研究，尤其是社会学对社会史研究的借鉴作用非常明显。乔志强借用社会学的概念和框架倡导社会史研究，在《中国社会史研究的对象和方法》（《光明日报》1986年8月13日）一文中，提出社会史主要研究社会构成、社会生活、社会职能。

其次，文化史的兴起也为社会史开辟了道路。马克思主义社会史具有经济社会史的特征。20世纪50年代以后社会经济史和农战史研究盛行，在揭示普通人民大众的经济生活方面取得不少成绩，但反映普通民众精神生活的著述甚少。1985年李侃、田居俭向第十六届国际历史大会提交的《近五年（1980—1984）中国历史学概述》一文中指出：文化史研究的兴起，是中国史学界近几年出现的新气象，一些古代区域性的文化受到重视，一些长期致力于断代史和社会史研究的学者们，也开始注意研究各个历史时期的文化生活和文化成就。文化史的研究从1984年起进入高潮。文化史的研究涉及作为人民大众文化的生活方式，也引发对社会史的探讨。

处于社会史与文化史交叉部分，属于社会文化范畴的还有风俗史。在民俗学重建的影响下，风俗史与文化史大约同时再掀研究热潮。严昌洪《关于社会风俗史的研究》（《江汉论坛》1984 年第 2 期）一文认为："各个时代的社会风俗，作为社会意识诸形态的一种，就像一面镜子，从一个重要的侧面反映当时社会的风貌。"

最后，区域史为社会史扩展了地理空间。中国史学界反思以往过分重视宏观社会形态史、忽略历史地理空间因素之际，受区域经济和区域文化研究的刺激，区域社会史研究兴起。区域史重视一地区的社会经济结构的变化，在 20 世纪 80 年代以前已有傅衣凌等学者研究。80 年代初，叶显恩《明清徽州农村社会与佃仆制》一书表现出较强的区域社会史特色。由于社会经济史自 50 年代之后一直比较受重视，80 年代初国家制定"六五""七五"社会科学规划时，把开展区域社会经济史研究作为重点方向，涉及的主要区域有广东、福建、苏松杭嘉湖、西北。

（二）发轫：中国社会史研究的复兴（1986.10—1996）

1986 年 10 月由南开大学历史系、《历史研究》杂志社、天津人民出版社发起的"首届中国社会史研讨会"在天津举行，标志着新时期中国社会史研究的复兴。当时学者们强调研究民众社会生活的重要性。冯尔康提交会议的论文《开展社会史研究》（《历史研究》1987 年第 1 期）提出："中国社会史是研究历史上人们社会生活的运动体系"，它"以人们的群体生活与生活方式为研究对象，以社会结构、社会组织、人口、社区、物质与精神生活习俗为研究范畴，揭示它本身在历史上的发展变化及其在历史过程中的作用和地位"。冯先生关于社会史研究的框架，还体现在《清人社会生活》一书中。冯先生主持编撰了《中国社会史研究概述》，总结以往的学术史。学术界对于社会生活的重视，还体现在宋德金的《金代的社会生活》。特别是中国社会科学院历史研究所承担了 1987 年度国家社会科学基金资助项目"中国古代社会生活史"的十卷本断代史丛书，并于 1987 年 6 月召开了专门会议，就中国古代社会生活史的概念、范围、研究方法和理论框架进行了讨论。该课题组重要成员彭卫出版《汉代婚姻形态》这部运用新方法进行跨学科研究的著作。乔志强主编了带有全新框架的《中国近代社会史》。

1988 年在南京大学举办第二届中国社会史研讨会，蔡少卿、孙江《回顾与前瞻——关于社会史研究的几个问题》（《历史研究》1989 年第 4 期）一文认为，社会史应该研究社会结构及其变迁，其广义定义是再现人类社会过去的历史，其狭义定义可以是研究社会结构变迁时普通人的经历。并指出："由于社会的日常生活与经济状况、政治活动的密切关系，以及在社会结构中的重要性，人们有理由对其予以较多的关注。"蔡先生主编《再现过去：社会史的理论视野》一书，翻译介绍国外社会史的相关研究。

这一时期还举办了四届社会史研讨会。第三届 1990 年四川大学主办，讨论的重点是中国宗族、家庭的历史与现实；社会弊端的历史考察。第四届 1992 年沈阳师范学院主办，会议主题是"社会史研究与中国农村"，研讨重点有三：社会结构与农村变迁，历史上的灾变与社会救济，社会史的理论体系、构架与功能。第五届 1994 年西北大学主办，会议主题是"地域社会与传统中国"。第六届 1996 年重庆师范学院主办，中心议题是：区域社会比较研究、中国社会传统生活方式研究、社会史的研究对象与方法。综上所述，这一时期学界关注社会史的理论体系、社会生活史、区域（地域）社会，也针对一些社会现实进行历史性的讨论，如社会问题、灾害救济、乡村社会等。第四届年会上还成立了"中国社会史学会"，冯尔康任会长。1996 年 7 月开始编辑《社会史研究通讯》。

此外，还有一些重要的社会史会议举行。中国社会科学院近代史研究所文化史研究室于 1992 年联合《社会学研究》编辑部举行了"社会文化史研讨会"，中国社会科学院历史研究所和台湾联合报系文化基金会于 1995 年在北戴河联合举办了海峡两岸"传统社会与当代中国社会史"学术研讨会。

（三）成长：跨世纪的中国社会史研究（1997—2006）

这一时期对于中国社会史理论有更深入探讨，提出了一些新的研究领域。社会史学界在界定社会史上存在分歧，经过讨论分歧逐渐缩小，趋于消解。

南开大学于1986年成立社会史研究室，1999年重新组建为中心，并成为教育部人文社会科学重点研究基地，出版《中国社会历史评论》。

跨学科研究日益受到重视。社会史与人类学结合，历史人类学成为最活跃的学术领域，2001年中山大学历史人类学研究中心成立，遂成为教育部基地，创刊《历史人类学》，给社会史带来了新活力。由于重视地域社会史，地理学也深刻影响历史学，如王振忠倡导历史社会地理学。

新的社会史理论探讨，也带来对社会史史料的新认识。冯尔康出版了《中国社会史概论》，提出社会史史料学的概念。郑振满则倡导民间历史文献，他在《民间历史文献与文化传承研究》（《东南学术》2004年增刊）中强调，广泛搜集和充分利用民间文献，是新史学发展的前提条件和必由之路。

社会史学会年会举行了5届。苏州大学1998年主办第七届，将"家庭·社区·大众心态变迁"作为主题；华中师范大学2000年主办第八届，主题为"经济发展与社会变迁"；上海师范大学2002年举办第九届，主题是"国家、地方、民众的互动与社会变迁"；厦门大学2004年举办第十届，以"礼仪、习俗与社会秩序"为主题；安徽大学2006年举办第十一届，主题是"地域中国：民间文献的社会史解读"。由上可知，社会史学界讨论的问题比较多元化，富有开放性。第十届学会改选，倡导社会史研究的老一辈学者荣退，新一代学者成为学会的主导力量。

（四）壮大：21世纪的中国社会史研究（2007—2016）

该时期由社会经济史研究发展演变出来的历史人类学与区域社

会史研究蔚然成风，社会生活史、社会文化史的研究发生了向日常生活史的转变，在新历史认识论影响下民间文献更加受到重视。民间文献、日常生活、历史人类学的交融，促进了社会史学科建设。① 中山大学历史人类学研究中心组织的"历史·田野丛书"自2006年以来推出十余种，并出版《清水江文书》3辑。厦门大学民间历史文献研究中心自2009年起，每年举办一届论坛，出版"民间历史文献论丛"，自2013年起推出《族谱研究》《碑铭研究》《仪式文献研究》。安徽大学徽学研究中心自2005年起出版《徽州文书》5辑。上海师范大学中国近代社会研究中心于1997年起每年举办一届江南社会史国际学术前沿论坛，并于2009年创刊《江南社会历史评论》。上海社会科学院出版"上海城市社会生活史丛书"，2008年推出，2011年出齐，计有25种。首都师范大学历史学院中国近现代社会文化史研究中心重视社会生活史研究，出版了《社会生活探索》6辑，出版有关社会文化的访谈录、论丛等系列出版物。山西大学中国社会史研究中心2012年出版"田野·社会丛书"4种，编有辑刊《社会史研究》。南开大学中国社会史研究中心2008年推出《清嘉庆朝刑科题本社会史料辑刊》，2014年推出《清代宗族史料选辑》，出版资料丛刊多种，特别是2015年推出《中国近代铁路史资料选辑》（104册），自2011年起连续五年举行了以中国日常生活史为主题的研讨会，涉及日常生活的多样性、生命与健康、地方社会、民生问题、物质文化内容。

社会史年会举办5届：中山大学2008年主办第12届年会，主题为"政治变动与日常生活"；聊城大学2010年主办第13届年会，以"区域、跨区域与文化整合"为主题；山西大学2012年主办第14届年会，主题是"改革开放以来的中国社会史研究"；江西师范大学2014年主办第15届年会，将"生命、生计与生态"作为主题；武汉大学、三峡大学2016年主办第16届年会，主题是"中国

---

① 参见常建华《开放与多元：新世纪中国社会史理论探讨与学科建设》，《南京社会科学》2017年第2期。

历史上的国计民生"。由此可见，这一时期社会史学界比较关心社会史研究的整体性与人本身，反映了对社会现实的思考。特别是第 15 届年会提出了颇具特色的"三生"研究模式。

中国社会科学院近代史研究所社会史研究中心牵头其他单位，从 2005 年起，利用社会史年会的间歇期单数年，举办"中国近代社会史国际学术研讨会"：青岛大学 2005 年举办了首届，以"近代中国的城市·乡村·民间文化"为主题；新疆大学 2007 年举办的第 2 届讨论"晚清以降的经济与社会"；贵州师范大学 2009 年举办的第 3 届以"近代中国的社会流动、社会控制与文化传播"为主题；苏州大学 2011 年举办的第 4 届讨论"近代中国的社会保障与区域社会"；湖北大学 2013 年举办的第 5 届讨论"社会文化与近代中国社会转型"；河北大学 2015 年举办的第 6 届讨论"华北城乡与近代区域社会"；杭州师范大学 2017 年举办第 7 届，主题为"地方文献、区域社会与国家治理"。还连续编辑出版了七辑"中国近代社会史研究集刊"。以此为基础，成立了中国社会史学会近代社会史专业委员会。

近代社会史成果颇多。如王先明主编《20 世纪前期中国乡村社会变迁丛书》5 种、李金铮著《传统与变迁：近代华北乡村的经济与社会》。

此外，在当代中国研究所第四研究室（社会史）等推动下，当代社会史得到长足发展。如李文主编《中华人民共和国社会史（1949—2012）》、行龙等著《阅档读史——北方农村的集体化时代》等。

二　改革开放以来中国社会史研究的重要议题

（一）社会史的概念之争

从 1986 年中国社会史正式兴起后，对于什么是社会史存在三大分歧，即社会史是历史学的专门史抑或通史，社会史究竟是历史学的一个分支学科还是一种新的视角，社会史学科体系建设及与社会学的关系问题。常建华《中国社会史研究十年》（《历史研究》1997 年第 1 期）一文对此进行了学术梳理，重提中国社会史的研究对象与方法，建议借鉴费孝通对于"社会学"学科的定位，走综合的路线，一是研究全盘社会结构，二是从具体研究对象上求综合，从而把握当代社会史的社会生活、社会文化、区域社会三大研究特征。赵世瑜《再论社会史的概念问题》（《历史研究》1999 年第 2 期）一文进一步将社会史表述为史学研究的一种新范式，并从作为历史研究范式的社会史、作为整体的社会史、属于历史学而非社会学的社会史三方面论述什么是社会史，使得这一讨论更加明晰。

（二）整体性、碎片化、政治史与区域社会史

社会史有广义、狭义之分，学术研究有宏观与微观之别，具体理解见仁见智。新时期的社会史脱胎于宏观的社会经济形态模式，一些学者认为应在区域史中把握社会史的整体性，微观史学的个案研究可以有效地探讨事物整体。有些学者则认为国内的社会史研究出现零碎、细小的弊病，强调通过整体性来纠正。

杨念群提倡"中层理论"以摆脱宏大叙事的纠缠，改变史界只拉车不看路式的工匠型治史方式，厘定与传统研究方法不同的规范性概念和解释思路。新社会史寻求以更微观的单位深描诠释基层社会文化的可能性。杨念群《重提"政治史"研究》（《历史研究》2004 年第 4 期）强调"意识形态""社会动员形态"的研究。杨念群《"地方性知识"、"地方感"与"跨区域研究"的前景》（《天津社会科学》2004 年第 6 期）质疑区域社会史多趋向于探讨"宗族"和"庙宇"功能的研究现状，认为应改变"村落研究取向"，从"跨区域研究"的角度使社会史研究趋于多元化。赵世瑜《社会史研究向何处去？》（《河北学刊》2005 年第 1 期）强调要与传统史学对话，也主张反思政治史，把握好社会史与政治史关系。常建华《跨世纪的中国社会史研究》（《中国社会历史评论》第 8 卷，天津古籍出版社 2007 年版）对于上述讨论阐发了

自己的认识。

2012 年《近代史研究》（第 4、5 期）组织"中国近代史研究中的'碎片化'问题笔谈"，涉及社会史的理论与方法问题。其中杨念群《"整体"与"区域"关系之惑——关于中国社会史、文化史研究现状的若干思考》主张应摒弃"区域"与"整体"二元对立的刻板模式，转从"政治合法性"与"政治治理能力"的角度去观察和理解中国历史演变的轨迹和特征。此外，罗志田《非碎无以立通》、王笛《不必担忧"碎片化"》在国外有关社会史讨论"碎片化"问题后而发的"经验之谈"，尤值得关注。

（三）历史人类学与民间历史文献学

在社会史研究中，历史人类学与民间历史文献学的研究风格值得关注，此类研究也是在区域社会史研究显现的。这一学术流派的基本特征是强调从区域人群活动与相互关系中来把握社会，重视在田野调查中解读民间文献。其学术追求，或许用科大卫所著《明清社会和礼仪》来表达：通过个案研究，对于统一的中国社会进行详细的论证，重建地方社会如何获取及认同自身特性的历史，以及地方社会如何接受并整合到一个大一统的文化的历史，展现中国社会的独特性和复杂性。刘志伟、孙歌《在历史中寻找中国——关于区域史研究认识论的对话》强调说，由跨区域的边界和人的流动去建立地区空间概念的历史人类学研究取向出发，区域就自然可以成为一个研究单位，他特别强调进行以人为主题的历史研究，区别于以国家为主体的历史学。赵世瑜所著《小历史与大历史：区域社会史的理念、方法与实践》、主编《大河上下：10 世纪以来的北方城乡与民众生活》与《长城内外：社会史视野下的制度、族群与区域开发》在社会史方面作了有益的尝试。

历史人类学通过田野调查与解读民间文献理解"人群"和"生活方式"。郑振满说："每一种民间文献可能都和特定的人群和特定的生活方式有关。如果不把民间文献放在具体的社会环境中，不了解各种民间文献的作者和使用范围，也不能真正理解民间文献的历史意义。要做到这一点，就必须做田野，就需要历史人类学了。"① 王振忠《明清以来徽州村落社会史研究》在田野调查基础上发掘民间文献的重要著作。

中古史也有地域社会史的实践，表现在两种文集：《近观中古史——侯旭东自选集》与王凤翔著《中古变革与地域社会论稿》。

（四）社会文化史与日常生活史

我国较早的社会文化史，比较强调揭示社会精神面貌。文化史的研究有一个从研究文化生活、文化成就向社会生活转移的过程。杨卫民《新时期社会生活史研究述略》（《焦作师范高等专科学校学报》2012 年第 1 期）认为："随着新时期的到来，历史学发展大的趋势是从政治经济史向社会生活、生态环境、生命史的转移，这不仅是史学研究本身的转移，还是当代文明和社会已经从欲望、本能、名利等转向生活、生命等本质的再认识上。角度的转换，意味着历史观的更新和研究方法的转变，一种新社会生活史观逐渐形成。"李长莉《中国近代生活史研究 30 年——热点与走向》（《河北学刊》2016 年第 1 期）指出，中国近代生活史研究内容为风俗习尚、社会群体生活、城市生活与"公共空间"、消费生活、文化娱乐生活、生活史综合研究等，更多关注社会变动与生活变化之互动，更多注意生活与政治、经济、社会、文化等诸因素的相互关联和互动关系。不过，中国近代生活史研究的缺陷在于理论分析与理论创新不足。常建华《从社会生活到日常生活——中国社会史研究再出发》（《人民日报》2011 年 3 月 31 日）提出社会生活史研究应当向日常生活史转变。新的社会生活史或者说日常生活史研究，很重要的一点是要借鉴"新文化史"或者说社会文化史。

刘永华主编《中国社会文化史读本》（北京大学出版社 2011 年版）指出：社会文化史强调的是，在具体的研究实践中将社会史分

---

① 刘平等：《区域研究·地方文献·学术路径——"地方文献与历史人类学研究论坛"纪要》，《中国社会历史评论》第 10 卷，天津古籍出版社 2009 年版。

析和文化史诠释结合在一起。在分析社会现象时，不能忽视相关人群对这些现象的理解或这些现象之于当事人的意义，在诠释文化现象时不能忽视这些现象背后的社会关系和权力关系。本书涵盖五个主要问题领域：国家认同，神明信仰，宗教仪式，历史记忆，感知、空间及其他。

三 改革开放以来中国社会史研究的成就与不足

新时期社会史研究取得了大量学术成果。如有一批通论、断代、区域性的社会史著述，在婚姻家庭、家族宗族研究上取得长足进展，士大夫、商人等社会群体的研究丰富多彩，城市、乡村的研究别开生面，民间信仰的研究精彩纷呈。① 限于篇幅，这里不能展开介绍，而采取以关乎学科建设和研究途径的方向性问题为主的思路，从以下三个方面来谈。

（一）从国家与社会到制度与生活

对于具有以皇朝接续为特征的中国史来说，探讨社会史，不应忽视社会群体之外的皇朝国家，国家与社会群体都是广阔社会结构的组成部分，国家与基层社会的关系也构成社会形态的重要特征。马克思主义的社会形态理论重视上层建筑与经济基础，蕴含着丰富的国家与社会关系思想。特别是在中国革命实践过程中毛泽东提出的旧中国四种权力系统"封建四权"——政权、神权、族权与夫权，兼顾了国家与社会，在此基础上，社会经济史家傅衣凌提出了中国社会存在着公、私两种社会权力，更直接地划分出国家与社会的关系特征。20 世纪三四十年代社会学家费孝通与历史学家吴晗等讨论"皇权与绅权"，相当大程度上是在研究国家与社会的关

---

① 参见常建华《新世纪的中国社会史研究》，《中国社会历史评论》第 18 卷上，天津古籍出版社 2017 年版。

系，以此认识中国的社会结构。这些理论对海内外的中国社会史研究有着深远的影响。

20世纪90年代，海外学者讨论市民社会、公共领域、国家与社会关系，也影响到国内学术界，先是政治学后是历史学。这一影响主要表现在近代史、明清史乃至整个中国史研究领域。国家与社会的关系，更多地表述为"社会与国家"，体现出自下而上从社会看国家的研究立场。在中国古代史研究领域，有王宇信、徐义华《商代国家与社会（商代史·卷4）》，牟发松主编《社会与国家关系视野下的汉唐历史变迁》，孟宪实、荣新江、李肖主编《秩序与生活：中古时期的吐鲁番社会》，刘后滨主编《日常秩序中的汉唐政治与社会》以及杜常顺、杨振红主编《汉晋时期国家与社会论集》都反映了编者对政治史与社会史结合的追求。明清史领域探讨国家与社会关系的成果较多，代表性的成果有郑振满《乡族与国家：多元视野中的闽台传统社会》、刘志伟《在国家与社会之间：明清广东地区里甲赋役制度与乡村社会》、梁治平《清代习惯法：社会与国家》、常建华《清代的国家与社会研究》、吴琦主编《明清地方力量与地方社会》。李治安主编"基层社会与国家权力研究丛书"9种。近代的相关研究则有马敏《官商之间：社会剧变中的近代绅商》、朱英《转型时期的社会与国家——以近代中国商会为主体的历史透视》，还有马小泉《国家与社会：清末地方自治与宪政改革》、徐小群《民国时期的国家与社会：自由职业团体在上海的兴起：1912—1937》等。

值得注意的是，社会学学者李友梅《制度与生活视野下的中国社会变迁》（《解放日报》2008年12月18日）提出，"国家与社会"的分析框架与社会生活实践始终存在无法摆脱的张力，提出尝试构建"制度—生活"的分析框架，以"自主性"为观察对象，更有效地呈现和解读这一社会变迁过程。这一想法或许也适应于社会史研究。社会史学者也在研究实践中敏锐抓住了制度与生活的关系，如刘永华《明代匠籍制度下匠户的户籍与应役实态——兼论王朝制度与民众生活的关系》（《厦门大学学报》2014年第2期）、杜丽红《制度与日常生活：近代北京的公共卫生》（中国社会科学出版社 2015 年版）。可以预见，随着日常生活史、新制度史研究的展开，"制度与生活"的研究视角越来越受到重视。

（二）结构与生活的社会史

新时期社会史强调对于社会群体的研究，重视从群体关系的结构探讨社会。有别于以往比较单纯重视生产关系而兼顾法权关系的探讨，从阶级关系向等级身份的研究转变，或者说将两者结合起来。

20 世纪七八十年代之交到 90 年代中期，出现了一批研究的成果。如田昌五、臧知非《周秦社会结构研究》，朱绍侯《秦汉土地制度与阶级关系》《魏晋南北朝土地制度与阶级关系》，张泽咸《唐代阶级结构研究》，王曾瑜《宋朝阶级结构》，韩大成《明代社会经济初探》，经君健《试论清代等级制度》《清代社会的贱民等级》，聂宝璋《中国买办阶级的发生》。

着眼于社会结构的研究，通贯性的研究主要体现在冯尔康主编《中国社会结构的演变》，沈大德、吴廷嘉《黄土板结——中国传统社会结构探析》。不同时期社会结构探讨方面，有李天石《中国中古良贱身份制度研究》，吴琦《明清社会群体研究》，章开沅、马敏、朱英主编《中国近代史上的官绅商学》，李明伟《清末民初中国城市社会阶层研究（1897～1927）》等。

新时期社会史的重要特征是强调全方位研究普通民众的生活，社会史除了重视社会结构，同时重视社会生活。前述社会生活史研究著作之外，还有宋镇豪《商代社会生活与礼俗（商代史·卷七）》、蔡锋《春秋时期贵族社会生活研究》、彭卫《汉代社会风尚研究》、秦新林《元代社会生活史》、李长莉等《中国近代社会生活史》。朱汉国等《20 世纪的中国：走向现代化的历程·社会生活卷（1900—1949）》《20 世纪的中国：走向现代化的历程·社会生活卷（1949—2000）》论述了民国与 20 世纪下半叶的社会生活。

社会生活史研究在取得成绩的同时，也暴露出一些问题，如研究比较平面化、泛化、重视事件而忽略人的作用。尝试日常生活史研究的著作也有问世，如唐代的三部书：黄正建《走进日常：唐代社会生活考论》、刘琴丽《唐代举子科考生活研究》、彭梅芳《中唐文人日常生活与创作关系研究》，明清的两部书：宋立中《闲雅与浮华——明清江南日常生活与消费文化》、赵园《家人父子：由人伦探访明清之际士大夫的生活世界》。上述五部书中，有三位作者出自文学界。

近年来出现了日常生活史的法学研究。如郭东旭等《宋代民间法律生活研究》、徐忠明《〈老乞大〉与〈朴通事〉：蒙元时期庶民的日常法律生活》、尤陈俊《法律知识的文字传播——明清日用类书与社会日常生活》。这三部书中，后两部的作者是法学学者。

（三）生命、生计、生态的"三生"结合

社会史的跨学科属性日益突出，在生态环境史、经济社会史、医疗社会史表现得比较明显，生命、生计、生态是中国社会面临的突出问题，三者密切关联。

新时期自然灾害及其应对研究较早开展。李文海等 1985 年以来长期从事中国近代灾荒研究，关注灾荒与人民生活的关系，出版了一系列著作。灾害与社会也受到关注，王振忠《近 600 年来自然灾害与福州社会》，曹树基主编《明清以来的自然灾害及其社会应对机制》，郝平《大地震与明清山西乡村社会变迁》，以及李文海、夏明方主编《天有凶年：清代灾荒与中国社会》，马俊亚《被牺牲的"局部"：淮北社会生态变迁研究（1680—1949）》都是这方面的著作。

瘟疫随灾而起，讨论瘟疫与社会关系，进而发展出医疗社会史。余新忠《清代江南的瘟疫与社会：一项医疗社会史的研究》《清代卫生防疫机制及其近代演变》，以及赖文、李永宸《岭南瘟疫史》，张大庆《中国近代疾病社会史（1912—1937）》，杨念群《再造"病人"——中西医冲突下的空间政治（1835—1985）》是这方面的著作。与此相关，公共卫生研究也相应展开，如路彩霞

《清末京津公共卫生机制演进研究（1900—1911）》、范铁权《近代科学社团与中国的公共卫生事业》、朱慧颖《天津公共卫生建设研究（1990—1937）》，等等。

不过医疗社会史关注的是疾病与社会的关系，而生命与常态的谋生问题即生计与生态密切关联。彭卫对于秦汉人身高的研究，体现了这种特色。

疾病、瘟疫以及灾害与生态环境也关系密切，同时环境与人的活动关联。研究生态环境与社会的关系是近年来的新方向。通论与综合研究方面，王利华主编《中国历史上的环境与社会》，高凯著《地理环境与中国古代社会变迁三论》，张建民、鲁西奇主编《历史时期长江中游地区人类活动与环境变迁专题研究》，曹树基、李玉尚著《鼠疫：战争与和平——中国的环境与社会变迁（1230—1960 年）》以及王建革著《江南环境史研究》。

断代研究方面。王子今著《秦汉时期生态环境研究》。明清以来的研究最为丰富，冯贤亮《明清江南地区的环境变动与社会控制》、钞晓鸿《生态环境与明清社会经济》、赵珍《清代西北生态变迁研究》、张建民《明清长江流域山区资源开发与环境演变：以秦岭—大巴山区为中心》，均是这一领域的研究成果。王建革运用生态人类学和历史学方法，著有《农牧生态与传统蒙古社会》《传统社会末期华北的生态与社会》《水乡生态与江南社会（9—20 世纪）》。邹逸麟主编《500 年来环境变迁与社会应对丛书》5 种。

水利与社会关系也成为热点。研究南北方水利社会史的专著都有，讨论浙江的有两部：钱杭《库域型水利社会研究——萧山湘湖水利集团的兴与衰》、冯贤亮《近世浙西的环境水利与社会》。论述山陕地区水利的也有两部专著：胡英泽《流动的土地：明清以来黄河小北干流区域社会研究》、张俊峰《水利社会的类型：明清以来洪洞水利与乡村社会变迁》。

在生态环境的研究中，涉及人的生计与生态的问题如王建革、张建民的著作。但生态环境史的著作往往见物不见人，而传统的生计问题研究也往往脱离生态环境，比较缺乏从生命形式认识问题。

生计是为了生存的谋生活动，不仅表现在士农工商的主要职业上，也体现在各行各业上，涉及生计的研究很多，专门研究则缺乏。周榆华著《晚明文人以文治生研究》是难得的专著。可以用生计来衡量生活的经济负担，相比士商治生研究成果较受重视，农民的生计问题也有成果问世，刘五书《二十世纪二三十年代中原农民负担研究》、王印焕《1911—1937年冀鲁豫农民离村问题研究》对民国初年农民有专门研究。对于生计的认识，也反映在衣食住行物质的获取与消费水平，这方面的研究渐多，王利华《中古华北饮食文化的变迁》，赵兰香、朱奎泽《汉代河西屯戍吏卒衣食住行研究》，黄正建《唐代衣食住行研究》，张雁南《唐代消费经济研究》，何辉《宋代消费史：消费与一个王朝的盛衰》，黄敬斌《民生与家计：清初至民国时期江南居民的消费》多涉及这些问题。值得注意的还有陈宝良最近对于明代社会变迁时期生活质量的研究，讨论到明代社会各阶层的收入及其构成与家庭生计的关系，还讨论了物价波动与消费支出等问题。

一般来说，生命与生态既是人地关系，更是天人关系，体现在生存之道上，以往的生计研究多从经济的角度考虑，生计也可以作为日常生活与民生问题的探讨，在当下的学术背景下，生计的探讨还应当与生命、生态结合。生命、生计与生态的有机结合，是探讨历史变迁的重要途径。

纵观三四十年来的中国社会史研究，焦点在如何把握什么是"社会"。从社会史研究复兴伊始，在何谓"社会史"上就存在争议，大致有广义、狭义的不同认识，好在社会史研究同行并不纠缠于概念之争，而是搁置争议，抓住社会史的基本问题与学术前沿力行实践，从研究中体验、升华对于社会史的认识，从而使得学术共同体成长壮大。近年来有关历史研究的整体性与碎片化、宏观与微观的讨论较多，颇多涉及社会史研究。愚见以为，研究价值并不能以题目大小分高下，还是要考究其学术意义。学术史告诉我们，

"大处着眼，小处着手"是经验之谈。学术研究从来以探索未知、追求真理为最终目的，也就是原创性，对于社会史同样适用。面向未来，社会空间的扩展，社会史与新文化史联袂，跨学科的视野，或许是近期中国社会史研究的发展趋势。

二

地方治理与区域社会

民国时期城市寺庙管理及其困境

——以北平社会局对安化寺纠纷的监管为例

郑秀娟

（中国社会科学院研究生院近代史系博士生）

自清末到民国时期，政治制度和社会管理制度都发生了近代化变革，但以往研究者多关注上层制度改革，而对直接关系民众生活及社会安定的基层社会管理体制的改革则关注不够。实则政府机构对基层社会的管理制度及其施行效果如何，体现了政府权力对社会末梢的管控能力，应是评估社会管理制度水平及其效能的一个重要指标。自清末新政实行地方自治以后，城市基层社会的管理方式开始从粗放、自然的传统形态，向行政化、层级化、制度化、规范化的近代形态转变。到1928年以后，随着国民党政府确立全国统治，也延续并重新制定了基层社会管理制度。那么这一制度的具体内容及实施情况如何？政府机构对基层社会管理的制度化水平如何？与直接管理的基层社会末梢单位怎样互动？实施管理对维护民间基层社会秩序及社会安定的效能如何？这些都是有待清楚了解及进行评估的问题，从具有一定典型性的个案入手，是有效探索上述问题的一种方式。

北京自1928年后虽不再是首都而改称北平，但仍然是北方的政治、文化中心城市，且城市管理延续清末和北洋政府时期首善之区而在全国仍居于前列，基层社会管理具有一定典型意义。北平各处广布的佛道寺庙，是民间信仰及公益性组织机构，也是基层社会的一种末端单位，市政府相关部门对其进行一定的管理，特别是寺庙纠纷引起与社会局的互动，体现了地方政府对基层社会管理的实施及其效能。对于民国时期北平寺庙纠纷的管理问题已有一些研究，但或偏重寺庙纠纷而对社会局的作用关注不够，或对社会局的作为和困境缺乏深入研究。[①] 本文选取1936—1946年北平社会局对安化寺纠纷的管理案例作一剖析，以期对地方政府管理寺庙的方式及效能有较深入的认知，对前述问题有所回应。需要说明的是，这一时期自1937年"卢沟桥事变"后至1945年8月抗战胜利的八年间，北平被日本侵略军占领而成立伪市政府，但市政府基层社会管理体制没有大的改变，如社会局管理寺庙的体制、制度和方式基本沿袭前制，只是管理强度加大，故可以作连续性观察，文中统称为社会局。

一　行使监管撤革住持权的限度

清朝沿袭僧官制度，在京师设僧录司和道录司，分别由僧人和道士组成，对佛教和道教进行管理，寺庙内部实行自主管理的模式。政府对寺庙的产权没有明确的规定，对庙产的保护限于针对私人对庙产的侵害，官府则有各种理由侵占庙产。受清末以来"庙产兴学"运动的影响，寺庙的产权纠纷四起，北洋政府于1913年颁布了《寺庙管理暂行规则》，这是中华民国第一部寺庙管理法规，该规则仅七条，虽对寺庙财产做出规定，但只是原则性的东西，而无实施细则，无法满足解决寺庙纠纷的司法需要。此后，北洋政府又分别于1915年和1921年颁布《管理寺庙条例》和《修正管理寺庙条例》，在保护寺庙财产方面，修正条例规定"寺庙不得抵押或处分"，"寺庙财产不得借端侵占，并不得没收或提充罚款"，这就从政策层面限制了政府对庙产的侵占。[②] 总的来说，北洋时期的寺

---

① 付海晏：《革命、法律与庙产——民国北平铁山寺案研究》，《历史研究》2009年第3期；《1930年代北平白云观的住持危机》，《近代史研究》2010年第2期；曾小顺：《1930年法源寺住持纠纷案研究》，硕士学位论文，北京大学，2012年。

② 《修正管理寺庙条例》，《内务公报》1921年第93期。

庙管理政策和法规可操作性差，执行的并不多。整个北洋时期，政府没有对寺庙进行过系统登记，不能掌握寺庙僧道的数量和财产的规模，因而对寺庙的管理只有纠纷管理，而无常规管理。

1928 年国民政府北伐成功，统一全国，当年颁布《寺庙登记条例》，规定所有佛道寺庙每年均需在主管官署登记，以加强政府对寺庙的常规管理，如不登记且情节重大者，则科以 100 元以下罚款或撤换其住持。① 1929 年 12 月又施行《监督寺庙条例》，对寺庙管理作了更细化的规定，如"寺庙财产及法物应向该管地方官厅呈请登记""寺庙财产及法物为寺庙所有，由住持管理之""寺庙应按其财产情形兴办公益或慈善事业"，住持如有违犯，则"该管官署得革除其住持之位"。此外，寺庙住持在宣扬教义、修持戒律及其他正当开支外动用庙产，或未经许可处分或变更庙产者，主管官署还可将该住持"逐出寺庙或送法院究办"。② 这些制度条例规定了政府主管官署对寺庙的监督管理权及寺庙住持的权限，即主管官署对寺庙进行直接监管，重心是保护作为民间公共性机构公产的寺庙财产，规定庙产属寺庙所有，需每年在官署登记，作为寺庙负责人的住持负有管理权，但没有所有权和处分权，庙产只能用于宗教事务、公益慈善事业等正当开支，除此之外未经许可不得动用或处分变更，违犯的住持将由官署做出革除其位、逐出寺庙或送法院究办等不同程度的惩处。这些制度规定反映了国民政府将寺庙财产作为社会公产而进行直接管理，且强化和细化了对寺庙的行政化、制度化管理，使政府管理的触角直接与作为基层民间组织单位的寺庙对接，政府权力介入到寺庙有关庙产的内部管理之中，而寺庙一些内部纠纷也往往借助政府权力并受到其干预，二者的互动形成了寺庙的新生态。

1936 年 8 月，安化寺僧人发生纠纷向主管官署北平社会局举

---

① 《寺庙登记条例》，《内政公报》1928 年第 1 卷第 6 期。

② 《监督寺庙条例》，北京市档案馆编《北京寺庙历史资料》，中国档案出版社 1997 年版，第 7—8 页。

报。安化寺位于北京广渠门内，系明代私建的佛教临济宗寺庙。① 据1930年安化寺的寺庙登记表载，寺内有僧人三名，房屋102间，庙内面积30余亩，附属土地30亩，② 不动产实价约计5000元。寺庙的经济来源主要有房租、地租及三人应酬佛事所得。三位僧人即退居老和尚法宽及其徒孙礼安和义安，礼安为住持。纠纷起因是住持礼安因妨害风化被人告发，北平市法院遂将其羁押，后经人调停了结。③ 礼安被法院羁押期间，其师祖法宽又以盗卖庙产之名将其举报至社会局。社会局接到举报后，派调查员陆树勋前往安化寺调查，法宽和义安接待。陆氏调查出礼安盗卖庙产属实，并将所盗卖的庙产分为三部分：一是直接售与俗家附属土地15亩得600余元；二是将庙产赠予姘妇，由其姘妇另向财政局投税；三是一些房屋和寺产，由其姘妇收取租金。陆树勋据此认为对礼安应予严惩，"虽革去住持转送法院，尚觉不足"。④ 社会局接到他的报告后，当即批示撤革礼安的住持之位。社会局的这一处分，是依据前述两项条例，住持礼安盗卖庙产，应是比较严重的违规行为，但社会局仅予革除住持这一较轻的处罚，并未施行驱逐出庙或送交法院等重度处罚。显然，社会局对处罚条例的实际执行并不彻底，而是留有余地。

陆树勋还认为，老和尚法宽作为礼安的师祖也负有一定责任，礼安的盗卖不法行为，"未尝非法宽等放任所致"。⑤ 不过社会局对法宽及义安未予阻止的过失并未做惩处。可见社会局对寺庙的管理，主要是通过对住持的管理实现的，对普通僧众如未涉及庙产，

---

① 安化寺今已无存，原址于1960年建起"公社化居民大楼"安化楼。

② 安化寺的附属土地在1930年寺庙登记时为12亩，1936年登记时多报18亩多，据住持秀灵称前次登记或系漏报，故安化寺附属土地应以30亩为准。见《外三区安化寺住持礼安呈寺庙登记表及社会局的批示》，1931—1940年，北京市档案馆藏，资料号：J2/8/796。

③ 《北平佛教会关于更换安化寺住持的呈文及社会局指令》，1937—1946年，北京市档案馆藏，资料号：J2/8/1183。

④ 同上。

⑤ 同上。

则没有惩处的规定，这就意味着社会局对寺庙的监管，实际上止于住持这一层。在社会局的寺庙纠纷管理中，庙产是重中之重，对教内清规则不予干涉。因此，尽管礼安私娼妇女证据确凿，但社会局对他的处罚却未涉及。依据《监督寺庙条例》，政府对寺庙财产负有监督之责，既体现在禁止外界侵占庙产，也体现在限制寺僧私自处分庙产，政府的监督起到了保护庙产的作用。

社会局行使撤革住持权之后，仍将新住持的选择权交与安化寺。因礼安没有徒弟，老和尚法宽遂以本宗无人，拟"公推贤明者维持庙务，辅佐法宽办理一切"。[①] 于是法宽出面邀请安化寺剃度徒弟、夕照寺住持秀灵兼代安化寺住持，并分别呈请北平佛教会和北平佛教慈善救济会予以核查，二者先分别进行了调查，然后向社会局提出推举秀灵代理安化寺住持的呈文。[②] 法宽还找来火神庙住持志明、关帝庙住持宝尘等人[③]具结担保，他们在社会局传询时保证秀灵接充住持并无争执，且得到安化寺现有二僧法宽和义安的同意。社会局接到呈文后，传询担保人等，在确认秀灵兼代安化寺的实际情形与呈请相符后，于1936年9月19日批准秀灵代理安化寺住持。由此可见，寺庙住持的更换和选择，是由寺僧自行选定，通过同业组织即北平佛教会和北平佛教慈善救济会予以调查、核实后向社会局递交呈文，再由寺僧找其他寺庙住持具保，最后由社会局核准。这一系列程序主要是由寺僧及同业组织自行操作完成，社会局只是最后查验核准。可见社会局对寺庙管理除涉及庙产之外的其他事务较少干预，寺庙仍保有一定的自主权。

由此可见，社会局对寺庙主要实行对住持的监督管理，管理重心是涉及庙产处分，违规则予撤革惩处，而寺庙住持的选任则由寺

---

① 《外三区安化寺住持礼安呈寺庙登记表及社会局的批示》，1931—1940年，北京市档案馆藏，资料号：J2/8/796。

② 北平佛教会和佛教慈善救济会作为佛教社团，此时充当社会局和安化寺中介的作用。南京国民政府时期的北平，北平佛教会具有一定的官方性，在寺庙和政府之间主要起着上传下达的作用。

③ 这三个寺庙与安化寺同在外三区广渠门附近，素有往来，故遇有安化寺需要具结时，往往请其住持出面。

庙及其同业组织按照一定程序进行，社会局只例行核实批准。社会局对这一寺庙纠纷的处置，反映了前述管理条例及程序基本得到实施，体现了社会局作为主管官署对寺庙的监督和主导作用，也兼顾了寺庙一定的自主权、自治权，由熟悉业内情况的同业组织及同业人员予以监督制衡。

二 处理庙务整理风波不力

社会局对寺庙管理的重点是庙产。在撤革礼安住持案中，礼安所盗卖的庙产亟待处理，因此社会局多次指令代理住持秀灵将礼安盗卖的庙产查明后如数收回。秀灵于 1936 年 12 月赴安化寺接任后，[①] 即开始对被盗卖庙产进行清查和收回，然而一开始便受到了礼安的阻挠。十天之后，社会局收到秀灵请求惩处礼安以保庙产的呈文，内称：礼安自被革职，仍以僧籍在寺而逗留不去，并妨害庙务，向其师祖法宽屡次强讨恶索，并折其左手二指。不仅如此，礼安还继续盗卖庙产，曾捏报安化寺在弥勒庵空地的契纸遗失，向财政局呈领新契，经秀灵呈请财政局予以制止。[②]

为了保证秀灵能够顺利追回庙产，社会局接到呈文后立即通知秀灵驱逐礼安，同时请公安局转饬该区署派警协助。[③] 此前社会局对礼安所犯盗卖庙产、私奸妇女等事，只是撤革其住持之位；当礼安仍企图侵害和阻止秀灵整理庙产时，社会局则果断强制将其驱逐出庙。然而即便社会局下达了驱逐礼安的训令，公安局也在社会局的要求下协同安化寺执行，但礼安得知驱逐令后诈称出外朝山，"未久返寺仍前"。[④] 显然，社会局在寺庙管理中的惩罚措施，虽可

---

① 秀灵直到 12 月 2 日始前往安化寺接管庙务。见《外三区安化寺住持礼安呈寺庙登记表及社会局的批示》，1931—1940 年，北京市档案馆藏，资料号：J2/8/796。

② 《外三区安化寺住持礼安呈寺庙登记表及社会局的批示》，1931—1940 年，北京市档案馆藏，资料号：J2/8/796。

③ 同上。

④ 《北平佛教关于更换安化寺住持的呈文及社会局指令》，1937—1946 年，北京市档案馆藏，资料号：J2/8/1183。

以借助警察施行行政强制手段，但对于被惩罚寺僧的临时躲避和事后返回等逃避惩罚的行为则无力监管追索，导致惩罚的执行难以落实，此后该寺不再举报也便听之任之。

不久，社会局办事员为进行寺庙登记而赴安化寺调查，发现以前老和尚法宽在任住持时，与善成皮厂所订之租地契据内有"永远居住为业"字样。后经秀灵检查，法宽以前主持签订的所有出租房地契约均是如此，并有不许增长房租，只许租户不住、不许房东无故不租等约定，这无异变相出售。社会局认为这些租约均为"违法契约"，其依据应为前述1929年施行的《监督寺庙条例》。但鉴于这些契约的订立时间都早于该条例实施时间，因此社会局只是责成秀灵与租户交涉重订新租约，并未对契约订立人前住持法宽进行惩罚。

此次庙产调查中发现的问题，以及礼安盗卖庙产行为，直接导致社会局指令现任住持秀灵整理安化寺庙产庙务。遵照社会局的指令，秀灵到任两三个月内，一面将礼安所盗卖并赠送其姘妇的土地及租折收回，一面修订以前所订立的不合法契约。秀灵此举，前者损害了礼安的利益，后者又危及法宽的利益。因此，就在秀灵收回庙产、重订租约之时，安化寺纠纷再起。社会局先后收到法宽与礼安的呈文，皆将矛头指向秀灵，秀灵也予以反击，三人的纠葛在给社会局的呈文中显露无遗。

1937年1月6日，社会局收到法宽以秀灵身兼四庙住持及社会职务[①]过于繁忙、恳请更换住持的呈文，法宽坦言礼安被革职事出仓促，"当时并未招集近支宗亲会议，即由他暂请夕照寺住持秀灵兼代本庙住持"。[②] 十余天后礼安也上呈社会局，控诉秀灵三项罪责：一是"欲出典庙内后院之菜园地，并将安化寺所有木料（房桁

---

① 秀灵身兼夕照寺、铁香炉关帝庙、东四牌楼十条洞口五岳庙及关帝庙四庙住持，并在前门车站充当售票员领班。见《北平佛教会关于更换安化寺住持的呈文及社会局指令》，1937—1946年，北京市档案馆藏，资料号：J2/8/1183。

② 《北平佛教会关于更换安化寺住持的呈文及社会局指令》，1937—1946年，北京市档案馆藏，资料号：J2/8/1183。

房标等）移去夕照寺用"；二是认为秀灵身兼四庙住持及前门车站售票员领班，质疑他不是"谨守清规之僧人"；三是指责秀灵依仗"曾为佛教会副会长"之权威蒙蔽社会局，导致自己受到被驱逐出庙的惩处，并恳请社会局收回驱逐其出庙的训令。① 其中认为秀灵身兼俗职为不守清规的指控，在社会局看来，所谓清规只是其教内旧规，社会局在管理寺庙时，对寺庙清规并不重视，事实上连僧人对清规也不以为意，如前述礼安有姘妇之事，但是当僧人之间有纠纷时，指责对方不守清规仍是一个常用的理由。

一个月后，秀灵向社会局控诉礼安与法宽二人合谋把持庙务。在呈文内，秀灵称礼安对社会局的驱逐命令阳奉阴违，且在他已追回部分庙产、与租户磋商契约取得一些进展时，礼安与法宽勾结强迫他退出安化寺。秀灵认为二人此举是怕他继续整顿庙务，"与伊等所作多不便，以致合谋把持，扰乱进行"，② 使他无法全力进行契约的修正工作。

鉴于安化寺的纠纷持续不断，社会局决定派视察员赴安化寺进行彻查。通过核查契约、询问当事人及具结人后发现，礼安反对秀灵的直接原因是秀灵整顿庙务过程中收回了他之前盗卖的庙产，法宽反对秀灵是因为自己以前与租户签订的租约被秀灵重订，这些都会引起财务纠纷和利益损失。基于此，社会局对三个当事人做出如下批示："法宽呈请更换住持，理由不充分，难予照准；礼安呈请收回成命，应勿庸议；秀灵借用木料，不知避嫌，拟予申斥，并饬将借用手续办理清楚。"③ 社会局虽斥责了秀灵借用安化寺木料的行为，但仍赋予他继续整顿庙务的合法性，使得由庙务整理引发的住持更换危机暂得解除。法宽及礼安向社会局控诉秀灵，理由显然并不充分，社会局对此只是做出"难予照准"和"勿庸议"的批示予以驳回，并未深究。

---

① 《北平佛教会关于更换安化寺住持的呈文及社会局指令》，1937—1946 年，北京市档案馆藏，资料号：J2/8/1183。

② 同上。

③ 同上。

此次庙务整理风波，起因于礼安因盗卖庙产被社会局撤革，秀灵以外僧身份代理安化寺住持并受社会局指示整理庙务。礼安和法宽作为寺内原有的僧人，他们之间虽然有矛盾，而当秀灵整理庙务损害二人的利益时，则联合一致请求社会局更换住持。从表面看，此次风波是围绕秀灵应否继续担任住持的分歧，其实质则是对寺庙控制权的争夺。社会局管理寺庙时奉行监督的原则，只要无碍庙产，对寺庙内部的人事纠纷则不予过多关注。因此社会局虽然详查了各个争议点，但未对责任者作实质性的处罚。

三　遭遇寺僧合谋蒙蔽

安化寺庙务整顿风波后不久，寺内纠纷即在 1937 年 6 月出现转折。当月 10 日社会局收到法宽和礼安请求撤销本年 1 月指责秀灵的呈文，并附上了纠纷已经化解及改换新住持的两份材料。一是 6 月 3 日礼安立下的"悔过书"，内容为："前因自己无知，对于各位师亲长有不受训戒之行为，现蒙师叔秀灵在老和尚（法宽）面前说情，自己忏悔并准游方参禅，俟将来改过后，仍准回庙修真。"①由其表述可知，悔过书是礼安、秀灵和法宽共同参与的结果。另一份材料是同日安化寺现有四位僧人法宽、秀灵、礼安、义安共同订立的"和解字"，并有礼安和秀灵分别聘请的七位中人做见证人。和解字中出现一个新的僧人名"隆福"，约定"隆福须拜秀灵为代师"，秀灵则"在最短期间内自行呈请辞去兼代安化寺住持之职"，安化寺对其"赔偿约三百元并道歉"，由隆福继任住持，并申明"所有不合法之租赁契约归接任住持自己修正清理"。②和解字的核心内容即是秀灵辞去住持，由新收法徒隆福继任，秀灵将社会局赋予的重订租约的权力转交给隆福。

---

① 《北平佛教会关于更换安化寺住持的呈文及社会局指令》，1937—1946 年，北京市档案馆藏，资料号：J2/8/1183。悔过书中老和尚指的是法宽。

② 同上。

随后秀灵请北平佛教会转呈社会局，自愿将安化寺住持之职让与法徒隆福。[①] 而实际上隆福是礼安的变名，秀灵和法宽等人并未将此告知社会局和北平佛教会。社会局对寺庙住持更迭的认定主要是在程序上，在认定秀灵主动辞退与该庙住持继承惯例相符，且已取得同宗诸山具结并无争执纠纷后，于 7 月 8 日批准了安化寺更换住持的呈请。[②]

礼安以隆福之名再任安化寺住持时，正值"卢沟桥事变"爆发前夕，很快北平便被日本侵略军占领，设立伪北平市公署进行殖民统治。日本人直接控制伪市公署，对下属机构办事人员也加强了控制，要求其上报请示的工作范围扩大，故社会局在处理寺庙纠纷时向市公署的请示变得多起来。但因寺庙管理不是战时日伪当局重视的方面，伪北平社会局寺庙管理仍沿用民国统治时期的《寺庙登记规则》和《监督寺庙条例》，故从寺庙的角度看，管理体制基本上一仍其旧。

住持更换之后，安化寺似乎经过了一段平静状态，但两年之后又起纠纷，使诸僧合谋以礼安变名隆福再次接任安化寺住持的真相浮出水面。1939 年 11 月 16 日，老和尚法宽向社会局告发隆福即是礼安，并举报他不守清规、盗卖庙产的不法行为八条，请社会局将礼安驱逐庙外，改派寺内其另一徒孙义安为住持。[③] 五天后，秀灵也以请求彻查冒名占据庙产为由，呈请社会局将隆福驱逐出庙，并直言当年将住持之位让与隆福是受法宽逼迫。同一日，原来担保隆福接任的三位具结人也同时呈请撤去原保结，并称当时作保是由法宽所请，告知隆福是另一僧人的徒弟，"适时在外游方，原系袁姓之子"，他们"情不可却"才同意的，现在他们也怀疑"今隆福是否有无其人，抑系法宽影射蒙蔽官厅，无从证明"，因此"为责任

---

① 《北平佛教会关于更换安化寺住持的呈文及社会局指令》，1937—1946 年，北京市档案馆藏，资料号：J2/8/1183。

② 同上。

③ 同上。

计"而呈请撤保。[①]

社会局对寺庙纠纷的管理，往往源于寺庙内部矛盾的爆发。礼安变名隆福再任安化寺住持之事，若非法宽再次举报，社会局还将一直被蒙蔽。接连收到上述呈文，再对当事人传询了解之后，社会局迅速将礼安再次撤革且永远不准回庙。对于法宽和秀灵的互相攻击，社会局并不纠结于到底谁是此事主谋，对他们及具结人仅严予申斥。[②] 鉴于安化寺的乱象，社会局拒绝了法宽以义安为住持的请求，并声明"此次改选，法宽、义安两僧均不得与选，以示惩儆"。[③]

社会局处理安化寺纠纷时，伪北平市长余晋和曾致函该局，要求驱逐隆福并"请以义安继充主僧"。[④] 市公署并不直接负责寺庙的管理，社会局也未因安化寺案向其请示，市公署却直接下发这样的公函，显系有人求助，而市长的指示与法宽、义安的诉求一致，应是他们通过其他渠道将意见传达给市公署。大量社会局管理寺庙的档案显示，日伪时期社会局就寺庙问题与市公署之间来往公文明显比日占之前增多，内容多是社会局向市公署呈请"鉴核""示遵"，市公署就各案批示后，社会局予以"遵行"，表明社会局管理寺庙的权力受到伪市公署更多的管控。然而在安化寺纠纷案中，针对市长的指示，社会局在给市公署的签呈中详述各端，否定了市长指示，市公署也不再干涉。由此可以看出，作为北平寺庙的地方主管官署，伪社会局在对寺庙进行具体管理时仍具有相当的独立性，也是管理制度化的体现。

按惯例规程，寺庙住持选择权归该寺及其同宗本家僧人，此次社会局明令禁止法宽和义安出任安化寺新住持，是对其合谋蒙蔽官厅行为的惩罚，但仍由法宽寻找其他僧人任新住持。他很快就找到

---

① 《北平佛教会关于更换安化寺住持的呈文及社会局指令》，1937—1946 年，北京市档案馆藏，资料号：J2/8/1183。

② 同上。

③ 同上。

④ 同上。

下弥勒庵僧人、他的干徒弟广权①代理安化寺住持，并言明待他的曾徒孙即义安的徒弟能缘成年后，广权应将住持之位让与能缘。经过例行的诸山作保、传询问话及佛教会调查均相符后，1940 年 2 月 6 日社会局正式批准广权代理安化寺住持。在此之前，警察局已应社会局请求派巡官去安化寺，会同该庙老僧法宽将隆福驱逐出庙。②

社会局对寺庙奉行监督的原则，其所依赖的信息多由寺僧及其同宗近支与庙保提供，这些人因与寺庙有着人际或利益关系，往往相互回护，这使得社会局轻易即被安化寺僧人等合谋蒙蔽。为了警戒这类现象，社会局做出比较严厉的处罚，如礼安被撤革驱逐且永远不准回庙，法宽及义安不能与选住持等。民国时期北平寺庙众多，而社会局等管理机关职员有限，对各寺庙进行有效管理本就难度很大，加之寺僧通过阳奉阴违、合谋蒙蔽等做法，使寺庙保有一些对抗社会局管理的空间，这更增加了对寺庙管理的难度。

四 抑制寺僧的政治投机

抗战胜利后，北平重新回归到国民政府治下，社会局职员也有所变动。1946 年 4—5 月间社会局先后两次收到义安的呈文，要求更换安化寺代理住持广权而准其接任住持。第一次义安控诉广权不奉僧礼之道、不告知庙内收支、无故借用外债。第二次义安出于借抗战胜利之机推翻伪社会局决议的意图，指出七年前隆福被驱逐后本应由他继任住持，但广权因觊觎安化寺，"乃关通伪社会局职员，下令本庙另选主持"，该职员乃"侧面示意本庙须保广权代理"，当时义安和法宽"因革于敌伪势力，未便力争"，便邀请庙保具结由广权代理安化寺住持。他指出，"窃思抗战胜利敌伪崩溃，当不能默视庙权久为外僧霸占"，故而呈请社会局"令饬本庙代理住持

---

① 广权所在的下弥勒庵与安化寺为临济同宗。
② 《北平佛教会关于更换安化寺住持的呈文及社会局指令》，1937—1946 年，北京市档案馆藏，资料号：J2/8/1183。

广权退交庙权以归正主"。① 在义安的联络下，当年广权代理住持时的具保人均退保。② 义安还指出，在听从佛教会建议与广权调解的时候，被广权强索二百万元法币作为出庙条件。对于社会局1939年所作"法宽与义安不得与选"住持的决定，义安认为其意"仅指再革礼安时不能当选，并非永远不能自主"。③ 结合当年社会局原话，"此次改选，法宽、义安两僧均不得与选，以示惩儆"，④可知义安所言并非全无道理。但据社会局传询义安、广权及两位具结人的问话记录显示，义安第一次呈文中对广权的三条指控基本上都不成立，结合第二次的呈文不难看出，义安更多的是基于"因为光复胜利，伪组织所作决定应予推翻"的心态才有上述所请，⑤ 实为一种政治投机行为。

义安请求撤销广权代理住持的内情于此已很明了，控诉广权各节并无确据，所余者仅是庙内管理的细节，比如"外请住持需将账目公开使本宗人知道"，⑥ 广权已同意公开庙内账目。当年广权代理住持时所认定的接任住持人选、义安的徒弟能缘，早因不守清规被逐出安化寺，故而广权得以一直代理。综合以上因素，社会局仍执行伪社会局七年前所作的决议，认定义安无权充任安化寺住持，但可"迅选继承衣钵人以息争端"。⑦ 其间义安曾有寻求寺外力量以帮助他夺得安化寺住持之位而未果，这种政治投机在社会局对安化寺纠纷的管理中未获成功。

---

① 《北平佛教会关于更换安化寺住持的呈文及社会局指令》，1937—1946年，北京市档案馆藏，资料号：J2/8/1183。

② 原保人有三个，分别为天龙寺住持宝尘、万福寺住持信泉和火神庙住持慈然，此时慈然已圆寂。见《北平佛教会关于更换安化寺住持的呈文及社会局指令》，1937—1946年，北京市档案馆藏，资料号：J2/8/1183。

③ 《北平佛教会关于更换安化寺住持的呈文及社会局指令》，1937—1946年，北京市档案馆藏，资料号：J2/8/1183。

④ 同上。

⑤ 同上。

⑥ 同上。

⑦ 同上。

结 语

由上述案例可见，国民政府 1928 年统一全国后制定的寺庙管理体制，体现了政府对寺庙这一基层社会单位的直接控制增强，管理的行政化、制度化程度增强，反映了国家权力对基层社会的管控强化。这一体制在北平一直延续，包括日占时期直至战后，表明基层社会管理体制比较稳定且有一定成效。

北平社会局作为政府主管部门，依据制度条例直接实施对寺庙的管理，重点在于保护作为社会公产的寺庙财产，针对对象则是作为寺庙主事者的住持。如果住持违反规定对庙产私自处分变卖，则会给予不同程度的处罚。从本文考察的 1936—1946 年间北平社会局对安化寺几次纠纷的处理情况可见，社会局对涉及庙产处分纠纷会进行一定的核查程序，调查核实即会按照条例规定执行处罚。在受到寺僧蒙骗或政治投机时，也能通过核查而维持以前的正确决定，保持了制度执行的一致性和连续性，基本起到了保护庙产、解决纠纷的作用，表明政府对寺庙的制度化管理基本得到实施，也具有一定效能。

寺庙除庙产处分之外的其他事务，包括选任住持、人事纷争等，则主要由其自主自治，社会局不直接干预，作为同业组织的北平佛教会等，也只是有程序上的核查责任，并无实际监管能力。因此寺僧得以躲避和潜回的方式逃避处罚，甚至相互勾结而蒙骗社会局，使得社会局的管理难以按条例贯彻落实、完全执行，表明因寺庙自身管理的制度化程度低，仍处于基本自然自治状态，形成对政府权力的消解与抵抗，使政府对寺庙管理有一定限度，甚至遭遇困境。

从寺庙情况来看，对住持之位的争夺，实则是对庙产利用权与处置权的争夺，成为寺僧利益争夺的重心。寺庙不啻寺僧寄生图利依赖之地，至于清规戒律已不为意，即使是住持而公然姘居妇女、兼任售票员等俗职，也习以为常，无人在意。且佛寺与火神庙、关帝庙等道教寺庙住持相互兼任、同业互保，几无分别，这也恰是百姓生活中民间信仰的实态。政府权力对基层社会单位的直接管控，与民间基层单位的自然自治状态之间形成张力，反映了民国时期基层社会管理体制初步建立，其成熟完善还有待于基层社会摆脱自然状态而提升有序化、制度化程度。

从"民间机制"到"官方体制"：
清及民国时期江西的"义图"*

李平亮
（江西师范大学历史系）

　　从里甲制到图甲制，是明清时期赋役制度变化的重要表现之一。伴随着这种变化，里甲组织的改造与重组，不仅在各地呈现出不同的演进实态与地域特征，对乡村社会文化和基层行政组织变迁产生了深刻影响，① 还导致了包括顺庄、乡地等税粮催征方式的多元化，② 其中清代江苏和江西地区出现的"义图"，即是作为自封投柜的一种补充形式。对于"义图"的出现及其在晚清变化的原因，有学者从乡绅体制的角度，认为其经历了一个从"以中小土地所有者为主导向以有实力的乡绅为主导的包揽组织"③ 的转变。有学者则认为："晚清义图制是在官府倡导下施行，并非出于民间动

---

　　* 本研究得到"用友公益基金会"（2017－ZX05）资助，为江西省社科重大委托项目（16WTZD09）和江西师范大学中国社会转型研究协同创新中心项目（2016A02）阶段性成果。

　　① 刘志伟：《明清珠江三角洲地区里甲制中"户"的衍变》，《中山大学学报》1988 年第 3 期；《清代广东地区图甲制中的"总户"与"子户"》，《中国社会经济史研究》1991 年第 2 期；郑振满：《明清福建的里甲户籍与家族组织》，《中国社会经济史研究》1989 年第 4 期；孙海泉：《清代中叶直隶地区乡村管理体制——兼论清代国家与基层社会的关系》，《中国社会科学》2003 年第 3 期；侯鹏：《明清浙江地区里甲体系的改造与重建》，《中国经济史研究》2014 年第 4 期。

　　② 魏光奇：《清代雍乾后的赋役催征机制》，《河北学刊》2012 年第 6 期。

　　③ 〔日〕森田明：《清代义图制及其背景》《清代义图制再考》，收入氏著《清代水利与区域社会》，雷国山译，山东画报出版社 2008 年版。

力。""义图制的出现，是明清图甲制度演变的延续，不仅在一定程度上改进了基层税收形式，也强化了部分地区将'图'作为基层地域单元的角色。"① 但是，就笔者所见清及民国时期江西"义图"的资料，则是呈现出"从民间机制到官方制度"的演变过程。因此，本文试图在里甲赋役制度改革的历史背景下，通过对清至民国时期江西义图制的历史考察，探讨里甲改革与义图创立的内在关联、义图运作的机制，以及其由一种民间的赋税催征方式演变为官方征收制度的内在原因，以期揭示"义图"演变背后所蕴含的社会文化意义。文中不足之处，敬请方家批评指正。

一 "里甲之弊"与清初"义图"的推行

"义图"，又称"议图"，是清代江南地区和江西众多州县盛行的一种赋税征收方式，其主要特征，"乃是以一图为经征单位，图内各甲共立约条，由甲正、图长负责各甲和全图税银的催征"②。从现有史料来看，"义图制"这种税粮催征方式在江西出现的时间，大概始于康雍之际。其产生的背景，与清初江西各地的"里长之弊"和"里长催头"的改革有着密切联系。

早在明万历年间，因里甲组织的破坏，江西部分州县出现了税粮无法按时按量征收的局面。如新建知县张栋在《因事陈言疏》中说道："（新建）逃亡之里，十户九绝，十室九空，流离苦楚，虽鞭扑日加而终无可完之理。国赋日以亏，积逋日以益，有司惴惴焉。"③ 在临江府峡江县，里甲组织的破坏导致了各里差役负担不均。据《峡江县志》记载：

---

① 黄忠鑫：《晚清义图制补论——以青浦县为中心》，《史林》2012 年第 6 期。

② 曹乃疆：《江西义图制之研究》，中国地政研究所丛刊编《民国二十年代中国大陆土地问题资料》第 23 号，台北成文出版公司 1977 年版；万国鼎等：《江苏武进南通田赋调查报告》，《民国史料丛刊》第 14 种，传记文学出版社 1971 年版。

③ 张栋：《因事陈言疏》，《皇明经世文编》卷 438，明崇祯平露堂刻本，第 11 页 a。

峡江虽分二百二十里，现因地远，奸豪吞并，单弱流亡，里或止二三甲，甲或止一二户，甚至里无一甲，甲无一户者有之。藩司每年总派杂输，例照旧额，一里常兼数里之差，一户常兼数户之役。①

税粮的缺失和差役的不均，使各县地方官员和士绅纷纷上书朝廷，请求合并里甲，以达均粮省役的目的。如峡江县令钱琦就有"并里甲以省徭役"之议，上高县岁贡生黄鼎彝、卢瑜选、陈其谟等人则联名上"并里疏"②。不过，这些地方的"兼并里甲"之请，大都因为"值国变不果行"。直至清康熙年间，"里甲之弊"仍然是江西地方官员和士绅所面临的首要问题之一。对此，高安士绅朱轼在与江西巡抚白潢的书信中，对高安和其他州县"里长之弊"有较为详细的描述，对我们理解义图的产生有着较为重要的意义。现引述如下并略作分析：

蒙谕里长之弊及革除之法，不揣冒昧请言其概。里长者，一里之催头也。十甲为一里，按年轮充，以一甲之人，催九甲之粮，投歇取保，三日一次应比，按限守柜守仓，奔走往来催攒之，耗财耗力，已属难堪。况两税经承有费，区书图差有费，修仓铺垫有费，领散归补出陈仓谷有费，折封有铺堂费，上役退役有费，科场有棚厂费，新官到任有修理衙署费，种种诛求，约一百五六十金不等……十三郡中役费之轻重多寡不同，未有脱然无累者。惟建昌之南丰、南康之建昌，向来革去里长，地方至今蒙福，他邑有无革除，弟离家日久，未能尽悉。或云但须禁止陋弊，止令承催守柜，然势有不能者……至革里递用滚单，必先有花户细册，信如尊谕。散乡聚族而居，

① 钱琦：《恤新县疏》，同治《峡江县志》卷9《文徵》，第21页b。
② 同治《上高县志》卷10《艺文》，第5页a。

花户细册开造容易，但令本年里长逐户查编，先出示晓谕严禁
册费，有抗违者严拿究处，不数月间册可取齐矣。①

显然，朱轼认为，里长不仅要承担催征漕粮之职，还兼有筹办
棚厂、修理衙署等各项费用之责。就高安一县而言，各里因丁粮的
此消彼长，出现了差役不均的情形，导致穷困之家无法供役。而新
昌一县，里民对承担里长之役亦是苦不堪言。就江西一省而言，除
革除里长的南丰、建昌两县之外，其他各郡县"未有脱然无累
者"。因此，要彻底消除"里长之弊"，仅凭禁止陋规无法实现，
只有革除"里递之役"。至于里递革除之后的滚催之法，必须先要
"开造花户细册"。这一点，在禁止征收册费的情况下，能在较短
时间内实现。

由于资料的缺乏，我们无法直接得知朱轼的建议是否为白潢所
接受。但是，从其他史料来看，里长之役的革除已是大势所趋。雍
正二年（1724），雍正帝即谕令江西巡抚裴率度"禁革江西里长催
头"。对此，史料有如下记载：

> 江西巡抚裴率度奉谕旨：地丁钱粮，百姓自行投纳，此定例
> 也。闻江西省用里民催收，每里十甲轮递，值年名曰"里长催
> 头"。小民充者有经催之责，既不免奸胥之需索，而经年奔走，
> 旷农失业，扰民实甚，须即查明通行裁革。若虑裁革里长，输纳
> 不前，亦当另设催征之法。或止令十甲轮催，花户各自完纳，庶
> 为近便。务须斟酌尽善，无滋民累，以广惠爱元元之意。②

里长之役的革除，虽舒缓了里甲之民的差役负担，但使地方钱
粮的催征缺少了制度上的保证。因此，如何在"里长之役"革除后
"另设催征之法"，以确保钱粮的按时征收和递解，随即成为江西

---

① 朱轼：《答白中丞书》，《朱文端公文集》卷2，清同治十年版，第3页a。
② 光绪《江西通志》卷首《训典》，第9页a。

各地官员所必须解决的问题。这一点，无疑是江西各地"义图"兴起和推行的重要因素。从现有记载来看，康雍时期江西其他州县义图的创设，大多由乡绅来完成。如乾隆《高安县志》记载："刘基操，字启明，一都塘背人，生平孝友克敦，奉公惟谨，思钱漕为国家重务，纠众义图，依限输粮，使数十年无追呼之扰。"① 道光《丰城县志》记载："康熙年间，乡里竞立义图，赋分十限，按月走输，底冬十月辄为报完。"② "朱尚文，字斐章，东溪人雍正岁贡……时分馆谷予之所居里，立义图，免差累，置仓积谷，济乡邻。"③ "毛沇，字安士，大塘人，廪贡，礼部考职，倜傥能任事。……沇居乡率士民举行讲约礼，创义图保甲，急输纳，弭盗贼，今率为常。"④ 而民国学者曹乃疆在经过实地调查后，对高安县义图的创设有如下追述：

> 高安幅员百里，分都四十有六，考其义图之创设，历史悠久。清康熙五十年，乡贤朱文端公予告归里，以裕国爱民之心，筹安上全下之计，编全县为一百五十五图，每图分为十甲，按照农事收获时期，定夏历六月完上忙地丁，夏历□月完漕米，夏历十一月完地丁下忙，务使年清年款。⑤

总之，清前期江西各地义图的创立，虽与"里长之弊"及官方对其改革相关，但"义图"并不是官方用以替代"里长催头"来征收钱粮的组织，而是在地方官员或乡绅主导下，创立的一种催征漕粮的方式。但是，无论是何种群体主导，其目的均是达到"凡一图之地丁、漕米，自立限期，由图甲长照额催齐，赴柜缴纳，年款年清，毫无蒂欠，买卖田亩之推收过割，极为认真，飞洒、诡寄、

---

① 乾隆《高安县志》卷10《敦行》，第68页b。
② 道光《丰城县志》卷1《都图》，第11页a。
③ 道光《丰城县志》卷15《儒林》，第21页b。
④ 道光《丰城县志》卷17《善士》，第5页b。
⑤ 曹乃疆：《江西义图制之研究》，台北成文出版公司1977年版。

侵渔、中饱诸弊端，均不能施之于完全义图"①。而从运行的实态来看，"义图"是否能达到成效，乃是取决于"甲正"或"首士"的经济实力和社会身份，以及"图议"和"图约"的约束力。这一点，也是"义图"可视为一种民间机制的重要表现。

二 "义图"的运作及其在清中叶的变化

清前期江西各州县"义图"的运作，是以图甲组织为基础。具体做法是：每甲设甲正一名，由花户推举本甲内品行端正、税粮较多者充任。每十甲组成一图，设图长一名，由十甲甲正轮流担任。然后规定输纳漕粮的时限，奖励按时输将之甲户，惩罚逾期纳粮之人，以达到全图按时征输税粮之目的。如同治《安义县志》记载："安邑五乡皆立义图，其法以十甲为一图，轮充图长。完赋各有定期，逾期而不纳者倍罚之，故民常输将恐后。官不勤劳，民无逋负，此风最为近古。"② 乾隆《清江县志》亦载："条漕各立义图，金里正董其事，纳输分两限。既纳验票，逾期者罚，较檄催者为倍严，故年来官鲜追呼之劳，民无逋赋之扰，此最俗之醇美者。"③不过，由于义图的创立并没有一套标准化的程序，因而各地义图在图甲长的称呼、完纳期限等方面存在差异。如江西巡抚德馨在整顿丁漕时就曾说："查江西从前完纳丁漕，民间向有义图之法，按乡按图，各自设立首士，皆地方公正绅耆公举轮充，且有总催，滚催，户头。各县名目不同，完纳期限不一。严立条规，互相劝勉，届期扫数完清，鲜有违误。"④

"义图"之所以能够形成有效的运行机制，与"图议"和"图约"的制定分不开。"图议"又叫"图规"，或称为"章程"，规定

---

① 曹乃疆：《江西义图制之研究》，台北成文出版公司 1977 年版。
② 同治《安义县志》卷 3《食货志》，第 5 页 a。
③ 乾隆《清江县志》卷 8《风俗》，第 11 页 b。
④ 德馨：《确查江西丁漕积弊并设法整顿疏》，《皇朝经世文续编》卷 32《户政九》，光绪二十七年上海久敬斋铅印本，第 3 页。

了义图之内图甲长的责任、漕粮征完程序、缴纳期限、奖惩罚则等方面的内容，是图甲经征漕粮的基本程序和公同罚则。由于出自合图公议，和家规、族规作用一样，"图议"对图内各成员具有约束力。[①] 如高安县创立义图之初，就规定"各花户应纳粮额，各照印发易知由单之数目，自行筹款缴柜，随取串票，各图并定各该月二十日或月底，拢图验串。查有欠完花户，按图约处罚勒交，不许逾限"。[②] 而安义县控八图的"章程"则规定："完粮时期上忙四月十六日开征，至二十四日止。漕米十月十六日开征，至月底止。下忙于十二月一日开征，至二十日止。"如本甲粮户"有过期未行完粮者，引粮差按户催征"。[③]

"图规"的实施，为义图的运作提供了有效的保障。不过，随着义图的发展与变化，"图规"亦处于不断的变更和完善之中。如安义县控八图就在道光二十一年（1841）四月对图内章程进行了补订。改订后的章程，除对册书的职责和上下忙的日期做了修改外，还增添了对图内逃亡甲户漕粮的赔付和未按时完纳漕粮者的处罚，规定"本甲有逃亡死绝之户，举出其亲属赔完"，"有花户过期不完者，由当年摘欠征收，按本位加三处罚之"。

"义图"运作的另一项保障，在于"图会"的设置。义图创立后，其常项开支主要有日常办公费（比如笔、墨、纸、砚钱）、垫款息金、开会和清图时的茶饭费，以及图会办公场所的维修费等。因此，各地义图大都通过设立"图会"来获得稳定的经费。如高安县"义图"经费的来源，除图甲经费外，还有对逾限粮户征收20%—30%的罚金，"所有罚金悉充图甲办公费及图长垫款息金"。靖安县各都图则在创立之初，"或按丁米额出款，或就花户富力，酌量捐钱，作为图会底款，公放生息，用其息金以充经费，而垂久远"。该县的石马都成立义图时，就筹得会底44千文，其他各都也有数量不等的会底。此外，该县"义图"还有"户门会"。具体做

①　龚汝富：《清代江西财经讼案研究》，江西人民出版社2005年版，第221页。
②　曹乃疆：《江西义图制之研究》，台北成文出版公司1977年版。
③　转引自曹乃疆《江西义图制之研究》，台北成文出版公司1977年版。

法是："甲内凡十六岁以上、六十岁以下之农民皆须入会，各量力出钱一二百文不等，亦行汇集存放，所生息金，充作该甲轮充当年时雇请单催以及平时津贴小粮户之需，有余以作赔粮之用。"① 而在上高县内崇本、上下京陂团内二十图制定的"图议"中，亦有如下规定：

> 各处图会亟宜整顿，所有租谷钱项，善为生息，无使分拆。不但承户当差公使公用，即完银、火食、运米船钱亦可于中取用。
>
> 地丁等银，例应四月完半，十月全完。各图的于五月二十日验票。若或花户刁抗，故为怠玩，至开仓以前，大图赴房抄刷各户欠数。倘有违误，除禀公外，照依图议，每两罚钱一千文，断不徇情。②

借助"图议"和"图会"，"义图"达到了图甲长积极催征、花户按时纳粮的目的，成为"里甲催头"革除后一种行之有效的漕粮催征方式，因此受到地方官员的赞赏。然而，由于能否按时征收到足够的漕粮，完全取决于"义图"的自我管理，因而"义图"在清中叶逐渐演变成士绅包揽漕粮的工具，有的甚至以"义图"之名，与地方官员进行利益博弈，引发了诸多"闹漕"和"漕讼"事件。

道光二十四年（1844）九月，安仁县武生高嫩汝、李白华等人在知县林汉乔出示开征漕粮时，"约会同赴投纳"。因本都花户不少，高嫩汝"起意商同李白华等包揽渔利"，"因恐各花户不允"，所以捏称"本都漕粮现经伊等公议起立义图，若随同完纳较为便宜，即米色不纯，仓书亦不敢挑剔"，怂恿各花户一同赴仓完纳。花户信以为真，即将漕米运至都内"志远寺"，以待一同交纳。得

---

① 曹乃疆：《江西义图制之研究》，台北成文出版公司1977年版。
② 《名花堂录》，图议，清道光二十九年刊本，第8页。

知消息后，县令林汉乔随即"饬差查拿"，抓获李白华并革去其武生身份。高嫩汝得知此事后，即纠合吴和良、胡老五等27人聚集漕仓，"令仓书方向高等，将本都漕米尽归伊等量收"。方向高见"势凶人众"，即"畏惧走避"。县役曾兴、王贵，兵丁桂被木棍打伤，"关禁仓厫"。此后，县令林汉乔亲自带差赴仓，吴和良等不仅恃众抵抗，还不许各花户将漕米运至漕仓，事态进一步扩大。为此，林汉乔不得已将此事告知饶州知府，知府一边令林汉乔同饶州营官兵将滋事人员逮捕归案，一边将"闹漕"一事上报江西巡抚吴文镕。①

除安仁县外，贵溪县也发生了包揽漕粮的士绅以破坏"义图"之名控诉地方官员的事件。道光二十七年（1847）二月，贵溪县令阎彤恩查访该县"漕粮历有衿棍揽纳"，于是严禁绅衿包漕，结果引起贡生倪步蟾等"好揽漕渔利之人"的不满。四月十一日，生员侯邦理因与粮差刘春茂发生冲突，被县署传讯至公堂上，侯因"出言顶撞"被关押，故向同为包漕之人的倪步蟾求助。此后倪的门生刘丙照与县署门役发生争斗，被署县戒责，倪遂以"署县屡辱斯文"为由，煽动本年应试童生闹考，最后发展到拒杀差役、拆差房的地步。而同县职员黄连生则上京控诉县署"焚仓勒折"，"滥行激众"，破坏义图。②

尽管以上两起案件，均以闹漕者受到处罚而告终，但还是反映出义图已经成为地方士绅实现包漕的一种惯用手段。而上高县崇本、上京陂等十团的士绅，不仅借助"义图"实现包揽漕粮的目的，还通过联合义图，进行集体诉讼，成功地抵制了地方政府提高漕米津贴的改革。

道光二十五年（1845），上高县因垫付巨额银两出现了财政亏空，因而要求全县"一体津贴"。而崇本、上京陂等十团二十图的

---

① 吴文镕：《审拟安仁县闹漕匪徒折》，《吴文节公遗集》卷11，清咸丰七年吴养原刻本，第5页a—第8页b。

② 吴文镕：《审拟贵溪县滋事匪徒折》，《吴文节公遗集》卷17，清咸丰七年吴养原刻本，第1页a—第7页b。

津贴原本较轻，如果按照"一体津贴"的标准，这些团图必定会增加额外的负担，所以拒不加增津贴。在按照原额缴纳的漕米遭到县衙的书吏拒收后，这些团图联成一体，逐级上诉，直至京控。而他们拒绝增加津贴的依据，则是以十团二十图名义制定的，并得到前任知县盖印的"图约"。其内容如下：

> 立图议约人一区、二区、三区、十团、二十图共立急公图议约，一样二十纸。每图各执一纸，为因漕饷、地丁、重关、国课输将完纳方为善良。前沐侯爷印给图约，花户踊跃输将，相安已久。后因离城窎远，居址星散，积久弊生，不无延玩。今蒙县主孙大老爷留心民瘼，扫除积弊，酌定永远章程。凡属十团、二十图各花户银米，自兹以后不论分厘钱两、石斗合升，照依区额扣算统归，各甲滚催催齐赴县，总完仍按各花户分给串票为据。每年饬房改造征册，每甲载明，共民粮若干，共正米若干，共正银若干，以凭照数。输完后仍分别各花户粮数，以凭推收、过割。钱粮定以四月三十日完半，十月三十日完清。漕米每届开征，各自运米进仓，归总全完所有。每石正米应征水脚钱：一区七十八文，二区二百文，三区二百文，依期缴交。仍将各花户完过串票，交付图众查验。倘无票验，既系抗欠，滚催定应指名具禀，颁法究追，将见人知劝惩，户乐输将，此真法良意美，国民两便者也。为此恳赏均印各给，盖造图约永远公私存照。
>
> 道光廿六年丙午三月　日立
> 一二三区十团二十图急公图约①

尽管各级地方官员对十团二十图的行为，疑为乡绅包漕闹漕之举，且江西巡抚吴文镕也认为地方士绅的说法存在不合理之处，甚至质疑他们所提交的"图约"的合法性，认为是"不肖县官贪赃

---

① 《名花堂录》，图约，清道光二十九年刊本，第5页。

网民，改乱旧章，予以印约"，但联图诉讼背后的士绅并没有受到任何处罚。十团二十图仅仅是在原额的基础上稍加津贴，距离"一体津贴"标准下的数额还有一定的差距。正是在与地方政府博弈的过程中取得了利益最大化，因而十团二十图的士绅在案件结束后，以集体的名义刊刻了记录此次诉讼前因后果的《名花堂录》，将各团图应缴纳的漕粮及"呆规"数额写入其中，并对"图议"重加修订，要求十团花户世守无替，再次强化了自身对"义图"的控制力。

三 晚清江西地方政府对义图的整顿

晚清时期，义图不仅成为地方士绅包揽漕粮和抵制政府加派的工具，在实际运作过程中还出现了诸多弊端，主要体现在两个方面：一是图甲中的粮户通过更改户名，以规避差役和甲费；二是战乱使得义图之"现年"的轮充产生紊乱。对此，翰林院侍读王邦玺在《缕陈丁漕利弊户口耗伤情形疏》中曾有如下论述：

> 乾隆、嘉庆以前，民俗直朴，丁漕户口均系本身的名，近来率多别撰字样，一人而有数户，差役每以无从查传为词。若有人充当现年，即能逐户清追，亦可备官传问，协图之所以为良。其无现年者，谓之涣图，又谓之烂图，协图之花户有巧取者往往别立户名，隐寄于涣图，以冀拖欠。又协图轮充现年，必派甲费，其粮少之甲派费较难，有取巧者亦往往别立户名，隐寄于粮多之甲，以图规避，此则近日民情之谲也。地方官若于协图一法，废者能为之兴，涣者能为之萃，巧者能为之设法以杜其弊，则于催科之道惠过半矣。
>
> 花户急公，向多立有协图，又谓之义图，每年轮一甲充当总催，择本甲勤干之人为之，名曰现年，按户粮多寡派钱数十百千不等，交给现年，作为辛俸并打点书差之用，名曰甲费。有现年之图甲，差役不得上门，祇向现年催取，现年恐所领之

钱不敷差贿，不得不勤加追催，而花户亦各加体贴，现年惧其受累，不得不极力措完，此协图所以少积欠也。嗣因发逆踞城设伪官，无完粮之事，而总催轮充一定之年分遂紊，如乙年已轮之二甲，今停歇二年，论戊年应轮五甲接充，而五甲以三四等甲实未轮接，理应补充，彼此推诿，而协图遂多废搁不行，其难一。①

义图的上述弊端，使得江西各地的义图大多处于废弛之态。如江西巡抚德馨在《确查江西丁漕积弊并设法整顿疏》中就说道：

兵燹以后，惟靖安、高安、新昌、临川、宜春、万载、玉山、广丰、瑞昌、安远、宁都、定南等厅县均有义图，是以丁漕每年或全数报完，或及九分以上，皆由义图尚存之故。此外各县义图一臝八九，至近年收数递形减色，积欠日多，上年前抚臣所以有饬属举办义图、期收成效、藉杜丁漕积弊之请也。②

上述情况表明，对于江西地方政府而言，义图废弛带来的最大问题是丁漕无法按时征收。因此，整顿义图随之成为太平天国战争结束后江西地方各级官员首要之举。如江西巡抚德馨就直接言明："至设立义图，原系小民急公奉上之意，洵为法良意美，倘能劝谕兴复，足补有司催科之不及，仍饬各属察看地方情形，因地制宜，禀覆办理，期收实效。"而吉南赣宁巡道江毓昌为解决义图甲费不足的问题，将衙门陋规提作义图经费，并制定了多达十七则的义图章程。现将其中数条引述如下：

---

① 王邦玺：《缕陈丁漕利弊户口耗伤情形疏》，《皇朝经世文续编》卷32，户政九，第12页a。
② 德馨：《确查江西丁漕积弊并设法整顿疏》，《皇朝经世文续编》卷32，户政九，第3页a。

一、义图必须遍及全邑，除原有义图急公各仍其旧外，凡未办之处，责成各都图绅耆出具切结，实力劝导，一律办齐，其原有义图之处，若章程尚未完善准照此次新章办理。

一、办公须有定所，城内应以学务会为总局，各都图各于适中之地设立分局，俾声气相通，易于集事。

一、凡事得人则理，应由府县在八乡中，每乡选举明白公正、众望素符绅士一人，名曰"总绅"，分为四班，每班二人，分年轮值。各都由府县督同总绅酌量都之大小，选举明白公正都长一二人。图长由县督同总绅、都长分别花户多少，多者选举四五人，少者二三人，均由县发给谕单，以专责成。如都图长能多选若干人，仿照总绅分年轮值，尤为妥善。

一、值年总绅二人常川住局，管理合县义图事务，每人每年支领薪水钱一百二十千文。都长管理本都义图事务，每人每年在总局支领薪资钱十千文，为上下忙及开漕三次办公费用。图长管理本图义图事务，人数过多无款可支，应由总绅会同都图长酌应给若干，即在各该图自行筹措，至本图逾限罚款每年共得若干作为十成，以八成归图长，二成归都长，以资津贴。

一、新立义图必须先定图分，其有一图数村，一村数图，一图数姓，一姓数图，以及寄居该图客籍，或仍照原有之图，或应分应并，各从其便。若某图有买卖田产推收过割情事，由买田花户报知图长，按月开单报知都长转报总局，再由总局报县，各于清册内加签注明，以免遗漏。倘该花户隐匿不报，查出照买价加三成议罚。

一、钱漕仍照向章，由花户自投就近之城乡柜完纳，上忙定限六月二十八日，下忙定限十月十八日，各花户将完领串票送交图长查验盖戳销号，届期不到，照该户完银数加三分扣罚，展限十日不到，又照罚一次，再限十日，如仍不到，即由图长开名报知都长，由都长函告总绅禀官拘究。漕米例有加价，今展限于十月初一日开征，十一月初一日验票，如违，除照例加价外，仍照钱粮加三分扣罚。展至二限十二月初一日验票，如违，照前再罚一次。若至三限十二月十一日无票可验，即照前办法指名禀究。验票之日，由图长请本图粮米最多者之户到场帮同查验，如有不遵罚者，公同联名告知都长，函告总绅禀究。①

除以上这些条规外，江毓昌还对串票捐、粮户积欠漕粮的偿还年限、寄居客图交纳漕粮的方式等做了统一规定。随着这个章程的颁布和推行，江西各地先后出现了管理全县漕粮的义图局。如民国《南丰县志》记载："乡户完纳丁漕，向由粮房于五十五都派人设乡柜征收，一切耗费均无形取之乡户，横征苛敛，势所不免，邑绅乃于清光绪三十二年丙午呈准立案，成立义图局。城内设总局，公举总董一人主之。各都设都图长，以本都人充之，仿刘晏屏书吏用士人法，意未尝不善也。"②

但是，结合上引章程和南丰县义图的情况，我们不难发现清末的义图无论是在组织上，还是管理人员上，均与清前期的义图有了较大的差别。首先，在组织上，此时的义图形成了设于总局—分局—都—图—花户这种多层级系统，其中总局设于城中，分局设于各都适中之处；而此前的义图仅有乡村中的都—图—花户这种层级。其次，与组织系统相应的是，形成了总绅—都长—图长这种管理系统，其中总绅由府县从全县选举，都长"由府县督同总绅"选出，图长由县督同总绅、都长选出。在这个体系下，无论是县局总绅的选举，还是都长和图长的任命，都是在官方的监督下完成，这与清前期江西各地义图自设首士，轮充图长有着明显的不同。这一点，也是清末江西义图逐渐制度化和官方化的重要标志。

四　民国时期义图的"消亡"与"复兴"

随着清末官方对义图的整顿和强制推行，江西各县先后完成了

---

① 民国《庐陵县志》卷6上《田赋》，第16页a—第17页a。
② 民国《南丰县志》卷之终《纪义图》，第5页b。

义图的组建。如南丰县在光绪三十二年（1906）成立义图的仅有四都半，宣统二年（1910）则扩大到二十八都半。至民国元年（1912），全县五十五个都均建立了义图。① 进入民国后，江西省议会修正了各属义图局章程，要求"凡有未办之处，应由行政官厅会同县自治会责成都图各绅士，出具切结，按章实力遵办，限奉文后六个月一律办竣"。② 章程的修正与颁布，进一步强化了义图作为官方制度的属性，但是这种自上而下推行的方式，也导致"义图"失去了其作为民间机制的活力。至民国前期，义图在江西各县虽仍然存在，但实际上已是难以为继。1932—1933年，江西省政府为了解决各地田赋拖欠问题，不仅出台了《江西省整顿征收田赋办法》，还在省务会议上修正通过了《江西省各县义图通则》，要求各县分3期举办义图，均未取得多大成效。至1935年，如江西省财政厅杨藻所见，各地"义图图甲长，大半由县府指派，并非地方公推"，"对于征收事务，绝不负责。两年半以来，并无效果，言之痛心。花户的名册的确者，不过十之六七耳！③"

民国时期义图制的失效，既与图甲长不由公推而是政府指派有关，还与书手这一群体有关。有学者指出，在民国时期的江西，书手也是各县赋税征收系统的中介者，他们凭借特殊的角色上下欺隐，从中渔利，导致官方所推行的义图制在实际的运作中弊端频现，进而日趋瓦解和消亡。④ 不过，当我们从政府档案和各种公报中，看到作为官方田赋征收制度的义图衰败时，又在一些民间文献和实地调查中发现了其复兴的迹象。在吉安县永和镇，笔者在当地一建筑的门额上发现了"永二都一图一至十甲急公局，民国□□年建"的字样。而《上高白土上团急公会砧基》（下简称《砧基》）

---

① 民国《南丰县志》卷之终《纪义图》，第6页a。

② 《江西省议会修正各属义图局章程》，军政府印刷所，第1页。

③ 转引自龚汝富《民国时期江西推行义图制的尝试及其失败》，《中国经济史研究》2005年第3期。

④ 龚汝富：《民国时期江西推行义图制的尝试及其失败》，《中国经济史研究》2005年第3期。

则为我们理解义图的复兴提供了难得的史料。

《砧基》一书刊印于 1918 年冬，由序言、正文和跋三部分组成。从《砧基》的序、跋两部分内容看，"急公会"的出现，与义图制的衰败有着直接联系。如该会发起人之一吴拜昌就感叹，义图制度曾使"追呼之声不及户者数十年"，而自民国以来，"无何老成凋谢，图议会项化为乌有"。而另一发起人吴谟烈亦称，"至辛亥建国以来，图会败，图议亦因而亡；图议亡，斯粮户受累者多。举一团之父老子弟，伤前贤之不再，冀后俊之复兴，殆有年矣！"①此外，他们希望借助"急公会"的组建，避免书吏的敲诈勒索。时任上高知事的吴贞德显然意识到这一点，他在为《砧基》所作的序言中称：剔除田赋征收的弊端，苏解民困，一直都是自己欲为之事，因此希望"急公会"的建立，能够达到"不使彼剥蚀浸润、箕敛把持者得有以借口"的效果。

"急公会"之所以冠以"急公"二字，用创办者的话说，"起立是会，原为急公奉上，故以急公为名"。从这一点也可看出，"急公会"实际上是一种催征田粮的组织，其催征对象当包括白土上团一、二图共二十甲中的所有粮户。在"急公会"制定的 16 条规则中，对每年上、下忙征收的期限以及逾期纳银的处罚，均作了明确规定。它要求粮户必须于"阴历五月二十以前上忙完半，十月三十以前漕折完清，十二月初十以前下忙清完"，"每年丁漕有逾初限不完者，除官厅加价外，每两银罚英洋贰角，每石官米罚英洋三角正"。如粮户一次性交纳，则"免收票钱二十文；分作两次完纳者，收票钱廿文；三、四次完纳者，累次加收票钱"。②此外，"急公会"要求各花户公同订立图约，对愿意接受上述规则的约束做出书面承诺，以防止在实际催征过程中出现花户拖欠税粮的现象，保证漕银的催征能够顺利完成。在这个意义上讲，"急公会"与义图制在性质上并无差别，两者都是以图议（规则）、图约作为

---

① 《上高白土上团急公会砧基》，1918 年刊，第 2 页。
② 同上书，第 5 页。

实施的主要内容，并"通过团体力量来抑制逃避拖欠税银事件的发生"。①

　　作为一种地方社会内生的赋税催征组织，"急公会"与地方宗族组织有着密切联系。无论是从该会发起者，还是从图约的订立者看，吴姓宗族都构成了该组织的主体部分。例如，4 名发起人均为吴姓，在 10 名赞成人员中，有 9 名为吴姓。更有意思的是，在共同订立的图约中我们看到，一图除了吴姓外，还有林姓、凌姓、张姓；二图除吴姓外，则有卢姓、熊姓、颜姓，但在代表二图共二十甲署名的 20 人中，有 19 人为吴姓，且这 19 名吴姓无一例外地拥有收存图约的权利。从该会制定的通知单中，我们还发现，整个白土上团花户漕银的催收，都是在吴氏宗祠进行的。换言之，吴氏宗祠很有可能就是白土上团漕粮征收的管理机构，而吴氏族人则是机构的管理者。

　　"急公会"与地方宗族的密切结合，充分表明该会并不是一种全新的赋税征收组织或方式。无论是清代的义图制，还是此时的"急公会"，它们的存在都必须以宗族组织为依托。宗族组织在为"义图""急公会"提供载体时，这两种催征方式反过来又有助于地方宗族加强族内的认同。如吴希禹在序言中就称，义图的破坏，不仅影响到本团漕粮的按时征收，且使原本同属一宗的一图、二图之间有了明确的界限，"使无有继述于后者起而杜其弊，恐将来我族一脉相传，有不知敦厚世系、一公之谊者也"。因此，他强调，"急公会"的出现，除重现"上无追比之烦，下无差索之苦"的美好情景外，还有助于本族消除畛域之虞，"诚一举而三善备矣"。②

五　结语

　　清至民国时期，江西的义图经历了一个兴起、发展、异变及整顿

---

① 龚汝富：《清代江西义图制之图议、图约举隅》，《华南研究资料中心通讯》2005 年总第 38 期。

② 《上高白土上团急公会砧基》，1918 年刊，第 2 页。

与复兴的历史过程，呈现出不同的时代特征与社会文化内涵。清康雍时期义图的兴起，既是明后期以来里甲赋役制度在地方上不断衰败的必然趋势，又是清初国家对赋税征收体制改革与民间自我组织的结果，成为自封投柜方式下催征漕粮的有效补充方式。然而，随着义图的推行，其逐渐演变为乡绅包揽漕粮的工具，引发了诸多"漕讼"现象。至晚清时期，加之战乱导致的各种弊端，江西各地的义图处于废弛之态。为了确保丁漕的按时征收，清末江西地方政府对义图进行了较为全面的整顿，制定了相应的章程，强化了官方对义图的监督与管理，从而使这种民间的漕税催征方式演变为官方赋税征收体制的重要组成部分，并成为民国时期江西地方政府用以解决田赋征收的历史遗产。

但是，由于民国时期政府推行的义图制在实施主体、运行方式等方面，均与清代的义图有了明显的差异，因此在实际推行过程中弊端频出，日趋消解，从而导致传统义图在地方社会的复兴，出现了上高白土上团的"急公会"这一团体经征方式。而从其与地方宗族之间的关系来看，"急公会"这种赋役共同体与清代的义图制有诸多相似之处。在某种意义上，我们也许可以说，"急公会"其实就是义图在民国时期的延续，两者之间的差别仅在于名称不同而已。它们的运作和维持，均依赖于地方社会内部的力量，即"图甲长"的道德威信和"会约"，并与宗族组织结合在一起。由于义图制度具有这种内生性，因而当民国时期江西各地政府试图自上而下推行义图制时，其收效也就可想而知了。所有这些表明，晚清之前的义图、清末民国时期的义图、民国时期的"急公会"这三种税粮催征方式的形成与发展，既是义图从"民间机制"到"官方制度"演变的结果，又反映了这种变化背后，乡绅、宗族等社会力量与书吏等各种中介势力、地方政府之间的利益纠葛。这一点，正是我们理解义图与清代以来社会变迁的关键所在。

妥协与对抗：清代以来洞庭湖区的渍涝灾害及其因应之道[*]

刘志刚

（湖南大学岳麓书院）

水灾是相对于旱灾而言的灾害种类，可分为洪、渍（涝）、地下水三种灾型。三者皆因水量过剩而成灾，但又有明显的不同。洪灾因水量暴增，水流过大，冲毁村镇、农田，损伤财产与人命而成灾，有倏来倏去、灾区线状等特征。渍灾因水量暴涨，排水不畅，淹没村镇、农田，浸毁财物，淹毙人命而成灾，有倏来慢去、受灾面广等特征。地下水灾则因地下水位高，使土壤冷浸化或潜育化，造成作物减产而成灾，往往发生在极低区，有较强隐蔽性与渐进性。对于低洼之地，有洪必有渍，有渍必有地下水，但反向关系不确定。渍灾、地下水灾是低地开发后出现的，长时期不为人们所注意，因而史料记载较少。

当前学术界对水灾史研究已相当宏富，但专门探讨渍灾与地下水灾的尚不多见。民国学者彭文和说：湖南"山乡苦旱，湖乡苦渍"。[①] 湖区也有"湖田不愁干，但忧渍"的民谚。[②] 可见，渍涝是

---

* 基金项目：国家社科基金青年项目"清代至民国环洞庭湖地区经济开发与生态变迁研究"（13CZS060）、中国博士后基金面上项目"晚清至民国环洞庭湖地区湖田围垦与生态变迁"（2013M542103）。

① 李振：《湖南省土地利用与粮食问题》，见萧铮主编《民国二十年代中国大陆土地问题资料》第75册，台北成文出版社、（美）中文资料中心1977年版，第28193页。本文以《清代以来洞庭湖区渍涝特征与灾害防治》为名，刊发于《华南农业大学学报》（社会科学版）2017年第5期，特此说明。

② 曹时雄、向敬思纂：《沅江白波闸堤志》，民国铅印本，湖南省图书馆藏，第46页。

这一区域极为严重的灾害，但在现有研究中却为洪涝、水患、水灾之名所遮蔽。比如，吴海文认为围垦湖田是湖区水灾频发的重要因素，但并非最主要原因。[①] 毛德华等则论述了1949年后湖区洪涝状况，认为是"自然驱动力"与"人为驱动力"相互作用的结果，但根源还是异常的大气环流。[②] 龚政探讨了垸田开发与上游水土流失对湖区水灾的影响等。[③] 这些都涉及溃灾，但对其成因、影响及因应举措没有系统性讨论。

一 势不可当：湖田围垦中的溃灾

清代以降，洞庭湖洪灾呈不断加剧的趋势。据统计，1525—1873年湖区发生洪灾184次，平均1.9年一次，大洪灾18次，平均19.4年一次；1874—1958年40次，平均2.1年一次，大洪灾9次，平均9.4年一次。[④] 民国初年，水利专家李国栋也指出："前清雍乾嘉时……汉寿滨湖一带，年有溃灾……此水患萌芽时代"，而咸同年间松滋、藕池决口至光绪中期则是湖区"水患最烈时代"，至清末民初非但湖区洪涝频发，湘资沅澧四水亦且"春夏之间，两岸难免横流之灾"。[⑤]

衡诸史料，清代以来湖区溃灾蔓延确有不可阻挡之势。雍正帝曾谕曰：湖广"近江滨湖之地"，有因"疏浚不力"而泛溢为灾的。[⑥] 乾隆四十八年（1783），有官员奏称："洞庭湖水势涨发，宣泄不及，

---

① 吴海文：《清代洞庭湖区水患和洞庭湖治理研究》，硕士学位论文，广西师范大学，2000年。

② 毛德华、夏军：《洞庭湖区洪涝灾害的形成机制分析》，《武汉大学学报》（理学版）2005年第2期。

③ 龚政：《清代湖南的经济开发与生态环境的变迁》，硕士学位论文，西南大学，2008年。

④ 湖南省水利志编纂办公室编：《湖南省志》（第三分册）"洞庭湖区水利"，1984年印，第53页。

⑤ 李国栋：《两湖水利条陈》，民国四年铅印本，湖南省图书馆藏，第4页。

⑥ 《清世宗实录》卷59，雍正五年七月戊辰。

灌入内湖……以致低洼田亩被水淹浸。"① 乾隆五十一年（1786），据湖南巡抚浦霖所言，湖区出现湖水"倒漾"现象，常德府、岳州府及澧州所属有"积水未消之处"。② 咸同年间，松滋、藕池决口后，这一区域溃灾更形突出。同治八年（1869），安乡、华容、沅江等县地势低洼，"被淹甚宽"。③ 宣统三年（1911），武陵、龙阳等县"田庐多被淹没"，而益阳县城堡一带"亦被浸灌"。④ 民国二十四年（1935），全湖溃灾更是高达 166.1 万亩，民国三十七年（1948）增至 227.5 万亩，1949 年多达 253.37 万亩。⑤ 民国年间，沅江保安垸发生大溃灾有十二次之多，其"二百四十弓"自建垸以来"田里泥巴冒见过天"，而下垸更是"青溜溜，得全收"。⑥ 当时有学者就说："滨湖农业上最大的祸害是水患，其次是溃患。"⑦ 新中国成立后，溃灾跃升为湖区最严重的水灾。据估计，这一区域溃灾 50 年代平均 60 万亩、60 年代平均 20 万亩、70 年代平均 1.7 万亩、80 年代平均 18.38 万亩，而溃灾则是 50 年代平均 82 万亩、60 年代平均 69 万亩、70 年代平均 35 万亩、80 年代平均 91.8 万亩。⑧

这样大面积的溃灾给湖区造成了巨大损失。对此，清代文献语焉不详，但从前引文中亦可想见，民国年间则有较确切的记载。民国二十一年（1932），湖南省建设厅水利专员指出："兹就溃灾成分之比较，平均以十分之六计算，白水淡南岸各垸每年应欠收田谷 128682 石，以 3 元价计银 386046 元，以 2.5 元价计银 321705 元。

---

① 《清高宗实录》卷 1183，乾隆四十八年六月戊子。

② 《清高宗实录》卷 1260，乾隆五十一年闰七月癸未。

③ 《清穆宗实录》卷 265，同治八年八月庚申。

④ 《大清宣统政纪》卷 55，宣统三年六月丁卯。

⑤ 湖南省水利志编纂办公室编：《湖南省志》（第三分册）"洞庭湖区水利"，1984 年印，第 58—59 页。

⑥ 彭德完：《保安垸今昔》，载本资料委员会编《沅江文史资料》第 2 辑，1985 年印，第 112—116 页。

⑦ 刘绍英：《改进滨湖农业的先决条件》，《明日之土地》1936 年第 2 期，第 10—12 页。

⑧ 湖南省水利志编纂办公室编：《湖南省志》（第三分册）"洞庭湖区水利"，1984 年印，第 57 页。

塞波嘴南岸各垸每年应欠收田谷 158283 石，以 3 元价计银 474849 元，以 2.5 元价计银 395707.5 元，两处合共损失农产达 286965 石，损失财产达 860895 元，最低限度亦有 717412.5 元。"[1] 以上少数堤垸的损失已如此巨量，整个湖区更难以想象。因而，1949 年前有"三年渍两载，十年九不收"之说。新中国成立后，渍灾得到一定程度的控制，但危害依旧很大。据统计，1949—1991 年湖区洪渍、涝渍成灾面积分别是 6.475×10^5 和 5.369×10^6 公顷，直接损失分别是 32.13 亿元和 65.09 亿元。[2]

渍灾不仅带来有形经济损失，且影响湖田产量。如保安垸"上垸土高地肥，为上业；中下垸渍水所归，且港路甚远，常苦旱潦，为中、下业"。[3] 民国汉寿县也因"湖水逆犯，沅流下侵"，以致"垸老淹多，多成下业"。[4] 新中国成立初年，洞庭湖大规模围垦未能增产，一个重要原因就是"垸田渍害严重，潜育性水稻土要占60% 上下，一般比正常农田低产三百至四百斤"。[5] 正因如此，湖区水利纠纷"病源实由渍水无消，各存壑邻所致。"[6] 民国沅江保安垸首曾继辉多次指控熙和垸董事曹礼庭等兴筑白水滨闸堤是为"多泻渍水"。[7]

清代以降，湖区渍灾何以会日益恶化？究其缘由，首要的是围垦增多，蓄水无地所致。乾隆朝已有记载："滨湖堤垸如鳞，弥望无际。"[8] 据统计，同治七年（1868）前洞庭湖有围垸 544 个，其

① 曹时雄、向敬思纂：《沅江白波闸堤志》，民国铅印本，湖南省图书馆藏，第 45 页。

② 王克林等：《洞庭湖区洪涝灾害形成机理与生态减灾和流域管理对策》，《应用生态学报》1998 年第 6 期。

③ 曾继辉：《洞庭湖保安湖田志》，岳麓书社 2008 年版，第 538 页。

④ 曾继梧：《湖南各县地理调查笔记（上）》，1931 年铅印本，湖南省图书馆藏，第 146 页。

⑤ 湖南师范学院地理系编：《湖南农业地理》，湖南科学技术出版社 1981 年版，第 118 页。

⑥ 彭雨新、张建民：《明清长江流域农业水利研究》，武汉大学出版社 1993 年版，第 262 页。

⑦ 曾继辉：《致省政府委员曾凤冈书》，载《保安湖田志续编》卷二，民国铅印本，湖南省图书馆藏。

⑧ 徐民权等编：《洞庭湖近代变迁史话》，岳麓书社 2006 年版，第 303—304 页。

中 88 个始修于明代；光绪年间，至少又新增 550 个；民国二十四年（1935），已多达 1479 个；民国三十一年（1942）因防洪合小并大，堤垸数降至 613 个；民国三十七年（1948），有报告称湖区堤垸 650 余处，且各县私围尚不在其列；1949 年冬，湖区及"四水"尾闾增至 993 个，达 593.5 万亩；1979 年，湖区及"四水"尾闾耕地面积达 868.7 万亩。[①]

与此同时，湖体容蓄量迅速萎缩。清前期的已无从考证，据道光年间所修《洞庭湖志》全湖图测算，其时湖面约有 6000 平方公里。同光年间湖区大兴围垦，光绪二十二年（1896）约 5400 平方公里，减少了十分之一。民国二十五年（1936）为 4700 平方公里，民国三十六年（1947）为 3100 平方公里，十年间萎缩了三分之一，较鼎盛期减去一半有余。新中国成立后，洞庭湖继续缩小，至 1983 年仅 2691.7 平方公里。[②] 由于泥沙淤积，湖底高程也不断抬升。民国年间，水利专家王恢先指出："现其最深处，在岳阳城陵矶一带，约与松口水平线相等，其他处纵在湖心，亦已高出最深度十八公尺。"[③] 而且，大量垸内湖荡开垦成田，也加剧了溃灾的发生。同治《澧州志》记载："城内积潦，累月不消"，是因"聚蓄之塘多平淤，近塘居民尽占为屋基"。[④] 光绪年间，有官员称：民众"只欲广田"，将垸内湖荡之地"强开种稻"，以致"高田亦被淹没"。[⑤] 民国安乡县也有"各垸之塘坝沟渠、湖沼潴水之处亦名辟为田亩"的现象。[⑥] 新中国成立后，内湖垦辟相当引人注目，面

---

① 湖南省国土委员会办公室编：《洞庭湖区整治开发综合考察研究专题报告》，1985 年印，第 393 页；刘大江、任欣欣主编：《洞庭湖 200 年档案》，岳麓书社 2007 年版，第 43 页。

② 湖南省水利志编纂办公室编：《湖南省水利志》（第三分册）"洞庭湖区水利"，1984 年印，第 5—14、32 页。

③ 刘大江、任欣欣主编：《洞庭湖 200 年档案》，岳麓书社 2007 年版，第 89—91 页。

④ 何玉菜：《同治直隶澧州志》，岳麓书社 2010 年版，第 179—180 页。

⑤ 曾继辉：《洞庭湖保安湖田志》，岳麓书社 2008 年版，第 148—156 页。

⑥ 曾继梧：《湖南各县地理调查笔记（上）》，1931 年铅印本，湖南省图书馆藏，第 159 页。

积由 1949 年的 300 万亩降至 1979 年的 150.4 万亩。[①] 正是这样，湖区陷入洪水不能泄、渍水无处消的窘境。

然而，湖田围垦虽起因于民众贪图淤洲之利，却是以自然淤积为基本前提的，尤其是在松滋、藕池决口后，随着湖底淤积加速，才得以大规模兴起。民国有专家称："洞庭湖之淤塞三分之二应归咎于天时……四口不决，南县一带也许还是泽国。"[②] 因此，不可一味认为围垦必然加剧渍灾。水利专家王恢先有言："修筑垸堤，是否为水患之所由起，应根据事实立论，未可凭空臆断"，并指出"占水量者非堤圩，而乃淤洲；致水患者非垸田，而乃沙泥"。[③] 这可谓揭示了湖区水患的症结所在，但渍涝频发更直接的原因应是流动淤积与固化围垦之间的矛盾，且因江水南侵淤积加快与围堤愈益固化而加大。

洞庭湖泥沙淤积绝非人力所能逆转，但却有一个基本特征即"水进得多、过得多，沙也进得多、留得多；反之，水进得少、过得少，沙也进得少、留得少"。[④] 这使围垦区内外呈现出"外成高岸，湖皆为田"与"内如釜底，田皆成湖"的逆向演化关系。[⑤] 且晚清以来荆江四口南流后，湖区淤速更为惊人。民国二十三年（1934）有资料显示：四口及湖南四水入湖泥沙为 2.86 亿立方米，其中四口占 2.62 亿立方米，而由城陵矶流入长江的泥沙只有 0.44 亿立方米，留在湖内的泥沙高达 2.42 亿立方米。[⑥]

洞庭湖快速淤积致使湖田随垦辟先后而高低不一，即"大抵光宣之际所修老垸地势最低，民十七以前新围之垸地势较高，而最近

---

① 湖南省水利志编纂办公室编：《湖南省水利志》（第三分册）"洞庭湖区水利"，1984 年印，第 5—14、32 页。

② 参见李勤《二十世纪三十年代两湖地区水灾与社会研究》，湖南人民出版社 2008 年版，第 61 页。

③ 刘大江、任欣欣主编：《洞庭湖 200 年档案》，岳麓书社 2007 年版，第 89—91 页。

④ 徐民权等：《洞庭湖近代变迁史话》，岳麓书社 2006 年版，第 256 页。

⑤ 彭雨新、张建民：《明清长江流域农业水利研究》，武汉大学出版社 1993 年版，第 262 页。

⑥ 聂容芳：《洞庭湖——演变、治理与综合开发》，湖南人民出版社 2013 年版，第 194 页。

所淤之草山比较更高"。① 由是观之，清前中期所修围垸必与后修者相差更为悬殊。民国二十五年（1936），汉寿县徐蔚华就说道："咸丰迄今，以余目睹之水高于地约二丈；康熙迄今，以先辈之言证之，水高于地共计有二丈七、八尺。"② 是时，曾继辉言："夫洞庭今日一堤战之秋也……惟有建筑堤塍加高培厚，庶可与波臣对敌。"③ 正因如此，湖区形成了"水在地上流，船在屋顶行；人在地上行，船在天上行"的景象。④ 众所周知，围堤虽可御洪，却不能防涝。在排渍技术极为落后的条件下，高筑围堤势必使渍灾越发深重，恰好彰显出了围垦与环境之间不断加剧的紧张关系。那么，清代以来湖区社会如何应对这一矛盾？概而言之，有与水妥协和对抗渍水两类举措，前者主要是指灵活多样的生产策略与还水于地的政府政策，也就是不与水争地的顺应之道，后者则是指用人力或人工技术排泄渍水以保障低垸农业生产的对抗之策。

二 形势所迫：与渍灾的妥协之道

相当长的时期里，与水妥协是这一区域应对渍灾最重要的策略，其所依循的就是作物生长规律与湖水盈缩周期。洞庭湖水势浩大，亦有荣枯变换。清人袁枚有诗曰："请君将身作水想，消息盈虚君自知……春自生，冬自槁，须知湖亦如人老。"⑤ 因其是湘资沅澧四水及荆江四口来水的汇集之所，故是涨是落受制于湖南省内与长江上游降雨量的大小。前者降雨集中在4—6月，后者则集中在7—8月。若是错开行洪，为患不大，倘若两相顶冲，势必洪涝为灾。因此，能否避开高洪峰是垸田有收的法门。这对农作物的品

① 曹时雄、向敬思纂：《沅江白波闸堤志》，民国铅印本，湖南省图书馆藏，第49页。
② 徐蔚华：《洞庭湖七十年变迁记》，转引自李跃龙《洞庭湖志》，湖南人民出版社2013年版，第154—155页。
③ 曾继辉：《致省政府委员曾凤冈书》，载《保安湖田志续编》卷二，民国铅印本，湖南省图书馆藏。
④ 徐民权等：《洞庭湖近代变迁史话》，岳麓书社2006年版，第30页。
⑤ 陶澍、万年淳修纂：《洞庭湖志》卷十一《艺文》，岳麓书社2003年版，第386页。

性提出了较高要求，其中生长周期是最关键的因素。因而，一些早熟水稻受到湖区人民的青睐，比如五十早、六十早、七十早等，还有特早水稻，不需移栽的云南早、毛瓣子、冻粘子，等等。① 而粒谷早是种植最为普遍的，因其"产量高、品质优"，且"成熟速，收获期较其他中稻为早……可以避免天灾影响收获"。② 它们的培育与推广是湖区人工与自然双重选择的结果，也是人水妥协的生动体现。

不仅如此，湖区民众还利用湖水盈缩周期，积极开垦淤洲来增加农业生产。道光《洞庭湖志》记载：垸民"往往于垸外水滨垦田植稻，谓之'湖田'……三载一熟，熟则倍获厚利"；又记曰：自巴陵、华容、安乡、龙阳、沅江五县沿湖一带"一平如掌，其初淤高者，可以种菜子……所谓'西湖菜子'是也"，而"不忌春水，忌夏秋之水"的稍高之地可种烟，待"高者愈高，下者亦高"者则可种麦，麦收后若"夏水早退"还可种菽粟，这让洞庭湖区菜麦菽粟"堆积成山"。③ 曾继辉在《洞庭湖保安湖田志》中也讲道："农民于夏月大水将涨，挖土成田，俟水退后积有淤泥，撒谷播种，此即所谓'撒谷田'也……秋后仍听荒废。"④ 故而，当地流传着种湖田"有就收，无则丢"之说。

湖区民众简便的居住设施也可将渍灾损失降至最低限度。有关记载屡见史料，比如"围中居民鲜少，间一二搭棚种地者早已迁移"；"业佃搭盖草棚居住耕作者，因湖水渐长，早经搬移高阜"；"被水各属……土草房屋，间有浸漫，尚无坍塌"；"水乡民房尽系板屋……亦无冲失"；"各垸内草土房屋多有被淹，居民均预行搬

---

① 张步天：《洞庭历史地理》，山西人民出版社 1993 年版，第 236 页。
② 李振：《湖南省土地利用与粮食问题》，载萧铮主编《民国二十年代中国大陆土地问题资料》第 75 册，台北成文出版社、（美）中文资料中心 1977 年版，第 28222 页。
③ 陶澍、万年淳修纂：《洞庭湖志》卷五《物产》，岳麓书社 2003 年版，第 105—106 页。
④ 曾继辉：《洞庭湖保安湖田志》，岳麓书社 2008 年版，第 12—16 页。

移老堤高处"，等等。① 直至 1949 年以前，湖区房屋多为低矮茅棚，形似牛棚的称"牯牛棚"，形似蚌壳的称"蚌壳棚"。对此，有民谚称："十根柱子九根架，三个人字架上架……做屋就得做穿架，大水来了好搬家。壁是芦柴瓦是草，芦柴茅草用篾扎，反正年年要搬家，管他歪来还是斜。"② 这无疑是为顺应湖区间歇性的洪涝灾害而建造的，既是湖区民众人水妥协的无奈，也是他们与水共生的智慧。

利用农作物的生长特性，帮助民众灾后补种粮食、瓜菜是政府在这一区域应对渍灾的重要举措。乾隆十七年（1752），湖南巡抚范时绥奏称："滨湖洼地，溪涨漫入堤垸……现酌借籽粮，及时补种。"③ 乾隆三十一年（1766），武陵县大水，五月时"补种晚禾"，六月初再次"被浸"，"补种晚禾杂粮"。④ 乾隆五十三年（1788），湖南华容等地水灾，谕曰："急须设法疏消，赶紧补种……应行量加抚恤、并酌借工本、籽种。"⑤ 但因受制于农时，倘若渍水未消，或反复上涨，补种亦难凑效。道光十四年（1834），洞庭湖大水，湘江沿岸堤垸"补种冬粘，得熟"，却"为数十年所仅见"；道光二十四年（1844），长沙湘江突涨，亦"补种晚稻无收"。⑥ 时至晚清，政府为防治渍涝，开始积极干预农业生产。光绪年间，沅江负责垦务的官员称：湖区旱渍频发"非地利天时有所不逮，实种植有宜与不宜之别"，呈请借由官垸示范多种经营，以改变"洲民狃于稻田"的生产习惯，同时请饬垸内低洼之处"一律种莲及芡"，不得围垦成田。⑦ 这一设想已显露出现代生态农业的思想。

---

① 水利水电部水管司、水利水电科学院编：《清代长江流域西南国际河流洪涝档案史料》，中华书局 1988 年版，第 375、407、488—489、530 页。

② 徐民权等：《洞庭湖近代变迁史话》，岳麓书社 2006 年版，第 413 页。

③ 《清高宗实录》卷 415，乾隆十七年五月己丑。

④ 《清高宗实录》卷 766，乾隆三十一年八月癸卯。

⑤ 《清高宗实录》卷 1309，乾隆五十三年七月辛巳。

⑥ 湖南历史考古研究所编：《湖南自然灾害年表》，湖南人民出版社 1961 年版，第 84、86 页。

⑦ 曾继辉：《洞庭湖保安湖田志》，岳麓书社 2008 年版，第 148—156 页。

　　清代以来，政府还积极调整治湖政策，试图化解与水争地矛盾，探寻人水和谐共处之道。清初政府为恢复经济曾鼓励民间围垦湖田，康熙、雍正两朝甚至出资兴修官围，但至乾隆初年因水患加重，治湖政策朝着禁垦方向转变。乾隆十一年（1746），湖南巡抚杨锡绂奏称："湖南地滨洞庭，民间筑堤垦田，与水争地，常有冲决漫溢之忧"，清廷为此议决："嗣后无论官地民业，凡有关水道蓄泄者，概禁报垦。"① 乾隆二十八年（1763），湖南巡抚陈宏谋鉴于洞庭湖"筑围垦田……遂成与水争地之势"，奏请"各围刨开多口，令与湖通，不致阻水"，并且要"久远禁止"，得到乾隆帝褒奖，称其"殊得封疆之体"。② 随后，湖南巡抚乔光烈奏报洞庭湖堤垸情况，指称有"私围七十七处"，仅准留七处"倚山傍岸、障护城汛、不碍水道者"，其余皆"俾刨开宽口，听水冲刷"，并确立了地方各级官员巡查制度。③

　　然而，以控制围垦规模来缓解人水矛盾的湖田政策却又与洞庭湖流动性淤积的生态现实相背离，因此在民间社会无法有效执行，私垦湖田之风从未止息。有学者将清廷禁垦政策的退让视为国家在与地方权力博弈中失败的结果显然忽视了这一环境变迁的基本事实。④ 为了有效控制湖区洪涝灾害，又能利用不断淤高的洲土，清廷不得不放松严禁私围的政策。嘉庆七年（1802），湖南巡抚马慧裕奏：湖区私围多达四十九处，其中"有碍水道"者仅湘阴县锡江山私埂二道与华容县马家私垸一处，并称现有私围"数尺之堤……实不能与湖水争势"，处于"水小藉以卫田种植，水大任其漫衍流行，每年广种薄收"的生产状态，请"以见在堤埂长高丈尺为限，示之准则，永禁私筑"。道光年间，清廷明确规定围垸"免毁者严禁加修，已毁者不准复筑"的禁垦限筑政策，显现出蓄洪垦殖兼顾

---

① 《清高宗实录》卷258，乾隆十一年二月乙巳。
② 《清高宗实录》卷688，乾隆二十八年六月庚子。
③ 《清高宗实录》卷699，乾隆二十八年十一月壬午。
④ 彼得·C. 珀杜：《明清时期的洞庭湖水利》，载《历史地理》（第四辑），上海人民出版社1986年版，第215—225页。

的治湖理念。①

　　与此同时，清廷还蠲免一些渍水洼地的赋额，以顺应湖垸互换的沧桑变化。康熙末年，因滨湖州县低洼田亩"湖水横溢，屡岁无秋"，湖南巡抚王之枢奏请豁免有关赋额。② 雍正七年（1729），清廷又蠲除了武陵县宿郎堰的赋额。③ 嘉庆二十一年（1816），澧州魏家、上下夕阳三官垸因地势低洼也准作"官荒"，道光年间更是有大片堤垸相继沦为湖泊。④ 然而，其时禁垦限筑、退田还湖却难以全面展开，无法适应洞庭湖流动性淤积的变化。故此，魏源大声疾呼治湖之法在于"惟不问其为官为私，而但问其垸之碍水不碍水"。⑤ 民国年间，禁垦与还湖仍是治理洞庭最主要的声音之一。力主围垦的水利专家王恢先也认为："凡阻塞水道，或侵占河床堤垸，必须援用废田还湖通案……故废田还湖案，虽不能施行于湖区全部，而洞庭湖北部及湘资沅澧尾间，仍必须取用此案原则。"⑥ 民国二十年（1931）长江大水后，国民政府议定禁毁有碍洪道、蓄洪的沙田、滩地与湖田，禁垦妨害水流及停储的洲土滩涂。湖南省政府随即颁布了"严禁盗修淤洲堤垸"令。⑦ 后来，又计划将湘鄂两省争执不休的"天祐垸"建成蓄洪垦殖区。⑧ 这些举措彰显出国民政府为防治洪涝灾害加强了对湖区围垦的控制，但由于社会矛盾与财政窘迫而无力推行。新中国成立初年，人民政府为发展农业生产，合理利用淤洲资源，发动民众对洞庭湖水利展开了全面整治，也包括退田还湖、蓄洪垦殖等措施，借此一定程度上缓解了湖田围垦中人水争

---

① 《清宣宗实录》卷266，道光十五年五月己卯。

② 李瀚章、裕禄修：《光绪湖南通志》，岳麓书社2009年版，第2142页。

③ 应先烈修：《嘉庆常德府志》，岳麓书社2008年版，第659页。

④ 参见彭雨新、张建民《明清长江流域农业水利研究》，武汉大学出版社1993年版，第262页。

⑤ 盛康：《皇朝经世文续编》卷117，载来新夏主编《清代经世文全编》，学苑出版社2010年版。

⑥ 刘大江、任欣欣主编：《洞庭湖200年档案》，岳麓书社2007年版，第89—91页。

⑦ 李跃龙：《洞庭湖志》，湖南人民出版社2013年版，第154页。

⑧ 徐民权等：《洞庭湖近代变迁史话》，岳麓书社2006年版，第316—317页。

地的矛盾。

以上可知，清代以降湖区社会主要是利用自然规律或主动调整政策去谋求与渍水共存的。在此过程中，政府与民众都显得极为被动与无奈，不得不构建一套以顺应环境变迁为主的生产模式，以致湖区经济社会始终处于"靠天吃饭"的原始状态。这样固然可以最大限度减少渍灾损失，但却与人口增长、需求增多的社会现实不符。因而，这种与水妥协、以避灾为导向的生产方式不可避免地从协调人水争地矛盾的主导地位上退居其次。此外，在人口压力加剧的社会环境中，民众依靠自身力量与渍灾妥协的空间日见局促，与之相反的则是政府作用显著增强，也就为后者加强对围垦与水利的控制提供了条件，成为其权力不断向地方社会渗透的强大驱动力。

三 逆势而上：与渍灾的对抗之举

清代以来，湖区社会在与水妥协的同时，抵抗渍灾的行动也从未停歇。毋庸置疑，最佳途径是疏浚河湖，以实现自然排渍。雍正帝曾令新任湖南巡抚王国栋大修水利，明确要求改变此间"疏浚不力"的状况。① 光绪年间，南洲厅有十余垸为排泄渍水，在三仙镇开港浚河效果显著。② 然而，这一举措仅限于地势较高处。湖区多数堤垸因湖水淤积早已丧失渍水自排能力。早在乾隆十三年（1748），澧州知州何璘就指出："（国初）垸既无多，筑不甚高……多不过三日，少不过一二日，而水退甚速"，自雍正朝筑大围堤后，"每五川骤涨，平陆至水深数尺，经五六日不退"。③ 在河道无法疏浚的情况下，广大民众主要是靠水车来治理渍灾。清代江南水乡防涝"以车救为主"，即便是"大雨连绵，河水汛溢"所用的"大棚车"，也不过"集合圩之车戽水以

---

① 《清世宗实录》卷59，雍正五年七月戊辰。
② 段毓云：《南县乡土笔记》，1929年石印本，湖南省图书馆微缩胶片，第27—29页。
③ 何玉棻：《同治直隶澧州志》，岳麓书社2010年版，第178—179页。

救"而已。①

　　相对落后的洞庭湖区在水利技术上不可能有所超越。据称：其"排灌多用站式水车，或一人手摇式水车"，低洼的"障儿田""用蒲车打面水……4—6人用脚踩动车鼓排水"，排水效率较高的有转盘式牛拉龙骨水车和筒式水车，但仅用于个别地区。② 在这样简陋的技术条件下，清政府为防御洪涝灾害不得已如前文所述对湖田政策进行调整，却又遭遇泥沙流动淤积与人口压力增大的双重挑战。咸同年间松滋、藕池决口后，大量民众随淤随垦的社会现实使之彻底失败，清政府为管控新淤之地被迫实行官垦政策，至此在湖田禁垦问题上与民间社会达成一致。但是，湖区"垸老田低"的现象愈益凸显，老垸外泄渍水的能力因泥沙淤积丧失殆尽。民国二十二年（1933）沅江熙和等垸报称："刂管悉被封塞……因之遇渍则水不能出……洼者成泽国。"③ 可以说，这反映了湖区这一普遍且严重的水利问题，如何逆势而上对抗肆虐的渍灾是湖区各方力量在筑垸之后必须共同面对的难题。

　　民国时期，各种旧式水车仍是这一区域民众抗御渍灾最重要的工具。民国二十八年（1939）五月二十六日天降暴雨，沅江保安垸发生大渍水，佃农刘丙元的一百亩田"四张水车排水八昼夜，还只车出六十六亩"，水车成本却高达每条"价值五担谷，每年油洗要一担谷……年岁不好，三亩田的收成还买不到"。④ 而且，使用水车须投入大量人力，"解放前一个劳力每年有一半时间是挂在水车上（即用脚踩水）"。⑤ 湖区民众是这样维持农业生产的，因而有学者指出："为排水施耕，早已精疲力竭"，不仅"房屋浸没水

　　① 王加华：《农事的破坏与补救——近代江南地区的水旱灾害与农民群众的技术应对》，《中国农史》2006年第2期。

　　② 饶杰：《水经》，中国文化出版社2008年版，第250—251页。

　　③ 曹时雄、向敬思纂：《沅江白波闸堤志》，民国铅印本，湖南省图书馆藏，第11—14页。

　　④ 彭德完：《保安垸今昔》，载本资料委员会编《沅江文史资料》（第2辑），1985年印，第112—116页。

　　⑤ 刘大江、任欣欣主编：《洞庭湖200年档案》，岳麓书社2007年版，第442页。

中"，还因"渍水过深而颗粒无收"。① 其时，湖区也有建设闸坝来防淤排渍的。沅江廖堡地区就因河道治理发生过一场旷日持久的诉讼，有堤垸为防淤排渍力主建闸，但最初所建的是有碍灌溉与运输的"土闸"，遭到保安等垸的强烈反对。后湖南省建设厅水利专员进行了实地调查，建议改建"冲天活动闸"。在此事件中，湖南各级政府大力支持科学建闸的主张，坚决压制抗议者不合理的意见，为该处水利关系的重构与生产环境的改善提供强大支撑，彰显出政府在这一区域水利近代化过程中举足轻重的作用。②

新中国成立初年，湖区抗渍的组织能力大大增强，但技术水平却未见明显改善，使其成效的提升受到严重影响。1954 年，洞庭湖大水，益阳黄荆坝"组织过一百五十个劳力，三十张水车，日夜不停的排渍大协作……但终因力量有限，收效不多"。③ 是年，华容也是以水车抗涝的，有人称："我们在渍堤上架起了 10 多张水车向外排水，每张车都分两班轮流。"④ 湘阴县更是有"易涝面积25.03 万亩，占当时垸田总数的 61.69%"，渍水主要靠龙骨车向内湖"车排"，不仅排水效益低下，而且渍水大量回流。⑤ 即便高度组织化的国营农场也因"下雨渍水排不出，天旱有水灌不进"的水利条件"亏损越来越多"。⑥

面对自然与社会日益严峻的双重压力，湖区传统水利的落后状态呼唤水利技术近代化的到来。近代水利科技成为湖区抵御洪涝灾害的新希望，但其推行却历经一个相当长的历史时期。宣统元年（1909），湖南省咨议局经反复论证，形成浚湖、塞口、疏江的治

---

① 聂容芳：《洞庭湖——演变、治理与综合开发》，湖南人民出版社 2013 年版，第325 页。

② 刘志刚、陈先初：《传统水利社会的困境与出路——以民国沅江廖堡地区河道治理之争为例》，《中国历史地理论丛》2015 年第 4 期。

③ 杨泽南：《上湖乡的水利建设》，载本资料委员会编《益阳文史资料》（第 4辑），1987 年印，第 92—93 页。

④ 唐绍礼：《1954 年大水》，华容县党史联络组、华容县史志办公室编《往事——华容老干部回忆录》，2008 年印，第 126—129 页。

⑤ 湖南省湘阴县水利水电局编：《湘阴县水利志》，1990 年印，第 193 页。

⑥ 大通湖农场志编纂委员会编：《大通湖农场志》，1990 年印，第 468 页。

湖方案，欲以洞庭湖为中心对整个长江中游水利进行全面治理，是为洞庭湖水利近代化之肇始。① 民国初年，熊希龄批评了以往治湖方案的不足，大力倡导科学治湖，并指明基本方向，即"设立测绘职员养成所以预储测绘人才""雇聘欧美高级技师以从事测量""分段设立水标以量各道水率""详绘全图以资筹画"。② 水利专家王恢先也认为："非有精密测量，无以作设计根据，而定完全之策。"③ 民国二十年（1931）大水后，国民政府积极推动此项工作，测量湖区水道与地形，疏浚四水尾闾，并建设了一批水利工程。④

自此，科学治理与机器排渍成为这一区域应对渍灾的主要出路。民国年间，湖区社会开始购置一些抽水设备。民国二十二年（1933），常德商会为排除城内渍水，在老城圈涸阴洞建抽水机站，直至新中国初年还在发挥作用。⑤ 民国三十五年（1946），沅江县参议会议决："先就西六乡所围垸各自购置抽水机若干架先行试用"，并要求各乡公所"督饬购办"，后锡安乡双穗垸购买抽水机3台、37马力。⑥ 民国三十六年（1947），南县在"援华物资"中获得3台14寸和一台12寸水泵及柴油机，种福垸自行置备了10多台15马力的抽水机。⑦ 是年，松滋县有堤垸"购进美制198型柴油机三台及水泵设备……用于排渍抗旱"，但因渍水太大而"无济于事"。⑧ 是时，各级政府也相当重视新式抽水设备的作用，积极推动湖区社会购置与使用。民国二十年（1931）长江大水后，国民

① 《湖南咨议局湖工审查会报告书》，曾继辉《答覆王委员整理湖南水道意见书》民国铅印本，湖南省图书馆藏。

② 《熊希龄集》，湖南人民出版社 2008 年版，第 323—330 页。

③ 刘大江、任欣欣主编：《洞庭湖 200 年档案》，岳麓书社 2007 年版，第 89—91 页。

④ 李勤：《二十世纪三十年代两湖地区水灾与社会研究》，湖南人民出版社 2008 年版，第 244—245 页。

⑤ 常德市堤防委员会编纂：《常德市堤防志（公元前二七七年——公元一九八八年）》，1989 年印，第 175 页。

⑥ 湖南省湘阴县水利水电局编：《湘阴县水利志》，1990 年印，第 153 页。

⑦ 聂容芳：《洞庭湖——演变、治理与综合开发》，湖南人民出版社 2013 年版，第 325—326 页。

⑧ 湖北省松滋县粮食局编：《松滋县粮食志》，1984 年印，第 124 页。

政府颁布《湖滨各县堤垸装设抽水机排除渍水办法》。[1] 民国三十七年（1948），湖南省建设厅制定《洞庭湖垸田机力排渍示范区计划草案》，试图"设立机力排渍示范区"。[2] 国民政府已然成为科学治湖与革新水利技术的引领力量，但因受制于财政能力与社会矛盾而成效不彰。

新中国成立后，人民政府为了减轻湖区洪涝灾害，对荆江、洞庭湖及湘资沅澧四水尾闾进行了大规模整治。这些工程主要是靠人工完成的，机器的使用相当有限。大量人力投入可承担筑堤、并垸、分流、防洪堵口等重大任务，但在盛水期的防涝排渍上却显得力不从心。1962 年，湖区某日降雨仅 55—115 毫米，受渍面积就高达 52.71 万亩，花费排渍人工 210 万个，平均每亩渍工 4 个。[3] 抗渍已是广大民众无法长期承受的重负，因而改良排水动力系统是洞庭湖治理能否最终成功的关键环节。20 世纪 50 年代，人民政府在湖区开始建设蒸汽机、内燃机排水站。1954 年，沅江县第三区乐成下垸建成省内第一个机械排渍站，当年就让 6725 亩稻田免除了渍灾，并在内湖扩大耕地 5368 亩。次年冬，南县乐新垸三仙湖镇与湘阴湘滨垸白马寺镇的塞梓庙两处排渍站相继落成。据估计，前者使 1.7 万亩农田免除严重渍灾，并扩大甩亩 2 万亩，后者解决了 4 万亩农田的排灌问题，并扩大耕地 0.8 万亩。此外，湘阴等地的排灌站也建成。20 世纪 60 年代，湖区又兴建电力排渍站，1964 年装机电排 18.9 万千瓦，旱涝保收面积 400 余万亩，70 年代继续改造电网、充实电排，旱涝保收面积约 600 万亩。可以说，这一区域已完全突破传统人力排渍的技术困境，生产能力大大提升，因而群

---

[1] 李勤：《二十世纪三十年代两湖地区水灾与社会研究》，湖南人民出版社 2008 年版，第 244—245 页。

[2] 聂容芳：《洞庭湖——演变、治理与综合开发》，湖南人民出版社 2013 年版，第 325—326 页。

[3] 湖南省国土委员会办公室：《洞庭湖区整治开发综合考察研究专题报告》，1985 年印，第 445 页。

众称："保命靠大堤，保收靠电排。"①

众所周知，机电排渍已是湖区农业生产的基本保障，但却是强力控制渍水的对抗性举措。实际上，这丝毫没有缓解人水争地的矛盾，且又为内湖与低地的垦辟创造了条件，将其农业生产成本推上更高层次。据估算，湖区每缩减 1 平方公里内湖，会减少 80 万—100 万立方米的调蓄容积，需增 300—400 千瓦电排装机，国家投资与农民负担也相应增长。② 以华容县为例，1959 年始建机排站，1964 年兴起"电排歼灭战"，至 1988 年共建 55 千瓦以上排渍机埠135 处。在排渍抗涝上可谓成就辉煌，但工程投资却以数万、数十万、上百万元计，"工日"数亦以万个计。③ 湖田水利费、排渍费也在逐年增加。20 世纪 50 年代每亩 0.6 元左右，1960—1962 年，每亩 0.6 元加 0.5 市斤稻谷，折合 0.63 元。1963—1966 年，水利费每亩 1.0—1.5 元，再加 0.5 市斤稻谷，折合 1.29 元，增长 1 倍有余。1971 年，每亩水利费 1 元、电排费 1.5 元，合计 2.5 元，又涨 94%。1977 年水利费 1 元、电排费 2 元，合计 3 元，再涨 20%。若以 60 年代初的为基数，其增长量高达 3.8 倍。④ 但是，华容县同期粮食产量却远赶不上这样的增长率。1952 年稻谷总产量 3.4 亿斤，1955 年稻谷总产量 3.65 亿斤，增产仅 2000 多万斤。1965 年稻谷总产量 3.14 亿斤，尚未达到 1952 年产量水平。1975 年稻谷总产量达 5.188 亿斤，比 1965 年增产 2.35 亿斤，涨幅 65%，且主要是得益于农业新品种与化学肥料的使用。⑤ 可见，湖区机电排渍确

① 聂容芳：《洞庭湖——演变、治理与综合开发》，湖南人民出版社 2013 年版，第 340、325 页。

② 湖南省国土委员会办公室编：《洞庭湖区整治开发综合考察研究专题报告》，1985 年印，第 451 页。

③ 华容县志编纂委员会编：《华容县水利志》，中国文史出版社 1990 年版，第 183—188 页。

④ 根据华容县志编纂委员会编《华容县水利志》（中国文史出版社 1990 年版，第 239—241 页）与华容县粮油志编写组《华容县粮油志》（云南大学出版社 1990 年版，第 238 页）所提供的数据并进行简单换算而成的。

⑤ 华容县粮油志编写组：《华容县粮油志》，云南大学出版社 1990 年版，第 39—40 页。

可减轻渍灾，一定程度上保障粮食稳产，但却大大加重了农民的实际负担。从这个角度看，仅靠水利技术对抗渍灾以实现增产的成效是相当有限的。

清代以来湖区社会对抗渍灾之路漫长且艰辛，其主要手段由传统的人工排渍到机电排渍的变化展现了湖区水利近代化的发展历程。时至清末民初，水车排渍的传统技术已无法应对日益频发的渍灾，湖区农业生产迫切需要新的技术保障，为其水利近代化的兴起提供强劲的动力。新中国成立后，以机电排渍为代表的技术革新得到全面展开，这一区域终于迎来一个水利大发展的时代。在政府的大力支持下，一大批排渍站得以兴建，充分展现了人类利用科技改造自然的能力。这让湖区民众基本摆脱那种"靠天吃饭"的宿命，却又让他们无所顾忌地走上了"逆生态化"发展的道路，先前那些与水妥协的生存之道已然成为传统时代的历史记忆。然而，抗渍能力的提升却直接增加了生产成本，且加重了对湖区生态系统的影响。这大大超出湖区民众所能承受的范围，但在严峻的生存压力下却是他们所积极追求的，至此就不难理解近代以来政府地位与作用何以会在水利近代化的过程中不断强化。

四 结语

洞庭湖区不断加剧的渍灾可视为人水争地矛盾激化的指标性事件，而其因应之道实际上就是如何在两者间寻找或长或短的平衡点。传统时代与水妥协多是以动态思维看待这一问题的，试图通过流动性垦种补偿损失或其他途径减少损失。而晚近以来愈发强势的抗灾之举则是以相对静态的眼光处理之，企图借助水利科技的力量一劳永逸地消除渍灾。两相比较，各有优劣。简单地顺应自然以求与水妥协可将渍灾危害降至最低，却只能让湖区农业在"靠天吃饭"的生产状态中徘徊不前，根本无以满足社会日益增长的经济需求；技术排渍虽可一定程度上保障农业稳产，却是以提升生产成本与潜在的生态风险为代价的。可见，它们都不能让农业生产走上可持续发展的道路。在防治渍涝上，湖区必须摆脱"唯生态论"与"唯技术论"的束缚，唯有以现代科技为基础的人水高层次和谐的生态农业才是可取的方向。

1933—1937 年间华北白银走私与
中国各方应对探析[*]

肖红松

（河北大学历史学院）

  自 1931 年"九·一八"事变起，日本开始大规模武装侵华，数月内侵占中国东三省，并在 1932 年 3 月扶植伪满傀儡政权进行殖民统治。之后，日本又阴谋侵略华北，采取军事上的侵略政策、政治上的分离政策和经济上的走私政策，三者因应配合，暗含着"蚕食"之意义。走私，非纯粹经济意义，亦含有政治意味。华北走私种类繁多，白银走私为其中的大宗，牵扯甚广，学者们从日本在华走私、国民政府币值改革等角度已做宏观研究①，但专门探究华北白银走私的论著尚少，故笔者依据华北地方资料及报刊，探究

---

  * 本文为国家社科基金项目"1933 年至 1937 年日本走私华北及中国各方的应对研究"阶段性成果。本文已在《江苏师范大学学报》（哲学社会科学版）2018 年第 6 期刊出，有删节。

  ① 代表论著有谢菊曾：《一九三五年上海白银风潮概述》，《历史研究》1965 年第 2 期；郑会欣：《日本帝国主义对一九三五年中国币值改革的破坏》，《近代史研究》1986 年第 1 期；戴建兵：《白银与近代中国经济（1890—1935）》，复旦大学出版社 2005 年版；郑会欣：《抗日战争前夕日本对华北走私问题初探》，《南京大学学报》1983 年第 4 期；丁则勤：《论华北事变前后的冀东走私问题》，《北京大学学报》1987 年第 6 期；[韩] 孙准植：《战前日本在华北的走私活动》，台北"国史馆"1997 年版；孙宝根：《抗战时期国民政府缉私研究》，中国档案出版社 2006 年版；连心豪：《近代中国的走私与海关缉私》，厦门大学出版社 2011 年版等。讨论白银走私的论文，参见张淑生、齐春风《1930 年代日本在华走私白银活动述评》（《安徽史学》2015 年第 4 期）和刘世超《七七事变前夕日本在华北的白银走私研究》（《中国物价》2014 年第 11 期），两文对中国政府反白银走私举措未做深入探究。

1933—1937 年华北白银走私样态与中国各方应对的举措及绩效，并从白银走私与反走私斗争观察华北危局乃至战前中日关系走向，以求教于各位专家。

一 华北白银走私的实态

（一）华北白银走私特殊的阶段性

中国白银外流与美国收购白银政策有关，而日本欲借此达到牟取暴利、破坏中国抗战财力之目的，故此在中国疯狂进行白银的合法出口和非法偷运勾当。杨格称华北地区是白银走私的"最大漏洞"[①]，主要是由于日本当局支持日韩浪人、汉奸商人组织"密输团"大规模偷运银元银币，并借政治军事强势加以庇护，破坏中国海关缉私执法所致。因此，白银走私出口有其特殊的阶段性特征。

1933 年初，日军侵占山海关，之后中国政府收回，设立海关。7 月，北宁铁路恢复通车后成为华北走私商货的重要通道。此时伪满洲国金融恐慌，日伪政权有意吸收关内银元以填补储备空虚，刺激关内银元外流。尤其是 1934 年 6 月美国购银法案公布后，暴利驱使日韩浪人在华北兑购、走私白银，频现大宗走私案件。陆路方面，天津、北平、河北等地大批银元经由北宁、津浦、平汉等路汇集到山海关，闯越"国境"，运往奉天等地，转运朝鲜、日本。海路则经过鲁北、冀东沿岸各港口，偷运银元至大连等地。华北海关缉获了不少贩私案件，处理却非常棘手。1935 年 5 月中下旬接连发生两起走私银贩为逃避海关缉私而坠城摔伤的事件，日方竟以此要挟中国海关赔偿，并强硬要求中国海关不得在长城沿线缉私，中国被迫接受。[②] 长城沿线缉私权的丧失意味着华北陆路走私途径全面开放。外交部驻北平特派员程锡庚报告："自本年 7 月以来，现

[①] ［美］阿瑟·恩·杨格：《1927 至 1937 年中国财政经济情况》，陈泽宪、陈霞飞译，中国社会科学出版社 1981 年版，第 238 页。

[②] 中国第二历史档案馆编：《中华民国史档案资料汇编》第五辑第一编"外交（二）"，凤凰出版社 1994 年版，第 1099 页。

银私运出口不独有利可图，且以沿途易于偷漏，遂肆行无异，辗转勾结，私运人造丝、白糖、卷烟纸、呢绒、布匹等入口，不独避免关税，低价获利，且可换现银出口，利上加利。"[1] 华北白银走私至 9 月达到高峰，之后趋于减退。11 月中国政府颁布法币改革令，规定中国、中央、农民银行的钞票为法币，宣布废除银本位制、白银国有，并将法币汇价与英镑挂钩。而美国为夺取对中国法币的控制权，采取停止收购白银、降低银价等方法，迫使国民政府同意法币与美元发生固定的比价。受美国调整白银政策影响，国际银价暴跌，白银贸易无利可图；加之日本反对中国政府币制改革及白银收归国有政策，日本转而阻止白银外流，在山海关派宪兵切断了从海滨到山地的走私。[2] 在多种因素的共同作用下，到 1935 年 12 月华北大规模白银走私基本停止，零星银元铜元走私活动却仍在继续。

（二）华北白银走私的机构和群体

白银走私机构中最重要的是日本人控制的银行、钱庄等金融机构。日资正金、朝鲜等银行包办私运，利用中央银行钞票随地可以兑现的通例，把数百万中央银行钞票运到天津兑换成现银后走私出口。[3] 伪满中央银行在山海关设立办事处，派人到天津、唐山等地，用伪满纸币"收买现银"。[4] 各地钱庄充当白银走私的中介。1935年 5 月，唐山大小银号约有二三十家，营业都注意在"买卖现洋"上了。这些银号收买本市商号和乡村银贩的现洋，再将这些现洋卖给朝鲜人，由朝鲜人贩运出山海关。[5] 山海关二十余家钱庄各雇20—50 名不等的人员从事白银收购、走私、偷运。大连是银元密运中心，山东、河北的白银走私至此处，售卖给当地钱庄，经其转

① 中国第二历史档案馆编：《中华民国史档案资料汇编》第五辑第一编"外交（二）"，凤凰出版社 1994 年版，第 1077 页。
② ［日］中村隆英：《冀东走私的兴衰》，李秀石译，《国外中国近代史研究》第 9 辑。
③ 殷楹：《白银私运》，《清华周刊》1934 年第 42 卷第 7 期。
④ 《伪组织吸收津东现金》，《申报》1935 年 4 月 15 日第 8 版。
⑤ 王晋之：《白银外流史料》，《钱业月报》1936 年第 16 卷第 5 号。

售给走私者，运往新义州。日本人还开设专门收买白银的机构。1935 年 5 月于学忠报告："近有日人在榆设机关数处，专为收买关内现银，其价以关内通用钞票一百十二元收买现洋一百元，致现银流出甚多，虽经我官方查禁，而唐山、遵化一带奸商仍有私行窃运者。"① 天津日租界内日资洋行、贸易公司有二三百家之多，② 名义上从事正当营业，实际从事白银、烟毒或其他商品走私勾当。

走私白银的主体是日韩浪人，他们或受雇偷运带脚或自己雇人走私。走私者很少走私专项货品，往往是走私哪类货品风险低、利润高就从事哪类货品走私。走私资金往往来自金融机构借贷资本、投机商自有资本或者走私进口烟毒或其他商品所赚取的利润，用以套购现洋，再走私出口。

用纸币高价套购现银，是白银走私的重要环节。日韩浪人手持各种外国银行钞票购物，如找回中国银行钞票时，以"不能兑现"为由拒收。如此往返多家，制造中国钞票不能兑现的谣言，使得中国钞票无人敢用，迫使持钞者急于脱手，汇兑银元。他们或用中国某一银行钞票以多换少，制造该行钞票贬值假象，引诱持钞者争相兑现。如此一来，华北的北平、天津、青岛等城市的中国银行相继出现白银挤兑风潮。据交通银行统计，1935 年 4 月 14 日至 5 月 25 日，天津的中央、中国、交通等银行库兑出白银 1682103 元，北平自 1935 年 6 月 6 日至 29 日仅交通银行一家就兑出 1629600 元，青岛自 1935 年 5 月 14 日至 6 月 6 日，交通、中国、中国实业三行共兑出 399200 元。③ 日资银行、洋行、日朝籍人也会用日本银行发行的钞票 2050 元或朝鲜金票 1400 元或伪满洲洋票 1300 元购买中国三行钞票 1000 元，再加贴水购兑中国银元，偷运关外④。唐山银贩

---

① 中国第二历史档案馆编：《中华民国史档案资料汇编》第五辑第一编"财政经济（四）"，江苏古籍出版社 1994 年版，第 192 页。

② ［韩］孙准植：《战前日本在华北的走私活动（1933—1937）》，台北"国史馆"1997 年版，第 26 页。

③ 郑会欣：《试论 1935 年白银风潮的原因及其后果》，《历史档案》1984 年第 2 期。

④ 姚洪卓：《日本侵略华北问题探讨》，天津人民出版社 2012 年版，第 42 页。

收集现洋，使用中央、中国、交通、中南等银行钞票购买，贴水越来越多。该市自 1935 年 5 月 3 日起每千元贴水 15 元，到 16 日增加到 48 元，两周内贴水均值为 36.7 元。该市现洋大多从四乡收来，银贩们"下乡收购现洋，每千元只贴水三数元，运到市上卖给银号，便可得十倍厚利。"① 银贩们把城乡散存的银元悉数套购而去，之后转售朝鲜人走私出境。

中外商人参与银洋走私的案件不断曝光，特殊行业职工参与走私案件值得关注。天津河东大王庄宋德仁在日昌轮船充当茶役，1935 年 4 月间私运国币 3000 元、银条 8 根。② 10 月 27 日，津浦路22 次车司机李子华等 3 人私运现银 2100 元，驶抵济南车站时被缴获。③ 津浦路机车火夫谷振中每日随车往返津浦间，由原籍购买现银，运往天津或浦口售卖，得利颇丰。他于 11 月 1 日由从山东带国币 350 元拟到津售卖，被路警查获。④ 同年 8 月 26 日，郑斗贤等4 名韩人乘坐平汉路22 次车从顺德抵北平，携带现洋 12000 余元，被中日警察捕获。⑤

（三）华北白银走私的路线、节点与规模

白银走私的路线有陆路和水路。1935 年 5 月，国民政府军事委员会办公厅通报称，"日本为扰乱我国金融，尽力吸收我国各地现金，分为海、陆两路运返本国。在华中由崇明、海州两地运出者，日在二十万左右。在华北，海路由青岛、烟台等处运出，陆路由北宁铁路运出榆关。同时又在大连、天津等处设立交易所，为吸收现银机关。"⑥ 陆路方面，走私者依托华北铁路、公路交通网线，在沿线城镇设立秘密的白银收购点，汇集零散银元后，再偷运夹带出

① 王晋之：《白银外流史料》，《钱业月报》1936 年第 16 卷第 5 号。
② 《日昌轮茶役私运白银案》，《大公报》1935 年 8 月 31 日第 6 版。
③ 《津浦路司机等三人偷运现银破露》，《大公报》1935 年 10 月 29 日第 4 版。
④ 《津浦机车火夫私运白银》，《大公报》1935 年 11 月 3 日第 6 版。
⑤ 《韩人四名私运现洋一万二千元，在北平被捕》，《大公报》1935 年 8 月 27 日第6 版。
⑥ 青岛市档案馆编：《帝国主义与胶海关》，档案出版社 1986 年版，第 460—461 页。

口。资料显示，北宁、津浦、胶济、平汉等华北主干铁路都是日朝浪人走私的重要线路，其中北宁铁路因连接北平和山海关，走私最为猖獗。走私者把从天津、北平、昌黎、唐山等地收集来的白银夹带上火车，运到山海关，换乘人力车，进入伪满洲国东罗城，再由万家屯车站乘车北上。

天津为华北白银走私的核心节点。财政部报告："天津租界及华北战区等处，日本浪人勾结汉奸偷运白银，由长城出口谋利。"① 每天乘火车由天津到山海关的日朝及中国走私犯，成群结队，私带银元难以数计。他们穿着特制白棉布马甲，每人每次可藏带700—800枚银元。② 山东、江苏等地白银沿津浦路向天津、济南集中。走私者在济南兑购白银后，经津浦路运往天津或经胶济路运往青岛出口。到1935年10月，天津现银外流有增无减，系由各租界钱号收买四乡现洋，每百元贴水20余元，由此吸引天津四乡民众多携洋来津，密售牟利。③

水路方面，经青岛、烟台、塘沽等冀鲁沿岸港口运往大连或日本。其中冀东沿海、山东半岛到大连的水路航程短、费用低，轮船班次多，为走私者所青睐。日本浪人以青岛为基地，走私大量人造丝、白糖进口，私运银元铜元出口。凡开往日本、大连等处的轮船内常发现冒充旅客私带铜元的日韩浪人。走私团伙有时聚集码头，随身携带武器，如有海关关员阻止即行闯关，有时将铜元由船卸下装入汽车，由码头东北门等路口闯出。尽管缉私形势恶劣，胶海关查获充公的铜元竟达九千斤之巨。④ "烟台与日管大连仅一衣带水隔，运输至为便利，每现洋千元运至大连，即可获利八十余元。一班奸商惟利是趋，纷纷偷运现银前往。"⑤ 山东半岛直达日本本土

① 中国第二历史档案馆编：《中华民国史档案资料汇编》第五辑第一编"财政经济（四）"，第188页。
② 天津海关编志室编：《天津海关志》，1993年版，第414页。
③ 《白银外流目前仍未停止》，《大公报》1935年10月26日第4版。
④ 青岛档案馆编：《帝国主义与胶海关》，档案出版社1986年版，第461—462页。
⑤ 《烟台市面恐慌》，《银行周报》1934年第18卷第48期。

的航班，虽路远费昂，也被走私者用于走私白银。山东各口的白银也有运往朝鲜半岛的。据中国驻京城总领事 1935 年 5 月 3 日电称："近有奸商，勾结日人在山东各口岸，偷运现洋五百余万元，陆续到鲜，改铸出口。"①

　　山海关是白银陆路走私的必经之地。1935 年 4—9 月间，白银陆路走私达到高潮，频现大宗现洋走私案件。5 月，河北省政府向财政部报告白银走私状况，要点如下：1. 中国政府的禁令与海关缉私使中国不法商民稍稍敛迹，但无权约束日鲜浪人走私行径。2. 日鲜浪人尤其是朝鲜人主要依托北宁路，乘火车偷运白银出山海关，继而经东罗城转运沈阳、大连等地，是有组织的走私犯罪，受到日本当局庇护。3. 偷运白银到山海关有两条线路，除北宁路外，还有从迁安、抚宁、乐亭等县兑购的白银汇集到昌黎、滦县，乘汽车、轿车到达山海关。4. 走私利润与规模很大。偷运千元银元可赚取五六十元甚至高达一百六十元，利润惊人，驱使日鲜人流窜往返，造成每月四百余万元的白银流入日本人的控制区域。② 财政部报告，仅 1935 年 4、5 月间秦皇岛海关缉获走私银元达 177900 余元，未缉获者不知凡几。秦关税务司称："每次自西开往秦王（皇）岛之火车中，皆有多数韩人私带大批银元，其搭车抵站者，每次不下二百余人，估计平均每日运至山海关之银元，约在四十万元之谱，当时私运之猖獗，可见一斑。"③ 该税务司报告，当年 4、5、6 月，从万家屯车站装车运往沈阳、安东的银元分别为 4299000元、5448000 元、3855000 元。④ 到 11 月，山海关车站走私白银依旧猖獗，每日走私偷运银元约 100 万元。⑤

　　满铁天津事务所对白银走私出口也做过详细调查，认为经由山

---

　　① 《财政部关务署密令》政字第 16828 号，1935 年 5 月 22 日，中国第二历史档案馆藏，六七九/27979。

　　② 中国第二历史档案馆编：《中华民国史档案资料汇编》第五辑第一编"财政经济（四）"，第 188 页。

　　③ 中央档案馆等编：《华北经济掠夺》，中华书局 2004 年版，第 130 页。

　　④ 李桂林主编：《秦皇岛海关志》，1992 年版，第 102 页。

　　⑤ 时昭瀛、夏国盛：《华北走私问题》，《时事月报》1936 年第 15 卷第 1 期。

海关向伪满洲国输出品主要是现大洋，以北平、天津、唐山为中心集中，利用火车运至山海关，到山海关的下一站万家屯再利用火车运往新义州和朝鲜各地。从瓦房店至大连一线运出者似乎较少。现大洋在山海关站下车后要靠暴力通关，伪满洲国监视员负伤入院者有之，死亡者有之，后来监视放松。现洋被运到东罗城，包装成90公斤一箱，从万家屯站起运，向朝鲜运输。据该事务所估计，从 1934 年 10 月到次年 8 月，"走私输出的河北现大洋（主要经由山海关），据称大约达 3000 万元"。1935 年 1 月至 8 月，从万家屯站装车的现洋有 2460 余万元，发往奉天锦州、安东、绥中等地。4月至 7 月，该站没收现洋 61765 元。[①]

（四）日韩浪人走私白银犯罪受日本庇护

1935 年 5 月 20 日，北宁路警察在军粮城查获 11 名韩人私运现洋 8250 元，将人、银送交津海关处分。此正当之举遭到日本驻津总领事川樾茂的严重抗议，川樾声称路警"无任何理由"强行检查韩人，没收现银并引渡到津海关，"其时本国人中有为贵国军警等殴辱者，且于前述之外强夺其金品，被害不少"，因此要求北宁路局将现洋"须从速交还本馆"，路警所夺的金品也"请迅予调查交还本馆"，保证"嗣后不得再有类似事件发生，应请贵局严予取缔"。[②] 事实上，同月财政部、铁路部所颁《北宁铁路取缔辗转私运银币银类出关办法》规定津、榆之间旅客携带白银限额 20 元，逾限者没收，且北宁路局局长请求日军驻榆特务机关长协助取缔私运，得到了肯定性答复。川樾诬陷路警合法行为为"无任何理由"，蛮横要求返还被扣现洋、金品，要求路局此后不能再有类似事件发生，还要"严予取缔"。取缔什么呢？显然是要求中方取缔缉私，不再逮捕日韩走私犯！

同月，津海关关员在山海关角楼附近和长城处追索走私银贩

---

① 中央档案馆等编：《华北经济掠夺》，中华书局 2004 年版，第 100—106 页。
② 中国第二历史档案馆编：《中华民国史档案资料汇编》第五辑第一编"财政经济（四）"，第 198 页。

时，私贩跳城跌伤，日本关东军却以《塘沽协定》为由向中国提出抗议，声称中国业将长城割让给伪满洲国，中国缉私人员不得在长城一带执行巡缉，跌伤之人系"满洲国人"，日军对其有"保护之责"，强索赔偿①。前一案件是依靠原有的领事裁判权强行破坏中国关路部门执法权；后一案件则是曲解《塘沽协定》本意，强势剥夺中国海关长城沿线执法权，蚕食中国海关权力。

且看日本庇护下的日本走私犯是何等嚣张。1935 年 12 月 12 日，天津《大公报》刊登一起严重案件："来青岛预定十一日午十一时开之日轮原田丸，在晨九时许有海关关员会同日警署部长横谷、日领馆巡查共十余人，登该轮抄关，在舱内查出私运现洋两万余元。当时该轮日籍船夫数人见发现私运，即逼海关人员离船，关员以职务所关，不肯离去。讵船夫突将舱内电灯扭熄，持铁器向关员动武。因舱内黑暗，关员空手难敌，致有华员于伯献、孔广益、张际铭三人、俄员兰斤一人受重伤，另二华员受轻伤，内二日员未受伤，余均逃避。当场由日警捕获船夫数人，并现洋两万余元，一并交日领署讯办，受伤人员均送福柏医院医治，至此次严重事件当由海关向日领交涉。闻该轮曾数次被海关查获私运，此次因关员疏于戒备，致遭暗算，现该船停泊前海。"该事件反映如下信息：原田丸私运银元数量巨大，且系累犯；船员在私运罪行败露后蓄意殴伤中俄关员，行为残暴至极；处置结果还是将走私犯并凶手、脏银交日本领事馆处分，海关仅能提出严重交涉。

1936 年 12 月 17 日，津海关在日轮景山丸上搜获银币 7400 元，通知日领馆派员到场做证，但关员将银币搬运登岸之际，日领馆馆员却将银币强行运去，经交涉无结果。次年 1 月 16 日，财政部向日本大使馆交涉，要求其将银币交回海关，并保障以后不得再有此种举动。28 日，日本大使馆"诿称中国片面制定取缔现银出口规则，在条约上对于日本人不适用，故并无破坏关政庇护私贩之事"。

---

① 中央档案馆等编：《华北经济掠夺》，中华书局 2004 年版，第 130—131 页。

3 月 19 日，外交部照会日本大使馆，再次对日方的诡辩予以驳斥。① 这起案件清晰地反映日本领事馆的处置态度：其一，领事馆人员不配合中国海关执法，反而劫掠海关已获私运之银元，不予归还；其二，日本大使馆诡辩称日本不承认中国取缔现银出口规则，该法规对于日本人无效，也就是说日本使馆不承认日人运输白银出口是走私行径，当然会把银元归还给运输者。这便是日本领事馆的强盗逻辑！

（五）走私白银的走向与大致规模

日本将偷运出的白银一部分存入伪满中央银行，以填补傀儡政权金库的空虚，绝大部分则送到朝鲜和日本，熔炼成纯银再运到伦敦等国际市场抛售牟利。② 据 1935 年 5 月驻新义州领事馆电称："闻近来东三省银币密输于朝鲜、日本，为数甚巨，即安东一处每日约有十五万元。其他大连、图们江各处，为数更多。此项现洋，概由长城各口及河北、山东沿海秘密转运而来。"③ 5 月，白银密输未见减少，密输者经由山海关转运新义州。该地陈展货物托运所收受白银 7106 箱，价值 2131.8 万日元，多运往京城、东京、大阪等地，该所运费多达 68840 元。④《朝鲜商工新闻》1935 年 5 月报道，大量中国银元流入汉城，其数量之多"有如山积，遂与银杯等熔铸一炉，以电气分解，成为纯银。铸成九贯（一贯合三点七五公斤）重之银块，其成分为千分之九九九，再往海外输送"。⑤

美国商务部报告，1935 年 1—9 月日本运出白银总值 1.44 亿日

---

① 中国第二历史档案馆编：《国民党政府〈外交部工作报告〉中对日交涉案件资料选》，《民国档案》1988 年第 3 期。

② 郑会欣：《试论 1935 年白银风潮的原因及其后果》，《历史档案》1984 年第 2 期。

③ 《财政部关务署密令》政字第 16828 号，1935 年 5 月 22 日，中国第二历史档案馆藏，六七九/27979。

④ 中国第二历史档案馆编：《中华民国史档案资料汇编》第五辑第一编"财政经济（四）"，第 204 页。

⑤ 《财政部关务署密令》政字第 17057 号，1935 年 6 月 11 日，中国第二历史档案馆藏，六七九/27979。

元，而上年同期仅有 700 万元；仅 9 月一个月内日本输出的白银价值就高达 2100 万元，而上年同期仅有 100 万元。[①] 日本输出的大部分白银是从中国私运出口的，日本报纸对此毫不隐晦。东京《日日新闻》报道，1935 年 9 月，"日本输出白银计二千零九百七十万三千日元，比前一年同期之一百三十五万日元，增加十余倍。从一月至九月，由上海向日本走私输出白银约达一亿四千四百十五万五千日元。而日本年产白银仅一千万日元左右，故由日本出口之白银主要是中国向日本走私之白银"。[②] 杨格指出中国白银走私"最大的漏洞在华北"，走私最甚时以每月 1500 万元的速度被偷运出境。在 1935 年前 9 个月中约有 6000 万盎司白银从日本出口，其中大部分显然是从中国走私出去的。[③] 齐春风曾对中国白银走私数量做过初步统计，认为其中主要经华北走私出境，[④] 但尚需补充更多资料加以论证。

二　日韩浪人偷运白银出口造成华北金融恐慌

1935 年 4 月中旬，"津东各县现银非常缺乏，市面流通全为纸币，致各业所受影响匪小。金融界前曾设法由平津运银接济，但不数日即被吸收净尽，现唐山现银加水暴涨不已，由数元而升至十余元，至十八日晚每百加水十八元二角，持现洋百元，到处可兑纸币百十八元二角。据唐市金融界调查，半月来偷运出唐之现洋达七十余万元，目前全市所存现洋只数万元"。"一般奸商因铁道沿线现洋吸收净尽，收买困难，故近又深入长城各县收买，致迁安、遵化等县现洋亦感缺乏。"[⑤] 河北省报告从山海关偷运出关的白银中有

①　《世界白银流通现状》，《钱业月报》1936 年第 16 卷第 1 期。

②　中国人民银行总行参事室编：《中华民国货币史资料》第 2 辑，上海人民出版社 1991 年版，第 150—151 页。

③　[美] 阿瑟·恩·杨格：《1927 至 1937 年中国财政经济情况》，第 238 页。

④　张淑生、齐春风：《1930 年代日本在华走私白银活动述评》，《安徽史学》2015 年第 4 期。

⑤　《津东现银偷运》，《大公报》1935 年 4 月 20 日第 10 版。

五分之四来自平津，每日平均十一二万元。在北宁路火车上连日破获多起来自平津偷运的大批现银[①]。中国政府得悉日本在天津收买汉奸浪人组织"密输团"向外输送现洋[②]。1934 年 11 月，由于"奸商偷运现洋赴大连，致烟地现银空虚，金融界大起恐慌"，后来从济南运来大批现洋和中国、交通银行钞票，金融渐行稳定，并准由上海运现洋来山东调剂金融[③]。1935 年 10 月，石门运出的整批现洋达数万元，少数外运者无计。先前该市现洋以正太路沿线所收现洋为大宗，在正太路运费等款改为钞票后来源缺乏，造成只有数十万元银号现洋流通市面[④]。

中国白银因合法出口和非法走私大量流出，导致国内银根紧缩，金融恐慌，时人称为"白银风潮"。谢菊曾、郑会欣等学者对这场白银风潮有专文论述[⑤]，本文不赘。面对白银外流带来的严重危机，中国政府采取限制携带、有限缉私等治标措施，并通过谋求币制改革等治本之策，加以应对。

三　国民政府应对华北白银走私的诸般举措

面对汹涌的白银外流狂潮，国民政府一方面要遏制白银合法出口渠道。1934 年 10 月起征收白银出口税和平衡税，发挥了一定作用。次年 4 月起，美国政府将银价从 64.5 美分提高到 71.1 美分，中国白银外流有所增加。新任中国银行董事长宋子文代表中国政府与上海洋商银行公会订立《白银停运协定》，各行承诺停止装银外

[①] 《偷运现银出关，北宁路员役破获多起》，《大公报》1935 年 4 月 18 日第 10 版。

[②] 中国第二历史档案馆编：《有关日本策动华北走私情况档案史料选》，《民国档案》1987 年第 4 期。

[③] 中国银行总管理处经济研究室编：《全国银行年鉴（民国二十四年）》，汉文正楷印书局 1935 年版，银行日志第 38—39 页。

[④] 《石家庄禁止现银出境》，《大公报》1935 年 10 月 26 日第 10 版。

[⑤] 参见谢菊曾《一九三五年上海白银风潮概述》，《历史研究》1965 年第 2 期；郑会欣《试论 1935 年白银风潮的原因及其后果》，《历史档案》1984 年第 2 期；吴景平《蒋介石与 1935 年币制政策的决策与实施》，《江海学刊》2011 年第 2 期等。

运。[①] 日本学者饭岛幡司认为外商银行遵守了协定，从签署协议至法币改革前的半年间外国银行自有白银额度仅减 1400 万元，而 1934 年外资银行从中国运出了高达 2.2 亿元的白银。[②] 天津的中央、中国、交通三个银行也约集汇丰等外商银行驻津分行经理，会商防止现银出口事宜，各行均表示愿意根据上海中外银行合作办法，不运现银出口，并希望地方当局设法取缔私运现洋出口。[③] 天津市银行业同业公会为此上报财部，要求华北省市当局酌定取缔办法，杜绝白银出口。

另一方面，针对华北白银走私的猖獗态势，央地政府及关路部门采取如下应对措施。

（一）颁布缉查白银私运的法规

我们首先看国家层面的相关法规。1934 年 12 月 21 日，财政部颁布《缉获私运白银奖惩办法》，[④] 第一部分规定对私运者的处罚，银币银类被全部充公，加倍处罚；第二部分规定以海关为主、军警协助、得眼线配合，开展缉私，缉获后分别奖励。

1935 年 5 月 7 日，财政部与铁道部联合颁布《北宁铁路取缔辗转私运银币银类出关办法》，禁止北宁路旅客携带银币银类出山海关站，在津、榆之间上下车的旅客每人每次准携带 20 元银币，逾限未领部照者被获充公。[⑤] 北平政整会委员长黄郛委托北宁铁路管理局局长与日军驻山海关特务机关长会商，由日方协助取缔偷运白银出关。[⑥]

---

① 周伯隶：《白银问题与中国货币政策》，1936 年版，第 112 页。

② 中国人民银行总行参事室编：《中国近代货币史资料》第 2 辑，第 155 页。

③ 中国第二历史档案馆：《中华民国史档案资料汇编》第五辑第一编"财政经济（四）"，第 187 页。

④ 《缉获私运白银奖励办法》，《钱业月报》1935 年第 15 卷第 1 期。

⑤ 财政部财政科学研究所、中国第二历史档案馆编：《国民政府财政金融税收档案史料 1927—1937》，中国财政经济出版社 1997 年版，第 407 页。

⑥ 中国第二历史档案馆编：《有关日本策动华北走私情况档案史料选》，《民国档案》1987 年第 4 期。

5月11日，津海关监督韩麟生就防止现银出口及兑换现银问题向财政部建议。意见如下：1. 扩充北宁路携带银币限制办法，"无论北平、天津之东路或北路与塘沽、大沽沿海一带，以及长城各口等路线，一律均适用此项'不准超过二十元规定，逾额须凭护照放行，否则扣留充公'之办法"。其意在原办法仅限津榆间的北宁线，其外尚有海路、陆路、河路随处通行，奸商难免绕越私运，故须在各条路线上普遍执行限运缉私。2. 关于各银行兑现一节，"凡兑现至一千元者（或减为五百元）均应声明用途，取具当地商会及银钱业公会证明书，连带负责，银行方面方可兑给现洋，其无证明书者概不兑予"。要求大宗兑现者说明正当商业用途，出具担保证明，无证明者不予兑现。3. 关于出关工人携带现洋一节，"凡经查出工人出口携带现洋在二十元以下者，可将现洋扣留，照数换给纸币放行，或在开船以前检查，如经查出携带者，可饬其下船自行兑换纸币呈验"。韩氏认为海关对贫苦工人携带的数元现洋一律没收的做法导致工人异常悲愤，几酿暴动，且有因此欲自杀者，其情"实堪悯恻"，所以建议工人出关携带现洋20元以下者换成纸币后应予放行。6月8日，财政部批复韩麟生三条意见。第一，转发行政院决议，"旅客携带现洋，由北平各站至天津以五十元为限，由北平各站至天津以东各站，及由天津以东各站至天津以东各站，均以二十元为限"。财政部坚持执行财铁联颁办法，旅客赴天津以东各站每人每次携带银币以20元为限，逾限但无运照者被获充公。第二，关于银行兑现一节，财政部的意见是"应准由部密饬办理，但毋须明白宣布，以免纷扰"。该部解释说，针对平津地区时有奸商持大宗钞票分赴各银行兑换银币、希图偷运出口的现象，该部已密令军警严密监视，遇有情节可疑即予盘查，追查其用途，防止兑现私运，此种办法收效颇著。第三，关于工人出关携带银元事宜，"应准仿照胶海关呈准办法，凡出洋劳工携带现洋，如系零星小数，经关员查询，自行呈出者免予扣留，准其向中国、交通两行购置汇票放行成案办理"。此前胶海关呈请由青岛赴大连的劳工携银50元以内者海关准其兑换金票放行，财政部批复该海关允许出洋劳工用自行呈验的银元向中国、交通银行购买汇票。天津出关工人携洋限额仍为 20 元，主动呈交者准购汇票放行，20 元以上者没收。①

5 月 22 日，财政部长孔祥熙提议按照《危害民国紧急治罪法》处罚偷运银币银类出洋或前往不行使银本位币地方的人犯，分别情节轻重处以死刑、无期徒刑或五年以上有期徒刑，并科币额或价额三倍以下罚金；由国民政府通令全国军警机关协同各海关认真查缉，一经拿获，交司法机关惩治。② 次日，该提案获得国民党中政会批准，但将科罚一节由"三倍以下罚金"改为"五倍罚金"。5 月 28 日，国民政府据此颁布防止白银出口训令。③

6 月 14 日，行政院批准《取缔现银出口处理办法》，"（一）本国人及不享受领事裁判权之外国人，如私运银币银类出口，一经查获，人银一并移交海关处理。（二）日韩人或其他享受领事裁判权之外国人，私运银币银类出口，一经查获，按照条约，将人送交各该国领事法办，至检获之银币银类，照章移交海关处理。（三）嗣后北宁铁路，应有海关派干员在各站切实检查。路警并应尽力协助，惟无论如何，不得容许日警协助检查"。该办法系北宁铁路管理局提议，由外交、财政、铁道三部会同审定，经行政院第 215 次会议通过的。④ 北宁路局担负稽查现银走私职责，如何处置所获人犯赃物是个非常棘手的问题，故该局提出区分走私者身份，特意提出日韩走私贩交日本领事处置，为斯时常规处置办法，而所获的私运银币银类归海关处理，则常引来日本领事的无端抗议和蛮横索要。

中央应对白银危机的关键措施是 1935 年 11 月公布实施法币政策，随后财政部颁行运输银币银类请领护照及私兑私带处罚办法等法规，兹不赘述。

---

① 中国第二历史档案馆编：《中华民国史档案资料汇编》第五辑第一编"财政经济（四）"，第 198—203 页。
② 同上书，第 192 页。
③ 同上书，第 194—195 页。
④ 同上书，第 204 页。

再看地方层面的法规。1935 年 2 月，津海关发布《查缉无照私运现币和银类奖励办法》，规定偷运出口的银币银类，除全数没收充公外照数加倍处罚；所没收之银币银类折价后的 60% 及 40% 分别奖给特殊有功、一般有功人员；系告密者告发所缉获而无军警协助的，可将没收之银币银类折价后的 60% 奖给告发者，40% 奖给海关人员；若有军警协助缉获的，则军警和告发者各得 40%，关员可得 20%。① 该办法系重申财政部《缉获私运白银奖惩办法》主旨，意在奖励海关关员、地方军警和民众参与缉私，遏制白银走私。4 月 23 日，北宁路局公布《暂行取缔现洋外溢办法》，规定出山海关旅客可携带现洋 50 元，免运费；携带 50 元以上 100 元以下者、千元或不满千元者须缴纳相应运费，凭票放行，匿报者查出后补缴运费外科 10 倍罚金；旅客携带百元以上者应知会海关核办；沿线达到站均须注意检查。②

5 月 4 日，河北省比照财政部《海关查获私运现银处罚给奖办法》，制定《河北省查禁私运现银出口暂行办法》，得到国民政府批准。《办法》如下："第一条，凡是旅客出口及前往不通用国币之各地方者，一律不准携带银币或银类，否则一经查获，以私运论即依本办法惩之。第二条，查缉私运现银出口，除由海关暨本省军警政机关负责施行外，并准由人民随时向各海关暨军警政机关告密举发。第三条，查缉私运现银或银类出口者，除由海关缉获者，应按照财政部（民国）二十三年十二月九日第 1065 号咨原定处罚给奖办法办理外，其由本省各军警政机关查获者，应按照本办法现定标准处罚提奖。第四条，缉获私运出口之银币或银类，送交该管市县局，除将银币或银类充公外，并照偷运数额加一倍处罚，唆使之人从严惩办。第五条，前条充公之银币或银类（变价后）照下列成数提奖：（甲）如由本省各军警政机关单独缉获者，异常劳绩，给予百分之六十，寻常劳绩，给予百分之四十。（乙）如本省各军警

---

① 转引自姚洪卓《七七事变前夕华北地区的海关缉私》，《海关研究》1989 年第 2 期。
② 《禁止现洋外运，北宁路公布取缔办法四项》，《大公报》1935 年 4 月 24 日第 10 版。

政机关得举发人告密，因而查获者，查获人员及举发人，各得百分之四十。举发人姓名，应为代守秘密。第六条，第四条所规定之加一倍罚金，应加给第五条甲乙两项有关系之军警及举发人各二成，余数充公。但偷运人逃逸，无从处罚，或偷运人无力缴纳罚金者，不在此例。第七条，市县局查获之私运现银或银类，除变扣应提奖金外，应按月报解财政厅，并分报省政府查核。第八条，本办法自省政府公布之日施行。"①

笔者发现河北省政府在上报财政部前曾在《大公报》4 月 27 日刊布该项办法，共 9 条。第一条，"旅客出口携带现银，以值五十元为限"。第二条，"前条旅客携带现银超过上列限度，未经持有部照，即以私运论，一经查获，得依本办法处罚之"。② 第三至九条与上报办法之第二至八条相同。报载《办法》系河北省政府委员会议通过，第一、二条规定旅客携银出境以 50 元为限，逾限无部照者以私运论处。财政部坚持前颁办法的禁运原则，将第一条改为禁止携带银币银类出口，对动员海关、军警、民众参与缉私等内容未做修改，但照顾了河北省自身的财政考虑。

5 月 15 日，北平制定《查禁私运现银出境暂行办法》③，明确旅客携银出境以 50 元为限，超限须领财政部或市政府护照，无照者没收充公，走私者加倍受罚；指明查禁主体为军警机关，民众有告密举发权，奖励军警民众参与缉查私货。④ 北京市政府与河北省政府应有充分的交流，前述《大公报》所载的冀省办法与本项办法大致相同，表明两地当局在应对走私方面存在协商共进的关系。财政部审核认为，该办法第 3 条以下各款妥适，第 1、2 两条需修改，理由是第 1 条与《北宁铁路取缔辗转私运银币银类出关办法》第 2 条抵触，改为"旅客携带现银由北平各站至天津，以五十元为限。

① 中国第二历史档案馆编：《中华民国史档案资料汇编》第五辑第一编 "财政经济（四）"，第 190 页。

② 《查缉运现出口，冀省府拟定暂行办法》，《大公报》1935 年 4 月 27 日第 4 版。

③ 《北平市查禁私运现银出境暂行办法》，《北平市政公报》1935 年第 301 期。

④ 《布告》，《北平市政公报》1935 年第 301 期。

由北平各站至天津以东各站，均以二十元为限"。又以财政部有颁发现银出口护照之权、其他机关不宜发照为由，把第 2 条中"或本府护照"五字删去。6 月 6 日，行政院同意财政部意见，责令北平市政府修正办法。①

山东省针对白银私运加剧的态势，颁行多项规章，缩紧携银限制，救济市面恐慌。早在 1931 年 11 月，山东省政府发布《限制现洋出境章程》，规定商民携带现洋出省者每人不得超过 500 元；省内不限，但由省城运赴各县的数额在 2000 元以上者，须经财政厅核发护照。商贩调运现洋出省购货，数额在 2000 元以下者，给照放行；2000 元以上者不准出境。党政军机关、公益慈善团体、行商公司、银行业、外商外侨携银出境均请领护照。各县政府、各铁路车站、省会公安局及军警稽查员、财政厅特派稽查委员担负稽查，验照放行，罚没私运者。② 概言之，本办法禁止个人携带 500 元以上出省境，禁止商贩调运 2000 元以上出境。

1934 年 9 月，该省政府颁行《限制现洋出境办法》，规定商民在省内转运现洋，每人限 500 元，超者领照；携洋出省境者每人不得超过 200 元；银行（号）运现银出省境也须领照调运；经营土产贸易之商号领取流通凭照，每张限 5000 元。③ 11 月，省政府降低省内流通凭照额度，要求 2000 元以上者须向商会或钱业公会领照，2000 元以下自由流通。④ 同月，将携洋 200 元出省境改为仅限陆路。由省内未设海关的沿海各口出境者只准携带通用银行钞票，每人所带旅费或零用现洋不得超过 20 元，多余现洋应调换钞票，超过 20 元者禁止由海口出境。其有海关各口岸，对未经领照报税及超过每人旅费现洋 20 元者一律查禁。⑤ 12 月 8 日，省政府出台

---

① 中国第二历史档案馆编：《中华民国史档案资料汇编》第五辑第一编"财政经济（四）"，第 407—408 页。

② 《山东省限制现金出境暂行章程》，《山东财政公报》1931 年第 3 卷第 3 期。

③ 山东省地方史志编纂委员会编：《山东省志·金融志》，山东人民出版社 1996 年版，第 66 页。

④ 《山东省限制现金出境暂行章程变通办法》，《财政旬刊》1934 年第 11 卷第 8 期。

⑤ 《鲁省严禁现银出境》，《银行周报》1934 年第 18 卷第 49 期。

《改订限制现洋流出严格办法》，规定凡商民省内携洋转运以 300 元为限，逾限者领照；凡商民携洋出省境者每人不得超过 20 元；各银行（号）运洋出省须请领护照，财政厅有权核减或令其缓运；土产贸易商号领取流通凭照，以每张 2000 元为最高限额。①

对比该省 1934 年所颁各项办法发现，山东不断强化政府对携现洋转运出口的管控。其一，省内携洋转运额度由 500 元降至 300 元，逾额者领照。其二，对携洋出省境者限制日渐严格，由 9 月的携洋 200 元出境到 11 月仅限陆路出境，由各海口经海路出境者至多 20 元到 12 月所有出境者携洋均不得超过 20 元。其三，坚持各银行（号）请领调运现洋护照的原则，强调财政厅的核减、缓运权。其四，土产贸易期间，由财政厅委托钱业公会、商会代发的现洋流通凭照限额由 5000 元骤减为 2000 元，以限制大额现洋流动。

1935 年 7 月，山东省政府公布《新订山东省禁止现洋出境暂行办法》，要点如下：一、确定商民携带现洋额度、请领护照原则及核发机关权限。凡中国商民、机关团体、银钱行号、商号及外侨商民由本省携带现洋出省境，或在省内由甲处运往乙处者，每人携带数额以 50 元为限，超过者汇拨。二、确定稽查主体及其责任。由省会公安局及军警稽查人员、财政厅特派稽查员、各县政府、各铁路车站及汽车路局负责稽查中国商民，由省政府转函各国驻山东领事协助稽查外国侨商。稽查机关或人员遇到持有国民政府（或财政部）所颁之现洋准运专照者查验放行；遇违章偷运者拿获扣留。三、确定对私运者的处罚规则。外商外侨偷运现洋被查获者，由省府转函该国领事核办或交中国司法机关办理；本国商民及银钱行号商号或团体偷运现洋情节轻微者酌予罚没，情节重大者交司法机关治罪。② 笔者以为新订办法有两方面改动，一是增加对外侨商民携洋出境的限制，二是希望外国驻华领事，主要是日本领事官协助鲁

① 《鲁省严禁现银出境》，《银行周报》1934 年第 18 卷第 49 期。
② 《新订山东省禁止现洋出境暂行办法》，《山东民政公报》1935 年第 237 期。

省政府遏制现洋出境。7月19日，省财政厅函请各领事通令外国侨民遵照办理。① 23日，山东颁行《济南市各车站检查现洋出境手续》，指定在济南各车站设立检查人员办事处，由财政厅、公安局及外国驻济领事馆派员联合执法，检查中外商民携洋出境。②

（二）华北各省市展开有限度白银缉私

上述法规尽管是被动的、治标性质的法规，银行方面还是协助执行，津海关、北宁路局及各地方政府亦责令中外商民遵行，并利用不完整的缉私权限侦办偷运银元案件。

1. 银行协助政府禁止银元外运

山东一再限制现银出境额度，奸商仍大肆走私现洋出口。烟台因现银流出过多，银根吃紧，经济周转不灵，导致1934年11月30日起市面交易停止。烟台特区行政专员张奎文紧急召集中国、交通、民生各银行协商急救办法，决定各银行尽量发行钞票，暂不兑换现银以维持现状。消息传到济南，省财政厅12月2日召集各银行负责人协商救济烟台金融办法，议定财厅禁止现洋出境，各银行调运现银赴烟台兑换以救济市面，尽量多发钞票。仅两日，民生、中国、交通各行运往烟台的现洋已达数十万元。③

1935年春，天津私运现洋出境问题日趋严重。中央、中国、交通三家银行经理李宏章、卞白眉、钟秉锋会商预防办法。4月17日，与英、法、美、德、意、日等国银行茶会，请求协助维持津市市面。各行承诺嗣后不运银出境，中外银行洽商圆满。④ 7月1日，天津市长程克邀中央、中国、交通各银行经理座谈，要求各行严定兑现办法，说明市政府另谋善法监管，拟请租界当局协助。⑤ 10月，天津各银行限制兑现，市面现银减少。私贩者不得不携巨钞散

① 《鲁防现银出境》，《大公报》1935年7月20日第3版。
② 《禁银出境》，《大公报》1935年7月25日第10版。
③ 《烟台市面恐慌》，《银行周报》1934年第18卷第48期。
④ 《天津金融界防止白银流出》，《大公报》1935年4月19日第3版。
⑤ 《防止运银，程克昨邀银行界会商》，《大公报》1935年7月12日第4版。

向四乡搜罗现洋，而市公安局派员盘查，限制钞票出境。[①] 市公安局会同租界当局拟定查禁白银走私办法，在各车站码头派员检查，12 月 9 日通令各区所认真查办私运白银犯罪。

国民政府实行法币政策后，天津仍有白银私运出口案件发生。1936 年 2 月 1 日，津海关关员检查发现外商华比等数家银行私运大批现银，装轮待发，即以取缔现银出境之令予以扣留。津海关监督公署查明该批现银系运往上海调换法币，特报市政府处置。市长萧振瀛对此颇为注意，派员通知各行嗣后调换法币，尽可在津办理，毋须外运。市商会主席纪华访晤天津 11 家外国银行经理，希望与华商银行精诚合作，维持地方金融安定，防止现银出境，"谈话结果颇佳"。[②] 商会了解到外商银行运银时持有财政部护照，毋须津海关公署审核，建议嗣后中外民众运送银料银元须呈交平津金融维持会核准后外运，市政府加派人员在码头稽查，无该会许可者扣留。该项建议得到萧振瀛批准。[③]

2. 华北地方政府、关路部门开展有限度缉私

北宁路山海关站是缉私斗争的重要节点，报刊屡次报道破案信息。1935 年 4 月，北宁铁路员役随车破获多起大宗走私银元案，多自平津偷运现银到山海关脱售，扣留现洋一万余元，将人犯解送津海关讯办。[④] 当月，山海关分卡联合公安局破获德盛永首饰楼私运现银案，收缴现洋 93000 余元。8 月，津海关将照章提奖的现洋 2 万余元送交山海关公安局，[⑤] 奖励参与破案的警士们。

河北现银偷运出口颇为严重，津东各县现银缺乏，各业深受影响。4 月 18 日，省政府电令津东各县切实严防私运，声明已向财政部请示办法。滦榆专署拟在所属各县组织缉私队，由各县警察拨调

① 《公安局防止白银流出，限制中交钞票出境》，《大公报》1935 年 10 月 29 日第 6 版。

② 《外商华比等银行私运现银被扣》，《大公报》1936 年 2 月 21 日第 4 版。

③ 天津市档案馆等编：《天津商会档案汇编（1928—1937）》（上），天津人民出版社 1996 年版，第 723、726 页。

④ 《偷运白银出关，北宁路员役破获多起》，《大公报》1935 年 4 月 18 日第 10 版。

⑤ 《榆关破获私运现银案，提二万元赏警士》，《大公报》1935 年 8 月 22 日第 10 版。

充任。① 电令所指办法应为前述《河北省查禁私运现银出口暂行办法》，5 月 4 日获准。此后省政府发出查禁贩卖现洋通令，责令所属严密缉拿。唐山遵令严查，一般银号不敢再做收银转卖的勾当，只有中国法律不能制裁的朝鲜人单独做，成交者甚少。②

北平对于私运白银出境查缉甚严，抓获私运银贩多人。1935 年 7 月 1 日，铁岭人燕长生、河北滦县人李庭阶到中国银行兑现 3000 元。驻行便衣警长经盘诘获悉该款系某外侨所有，外侨要求两人兑现后运赴关外，许诺每人给 5 元报酬。警察以私运白银罪将两人转送公安局法办。③ 北平公安局侦缉一分队侦查发现天桥北路西门 90 号玉成祥烟卷钱铺时有某国人往来，腰缠甚重，步履维艰，遂令所属第二小队长梁保全带领侦探蹲守侦查。8 月 16 日下午，警探见有天桥西路郭记烟阁少铺长郭宗文持现洋赴该铺兑换，当即将郭宗文及该铺经理、副经理 3 人抓获，连同证物送交侦缉总队审讯。该犯供认，收买现洋每百元贴水 13 元，业已经营三月有余。该案核办期间，警探在前门桥西福庆成烟阁子铺捕获收买现洋私运出境人犯吴玉福等 3 名，该犯供称收买现洋百元获利十元，二三日间可收得二三千元，业已经营一月余。17 日下午，该队将两案六犯解送公安局法办。④ 该市公安局还利用私运白银犯游街演说的方法警醒市民。8 月 15 日公安局侦缉一分队在蔡家胡同 19 号抓获刘自明，供认收买现洋卖给崇文门内苏州胡同某国人，每百元获利 11 元。21 日，该局特派保安第四队警察押解刘自明赴前门大街、天桥等处游街，演说其犯案经过及当局取缔私运白银意义，听者动容。22 日押赴宣武门、西单、西四等处演说，次日在东单、王府井大街、崇文门一带演说，促使一般市民知所警惕。⑤

---

① 《津东现银偷运，冀省政府再令严防，滦榆区将组缉私队》，《大公报》1935 年 4 月 20 日第 10 版。

② 王晋之：《白银外流史料》，《钱业月报》1936 年第 16 卷第 5 号。

③ 《私运白银 为了五块大洋，何苦受人利用》，《大公报》1935 年 7 月 2 日第 6 版。

④ 《平市迭次捕获私运现洋人犯》，《大公报》1935 年 8 月 18 日第 6 版。

⑤ 《平私运白银犯游街演说》，《大公报》1935 年 8 月 22 日第 6 版。

华北各省市政府、关路当局在稽查走私犯罪时遭遇的最大难题是日韩侨民大肆走私，中国方面"巡查愈力，私贩的态度愈凶"。① 基于外交考虑，中国政府希望得到日本驻华军政代表协助，屡次交涉所得回应较为矛盾。日本驻华使领馆官员名义上表示支持中国缉私，派出警察协助缉私，却时常干涉中国海关缉私办案。日本军方则态度蛮横，阻碍中国执法，强迫中国海关取消长城沿线及冀东沿海武装缉私权限。

1935 年 4 月，秦皇岛海关税务司因连日破获日韩人偷运现洋案件数起，特就上车检查私运现洋问题向日方提出交涉。日方同意自 5 月 1 日起，派警察宪兵协同海关巡查员在北宁线列车到山海关站后上车检查，如抓获中国走私贩交由海关惩处，抓获日韩走私犯交日方处置。② 10 日，日本宪兵在山海关拘捕多名朝鲜私运现银犯，山海关税关对此表示谢意。③ 8 月 26 日，平汉路 22 次火车到达北平西站时，公安局警察联合路警及日本警察署警员查获由顺德到北平的 4 名韩人私运现洋一万两千余元，当即逮捕，由日警员带往日本警署处置。④

前述，1935 年 5 月日本驻津总领事川樾茂对军粮城韩人私运现洋案提出严重抗议，要求北宁路局将人银交还日本领事馆，并具结保证以后不得再发生类似事件。此案发生后北宁路局颇感处置困难，建议嗣后缉获中国人私运白银，移交海关处理，外籍人走私则将人银移交各该领事处置，以免外交纠纷。6 月行政院下令缉获外籍人员走私案件，将现银交海关，人犯交该国领事馆处置。

（三）中国政府依靠英美实行币制改革

1935 年 11 月 3 日，财政部发布币制改革令，宣布自次日起，

---

① 时昭瀛、夏国盛：《华北走私问题》，《时事月报》1936 年第 15 卷第 1 期。

② 《津东现银偷运，日警将协同缉查》，《大公报》1935 年 4 月 23 日第 10 版。

③ 《私运现银 山海关税关加以取缔，日宪兵拘捕私运鲜人》，《大公报》1935 年 5 月 13 日第 4 版。

④ 《韩人四名私运现洋一万二千元，在北平被捕》，《大公报》1935 年 8 月 27 日第 6 版。

以中央、中国、交通三银行所发之钞票为法币，除法币外不得行使现金，违者全数没收，以防白银偷漏；所有银钱行号、商店及其他公私机关或个人持有的银币或生银类交发行准备委员会或其指定银行兑换法币①。15 日财政部发布《兑换法币办法》，规定凡各地银钱行号、商店、公私团体及个人持有的银币、厂条、生银、银锭及其他银类者，应从 11 月 4 日起三个月内就近交兑换机关换取法币，藏匿或转付其他用途者以侵占罪论②。23 日颁行《运输银币银类请领护照及私运私带处罚办法》，规定凡运送银币银类应由中央、中国、交通三银行持财政部准运护照运输，沿途关卡或军警验照放行，未领部照或兑换机关证明而私运者没收充公，人犯送法院以妨害国币惩治暂行条例惩处。同日颁布《修正缉获私运银类银币处罚给奖办法》，明令前项充公的银币、银类送交三行调换法币后给破案人员提奖。③

南京政府向日本通报币制改革情况后，日本外务省、陆军省陆续表态，强烈抵制。日本关东军和天津驻屯军加紧推进"华北自治"，阻挠、破坏华北白银南运。④ 日本为扶植冀东伪政权、稳定金融起见，阻止白银走私外流。11 月 17 日起日军派宪兵到山海关切断走私途径，在奉山线火车上检查，从 11 月 21 日至 12 月 28 日扣留白银 11986 元。⑤

至 1935 年底，华北大规模银元走私出口基本停歇，零散白银走私依然继续。日本转而走私人造丝、砂糖、卷烟纸等税率较高的货品进口。

---

① 中国第二历史档案馆等编：《中华民国金融法规档案资料选编》，档案出版社 1989 年版，第 401—402 页。
② 同上书，第 406—407 页。
③ 同上书，第 409—411 页。
④ 卓遵宏等编：《抗战前十年货币史资料》（三），台北"国史馆"1988 年版，第 61—66 页。
⑤ 中央档案馆等编：《华北经济掠夺》，中华书局 2004 年版，第 112 页。

四 结论

1933—1937 年，日本在华北策动走私犯罪中，白银走私为其早期的大宗出口货品。白银走私的国际背景为美国白银收购政策所导致的中外银价差价巨大，引发中国白银合法或非法外流趋势加剧。华北成为白银走私外流的"最大漏洞"，当与日本政府谋求破坏中国金融秩序、削弱中国抗战财力等战略阴谋有密切关系，且与该时段日本扩大在华北特殊权益有关。此结论盖成共识，从时人评论到前辈学者屡经论证得出，笔者认同。

日本政府依仗军事外交威势、领事裁判权及新攫取的特殊权益，为日韩浪人的走私犯罪提供庇护。具体而言，公开支持白银走私，在长城沿线设立收购站，高价收买由关内运出的白银，同时收买汉奸浪人组织"密输团"进行大规模偷运。日资银行勾结银号钱庄、银贩，贴水套购银元。走私分水陆两线，北宁铁路、冀鲁沿岸至大连航线为最繁忙的走私路线，天津、山海关、大连等为关键聚散节点。私运银元银币数量价值及对华金融危害程度尚需继续求证。从深层次上讲，日本政府包庇纵容日韩浪人走私银元，确保走私银元顺利运入伪满洲国、朝鲜和日本本土，充实储备或转售牟取暴利，旨在增加其侵华之总体财力。

中国政府实施提高白银出口税和平衡税政策，联合外资银行遏止白银合法外运。在防止走私方面，国民政府及平津冀鲁政府、津海关、北宁铁路管理局出台多项法规，一再压缩商民携银出境额度，执行运银领照制，在重要地带进行有限度缉私，有意加强关路合作稽查，应该说在惩办中国商民走私白银方面起到一定作用。然而，国民政府无法废除日本在华的治外法权，无法阻止中国海关职权被蚕食剥夺，要求日本当局协助缉私的愿望亦无法实现。最终，因中国政府实行法币政策、美国调整白银政策及日本扶助伪冀东政权控制区金融稳固等多种因素，使得日韩不法侨民在华北大规模走私白银的群体性犯罪行为于 1935 年底基本终止，而一般意义上的白银走私罪行仍在持续。

底层政治：民国北平东岳庙道士的
日常生活与社会治理

李俊领

（中国社会科学院近代史研究所）

北京朝阳门外的东岳庙，是道教正一派在华北区域的第一丛林。明清时期，这里"香火不断，始终为民众心目中仰望的圣地"①。辛亥鼎革后，该庙失去道录司的官署地位，成为单纯的道教子孙庙，在纷乱时局中勉强维系着法脉传承与宗教信仰生活。

民国北平东岳庙（下文简称为东岳庙）道士的日常生活深受政治体制与时局变迁的影响。近年来，对此问题的研究成果尚不多见，仅有数篇论文涉及该庙的行业祖神信仰、下院天仙宫的房屋出租与人事更替等。至今学界对东岳庙道士的日常生活仍较为陌生。② 本文在运用北京市档案馆所藏东岳庙档案与该庙道士傅洞奎回忆录的基础上，拟在微观层面呈现南京国民政府时期该庙

---

① 叶郭立诚等：《北平东岳庙》（前辞），福建教育出版社 2016 年版，第 9 页。

② 曹彦生从土木瓦石行与杠房行之间的行业矛盾与文化观念的角度，揭示 1941 年东岳庙新建"鲁祖圣殿"的因由（曹彦生：《北京东岳庙西廊鲁班殿考》，载叶涛、孙爱军主编《东岳文化与大众生活：第四届"东岳论坛"国际学术研讨会论文集》，广西师范大学出版社 2009 年版，第 222 页）。汪桂平从北平东岳庙与天仙宫关系的角度论及该宫在民国时期的住持更替与房屋出租情况（汪桂平：《北京东岳庙下院天仙宫小考》，《北京社会科学》2014 年第 4 期）。

道士日常生活的面相，进而透视北平社会局治理道教的立场、方式、成效及其局限。①

一 人事变更的政治管控

南京国民政府（下文简称为国民政府）时期的北平东岳庙较之北洋时期更为衰落，其人事更迭与庙产管理上明显受到北平市社会局的管控。

在国民政府的训政体制下，东岳庙的人事变动情况须按时向北平市社会局（下文简称为社会局）报告。1928年9月，国民政府公布《寺庙登记条例》；1929年1月颁布《寺庙管理条例》，12月又颁行《监督寺庙条例》②。这意味着民国政府在宗教立法上实现了从"管理寺庙"到"监督寺庙"的重要转变。起初，北平市公安局负责监管寺庙登记事务，社会局则负责改良风俗、取缔迷信等事务。1930年1月，社会局接管寺庙登记事务，而公安局仅在寺庙发生纠纷案件时予以协助处理。当时具体负责东岳庙管理事务的机构是社会局第一科公益救济股，其对东岳庙住持更换之事严格监督。该庙住持华明馨去世后，郑吉年、马化图相继接任住持。1931年1月，马化图病故，生前未指定接班人。东岳庙诸位道士依据"由本宗公选品格高尚、老成持重者接充"③住持的惯例，公推邓化平担任该庙新一任住持。据直接负责此事的该局科员乔荣堂称，东岳庙道士邸吉瑞、张吉荫、郭吉秀、王洞

---

① 南京国民政府时期，直接管理北平东岳庙的市政机构一直是北平市社会局，该局在日军占领北平时仍保留原有的大部分普通职员，而且实行国民政府颁行的寺庙管理政策，唯其机构名称、部门分工与权属关系有所变化。如法国学者高万桑所言，将1928—1949年间北平道教的行政管理作为一个整体进行研究，确有根据（Vincent Goossaert, *The Taoists of Peking, 1800 - 1949: A Social History of Urban Clerics*, Cambridge（Mass.）: Harvard University Asia Center, 2007, p. 67）。

② 《监督寺庙条例》，《行政院公报》1929年第107期。

③ 《东郊区东岳庙道士邓化平登记庙产的呈文及社会局的批示》，1930年1月1日—1941年12月31日，北京市档案馆藏，档号：J002—008—00456。

祺、傅洞奎、李洞禄、徐洞章、刘洞祥及相关道观的道士白吉珍、张吉泉共同出具文书，表示他们出于本愿，共同推举邓化平接任东岳庙住持及下院天仙宫住持、天仙宫中心学校校长。此外，根据社会局的要求，东岳庙附近聚祥益布庄的老板魏宜臣为邓化平出任东岳庙住持作了担保。魏宜臣在具结文中称，邓化平"品行端正，素守清规"[1]。由庙内、庙外道士及附近店铺为住持更换出具担保书的做法，不同以往，无疑是社会局强化其对东岳庙人事监督权的重要手段。

1935年7月，邓化平去世，东岳庙道士公推张吉荫接任住持。为表明其接任住持的公开性与公正性，该庙道士郭吉秀、邸吉瑞、傅洞奎、李洞禄、王洞祺、徐洞章、李洞溪与贾洞祯共同向社会局递交了具结文。另外，北京德胜门大街87号的德丰顺店老板陈养园也为其签下具结文。不过，社会局并未据此批准张吉荫接任东岳庙住持，而是派陈元年、陈保和与杨景桂等人前往正阳门瓮城的关帝庙与东直门内大街药王庙进行核实，因为这两庙与东岳庙同属道教正一派中的清微派，三者关系密切。根据他们的调查记录，关帝庙住持刘佑昌与药王庙住持白贤珍均称，东岳庙公推张吉荫接任住持与该庙传授习惯相符，因为该庙虽系子孙院，但传法并不限定法脉上的"长子长孙"；天仙宫为东岳庙的下院，确定无疑。经过此次核查，张吉荫出任东岳庙住持一事才得到社会局的批准。这与北洋时期东岳庙住持华明馨自行指定接班人，且不受京师警察厅干预的情形不可同日而语。

按照1928年颁行的《寺庙登记条例》，东岳庙道士的数量及其变化都要由社会局核查登记。1930年7月，据该局调查，东岳庙有道士马化图、张吉荫、邸吉瑞等11人。翌年2月，马化图病故，社会局随即对该庙人口再次进行调查，同时指定朝阳门外大街东兴永店的老板牟辉耀为该庙作担保，以保证此次调查结果的可靠性。

---

[1] 《东郊区东岳庙道士邓化平登记庙产的呈文及社会局的批示》，1930年1月1日—1941年12月31日，北京市档案馆藏，档号：J002—008—00456。

社会局对东岳庙的严格监管，使该庙管理纳入法制化轨道的同时，也彰显其管辖社会底层日常生活的威权。

在道教的自我管理上，东岳庙参加了 1929 年成立的北平道教慈善联合会。该会设于地安门外大街火神庙，旨在联合市内道观倡办慈善，发扬道德，补救社会人心。其最初采用委员会制，设监察委员 7 人，常务委员 9 人。火神庙住持田子久为该会会长，东岳庙道士郑吉年亦为其中的管理者之一，但他常派道士傅洞奎代替自己去应酬联合会的各项事务。傅、田二人因而结有私谊。

日军占领北平后，华北政务委员会于 1941 年设立华北道教总会，会址设在北平和平门吕祖阁。[①] 该会接受新民会与东京道教管理机构"大学院"的指导，负责华北沦陷区道教工作。东岳庙道士傅洞奎为保护东岳庙庙产，不得已而出任华北道教总会委员会的常务委员。

日伪统治北平期间，伪北京市社会局拟定了《北京特别市寺庙管理规则草案》，东岳庙很可能因此受到更多的管控。根据该草案规定，东岳庙道士必须先受三皈五戒（三皈即皈依道，皈依经，皈依师；五戒即戒杀、戒盗、戒淫、戒妄语、戒饮酒），再受三坛大戒（即初真十戒、中极戒、天仙戒）；庙中公选的住持必为受戒道士；更换住持时"皆应于事前报社会局备案"，住持接交时"由社会局及道教会派员监交"[②]，未经社会局备案而私自接任住持者为非法住持；东岳庙道士行为不检或染有不良嗜好者，社会局告诫令其忏悔改过，重者撤革其住持职位或将其逐出庙门。该规则是否实行，有待于进一步核实，但表明伪北京市社会局意图更加严格地控制东岳庙等寺庙。

抗战胜利后，东岳庙仍由社会局管理，但依旧无缘于胡适所言

① （伪）华北政务委员会内务总署编：《北平市警察局令发管理华北宗教施政纲要》，1941 年 6 月，北京市档案馆藏，档号：J181—017—00080。

② 《北平特别市社会局组织规则草案、施政报告及本市郊区农会筹备委员会第一次会议记录》，1945 年，北京市档案馆藏，档号：J002—007—00603。

人民在训政阶段应有的"宪法之下的公民生活"①。1946 年，北平
白云观发生火烧道士惨案后，当地政府在和平门内吕祖阁成立"道
教整理委员会"，但该会对东岳庙的人事管理并无明显影响，也没
有促进道教现代化的意味。1948 年 5 月实施的《动员戡乱时期临
时条款》冻结了新颁宪法关于人民自由权利的部分条款，东岳庙道
士终究无法凭借宪法提高自身的政治地位，并获得一般国民的正当
待遇。

二 庙产变动的市政监管

在国民政府治下，东岳庙的庙产管理受到北平市社会局的监
管。国民政府颁布的《寺庙登记条例》与《监督寺庙条例》，均隐
含着政府从寺庙财产中获取利益以实施其现代化事业的意图。社会
局在实施这些法规时，强制寺庙兴办慈善事业，还迫使寺庙为市政
建设捐款。当时包括东岳庙在内的北平寺庙至少有 1959 处，庙产
总值 200 万元以上。② 在社会局看来，寺庙的僧道不参加劳作，却
坐拥大量财产，有寄生于社会之嫌，而当时北平的贫困人口达 18
万之多。因此，社会局要求各寺院在办理贫民救济院、贫民工厂、
贫民学校、医院等利生事业上量力而行，为政府分忧。1928 年 10
月，时任该局局长的赵正平在给北平各寺院的训令中称，辛亥革命
以来，各省有取缔僧道的举措，主要缘于各寺庙对社会事业漠不关
心；尽管社会局尊重僧道的宗教信仰自由，但如果寺庙不能与全民
共同努力于"一切利群事业之建设"，就难以"取信于世，势必渐
入淘汰之列"。③ 赵这一番话暗含着对寺庙僧道的胁迫，因为该局

---

① 《我们什么时候才可有宪法》，季羡林主编《胡适全集》第 21 卷，安徽教育出
版社 2003 年版，第 434 页。
② 《中华民国建元以来佛教大事记》，《华北宗教年鉴》，兴亚宗教协会 1941 年印
行，第 9 页。
③ 《赵正平召集各寺院和尚谈话 双方演讲都注重弘法利生四个字》，《世界日报》
1928 年 11 月 4 日第 7 版。

可以利用正当程序判定哪些僧道属于"人民"，哪些僧道要"淘汰"。同月，北平市教育局局长李泰棻发布政令，要求北平所有寺院或独自设立，或联合设立平民小学，并由其一半收入用作办学经费。① 这虽主要针对北平佛教界，但同样给东岳庙带来一定的压力。根据《监督寺庙条例》，东岳庙的财产虽仍由住持管理，但其支出情况必须向地方官署呈报，而且庙中收支状况与兴办事业也需要每半年向地方官署汇报一次。该庙于 1929 年 2 月开办民众小学，对附近的学龄儿童进行现代知识教育，同时讲授国民党党义。由于东岳庙的日常收入确实较少，经社会局调查和呈请，该小学于 1936年获得市政府补助金 10 元。

东岳庙的庙产被社会局细致掌握。在 1928 年开始的庙产登记中，各寺庙需要仔细填写总登记表及财产、法物、人口等登记表，社会局还会派调查员进庙逐一进行核实。1929 年 4 月，该庙的东岳大帝、关帝、孔子等 1317 尊神像在北平市公安局登记。翌年 6月，马化图呈请社会局进行庙产登记，称该庙与附属庙宇房产的旧契约均于庚子国变时遗失。不过，社会局的调查员李光显、张世安核查后认为，马氏此次所填的登记表与其报送公安局的登记表相比，"漏填佛像、法物等甚多，殊属疏忽，仰即更正"。② 7 月，社会局将东岳庙庙产登记表发还该庙，要求重新登记。为保证此次登记的可靠性，作为该庙铺保的朝阳门外义兴和大米庄老板卢道暖于1930 年 9 月为该庙西旁院的后置地产出具了保结。

1931 年初，邓化平接任东岳庙住持后，呈请北平市社会局重新登记该庙的庙产。经过社会局核查后，邓氏重新据实填报了庙产登记表。

不过，社会局认为邓化平填报的登记表存在少报 3 个铁磬的嫌疑，随后又派一位濮姓调查员到该庙进行审核。这位调查员没能查到东岳庙少报铁磬的问题，却有意迫使该庙为北平社会局设立的惠

---

① 《教育局长召集北平僧界》，《佛宝旬刊》1928 年第 59 期。

② 《东郊区东岳庙道士邓化平登记庙产的呈文及社会局的批示》，1930 年 1 月 1日—1941 年 12 月 31 日，北京市档案馆藏，档号：J002—008—00456。

工学校捐款。他先向邸吉瑞询问该庙的月收入。邸氏回答说，该庙仅恃香火为生，"大约月入六十元左右"。接着，调查员问道："能否捐助惠工学校？"邸氏唯恐社会局再给东岳庙制造麻烦，称拟捐5元，于当月27日交齐。①

虽然北平市政府同意社会局劝告市内各寺庙捐助惠工学校的呈请②，调查员关于东岳庙捐助的问话也有据可依，但这种捐款实属勒捐，并非出于东岳庙道士的自愿。惠工学校原为1929年北平社会局在铁山寺庙址上设立的电车工人子弟学校。为强化自身的权威与收益，该局以庙产调查登记为要挟，胁迫北平白云观、广慈庵等寺庙宫观为该校捐款。是年8月，社会局以广慈庵住持慧果登记误限为由，撤去其住持之职，后又表示如果慧果认捐惠工学校经费200元，即取消处分。此举遭到广慈庵的控告，但社会局并未因此受到处罚，对寺庙的态度一仍其旧。对于调查员的勒捐，邸氏担心遭遇广慈庵抗捐的无奈结局，不得不认捐5元。1931年4月27日，东岳庙向惠工学校的捐款缴清，社会局表彰邓化平称："该道士热心慈善，殊堪嘉慰。"③

直到1933年3月，东岳庙庙产登记总算通过了社会局的审核，邓化平向该局缴纳4元的凭照费，领取了东岳庙的凭照。在1936年和1947年的庙产登记中，东岳庙住持张吉荫皆谨慎以待。可以说，东岳庙的财产只是被政府严格管控，并非真正意义的保护。清末时人已经意识到"文明进步，端于风俗，验于生计……而国民之私益应沐法律保护者，莫如生命、身体、财产"。④ 在国民政府治下，东岳庙的财产管理并未沐浴到政治文明的曙光。社会局对待电

---

① 《东郊区东岳庙道士邓化平登记庙产的呈文及社会局的批示》，1930年1月1日—1941年12月31日，北京市档案馆藏，档号：J002—008—00456。

② 《西郊区香界寺僧人月潭登记庙产的呈文及社会局的批示》，1931年11月9日，北京市档案馆藏，档号：J002—008—00353。

③ 《东郊区东岳庙道士邓化平登记庙产的呈文及社会局的批示》，1930年1月1日—1941年12月31日，北京市档案馆藏，档号：J002—008—00456。

④ 《修订法律大臣沈家本等奏进呈刑律分则草案折并清单》，上海商务印书馆编译所编纂《大清新法令》（点校本）第一卷，商务印书馆2011年版，第521页。

车工人与寺庙僧道厚此薄彼，优先考虑工人子弟教育的经费问题。有学者指出，国民政府寺庙登记的目的是确立管理宗教、寺庙事务的权威，并不是为了通过对寺庙的"勒令整顿"而实现佛教、道教的复兴，因此其无意在管理寺庙、宗教方面走得太远。① 以此而言，东岳庙与北平其他寺庙不过是政府管控下的不具有信仰教化功能的某种经济实体。

日军占领北平后，东岳庙道士对庙内建筑的修缮与增扩仍须向社会局申请，在宗教事务上还要接受华北道教总会的指导。1938年，伪北京市社会局内部机构调整，社会风化宗教股取代原来的第一科公益救济股，负责风俗教化改善、宗教团体之监督、寺庙管理指导、寺庙财产保存与收支的考核等事项。该局每年仍进行寺庙登记。

在国民政府与华北日伪政权治下，东岳庙道士名义上拥有庙产管理权，实际受到社会局的严格监管，难以自主。

三　信仰正当性的舆论质疑与政治冲击

东岳庙（及其下院天仙宫）与附近的九天宫②、十八狱③形成三位一体的信仰格局，即以东岳大帝为主神的鬼神信仰体系。这一信仰体系充分代表了道士与北京民众的生活常识与行事方式，具有深厚的社会根基和历史传统。在民国时期政治正当性与神灵信仰分离的新形势下，相关的信仰习俗仍保留着某些迷信的成分，尚未来得及吐故纳新，但距离以科学与文明为旗帜的上层文化却越来越远。

---

① 付海晏：《1930 年代北平白云观的住持危机》，《近代史研究》2010 年第 2 期。

② 九天宫，全称"九天普化宫"，建于明代万历年间，属私人建筑，位于北京市朝阳门外东岳庙东侧路北，主奉九天应元雷音普化天尊。见北京市档案馆编《北京寺庙历史资料》，中国档案出版社 1997 年版，第 186 页。

③ 十八狱（庙），即位于北京市朝阳门外大街南侧、芳草地西街北口东侧的慈尊寺，建于清雍正年间，属私人建筑，以寺中所塑的十八层地狱之鬼神像得名，现已无存。见北京市档案馆编《北京寺庙历史资料》，第 181 页。

1928 年 10 月，国民政府颁布《神祠存废标准》，解释了五岳四渎、东岳大帝与送子娘娘等传统信仰的历史根源，并指出其"神道设教"的局限。在此基础上，国民政府设立了"淫祠"的判定标准①，进而认定：其一，东岳大帝虽载入明清祀典，但在民间多被附会成《封神演义》中的黄飞虎，不符合现代文明潮流，因而没有继续保留的必要。其二，送子娘娘是《封神演义》中的三宵娘娘的翻版，"实淫祠之尤，亟应严禁"②；在民间信仰中，送子娘娘是碧霞元君的分身。其三，民间传统奉祀的痘神、狐仙等属于"淫祠类"，实属有害于社会，"一律从严取缔，以杜隐患"。③ 国民政府还以当时的"科学"观念为依据，解释禁止祭祀泰山神灵的合理性。其认为，现在神权与君权都已成为历史，沐浴着科学、理性与现代文明的光辉，应当彻底抛弃所有的神灵信仰。

《神祠存废标准》在文化政策上造成东岳庙神灵信仰合法性的危机。依据该标准，东岳庙的东岳大帝、碧霞元君等神灵信仰均为"迷信"，而"一切迷信为训政进行之大障碍"。④ 1928 年 11 月，在社会局依据《神祠存废标准》开始对全市寺庙进行调查时，国民党北平市党部宣传部则借机进行破除迷信的宣传。北平东岳庙深受其影响，不得不因此停办庙会。此后，庙中香火骤减，而道士们的日常生活难以为继。对于这些道士的生活窘况，北平当政者并不在意，甚至不自觉地将其排斥在"人民"之外。

诚然，当时东岳庙及其所属于的道教整体上缺乏人才，难以应对来自政府的压力。著名道教学者陈撄宁曾言："回忆解放以前几十年间，据我亲眼所见，全国道教徒在社会上没有出路，在政治上没有地位，处处受到人家歧视，若要还俗就业，恐不免被群众所讥

---

① 《神祠存废标准》，中国第二历史档案馆编《中华民国史档案资料汇编》第五辑第一编"文化（一）"，江苏古籍出版社 1994 年版，第 504 页。

② 同上书，第 505 页。

③ 同上。

④ 《山东省济南市办理废除卜筮星相巫觋堪舆调查表》，转引自严昌洪《20 世纪 30 年代国民政府风俗调查与改良活动述论》，《华中师范大学学报》2002 年第 6 期。

笑，而实际也无业可就；若仍旧困守本行，又苦于这件事太无意味，反落得一个靠迷信吃饭之名，以致光阴虚度、郁闷终身者不在少数，因此道教中就埋没了一些有用的人才。这项损失，应该归咎于已往社会制度不良，非道教本身之过。"① 陈氏的看法虽回避道教本身的弊病，但揭示了国民政府的政治体制与社会建设政策对全国道教信徒造成的不利影响。

1929 年，由于各地僧道与民众的抵制，《神祠存废标准》由行政命令改为行政参考标准，东岳庙的信仰危机因此出现转机。1930年，北平妙峰山及供奉碧霞元君的一些祠庙陆续恢复庙会，住持马化图遂向北平市政府呈请援例开放东岳庙庙会，随后得到批准。不过，北平市政府要求东郊区署对恢复举行的东岳庙会"合行指导"，"届时派警妥为弹压照料"。② 其对该庙的管控之意颇为明显。当时驻北京的一位美国人注意到，国民党上台执政不久，东岳庙的诸多神灵即被否定，相关信仰活动也被禁止。③

北平市社会局作为东岳庙的直接管理者，在 1929 年宣称其在随后数年内的中心政策是发展工业，"化北平为生产市"，一切工作皆为此服务。④ 虽然 1931 年公布的《中华民国训政时期约法》规定人民有信仰宗教的自由权利，但该局并未将其作为行政依据。

相对于单独推崇儒家而言，国民政府对道教、佛教与民间信仰多有压制与打击，无意从正面促进它们参与社会治理和民族国家的精神建设。这种以威权为支撑的文化自负与偏见，不仅割裂了儒释道融合一体的传统文化体系及其机理，也在一定程度上冲击了民间的日常生活与文化传统。

---

① 陈撄宁：《分析道教界今昔不同的情况》，《道教与养生》，华文出版社 1989 年版，第 433 页。

② 《指令》，《北平特别市市政公报》1930 年第 41 期。

③ Anne Swann Goodrich, *The Peking Temple of the Eastern Peak*, Nagoya, Japan：Monumenta Serica，1964，p. 5.

④ 《北平特别市社会局第一次宣言：中心政策之所在》，《社会月刊》1929 年第 1 期。

四 日常生活的困境及世俗化

在国民政府治下，北平东岳庙道士的日常生活仍具有传统的家长制色彩。据庙中道士傅洞奎回忆，当时东岳庙"好象〔像〕一个大家庭，住持人就是家长，下边有兄弟、叔侄、子孙……。老住持死后，由下一代长徒继承"。[1] 每个道士到一定年龄就由住持安排收徒传道。华明馨去世后，由他生前指定的徒孙郑吉年接任住持。1928 年后的约两年间，郑吉年去世，马化图接任住持。1929 年，该庙新增洞字辈的道士 3 人，即关洞启、刘洞祥、徐洞章，其出家年龄均为 15 岁。值得注意的是，自马化图任住持开始，张吉荫的徒弟傅洞奎因为年轻能干，成为该庙的半个当家人。

20 世纪三四十年代，庙中道士数量至多不超过 15 人。1931 年，邓化平接任东岳庙住持，时庙中道士共有 9 人。1935 年 7 月，张吉荫接任该庙住持，时庙中道士亦为 9 人。其中，11 岁的李洞溪与 10 岁的贾洞祯均系 1935 年入庙。翌年，刘洞祥、贾洞祯离开东岳庙；新增道士徐中和、袁中兴、魏中毅，其中有两位是傅洞奎的徒弟。据 1930 年北平市社会局调查的档案记录，这些道士均为河北省大兴县的同乡。东岳庙的常住人口除道士外，还有一些庙役和 1924 年离开故宫的几位太监。

在北平社会局的管理下，东岳庙道士的日常生活勉强得以维持，生活方式有所改变。据该庙道士傅洞奎回忆，当时道士们每天吃两顿饭，早上吃粗粮，下午吃二米饭（大米加小米），每餐一个炒菜和一个熬菜，全天的菜中仅有半斤肉；伙食虽不算好，但是庙里上供撤下来的点心长年堆着吃不完；每月初一、十五和所供神灵的诞辰日才吃斋。新进庙的道徒由庙里提供粗布衣袍，也可由其家中添置一些穿戴。据 1939 年郭立诚调查，"东岳庙道士在清时只入

---

[1] 傅长青：《回忆东岳庙》，中国人民政治协商会议北京市委员会文史资料研究委员会编《文史资料选编》第 22 辑，北京出版社 1984 年版，第 212 页。

宫承差及有典礼浴事时方服道装，平日如常人"①。实际上，自郑吉年接替华明馨任住持后，东岳庙的规矩与戒律稍有松弛。以发式而言，自1926年傅洞奎带头留满发后，年轻道士也都跟着留了满发。

1928年，北平市政府颁行《取缔庙宇停枢规则》，使东岳庙原本微薄的经济收入再度减少，而道士们不得不外出诵经以谋生。当时念经管斋饭的报酬为一天五角，不管斋饭的报酬为每天一元。傅洞奎成年后每月都外出念经15天，如果再有放焰口的业务，就有20天在外面。这项收入刚好满足其生活费用。1931年，日本学者小柳司气太对东岳庙道士外出诵经的行为批评称，该庙道士"掌祈祷符咒之术"，不过是"巫祝之流"；相比之下，白云观的道士"稍类禅宗"。② 在这位日本学者看来，东岳庙的道士像是民间世俗的"巫祝"，缺少宗教修行者应有的严肃与恭敬。这也表明，东岳庙道士为谋生而长时间在外奔波，其修行已多少有些荒疏。

在外出诵经谋生之余，东岳庙道士借助民众的鬼神信仰传统，不时对其进行劝善祈福的引导。1919年，住持华明馨为刘澄圆居士编的《东岳庙七十六司考证》一书作序，并资助刊印。该书以白话文的形式讲述七十六司的鬼神、功能与灵验故事等内容，意在劝人行善积德，利国利民，"补鬼神护法之不足"，"补教育法律之不足"。③ 由于新文化运动并未真正改变民间的鬼神信仰传统，东岳庙仍是北京民众精神生活的重要部分，而该庙道士是这种信仰观念的宣传者与守护者。1932年，东岳庙住持邓化平等人将《东岳庙七十六司考证》一书重印了1000册。由此至1941年，住持张吉荫与黄太太、国太太、平绥路包头机务第七段段长张美、工务局科长姜潜巷、信士朱继斌等人不断翻印该书。

---

① 叶郭立诚等：《北平东岳庙》，第15页。

② ［日］小柳司气太编：《白云观志（附东岳庙志）》，东方文化学院东京研究所1934年印行，第220页。

③ 叶郭立诚等：《北平东岳庙》，第63页。

身处乱世，东岳庙道士的日常生活不时受到侵扰。1928 年 6 月，韩复榘在蒋介石的安排下抵达北平南苑。随后，其将留驻东岳庙的奉军鲍毓麟部包围缴械，从而引起各国外交使团的干涉与纠纷，酿成鲍旅缴械风波。事后，东岳庙道士搜集该军遗落的残枪、子弹等物，并送到京师警察厅。1945 年 10 月，国民党第十一战区的一支军队驻守北平东岳庙，负责维持治安。11 月底，北平市的诸多韩国侨民陆续集中到东岳庙，暂时由北平市日侨管理处统一管理。1948 年 11 月，山西和东北地区的一些流亡学生强行住进东岳庙，并与前来清点学生人数的警员发生冲突，其中 7 名肇事的学生被拘捕。① 对于政府与社会力量借用东岳庙房舍，庙中道士势单力薄，不得不接受。据傅洞奎回忆，"在军阀混战的年代，东岳庙实际上成了军阀的兵营。不管谁入主北京，都要在庙里驻兵。庙里无力抗拒，只好忍气吞声"。②

日军占领北平时期，东岳庙道士一面屈从以自保，一面通过东岳大帝信仰展现中国人的民族意识。当时华北日伪政权试图借东岳庙庙会营造生活安定的社会氛围。1938 年 1 月，其控制下的《实报》对东岳庙春节期间的庙会报道称："东岳庙新年期间的庙会，真是伟大"，"善男信女们手上都拿了香烛，脸上都笼罩着一重喜色"③。可以说，当时的东岳庙庙会在一定程度上被华北日伪政权塑造成美化其殖民统治的文化工具。张吉荫、傅洞奎等道士不甘于做日军刺刀下的顺民，在庙中各过道墙壁上挂放刘澄圆于 1937 年底修订的《东岳大帝灵感录》一书。刘氏在该书中倡言，东岳大帝是中国的古神，"所有古今的中国人，都应该尊敬国产之神"；"中国人若只崇拜外邦传来的客神，而不知尊敬中国自产的主神便是不爱国，便是黄帝之罪人。……中国民族果不愿作黄帝的罪人，不愿

---

① 《平流亡生点名　发生行凶事件》，《申报》1948 年 11 月 21 日第 2 版。

② 刘灵子整理，姜为田襄写：《北京朝阳门外道教胜迹东岳庙：傅长青老道忆述东岳庙兴衰史》，中国人民政治协商会议北京市朝阳区委员会文史资料委员会编《朝阳文史》第 1 辑，1987 年印行，第 53 页。

③ 《东岳庙》（下），《实报》1938 年 1 月 29 日第 4 版。

自弃血统……非尊重中国自产的护国佑民之东岳大帝不可。"① 显然，刘氏有意通过东岳大帝信仰彰显中国人的民族意识。东岳庙道士协助刊印，并在庙中多处挂放该书，同样表达其对日伪政权殖民统治的日常抗争。换言之，《东岳大帝灵感录》一书不只是信仰教化书籍，还是东岳庙道士表达民族意识的政治文本。

在国民政府治下，东岳庙道士终日为生存奔波，以至于无意再恪守庙规，转而投身于世俗生活。以道士结婚而言，东岳庙道士应遵守正一派之清微派的戒律，一律不能结婚；如欲结婚，就必须还俗。据傅洞奎回忆，日伪统治时期，庙中"道士由偷着结婚进而出现公开结婚"。② 据郭立诚在 1939 年的观察，"东岳庙道士可以结婚，饮食男女如常人"。③ 1942 年，傅洞奎与家住朝外四条的女香客佟玉清私订终身，并悄悄在崇文门外一家饭店举行了婚礼，事后两人就近租房而居。"后来庙规更松了"，④ 傅洞奎、佟玉清夫妇便从崇文门搬回朝阳门外的母亲家居住。由于傅洞奎等道士不再住庙，该庙道士的日常生活更少规矩与秩序。

1949 年 10 月，北京市民政局开社会改造运动，"领导城厢僧尼进行政治学习与文化学习，同时辅导他们逐步转向劳动生产"。⑤ 在此学习过程中，东岳庙的一些道士陆续还俗，1950 年仅剩下傅洞奎等 6 人。1952 年，随着社会改造运动的深入，该庙剩下的道士陆续还俗，傅洞奎在东岳庙附近经营一家名为"和义轩"的饭馆，借以谋生。东岳庙道士的日常生活由此终结。

---

① 叶郭立诚等：《北平东岳庙》，第 192 页。

② 刘灵子整理，姜为田襄写：《北京朝阳门外道教胜迹东岳庙：傅长青老道忆述东岳庙兴衰史》，中国人民政治协商会议北京市朝阳区委员会文史资料委员会编《朝阳文史》第 1 辑，第 49 页。

③ 叶郭立诚等：《北平东岳庙》，第 15 页。

④ 刘灵子整理，姜为田襄写：《北京朝阳门外道教胜迹东岳庙：傅长青老道忆述东岳庙兴衰史》，中国人民政治协商会议北京市朝阳区委员会文史资料委员会编《朝阳文史》第 1 辑，第 49 页。

⑤ 市府新闻处：《京创设殡仪馆火葬场 积存灵柩运葬完毕 僧道尼姑积极学习百余人转业》，《人民日报》1949 年 10 月 5 日第 4 版。

余 论

北平东岳庙道士身处社会底层，但这并不意味着其日常生活与政治无关，因为"不仅能够活着，而且能过一种有尊严的生活"，对包括底层群体在内的所有社会成员来说，都是政治问题。① 因此，检验和判定国民政府实施社会治理的正当性及实际成效的一个基本尺度，即底层社会群体的日常生活。事实上，这些身处社会底层的道士在国民政府治下无缘于政治权利，而且当时整个道教都遭遇政策性的偏见与轻视。

国民政府时期，北平东岳庙的日常生活几乎处处可见政治权力的在场。北平社会局对东岳庙日常生活的管控，既显示其强化自身统治威权的意图，也体现其在社会建设上的行为逻辑与现实困境。在北平公共财力不足以支持教育、慈善等事业的情况下，该局有意强征庙产以兴办现代教育，未将宪法规定的民众信仰自由权利作为行政准则，也未公正对待东岳庙道士作为合法国民的权益与人格。可以说，北平社会局在社会治理上重视权威与利益，无意促进道教的现代化及其与地方社会的协调发展。抗战胜利后，这种状况也未得以改观。庙中道士因应世变的自我调适能力远不如当时的汉传佛教，因而难以在政府与文化精英阶层中形成影响力并获得支持。在国民政府治下，东岳庙及其所属的整个道教较之晚清、北洋时期进一步沉沦。诚然，在日军占领北平时期，东岳庙道士屈从于日伪政权的统治，仅能勉强保存顺民之身，遑论因应现代社会的自我调适。

近代中国政府对宗教的打击面较广，"道教却是首当其冲、受害最深而难以恢复"。② 国民政府推行的庙产兴学政策与破除迷信

---

① 郭于华：《回到政治世界，融入公共生活：如何重新激发底层公众的政治参与热情》，《人民论坛·学术前沿》2013 年第 23 期。

② 施舟人：《道教在近代中国的变迁》，《中国文化基因库》，北京大学出版社 2002 年版，第 147 页。

运动，将社会建设与本土道教、民间神灵信仰习俗对立起来，在一定程度上破坏了中国社会长期积淀而成的道德秩序与信仰传统，促使社会生态环境趋于恶化。如余英时接受刘梦溪访谈时所言："民间道德习俗不好去破坏，破坏了就难恢复。你以为是用科学思想扫除迷信，其实是用假信仰代替真信仰，社会秩序反而解体了。"[①]东岳庙道士日常生活的世俗化及其主体性的一再减弱，不仅影响道教因应世变的现代转型，而且降低道教对民众的道德教化与精神慰藉功能，从而损害了民间社会的部分良风美俗与道德秩序。可以说，国民政府在社会治理上存在偏颇，对包括东岳庙在内的道教及其社会功能缺乏充分认识和整体考量。

---

① 刘梦溪：《为了文化与社会的重建——余英时教授访谈录》，《传统的误读》，河北教育出版社 1996 年版，第 363—364 页。

上海工部局早期市政权的建立与扩展（1854—1863）[*]

郭淇斌

（江西师范大学历史文化与旅游学院）

　　1853 年 9 月，上海小刀会起义与太平天国运动遥相呼应，攻陷上海县城，使租界西面和南面都受到战争威胁，苏州河畔则由两万余缺乏军纪管束的官军驻扎，外侨处在离开租界还是武装自保的进退两难之尴尬境地。^① 1854 年 7 月，上海英租界外侨宣布成立工部局，得组建租界警察和召集驻沪外国海军，保护侨民财产和生命安全，^② 英租界市政基础得以建立。目前学界有学者对工部局近代董事会制度进行分析，^③ 也有学者从租界早期路政扩展、华洋冲突角度，研究工部局的"双重使命"；^④ 其更注重于租界内殖民与反殖民的矛盾，对租界外人组织和群体的蜕变关注不够。也有学者从租地人大会角度观察租界各规章制度的运作，认为纳税西人会从商

　　* 本文为 2016 年国家社科基金重大项目"近代中国工商税收研究"阶段性成果，项目编号：16ZDA131。本文有删减，原文发表于《城市史研究》第 38 辑，社会科学文献出版社 2018 年版。

　　① ［葡］裘昔司：《晚清上海史》，孙川华译，上海社会科学院出版社 2012 年版，第 83 页。

　　② "Public Meeting at H. B. M. 's Consulate, on Tuesday, 11th July, 1854", *The North-China Herald*（1850 – 1876），Jul. 15, 1854, p. 198.

　　③ 吴志伟：《工部局董事会的董事与运作》，《都会遗踪》2011 年第 4 期；陆文雪：《上海工部局公务员制度考察》，《史林》1997 年第 4 期。

　　④ 袁燮铭：《工部局与上海早期路政》，《上海社会科学院学术季刊》1988 年第 4 期。

本性出发，与工部局、公使团等存在利益博弈和依赖；① 推进了学界关于租界侨民市政制度的认识，但针对纳税西人会的制度性分析，在反映租界市政阶段性演变和复杂性仍存在局限。上海工部局不仅是租界外侨社会的管理核心和意志执行者，其权威也渗透到租界华民社会的日常，因此研究上海工部局的市政权发展轨迹，最能直接反映租界管理模式演变和社会复杂程度。本文试图通过分析战乱时上海工部局的市政管理转型，观察工部局在自治与他治之间的矛盾，以及租界自治地位巩固和社会安定的形成理路。

一　战时的上海外侨与华人难民

1853 年 3 月，太平军攻占南京，随之进军苏、常、淮、扬，各地守军因在与英法战争后，多有怯战心理，此时纷纷溃逃；两江总督杨文定遂大量雇佣上海夹板商船，并咨文上海道台吴建彰，照会英国公使以火轮船牵引夹板商船，守卫江阴和上海。② 上海的动员，引起英租界侨民恐慌。1853 年 4 月，英租界侨民组成上海商团，并由道路码头委员会③成员组织协防委员会防卫租界财产安全，在租地人大会上，各侨民决议无论太平军和清军都不得进入租界，各国侨民协同防御。为探知太平军对外侨的政治意图，英国驻华公使文翰还亲自前往南京侦查，并向太平军表明侨民严守中立的立场，保护汇聚大量英侨财产的上海；也有冒险传教士前往南京，探询太平军的宗教态度，是否对外侨有敌意。④ 上海外侨，不管是政治当局还是

---

① 李东鹏：《上海公共租界纳税人会议研究》，硕士学位论文，上海社会科学院，2013 年。

② 太平天国历史博物馆：《吴煦档案选编》第 1 辑，江苏人民出版社 1983 年版，第2—3 页。

③ 上海英租界道路码头委员会为英租界工部局前身，于 1846 年成立，由租地人大会公选三人组成，任期一年，1853 年至 1854 年委员会委员为：温奇（J. H. Winch）、华地码（W. S. Wetmore）、史密斯（J. C. Smith），关于道路码头委员会的研究，可参见郭淇斌《自治与税捐：上海英租界道路码头委员会的困境》，《上海档案史料研究》2017 年第 22 辑。

④ 汤志钧：《近代上海大事记》，上海辞书出版社 1989 年版，第 50、51、54 页。

民间组织，对逼近的军事威胁，都试图做出准确的政治预判。

8月，小刀会会党在嘉定起义，此后民间盛传会党即将在上海起事，上海县袁祖德遂颁行紧急法令，严格盘查上海县各往来行人。9月7日，上海小刀会聚集力量攻陷上海县城，在外滩工作的脚夫和苦力似乎提前就得知上海即将起纷乱，于当日清晨率领同伴劫掠了外滩路上的海关大楼，事情发生十分突然，劫掠没有遇到阻拦，① 但这次劫掠使外侨直接感受到生命、财产的威胁。英美战舰海军开始登陆，在洋泾浜、海关大楼都设立了岗哨，但并未采取直接军事对抗，因为外侨还不确定上海县城的小刀会会党对外国的政治态度。上海县城陷落的消息传至外侨，侨民纷纷进城探询情况。② 洋商甚至亲自前往县城与会党首领谈判索回被劫夺的生丝货物，这次试探让外侨认识到与小刀会和平相处的可能。③

上海县内部的动乱使外侨纷纷逃离县城前往租界，留下华人用人看管房屋财产。对上海外侨生命、财产安全的更大威胁，来自围攻会党的官军。上海道台吴建彰率领官军在追击"叛军"时，手段十分残酷，1853年12月，吴建彰纵火焚烧了上海最富庶的东郊地区，部分外侨甚至沦为废墟上的拾荒者。④ 亦有驻扎在上海周边军纪松弛的官军，抢劫外侨财产和伤人案发生。⑤ 1854年4月，因官军在租界边线筑城备战，与英美军队发生泥城之战，英美军死2人，伤15人。虽然事态非常严重，但在各方领事斡旋下，最终以中方道歉和解。

尽管战乱给上海外侨造成许多经济损失，如洋行货物被劫，商路阻断、货物积滞，直接财产毁于战乱等，亦有外侨通过各种方法

① 上海社会科学院历史研究所、上海通志馆：《上海故事》，生活·读书·新知三联书店2017年版，第153—154页。
② 中国科学院上海历史研究所筹备委员会：《上海小刀会起义史料汇编》，上海人民出版社1958年版，第59页。
③ 上海社会科学院历史研究所、上海通志馆：《上海故事》，生活·读书·新知三联书店2017年版，第155页。
④ 中国科学院上海历史研究所筹备委员会：《上海小刀会起义史料汇编》，上海人民出版社1958年版，第90页。
⑤ ［葡］裘昔司：《晚清上海史》，孙川华译，上海社会科学院出版社2012年版，第83—84页。

获取利益和寻求生存。在"叛军"中，有被招募的西洋人，[①] 也有被上海道台的官军雇佣的欧洲外侨，"道台舰队中的官兵，在几个洋人协助之下，向炮台冲了几次"，更有受雇佣的欧洲外侨加入官军的屠杀暴行中。[②] 租界内存在大量靠走私鸦片和代理洋货起家的洋行，此时则纷纷转向军火、粮食走私，洋商为会党提供大量米粮和火药，拖延了战事，形成"贼（夷）以夷（贼）为利薮，贼以夷为靠山"的局面，虽清方严令不许民间接济"叛军"米粮、火药等物，英美领事也严守中立，但外侨商人贪图利益，不断输送，一旦被官军截获，外侨便会立即出面向官军索还，往复不断。[③] 战乱使华人"各行店迁徙流离，均皆星散"，[④] "尽弃所有，拔关而逸，从小路望乡间而逃"，[⑤] 其中包括大量富有华人，"衣官右族"。[⑥] 1853 年租界华人仅 500 人，翌年增至 2 万人，而租界内外侨仅 300 人。[⑦] 租界洋商则借此机会在界内修建大量房屋。1855 年上海县城被官军收回，"叛军"避难的广东路以南城郊大片地区，其所有的"下等人房屋"被拆除，并由上海地方政府和英国驻沪领事对土地拍卖，其中绝大多数土地被外侨买走，建造新式房屋，再高价出租给华人难民居住，[⑧] 1854 年 7 月洋商建造的房屋约 800

---

① ［葡］裘昔司：《晚清上海史》，孙川华译，上海社会科学院出版社 2012 年版，第 126 页。

② 中国科学院上海历史研究所筹备委员会：《上海小刀会起义史料汇编》，上海人民出版社 1958 年版，第 79—81 页。

③ 太平天国历史博物馆：《吴煦档案选编》第 1 辑，江苏人民出版社 1983 年版，第 128—129 页。

④ 太平天国历史博物馆：《吴煦档案选编》第 6 辑，江苏人民出版社 1983 年版，第 174 页。

⑤ 中国科学院上海历史研究所筹备委员会：《上海小刀会起义史料汇编》，上海人民出版社 1958 年版，第 843 页。

⑥ 忻平：《城市化与近代上海社会生活》，广西师范大学出版社 2011 年版，第 128 页。

⑦ F. L. Hawks Pott, *A Short History of Shanghai*, Beijing: China Intercontinental Press, 2010, p. 37.

⑧ 上海社会科学院历史研究所、上海通志馆：《上海故事》，生活·读书·新知三联书店 2017 年版，第 159 页。

所，① 三至五个月的租金便可另造新屋，"房租收益均可获30%—40%的暴利"。② 租界的外侨急切希望上海租界当局能够保障他们合法和非法的既得利益，同时确立外侨对华民的政治优势。

上海及其周边的战乱也改变了租界华民的群体结构。1853年太平军占领南京后，结束了江浙漕粮河运，1855年的黄河改道则断了江苏漕粮海运，使得4万至5万华人水手、脚夫失业，大部分转而在江淮和长江下游地区贩卖私盐或沦为匪盗，③ 在租界内和周边孕育集团暴力，"帮会分子与叛乱者一样，都在这五方杂处的环境中滋生"。④ 而当地华人妻离子散，举家迁徙，"惟求近市堪容膝，岂敢怀居且息机"，更无力支付迁徙后高额的租赁费用，"粟积万家欣有托，枝经三匝惜无依"。⑤ 无业者涌入租界和周边地区，给上海租界当局带来巨大考验。经过战乱，上海的闽粤人逐渐失去经济和政治地位，而人口过剩的江浙农民则纷纷涌入上海寻求生存，他们与上海文化相通，以及本身具有的亲族群体效应，使得上海江浙人急遽增长。⑥ 江浙人的融入，尤其是宁波人，加速了上海租界工商业和同乡组织的恢复与发展。这些华人都希望上海租界当局能够保证其生命安全和生存机会，阻止清政府的捐税和徭役的骚扰。

华洋杂处形成的不稳定态势和社会需求使上海租界行政机构职能也发生根本改变。1854年7月11日，上海英租界道路码头委员会宣布解散，成立上海英租界工部局⑦，扩大自治权，上海英租界

---

① 《上海租界志》编纂委员会：《上海租界志》，上海社会科学院出版社2001年版，第139页。

② 王垂芳：《洋商史：上海1843—1956》，上海社会科学院出版社2007年版，第15页。

③ ［美］布莱恩：《上海青帮》，周育民译，上海三联书店2002年版，第5—6页。

④ ［美］裴宜理：《上海罢工：中国工人政治研究》，刘平译，江苏人民出版社2001年版，第23页。

⑤ 中国科学院上海历史研究所筹备委员会：《上海小刀会起义史料汇编》，上海人民出版社1958年版，第865页。

⑥ 忻平：《城市化与近代上海社会生活》，广西师范大学出版社2011年版，第129—130页。

⑦ 1863年9月，上海虹口美租界与英租界合并，是为上海公共租界，上海英租界工部局遂成为上海公共租界工部局，如无特别说明，本文皆以上海工部局称之。

"由一个单纯的外侨居住地变成了功能复杂的都市社区，变为拥有相对独立行政权、司法权的政治实体。"① 上海英租界华人和外侨都更为紧密地受制于上海工部局的管理，经历战乱的租界外侨和华人，其群体凝聚力都在不断增强，希冀在工部局管理模式中保障财产安全或寻求更大利益。

二　上海工部局的机构调整

1854 年 7 月 11 日的租地人大会上，租地外侨对租界充斥着无家可归的华人难民，大量易燃的华人简易房屋，以及他们给租界道路治安带来的风险都有足够的重视。② 上海工部局初期投入 19000 元组建 30 人的巡捕队伍，而其他公共开支仅 6000 元。③ 尽管上海工部局花费了总收入的 76%，用于警务开支，这对于拥有 2 万多人、华洋杂处的英租界来说还是远远不够的，或者仅够保障 300 余名外侨的生命财产安全。此时成立的工部局，其更在于建立某种市政组织形式，从而争取市政权力和自治地位的合法性，只有建立某种市政组织，才能行使权力保证界内外侨民的生命与财产安全。④ 因而工部局成立初的意义在于寻求自治权的认可，至于市政组织的管理模式，则非常简略。上海工部局初期仅设立董事会、道路码头及警务小组委员会、税务及财务小组委员会三个机构。⑤

战乱时，上海租界内的华人难民一度曾达到 70 万人，⑥ 1865 年公

---

①　乐正：《近代上海人社会心态（1860—1910）》，上海人民出版社 1991 年版，第 27 页。

②　"Minutes of a Public Meeting of Foreign Renters of Land", *The North-China Herald* (1850 – 1867), Jul. 22, 1854, p. 202.

③　上海市档案馆：《工部局董事会会议录》第 1 册，上海古籍出版社 2001 年版，第 572 页。

④　"Minutes of a Public Meeting of Foreign Renters of Land", *The North-China Herald* (1850 – 1867), Jul. 22, 1854, p. 202.

⑤　上海市档案馆：《工部局董事会会议录》第 1 册，上海古籍出版社 2001 年版，第 569 页。

⑥　熊月之：《上海通史·晚清社会》第 5 卷，上海人民出版社 1999 年版，第 65 页。

共租界人口密度达每平方公里 37758 人，而与上海县城毗邻的法租界更是每平方公里 73585 人，远超华界每平方公里 980 人的规模，[①] 1865年，战事平定后，上海租界内的华人难民纷纷返家，但仍有 9 万余华人留在了公共租界，而此时公共租界外侨仅 2297 人，[②] 华洋杂居，人口稠密集中，不仅使华人通过同乡组织采取集体行动，也使外侨不断强调群体团结的重要性，急需稳固外侨的强势管理地位。[③]

1862 年工部局再次在租地人特别会议上提出，为了提供安全和舒适的外国人居住环境，需要对华人进行有效的监管和限制，扩大工部局现存体制是现在和将来租界的需要，[④] 他们希望对工部局机构进行彻底的改革，甚至希望引入中国的保甲制度，建立警务部门分区制度，建立"更好的政府"。[⑤] 1854 年初建的工部局，将租界英国人变得密不可分，此时工部局更在意获得监管的职能，为市政目的征税、铺路、建设路灯和组建警力，如果没有授予这些职能，工部局便不能提供令租地人满意的无偿服务。[⑥] 随着华人难民在界内长久滞留和生活，公共基础设施维护和建设投入不足的矛盾渐渐凸显，如外滩的退化，租界道路因独轮车和马车增加，而急需修理和创建近代化的城市道路等。[⑦] 以外滩为例，外滩是公共码头和私人码头装卸货物的集散地，又是早期洋行大楼、私人住宅、领事馆集中区域，因此当工部局需要扩展外滩道路，修复和加强外滩码头功能时，将遭遇比以往更严重的公用土地和私人

---

① 《上海租界志》编纂委员会：《上海租界志》，上海社会科学院出版社 2001 年版，第 122 页。

② 熊月之：《上海通史·晚清社会》第 5 卷，上海人民出版社 1999 年版，第 66 页。

③ "Minutes of a Public Meeting of Foreign Renters of Land", *The North-China Herald* (1850 – 1867), Jul. 22, 1854, p. 202.

④ "Special Meeting of Land Renters", *The North-China Herald* (1850 – 1867), Sep. 13, 1862, p. 146.

⑤ "Corresponding on the Better Government of Shanghai", *The North-China Herald* (1850 – 1867), Aug. 16, 1862, p. 130.

⑥ "To the Editor of The North-China Herald", *The North-China Herald* (1850 – 1867), Jan. 6, 1855, p. 90.

⑦ 袁燮铭：《工部局与上海早期路政》，《上海社会科学院学术季刊》1988 年第 4 期，第 78 页。

土地的利益纠纷，工部局需要更专业化和职能化的组织机构来处理复杂社会问题。①

　　面对日益增长的华人造成的糟糕的租界治安环境，以及华人在租界的不良行为和风俗的蔓延，1860 年上海工部局的控制力已经达到极限，如巡捕不仅要处理纯粹的警务事件，还要巡查道路，征收和评估华人捐税。工部局在这两年中被大量突发事件挤压瘫痪了，如同 1853—1854 年的上海道路码头委员会一样湮没无闻。② 租界工作的复杂和多样化，加重了工部局成员的负担，急需增加雇员，设立高效的行政职能部门。1860 年 6 月 16 日的租地人大会上，董事会提议设立总办一职和添加新职员，其工作包括征收外侨税捐等所有租界事务。新设职员要根据租界需要进行分工，具备当地的工作经验，为有效了解工部局事务，最为重要的是新职员要掌握上海方言，因此职员需通过笔试和上海方言口试才能录用，③ 预示着上海工部局逐渐将华人视为租界真正融入的元素，工部局机构职能开始转变，管理和服务于租界华人。总办则可以更好组织大型承包工程，节省建设费用，审核各部门报告，上传董事会，起统揽全局的作用。1860 年 8 月 29 日，第一任总办皮克沃德参加董事会会议，董事会决议所有一切有关工部局事务信件交由总办处理，工部局警务委员会、财务委员会和各大承包商都需向总办报告日常工作，受总办监督，总办也代表董事会向各国驻沪领事沟通。④ 总办地位等同于常务董事，但由于总办是全职年薪雇员，因此比董事会成员"将他们追求商业利益的时间抽出部分投入到工部局事务中更有效

---

　　①　"Minutes of a Public Meeting of Foreign Renters of Land Within the Limits", *The North-China Herald* (1850 – 1867), Jun. 25, 1859, p. 187.

　　②　"To the Editor of the Daily Shipping and Commercial News", *The North-China Herald* (1850 – 1867), April. 5, 1862, p. 54.

　　③　"Minutes of a Public Meeting of Foreign Renters of Land Within the Limits", *The North-China Herald* (1850 – 1867), Jun. 23, 1860, p. 99.

　　④　上海市档案馆：《工部局董事会会议录》第 1 册，上海古籍出版社 2001 年版，第 601—602 页。

率"。① 与此同时，工部局还认为自身的权力在逐渐消失，不可扭转，如果租地人不批准适当增加工部局开支和人员，虽然工部局还能维持以前的工作，但绝不能适应租界的发展，他们将怀着极大的不满辞职。② 总办和新职员的设置，是工部局行政职能专业化、科学化的重要转变。

上海工部局既要防止租界"中国化"，也要将租界置于外侨的原则中实现自我管理，工部局的组织结构调整也是租地人强化外侨自治权力的表征。租地人为建造舒适的租界环境，决议修建完整的租界排水系统；建立执照制度，由工部局对所有娱乐场所实行统一管理；铺设新的道路，打通租界封闭区域；增加警力，特别巡查租界偏远的西北地区，③ 逐渐将华人集聚区与外侨中心区的联系打通，纳入统一市政规划中。而总办将承担新的市政执行责任，制订必要的和经济性的计划，对新筑路做出可靠估价，还可以在董事会董事频繁的权力和工作交接时，使新任董事尽快熟悉工部局管理事务，保证新的市政工作不至于中断。董事会也希望留有一定的运作资金以便董事会任命他们想雇佣的人，帮助董事和总办处理新的市政事务。④

上海工部局的行政职能机构也会随着租地外侨的利益需要而临时做出调整。战乱期间，租界洋行和外侨通过房屋建造和出租获得丰厚利益，战后这些迅速发展的外侨最关心的是在中国新攫取的利益合法化。虽然在 1862 年便新成立了地产估价委员会，专事地产估价工作，⑤ 但租地人另外还专门选举成立独立委员会，审核地产

① "Special Meeting of Land Renters", *The North-China Herald* (1850－1867), Sep. 13, 1862, p. 146.

② "Minutes of a Public Meeting of Foreign Renters of Land Within the Limits", *The North-China Herald* (1850－1867), Aug. 11, 1860, p. 524.

③ "Minutes of a Public Meeting of Foreign Renters of Land Within the Limits", *The North-China Herald* (1850－1867), Jun. 23, 1860, p. 99.

④ Ibid. .

⑤ 上海市档案馆：《工部局董事会会议录》第 1 册，上海古籍出版社 2001 年版，第 321 页。

估价委员会的估价报告，实现"更好的土地登记"，① 将涉及复杂的公私核心利益争端的议案，留给特别委员会处理。虹口美租界与英租界的合并，也是从临时委员会的设立开始。1862 年 3 月，工部局为弥补大规模市政建设费用的不足，决定在美租界虹口估价征税，5 月租地人任命虹口筹款办法临时委员会正式开始在虹口征税，预算收入 22900 两，计入工部局账；1863 年租地人还审议了工部局的会计制度，工部局账目必须每半年提交租地人大会审议，于每年年度末做出次年的年度预算，连同当年决算账目提交租地人年会审查批准。② 9 月 21 日，英租界租地人大会决议立即将虹口地区的市政管理及其他有关的一切权利和义务，移交给英租界工部局董事会，③ 英美租界从财税进而市政办公完成合并重组。

行政和财税组织的协同调整不仅塑造了工部局自治权威，高效处理华洋事务，赢得外侨社会信任，而且还扩大了工部局的自治管理权。经过一系列调整的工部局，办事效率大大提高，不再被租地人批评为无能，而被视为堪比香港的公平、正义和简化的行政机构；④ 并宣称九年来工部局遵循着深入英国人心里和记忆中的那种市政自治原则，彻底更新了上海租界的东方元素。⑤

三　上海工部局的捐税与市政建设

税收政策具有强技术性和复杂性特点，许多税收政策是边实施边制定的，政府制定税收政策对于维持自身的运转至关重要，⑥ 但税收政策在公众中间从来都是不受欢迎的，对于英国人来说，人民

---

① "No Title", *The North-China Herald*（1850 – 1867），Apr. 11，1863，p. 58.

② 《上海租界志》编纂委员会：《上海租界志》，上海社会科学院出版社 2001 年版，第 317—318 页。

③ 汤志钧：《近代上海大事记》，上海辞书出版社 1989 年版，第 195 页。

④ "No Title", *The North-China Herald*（1850 – 1867），Apr. 5，1862，p. 54.

⑤ "No Title", *The North-China Herald*（1850 – 1867），Apr. 11，1863，p. 58.

⑥ ［美］彼得斯：《收税政治学：一种比较的视角》，郭为桂译，江苏人民出版社 2008 年版，第 4—5 页。

普遍反对消费税、精确的土地税。① 因此工部局在制定新税收政策、增加税入时，既要考虑政策需要，也要考虑税收的公平性。

1849—1853 年，上海道路码头委员会道路码头账年总收入仅 8000 元，每年却还维持着 2000 元的余款以保证下届委员会工作顺利开展。② 1854 年上海工部局接管道路码头委员会，通过摊派华人码头捐、华人房捐和栈房捐使年总收入达 25000 元，③ 投入警力开支就占总账收入大半以上，并且还不能应付租界基础设施供应不足甚至衰退、瘫痪的状况，随着华人在租界的膨胀，以及华人纳入市政规划，上海工部局调整税收政策势在必行。随着捐税收入增加，工部局财政支出的结构也有较大改变。

1857—1862 年上海工部局财政收支　　　单位：两④

年份	1857	1858	1859	1860	1861	1862
支出项						
警力支出	10275.32	10765.87	10858.28	13176.81	—	45606.30
道路码头修建维护	5541.60	5873.28	11410.90	7271.61	—	65833.43

---

① ［美］查尔斯·亚当斯：《善与恶——税收在文明进程中的影响》（第 2 版），翟继光译，中国政法大学出版社 2013 年版，第 273 页。

② F. L. Hawks Pott, *A Short History of Shanghai*, Beijing: China Intercontinental Press, 2010, p. 37. 1857 年以后以两为单位，1857 年之前以元为单位。

③ A. M. Kotenev, *Shanghai: Its Municipality and the Chinese*, Shanghai: North-China Daily News & Herald Limited, 1927, p. 92.

④ 目前学界对上海工部局财政收入相关的研究，大多从 1865 年以后开始，如武强：《近代上海对外贸易与市政经费筹集：以码头捐为中心的分析》，《国家航海》2015 年第 4 期；李东鹏：《租地人会议时期上海工部局财政收入研究》，熊月之主编《上海史国际论丛》第 1 辑，生活·读书·新知三联书店 2014 年版，第 50—78 页；高峰：《近代上海公共租界的土地价格、地税制度及城市化（1845—1933）》，《财经研究》2013 年第 39 卷第 8 期。主要由于 1865 年后的码头捐、地税等数据较为全面，但也容易忽视工部局初期十年的财政收入状况对市政自治的影响，也缺乏将上海工部局初期十年与上海英租界道路码头委员会（1849—1854 年）的财政状况作对比研究，参见郭淇斌《自治与税捐：上海英租界道路码头委员会的困境》，《上海档案史料研究》2017 年第 22 辑。

年份	1857	1858	1859	1860	1861	1862
支出项						
杂项支出	748.00	635.74	707.86	785.98	—	3501.69
偿付贷款	1000.00	1000.00	1000	—	—	6000.00
利息	930.00	840.00	750.00	1050.00	—	2334.76
退税	1620.39	80.00	—	—		
总办/职员薪资	—	—	—	1200.00		6754.64
总计	20115.31	19194.89	24727.04	23484.40	—	130030.82
收入项						
上届董事会结余	4366.82	408.08	2616.03	3589.64	—	40635.29
道路码头收益	603.75					
地税和房捐	8799.18	8833.41	12806.83	11763.94	—	45776.11
码头捐	5753.64	11769.43	4294.48	9820.53	—	40760.41
额外收益	1000.00	800	86.21	90.00		
执照捐	—	—	—	—		2859.01
总计	20523.39	21810.92	28316.68	25263.93	—	130030.82
余额	408.08	2616.03	3589.64	1779.53	—	0

注：①1862年上届董事会结余款40635.29两系工部局收支平衡数，但材料中并未找到此数具体项目，而本年总收入为130030.82两，因此暂将此款项列为董事会结余款；②1859年的收入总计应为19773.55两，但原材料中的总收入为28316.68两，材料中并未说明多余的收入来自何项目，但其他支出和收支结余上都以后者为标准，因此推测其应有其他项目未被列入表格；③各杂项支出系办公用品费用；④表中1858年以前工部局都以鹰洋元为单位，1859年开始以两为计量单位，大致每1元鹰洋可兑换0.742两库平银（参见熊昌琨《近代中国市场上的外国银元研究》，博士学位论文，复旦大学历史学系，2016年，第155、249页）。

资料来源："Treasurer's Account"，*The North-China Herald*（1850－1867），Feb. 13，1858，p. 114；"Report of the Treasurer of the Municipal Council Shanghai"，*The North-China Herald*（1850－1867），Feb. 5，1859，p. 106；"Report of the Treasurer of the Municipal Council Shanghai"，*The North-China Herald*（1850－1867），Feb. 25，1860，p. 31；"Report of the Treasurer of the Municipal Council Shanghai"，*The North-China Herald*（1850－1867），Feb. 9，1861，p. 23；"Municipal Council Finance"，*The North-China Herald*（1850－1867），Apr. 11，1863，p. 58。

1857—1860 年，上海工部局对巡捕房的投入每年都维持在 1 万两以上，整体较为平稳。1862 年由于工部局将涌入老闸地区（英租界西部近西藏路）的华人纳入警务管理规划中，同时又将美租界虹口地区也逐渐纳入工部局警政编制，在两个地区投入了大量警力，共支出 45606.30 两，远远超过往年警力开支；而往年上海工部局对道路码头的维修和建设费用只占总收入的很小部分，其中包括修建沟渠、栈房，雇佣苦力，维修洋泾浜码头和道路等等，这些仅有往年警务支出的一半，1859 年，因扩展外滩额外花费 6500 两，因而本年道路码头建设费用首次超过警务支出，而 1862 年，因聘请专业道路督察员支付了大量薪酬，共 35648.76 两，如果再加上办公文员薪酬 6754.64 两，则工部局此年支出薪酬有 42403.40 两；与此同时，工部局再次提出修建统一排水系统方案，① 此次花费 25741.66 两，两项支出占基础建设支出 93%（不包括文员薪酬）以上，总投入也是警务支出的 1.4 倍，工部局的财政支出重点已向租界设施建设和行政机构专业化方面倾斜。

因建设费用大幅增长，警区扩大及行政人员的增加，上海工部局需要尽力扩展财源，将旧税提高，同时开征新税。1857—1860 年地税和房捐收入都维持在较为平稳的水平，1860 年受太平天国战事影响，又有大量华人涌入，因而华人房捐从 1860 年的 7530 两剧增至 1862 年的 43615.53 两，增幅达 600% 以上，同时对外侨地产重新估价，因而外侨的房捐与地税也有所增长。

1862 年以前，上海道台始终以 2000 两的代偿款作为华人码头捐拨给工部局，因而工部局只能重新整理外侨码头捐数额和征收方式，最大限度遏制外侨在战乱中的走私行为，1861 年 4 月 8 日租地人大会授权工部局与海关税务司会商，由海关提供账册以取得进出口货物准确报表，工部局特派一人参与海关工作，以保证码头捐的

---

① 上海英租界道路码头委员会曾在 1852 年 7 月 3 日召开的租地人大会上，提出修建统一租界排水系统方案被否决。

征收，此项措施从 1862 年 1 月开始实行，[①] 因此 1862 年的码头捐收入大幅增长，达 40760.41 两，是 1860 年的 4 倍多。1860 年 6 月 16 日的租地人大会上，工部局提出建立系统的租界执照系统，开征新税，对娱乐场所征收执照捐，"一切公共娱乐场所（茶室、饮食店、苦力宿舍）……支付不超过 5 钱的税款，或者支付房捐估值额的 25%，领取可逐月更换的执照"，且须向工部局缴纳 5 元至 200 元的押金，对鸦片馆则征收 400 先令以上的税款及 1000 先令以上的保证金，[②] 1862 年共征得执照捐 2859.01 两，虽然只占市政总收入的 2%，却是工部局另一财政收入来源，以及调控界内娱乐行业市场和社会秩序的重要手段。[③]

　　上海工部局面对华洋杂居的新局面，需深入改革行政组织机构及市政基础规划，捐税收入的增加，既是适应市政建设庞大开支的需要，也是工部局管控租界华洋杂居的社会经济秩序做出的市政调整。上海工部局通过建立新的征税机构，将虹口纳入市政管理范围中，又通过虹口的税收，弥补市政机构整体开支的不足；华人为上海工部局提供了大量房捐、栈捐，为大规模市政工程建设提供坚实财政基础；租界生活环境的改善，赢得了外侨对工部局行政改革的好感，同时市政工程将边缘的华人地区贯通，使华民融入近代城市生活，增加了华民对工部局的认同感，也使工部局更便于对华民社会监督和管理，处理华人难民带来的社会风险。上海工部局逐渐摆脱了英租界道路码头委员会和早期工部局左支右绌的、松散的组织形式，大大提高了工部局管理模式的效率，行政机构改革、基础建设、捐税收入三者形成市政自治良性循环，从而稳固自治权威和租界秩序。

---

　　① 《上海租界志》编纂委员会：《上海租界志》，上海社会科学院出版社 2001 年版，第 319 页。

　　② 上海市档案馆：《工部局董事会会议录》第 1 册，上海古籍出版社 2001 年版，第 600 页。

　　③ "Minutes of a Public Meeting of Foreign Renters of Land Within the Limits", *The North-China Herald* (1850 – 1867), Jun. 23, 1860, p. 99.

在调整捐税过程中，涉及多方利益，尤其是上海工部局对华人征收捐税导致与中方政府的征税权产生冲突。由于华人码头捐所占份额极少，因而外侨有意将自身的房捐和地税压低，转嫁至华人租客，形成外侨利益群体，再共同对上海道台施压，提高码头捐代偿款，实现英国人所认为的税收公平，而道台也借此向工部局提出征收租界内华人房捐，弥补税银流失造成的财政短缺。由于上海工部局不能直接与上海道台沟通，只能通过英国公使或驻沪领事与清政府协商，因此上海工部局与上海道台的征税权之争，在外侨内部则反映在上海工部局与英国公使或驻沪领事关于华人管理权归属问题上的争论。

四 上海工部局与英国驻沪领事、
驻京公使的利益分野

上海工部局的市政调整措施基本都是在驻沪领事的支持中进行的。驻沪领事有召集租地人大会的权力和责任，常常充当会议主席，对工部局各项决议和租地人会议讨论案有指导或决定作用，驻沪领事也拥有代表租地人同中国政府沟通的权力；而驻沪领事通过组织工部局行政管理权，[①] 凝聚外侨力量，保障各国商业利益，因此上海工部局与驻沪领事"存在依赖关系"。[②] 如 1860 年工部局拟议推行执照制度时，则需英、法、美三国领事反复磋商，才能采取统一行动，[③] 不致妨害娱乐行业公平竞争。英美法驻沪领事可能在公共利益上保持高度一致，但并不是事事如此，[④] 领事之间的利益分歧，也直接影响工部局的市政政策。

---

① "No Title", *The North-China Herald* (1850 – 1867), Apr. 5, 1862, p. 54.

② 李东鹏等：《利益博弈：略论上海公共租界纳税人会议与各方关系》，《泰山学院学报》2015 年第 37 卷第 4 期，第 72 页。

③ "Minutes of a Public Meeting of Foreign Renters of Land Within the Limits", *The North-China Herald* (1850 – 1867), Aug. 11, 1860, p. 524.

④ "To the Editor of the Daily Shipping and Commercial News", *The North-China Herald* (1850 – 1867), Apr. 5, 1862, p. 54.

　　英国驻沪领事在英租界内，承担着许多责任：登记外侨居民，为外侨获得的土地进行注册，并发放道契，为外侨财产确权，受理租地外侨的财产案件上诉等。工部局若征用私人土地财产，当事人如对工部局的决议不服，可向英国驻沪领事上诉，领事享有最终的裁定权，因而英国驻沪领事可对工部局的行政权威实行强有力的约束。在华洋杂居的格局形成后，一些无约国侨民对各国领事是否有权执行 1854 年的《土地章程》提出质疑，试图摆脱工部局市政约束。① 1862 年 9 月 8 日租地人特别会议上，决议希望领事与其他各国领事建立起统一市政章程的特殊权威，在经过领事同意后，工部局还可以将权力扩展至不在土地章程限定的范围内或所有受益于工部局公共服务的地方。② 在工部局遇到紧急情况时，英国领事也会及时帮助处理。如 1861 年法租界侵占了洋泾浜一块土地，工部局总办皮克沃德直接写信给英国领事，希望他能够和道台沟通，请道台出面，制止法租界行为，英国驻沪领事又成为支持工部局权力塑造的力量。但整体上，英国驻沪领事更注重与上海道台维持条约效力，保障华民与外侨在租界内生活秩序相安，是外侨与上海道台谈判的代表，因而在谈判的利益权衡中，英国驻沪领事代上海道台在租界内发布一项管理华人移风易俗的行政命令，③ 就不足为奇了，当然这也符合工部局规范华人的市政需求。英国驻沪领事虽然对工部局的行政权力具有监督和约束效力，但英国驻沪领事更易于在租界具体事务中与上海工部局达成利益一致，在华人管理权上也更倾向于通过工部局进行规范，保障租界现存秩序的稳定。

　　驻京英国公使与英国驻沪领事则不同，英国公使更注重维护英国在中国整体的商业利益。英国公使与上海工部局的争端在关于界

---

　　① 上海市档案馆：《工部局董事会会议录》第 1 册，上海古籍出版社 2001 年版，第 619 页。

　　② "Special Meeting of Land Renters", *The North-China Herald* (1850 – 1867), Sep. 13, 1862, p. 146.

　　③ 上海市档案馆：《工部局董事会会议录》第 1 册，上海古籍出版社 2001 年版，第 623 页。

内华民的管理权归属上有严重分歧，甚至影响整个工部局的生存。华洋杂居的形成，使上海工部局将外侨分为无约国外侨、有约国外侨和华民三个群体。工部局认为中国政府对新涌入租界的无约国外侨并没有承担起管理责任，尤其是战乱时期，上海工部局希望在无约国政府介入前尽快实现土地章程的修改，促成工部局对外侨的一致管理。[①] 只有统一了无约国和有约国的外侨市政管理，才能形成外侨共同利益群体，实现对华民的约束。这促使无约国政府纷纷要求与清政府签订条约，其侨民积极与工部局协商，希望享受工部局纳税人平等待遇。无约国侨民（人数极少）或因其暂无驻沪领事，或因共同商业利益，与上海工部局较易达成共识，因此工部局要完成市政自治的统一，最重要的是与中国地方政府协商，确立工部局对界内华民的市政管理权，这首先须得到英国公使的支持。

1862 年 12 月，上海道台试图在租界征收华人房捐，然而自 1862 年开始，华人房捐在工部局的税捐体系中至关重要且增长迅速，华人房捐额已占工部局年总收入的 33.5%，[②] 承担着大部分租界卫生和治安的开支，因此租界西人对上海道台的行为提出集体抗议。工部局总办就此事向英美葡国领事写信，希望各国领事能够制止上海道台征税行为，租界西人认为虽然自己没有理由干预中国政府管辖其臣民的权力，同样，租界西人也拥有管理租界不可剥夺的权力，租界不是清政府的围墙城市，它已经成为西人自由贸易的港口，华人必须缴纳重税，以便工部局可以承受因华人带来的巨大城市压力，并获得租界政府特殊庇护，如果中国政府实现了征税权，那租界将陷入无序和混乱。[③]

各国领事对工部局是否有权干预中国官府的权力产生了分歧。葡萄牙驻沪领事韦伯认为，"任何时候都不能允许中国官府行使征

---

① "Special Meeting of Land Renters", *The North-China Herald* (1850 – 1867), Sep. 13, 1862, p. 146.

② "Municipal Council Finance", *The North-China Herald* (1850 – 1867), Apr. , 1863, p. 58.

③ "No Title", *The North-China Herald* (1850 – 1867), Dec. 27, 1862, p. 206.

收捐税的权力"；美国驻沪领事西华虽然承认工部局无权干预中国官府对中国臣民的管理权威，但要区分上海道台是对华民征收某些直接税，还是征收全部种类的捐税，又认为既然中国政府在允许成立自治组织时，便已经放弃了向华人征税的权力，因此积极支持工部局采取行动制止这一行为；英国驻沪领事麦华陀则明确支持工部局抵制上海道台，但此举遭到英国驻京公使卜鲁斯强烈反对。①

卜鲁斯认为道台享有随意向其臣民征税的权力，中国政府从来没有宣称放弃他们的权力，英国政府也没有宣称自己是租界地区的保护者，租界仅仅是允许英人获得一定土地来建造房屋，以便集中居住，如果工部局执意干涉清政府的征税权，只会招来无尽的困境和责任，中国政府也不会善罢甘休，同时英国也只希望租界能够简化，工部局权力应该是排斥华人圈而不是扩大，以确保英国商贸区的安全，工部局不能间接地如此严重地改变英王在中国的立场，根据条约，英国人无权干涉中国政府与华人间的事务。② 卜鲁斯极力向租界租地人和工部局说明英国核心利益是维护条约，强调工部局在未获得中国政府同意之前，没有权力向华人征税用来支付租界自身的开支，甚至认为整个上海租界体系都是错误的，用华人管理华人事务会更加经济和有效。③ 卜鲁斯不仅否定了工部局"现实需要产生的权力"或"因中国政府放弃而获得的权力"两种法理，同时也指出工部局一直存在的向华人征收房捐行为是非法的，从而质疑工部局市政管理权扩大的合法性。卜鲁斯的回应让工部局更为紧张其市政地位，更为急切地想要建立"更好的"市政机构，加强工部局市政权威，明确领事和租地人的地位，以及中国政府在界内征收任何捐税的权力。

1863 年 3 月 31 日，租地人特别会议决议希望驻沪领事能够向各自母国政府取得一定授权承认工部局的权力，特别是在英国政府

---

① 上海市档案馆：《工部局董事会会议录》第 1 册，上海古籍出版社 2001 年版，第 664—665 页。

② "Notification", *The North-China Herald* (1850 – 1867), Mar. 28, 1863, p. 50.

③ Ibid. .

强制推行卜鲁斯建议以前，及时修改土地章程，并争取各国驻沪领事的支持，以防止被束缚在条约里，而忽视租界的特殊情况。工部局批评英国公使在处理华洋关系时的偏颇，认为卜鲁斯是专横与独裁的，除非卜鲁斯下达绝对命令，否则主席麦华陀决不同意中国政府在界内的任何征税，但也强调在修改土地章程时，也应该满足英国公使维护条约的意愿。最终，上海道台与各驻沪领事协商，华人房捐由工部局征收，上海道台分得一半，随即上海道台布告所有界内华民对中国政府免征房捐。① 相比卜鲁斯，驻沪领事麦华陀更易于从租界现实需求考虑外交问题，而卜鲁斯驻北京，更强调维护与中国政府的条约效力，防止上海工部局和租地人冲击条约原则，与中国政府产生强烈权力争端，确保英国在整个中国的商业自由利益。

结　　语

上海工部局在近十年的战乱中，以数千外侨管理着二十余万的界内华民，且政治上并无赋予华民任何权利，而上海工部局的自治地位却日益稳固，这与华洋杂处的社会结构和上海工部局行政制度改革有莫大关系。华洋杂处，改变了租界华民群体的结构和外侨财产的再分配，租界外侨通过建造大量房屋以供华民租住，确立了与华民的契约关系，上海工部局则对外侨财产通过估价、注册、征税等形式，多次予以强调。界内华民不自觉地步入租界市场之中，从而对市场和生活的秩序产生需求和依赖，上海工部局与华民则自然地形成管理与被管理的关系，租界也是华民远离中国政府严苛管制的"法外之地"，上海工部局市政管理的存在使其在战乱中艰难地生存了下来。

华人难民的涌入给上海工部局带来巨大的市政压力。初期松

---

① "Minutes of Special Meeting of the Land Renters", *The North-China Herald* (1850 – 1867), Apr. 4, 1863, p. 54.

散、简易的小组式的市政管理形式陷于瘫痪，上海工部局管理模式急需专业化、规模化，而选拔人才、更新行政结构，则是工部局市政职能转型的核心，更加本土化的行政举措适应了处理华民事务的行政能力需求，专业的行政职能部门的形成，也使大规模市政统一规划更具效率和科学，二者相互作用。将庞大的华人群体纳入市政规划，不仅需要专责的行政职能部门，更需要强有力的财力支撑，这三者也是相互促进关系。上海工部局与英国公使的争执，加快了上海工部局市政权威建立的步伐。上海工部局与英国公使对租界的理解、利益着眼点的迥异，导致各自处事方式产生背反，而驻沪领事更为灵活，既约束工部局权力，又扶持工部局维护英租界华洋相安的现存秩序。上海工部局则更注重通过实权来保证租界的独立性，将市政权力变成既成事实，这与英国驻沪领事通过工部局维护租界秩序的利益是一致的。在这场争端中，上海工部局获得了驻沪领事的支持和上海道台的让步，再配合转变自身行政职能，革新财政体制，上海工部局市政权巩固了自治地位。

"教养兼施"的实践、成效与困境：
民国浙江救济院研究
（1928—1937）

黄鸿山

（苏州大学社会学院历史系）

以往学界注意到，晚清以来中国慈善救助事业出现由"重养轻教"向"教养兼施"的转型。传统慈善救助事业"重养轻教"，偏重生活救助；近代以来，由于社会形势的转变和西方的影响，人们认识到传统做法的不足，提出"教养兼施"（亦称"教养并重"）的主张，并努力付诸实践。"教养兼施"指在保障救助对象生活的基础上，还要设法对救助对象进行能力培训、思想改造和行为矫正。这是慈善救助事业近代化的重要表现，意味着救助办法更加积极。① 本文拟以抗战全面爆发前的浙江省救济

---

① 关于"教养兼施"或"教养并重"，可参见乔志强《中国近代社会史》，人民出版社 1992 年版，第 382 页；朱英《戊戌时期民间慈善公益事业的发展》，《江汉论坛》1999 年第 11 期；黄鸿山《中国近代慈善事业研究——以晚清江南为中心》，天津古籍出版社 2011 年版，第 123—124 页；周秋光主编《中国近代慈善事业研究》上册，天津古籍出版社 2013 年版，第 73—74 页。具体到救济院而言，相关成果有邓云特《中国救荒史》（商务印书馆 1937 年版）、柯象峰《社会救济》（正中书局 1944 年版）等。朱汉国主编《中国社会通史·民国卷》（山西教育出版社 1996 年版），王子今等《中国社会福利史》（中国社会出版社 2002 年版），蔡勤禹《国家社会与弱势群体——民国时期的社会救济（1927—1949）》（天津人民出版社 2003 年版），周秋光、曾桂林《中国慈善简史》（人民出版社 2006 年版）也对救济院有所考察。相关个案研究也相继出现，如宁波、天津、保定、青岛、昆山、南京等处救济院均有相关成果问世。与以往的侧重整体论述和个案考察不同，本文以浙江省这一区域为考察对象，从"教养兼施"的实践情况这一视角展开论述，以冀对近代救助事业的发展和局限有更深入的认识。

院为例，考察民国年间"教养兼施"的实践情况，总结其成效和不足，并探讨原因。

一 浙江省救济院建设概况

官办救济事业在中国有着悠久历史，所谓"我国对于救济贫民，自古视为国家应尽职责"。① 但近代以来，随着封建王朝的日渐衰败，政府在救济事业中的作用明显弱化。这一局面持续到民国。如有人称，在1928年之前的浙江，救济事业"向由各县地方团体或私人团体办理，政府未尝加以监督"。② 与此同时，因外国侵略、内战频繁及经济衰退等因素影响，中国贫困人口的数量却在不断增加。鉴于此，1928年5月4日南京国民政府内政部长薛笃弼在国府会议提出《各地方救济院条例草案》。③ 草案审查修订后通过，5月23日内政部正式公布《各地方救济院规则》。④

《各地方救济院规则》规定，县以上各级政府须在治所设立救济院，乡、区、屯、镇等人口稠密处亦可酌情设立，但不作统一要求。依所在地点，救济院分由省区民政厅、特别市市政府或县市政府主管。救济院设院长、副院长各1名，由各级政府在当地公正人士中选任。院中办事人员由院长、副院长选聘并报主管机关备案。救济院管理者的身份属公务员。1936年5月16日内政部发文称，救济院院长、副院长及各分所主任暨职员"均得认为公务员"。⑤

救济院为综合性救济机构，院中应分设养老、孤儿、残废、育婴、施医和贷款6所，分别办理孤老、孤儿、残废、弃婴救济和施

---

① 唐鸿烈：《浙江救济事业之检讨》，《浙江民政》1935年第5卷第1期，第64页。

② 浙江省情展览会编：《浙江省情》，正中书局1935年版，"救济"第10页。

③ 《国府会议纪要》，《申报》1928年5月5日第8版；《内政部将设各地救济院》，《申报》1928年5月6日第10版。

④ 《国民政府内政部呈（第37号）》，1928年5月23日，《内政公报》1928年第2期，"公牍呈文"第13—14页；《各地方救济院规则》，《内政公报》1928年第2期，"法规"第21—30页，下文引用规则原文均出自此处。

⑤ 《公务员资格解释事项》，《内政公报》1936年第5期，"民政"第86—87页。

医免疫、小额借贷6类救济事业，各地可"分别缓急，次第筹办"，亦可将各所合并办理。1928年10月内政部补充规定，各地原有职能超出上述6所以外的慈善机构，应因地制宜，分设为妇女教养所、游民感化所、贫儿习艺所、施材掩埋所等，并入救济院办理。①即救济院的事业范围可进一步扩充。

救济院应筹措基金，以基金收益供作运营经费。基金有两个来源：一是"由各地方收入内酌量补助或设法筹募"。各地原有"官立、公立慈善机关"与前述6所"名义相当者"可继续办理，并"改正名称，使隶属于救济院"。即各地应将原有官立、公立慈善机构改组为救济院，并动用财政力量加以支持。1933年4月内政部颁布《修正各地方救济院规则》又指出，省财政可予以部分成绩优良的县、市救济院补助，且救济院经费应列入预算，不得随意挪减。二是社会捐助。向救济院捐助款项或不动产者由主管机关给奖，捐额达5000元以上者由内政部给奖。救济院院长、副院长和地方法团公推代表共同组成基金管理委员会，负责基金的管理事宜。基金专供救济院开支，不得移作别用。

在公布和修订规则的同时，国民政府采取一系列措施推进救济院建设。1928年6月内政部颁布《县政府暂行内务行政纲要》，规定各县须抓紧建设救济院，将此视作"最近半年内之严切课程"。②内政部还明确规定救济院建设的时间表。1929年"就各县市现有之慈善机关分别整顿"，1930年"各县市筹设救济院"，1931年"各区乡镇筹设救济院"，1932—1934年"各区乡镇就养老、育幼、济贫、救灾事项扩充办理"。③

在中央政令推动下，浙江救济院建设工作逐步展开。1928年

---

① 《附〈各地方救济院规则〉解释例》，内政部总务司第二科编《内政法规汇编》第2辑"民政类"，内政部公报处1934年版，第275页。

② 内政部：《县政府暂行内务行政纲要》，《江苏省政府公报》1928年第43期，第17、20页。

③ 中华民国史事纪要编辑委员会编：《中华民国史事纪要（初稿）：中华民国十八年十一至十二月份》，台北中华民国史料研究中心1977年版，第710页。

11月浙江省民政厅颁布《筹办救济院预定程限清单》，规定全省各地应于年内成立救济院。[①] 1930年浙江已有68县设立救济院，之后两年中有6县增设。至1933年，全省除景宁县外的74县均已设置救济院。[②] 救济院在县一级的普及率达99%。部分区镇也设有救济院。1929年10月前海宁县硖石镇、长兴县泗安区、绍兴县昌安里和嘉兴县的王店、王江泾、新塍镇均设立救济院。[③] 至抗战全面爆发前，吴兴县菱湖、南海、双林和黄岩县院桥、路桥、金清各镇先后设有救济院或救济分院。[④] 1930年前后内政部对18省的调查显示，浙江省救济院分所数量为每县平均1.74所，名列全国第2，仅次于河北。[⑤]

《各地方救济院规则》规定，各地原有"官立、公立慈善机关"应改正名称，归并于救济院。内政部《救济事业计划书》也称，颁布规则的用意"在使已办救济事业之地方悉照此改组，统一办法"。[⑥] 即救济院应由原有机构改组。上述规定得到落实。1928年11月成立的浙江省区救济院便由杭州同善堂等机构改组而成，次年6月，济良所、贫儿院、贫民工厂、贫女习艺所、感化习艺所和乞丐留养院也奉令并入救济院。[⑦] 其他救济院也多由原有慈善机构改组而成。兹以第三行政督察区各县为例，将救济院接受改组原有慈善机构情况列表如下。

---

① 《筹办救济院预定程限清单》，浙江省民政厅编《（民国十八年）浙江民政年刊》上册，浙江印刷公司1930年版，第118页。
② 浙江省情展览会编：《浙江省情》，"救济"第10—11页。
③ 《各市县救济事业调查表》，1929年10月，浙江省民政厅编《（民国十八年）浙江民政年刊》下册，浙江印刷公司1930年版，"社会事业"第27—55页。
④ 浙江通志馆修《重修浙江通志稿》第74册《行政》，1983年油印本，第1—23页。
⑤ 《全国各省救济事业统计报告》，《内政公报》1931年第2期，"附录"第22页。
⑥ 内政部编发：《救济事业计划书》，《区政导报》（江苏）1929年第2期，"附载"第2页。
⑦ 顾彭年：《四年来之杭州市市政（六续）》，《市政月刊》（杭州）1931年第3期，第8页。

浙江第三行政督察区各县救济院接受改组慈善机构情况①

绍兴县	绍兴县救济院 1929 年 3 月成立，由同善堂、育婴堂、养老所、因利所等改组。
萧山县	萧山县救济院 1928 年成立，由养老堂、育婴堂改组，后贫民习艺所也并入。
诸暨县	诸暨县救济院 1929 年成立，曾接受改组育婴堂、贫儿院。
余姚县	余姚县救济院 1929 年 1 月成立，由新、老继善公所和同善堂合并改组。
嵊县	嵊县救济院 1929 年成立，其育婴所由原育婴堂、保婴局改组。
上虞县	上虞县救济院 1930 年成立，育婴所由原积善堂改组。
新昌县	新昌县救济院 1928 年成立，由原保婴局改组。

二 救济院 "教养兼施" 的实践及其成效

　　救济院深受 "教养兼施" 理念的影响。《各地方救济院规则》规定，养老所除保障老人生活外，还 "应教以有益身心之课程"，要求老人从事裱糊、纺织、农事或其他体力可胜任的劳作；孤儿所的孤儿应按照年龄，就近送入学校免费肄业；残废所传授文化知识及词曲、说书、工艺等技能，经费充足时还应开办盲哑学校；育婴所中六岁以上的婴孩应送孤儿所教养；贷款所借给贫民营业资本，着眼于引导贫民自食其力，亦符合教养兼施的意旨。内政部《救济事业计划书》也特别强调，救济院须使救济对象 "各养成一种相当之技能"。② 即救济院救助贫民时，不仅要 "授人以鱼"，暂时解决其生活，还要 "授人以渔"，帮助贫民掌握谋生的知识技能，最终依靠自身力量摆脱贫困。这种救助理念有助于从根本上解决贫困问

---

　　① 《全省各救济院概况表》，浙江通志馆修《重修浙江通志稿》第 74 册《行政》，第 1—23 页；绍兴县地方志编纂委员会编：《绍兴县志》第 2 册，中华书局 1999 年版，第 1314 页；《慈善机关改救济院》，《申报》1928 年 10 月 12 日第 10 版；《贫民习艺所招商承办》，《申报》1930 年 10 月 10 日第 16 版。民国时期各地行政监督区制度推行步骤不一，分区情况也反复调整，此处第三行政督察区辖县系指 1935 年的情况。
　　② 内政部编发：《救济事业计划书》，《区政导报》（江苏）1929 年 2 期，"附载"第 4 页。

题，较传统的"重养轻教"更为积极和合理，符合社会发展的需要。

以此为背景，浙江建设救济院时格外强调"教养兼施"。1935年有人称，传统慈善事业多偏重消极的生活救助，存在"奖励懒惰心，消灭贫民之独立意志"之弊。因此，浙江救济院要特别注重"劳役主义"，"即强制贫民劳役，激发其自奋心，使其独立自助，不复为社会之寄生虫。故其方法，在于'教''养'并施"。① 各救济院的章程或计划中也明确提出要"教养兼施"。如鄞县救济院章程规定，养老所、残废所、保良所除保障收容对象生活外，均应传授课程，并要求其劳动；育婴所婴孩被人领养后，应教养成人，授以职业。② 《松阳县救济院章程》规定，残废所应教授文化知识和谋生技能，经费充裕时将开办盲哑学校，育婴堂的婴孩六岁以后送入就近学校免费肄业。③

救济院的机构设置亦显示出"教养兼施"的努力。为弥补"重养轻教"的不足，不少救济院设有专门的教育机构。浙江省区救济院设有贫民工厂、贫女习艺所和感化习艺所，"均有简易工艺，俾在收养期间，学习生活技能"。④ 贫儿所亦注重教育，"训育目标和寻常小学相似"，且注重"实地训练"，着力培养儿童的自理能力和谋生技能。中高年级的学生需学习制作藤竹器。育婴所附设小学，供所外儿童就学。⑤ 鄞县救济院设有教养所，专门收容乞丐游民，并施以感化教育，授予其工作，以便其日后自谋生计。由旅沪宁波绅商捐设的七邑教养所亦由鄞县救济院兼管，具体办法与教养

---

① 唐鸿烈：《浙江救济事业之检讨》，第63、66页。

② 民国《鄞县通志》之《政教志》，民国铅印本，第1449、1453、1463、1468页。

③ 《松阳县救济院章程》，松阳县政府编《（民国十九年）松阳县政府年刊》，1931年铅印本，第58—62页。

④ 浙江省区救济院编：《浙江省区救济院概况》，第6页。

⑤ 唐应晨：《杭市社会救济事业》，《市政评论》（杭州）1937年第5卷第4期，第45—46页。

所大体相同。① 1935 年的临海县救济院设有习艺所。② 同年丽水县救济院也设有贫民习艺所。③ 1929 年 7 月，绍兴县救济院养老所创办饲畜场，供老人饲养牲畜之用。④ 后又创办盲哑学校和习艺所，1936 年时有在校盲哑儿童 40 余人。⑤ 兰溪县救济院曾设孤儿学校。⑥ 衢县救济院曾计划设立游民习艺所。⑦

救济院"教养兼施"的"教"有三层含义。一是传授文化知识。就《各地方救济院规则》可见，残废所开设课程中包括千字课、简易算术和平民常识等文化知识。孤儿所的孤儿送学校免费肄业时，所学内容亦以文化知识为主。二是职业技能培训，这主要针对具有劳动能力的对象实施，如残废所开设的课程中包括手工、词曲、说书和各种工艺，目的是让救助对象掌握谋生技能。由浙江各地救济院的相关规章及附设的学校、习艺所等机构看，上述规定已付诸实施。三是思想行为矫正。这主要针对游民妓女等边缘人群而言。如浙江省区救济院下辖的感化习艺所原为"收容窃丐，使习正业"而设，每晚拨出 2 小时的"教诲时间"，由寺院僧侣或地方绅士担任教诲员进行教导。"每晚施感化教育一小时，识字一小时"，讲授"古来历史上习勤成名故事或佛家因果报应之说"和"三民主义及人生应有常识"，以使生徒改变人生观。不听教诲者可予以责罚。⑧ 1933 年 10 月兰溪县救济院增设平民习艺所，专门收容吸毒者和私娼，不时召集训话，"藉以改善成训（驯）良之品性，庶

① 民国《鄞县通志》之《政教志》，第 1463、1466 页。

② 李佐辰：《浙江临海田赋调查日记》，《土地问题资料》第 142 册，第 74654 页。

③ 李盛唐：《丽水镇江调查实习日记》，《土地问题资料》第 142 册，第 74893 页。

④ 《绍兴县救济院十八年七月份办事实况》，《绍兴县公报》1929 年第 54 期。

⑤ 赵福基等：《绍兴诸暨史地社会民政财政概况》，《国情调查报告》第 193 册，第 516 页；浙江通志馆修：《重修浙江通志稿》第 74 册《行政》，第 11 页。

⑥ 周灵钧：《兰溪实验县民政实习报告及兰溪实习日记》，《国情调查报告》第 200 册，第 114 页。

⑦ 蔡文国：《衢县镇江调查实习日记》，《土地问题资料》第 143 册，第 75546 页。

⑧ 《杭州市公安局感化习艺所特刊》，龙向洋主编《美国哈佛大学哈佛燕京图书馆藏民国文献丛刊》第 7 册，广西师范大学出版社 2010 年版，第 418、445、462 页。

将来出所不致再犯"。① 救济院这种思想行为矫正的特性后来得到进一步强化。1944 年 9 月重庆国民政府颁布《救济院规程》明确规定，救济院下设的习艺所应强制收容对象劳动，"并施行严格管理及公民与智能训练，以转换其性行"，妇女教养所收容的"曾操不正当职业之妇女（主要指娼妓——引者按），得隔别施训，并设法矫正其心理及性行"。②

救济院"教养兼施"的努力收到一定成效，这表现为如下方面。

一是使为数众多的弱势群体得到生活保障。据 1929 年 10 月浙江省民政厅的调查，浙江省内除省区救济院以外的 50 所市县区镇救济院，"现时留住"人数为 8143 人。③ 1930 年度浙江省区救济院月均收容留养人数为 1547 人。换言之，1930 年前后全省约有 1 万名社会弱势群体的生活由救济院负责。若加上救济院施医、贷款等院外救助措施覆盖的人群，其救助规模还要大大扩充。④ 随着建设的不断推进，浙江救济院的救助规模进一步扩大。1935 年度省区救济院的院内救济月均 2024.5 人，院外救济月均 15825.7 人，合计 17850.2 人。⑤ 较 1930 年度增加了 8036.2 人，增幅为 82%。

二是培养出一批具有劳动技能，可以自食其力的劳动者。在这方面，浙江省区救济院贫民工厂的表现尤为突出。贫民工厂原由浙江省民政司于 1913 年设立，主要用于安置原驻防杭州的旗营散勇，厂中分设缝纫等 16 科工艺，额定艺徒 420 名。1927 年 12 月贫民工厂改隶杭州市政府，1928 年 12 月杭县第二贫民习艺所并入。1929

① 何隼：《兰溪地方自治社会救济事业及医院卫生事务所概观》，《国情调查报告》第 199 册，第 421 页。

② 《救济院规程》，1944 年 9 月 5 日行政院公布施行，《法令周报》（重庆）1944 年第 13 期，第 4—5 页。

③ 《各市县救济事业调查表》，浙江省民政厅编《（民国十八年）浙江民政年刊》下册，第 27—55 页。

④ 建设委员会调查浙江经济所编：《杭州市经济调查》第 1 册，台北传记文学出版社 1971 年版，第 661 页。

⑤ 浙江省区救济院编：《浙江省区救济院概况》，第 16 页。

年 6 月贫民工厂改隶省区救济院。[①] 据 1932 年编印的《浙江省区救济院贫民工厂一览》载，贫民工厂设棉织、家具、印刷三科共 12 个工场，已毕业 19 届共 700 余名艺徒。毕业生徒的去向分"自立营业者""充艺师者""充工友者""求学者"和"其他"五大类。自立营业指自行开设作坊谋生，其以藤器业人数最多，杭州藤器业作坊"十分之九，胥为本厂艺徒所经营"，亦有生徒至省内各县营业。棉织科毕业生自立营业者也不乏其人。充艺师指充当工艺传习机构的师资。该厂在省内开风气之先，"各县习艺所之师资，乃群于是取焉"。其列名的棉织、家具二科毕业的艺师就有 60 余人。有的还至省外的上海、太仓等处充当艺师。充工友指进厂做工。棉织科毕业生"投厂充任重要工友者，实居多数"。由于毕业生技艺娴熟，受到各厂欢迎，其待遇往往较一般工人"较为优厚"。求学指生徒出厂后继续深造。如 1932 年中山中学招收工读学生时，该厂有 4 名保送生被录取。还有毕业生进入警官学校、警士教练所肄业。其他指改习他业的生徒。有数人后来进入商界、政界、军界、警界就业。[②] 由此看来，贫民工厂的职业教育还是颇有成效的。

　　三是改善了社会治安。衣食无依的贫民往往会沦为游民，他们极易铤而走险，成为社会治安的重大威胁，须加以取缔。但取缔游民时，驱逐出境的办法不过是"以邻为壑"，若加以拘捕，"也不过拘留几天，终究要放出的"，很难彻底解决问题。[③] 而救济院对游民进行收容，培养其职业技能，养成其劳动习惯，矫正其思想行为，可以从源头上减少游民，有助于社会治安的好转。如浙江省区救济院下辖的感化习艺所最初由杭州市公安局筹建，建设背景是杭州"小窃流丐之多，日甚一日"，扰乱社会治安，"若不设法收容教养，既妨公共之安宁，尤增社会之痞类"。所以其"专以收容小

---

① 浙江省区救济院贫民工厂编：《浙江省区救济院贫民工厂一览》，1932 年铅印本，第 3—10 页。
② 同上书，第 79—84 页。
③ 沈伯琴：《取缔游民问题——推广游民习艺所的设置》，《警察杂志》（杭州）1936 年第 32 期。

窃流丐以及不良子弟，使其按时工作，教习棉织，感化恶性，养成自治能力为旨"。[1] 1929 年 5 月感化习艺所转由浙江省区救济院接管，[2] 继续发挥维护社会治安的功能。1933 年冬兰溪县救济院曾取缔乞丐，会同公安局在城区分段巡逻，有敲诈勒索行为的流氓乞丐即送入救济院留养，"使废历年关平安无事"。[3]

三　浙江救济院救助事业的局限及其原因

浙江救济院的救助事业仍存有不少局限。

一是机构设置有欠缺。《各地方救济院规则》规定，救济院下应分设养老、孤儿、残废、育婴、施医和贷款 6 所。后内政部又补充规定，救济院可增设妇女教养所、游民感化所、贫儿习艺所、施材掩埋所等机构，事业范围进一步扩充。但从实际情况看，除省区救济院等少数例子外，大部分救济院的分所数量均未达标。1935年度《内政年鉴》中曾统计浙江救济院的分所情况，39 个详细填报分所数量的县救济院共设分所 122 个，平均每县 3.13 个。其中分所 6 个（含 6 个）以上的有 4 县，占总县数的 10%；分所 3—5所的有 19 县，占总县数的 49%；分所 1—2 所的有 16 县，占总县数的 41%。换言之，只有一成县救济院的分所数量完全达到《各地方救济院规则》的要求。

各种分所的数量由多到少依次是育婴所（37）、施医所（28）、养老所（12）、贷款所（12）、残废所（11）、其他（7）、施材掩埋所（6）、孤儿所（5）、贫民习艺所（3）、游民感化所（1）。可见救济院的救助内容仍侧重于育婴、施医、养老之类的生活救助，孤儿教养、习艺感化等教育救助事业仍相对薄弱，"重养轻教"的局面没有彻底改观。所以有人称，浙江救济院"各所中设立最普遍者为育婴所，其次为施医所，盖各县向有育婴堂之设立，改组办

---

①　《杭州市公安局感化习艺所特刊》，第 348 页。
②　浙江省区救济院编：《浙江省区救济院概况》，第 5 页。
③　何隼：《兰溪地方自治社会救济事业及医院卫生事务所概观》，第 400—401 页。

理，较为容易，而施医所之筹办，并不须多大经费也"。① 其言下之意为教育救助这类成本较高的救助措施难以普遍推行。

二是救助方式存在局限。救济院的救济方式分院内救助和院外救助两类，院内救助指受助者居住院内，由院方集中照料；院外救助指受助者散居在外，由救济院发给实物或现金补贴。对缺乏自理能力的救助对象（如婴孩）而言，院内救助显然更为合适。但实际情况是救济院往往偏重院外救助。

兹以育婴所为例略作分析。育婴所救助弃婴向有留养、寄养两种办法，留养指雇佣专职乳妇，将婴孩收入堂中抚养，属院内救助；寄养又称外带，指雇请兼职乳妇在家抚养婴孩，属院外救助。寄养婴孩很难得精心照料，育婴所也很难及时督查，容易滋生弊端。所以清代即有人称，不论寄养的规章制度如何详密，"总不如在堂，有堂董督查之为妥"。② 即在救助弃婴方面，院内救助较院外救助为佳。1931 年中央政治学校学生王国斌考察杭县救济院后也指出，寄养办法问题甚多，"对于婴孩发育方面，因乳媪不能当心抚育，很有影响，以后最好还（是）设法增筹经费，将所有婴孩，皆留所内雇媪哺乳"。③

可育婴所主要的救助方式仍是院外救助。1929 年底海宁县育婴所留养婴孩 43 名，寄养婴孩 242 名。④ 1930 年底长兴县育婴所有婴孩百余名，留养者 40 名，其余均为寄养。⑤ 有的育婴所更是只办寄养。如 1930 年底宣平县育婴所由于经费短缺，所有婴儿均交乳母带回哺养，富阳县育婴所所有婴孩"均寄养民家"，丽水县育婴所亦如之。⑥ 1931 年义乌县育婴所"每月所收婴孩，均系寄托贫

---

① 浙江省情展览会编：《浙江省情》，"救济"第 11 页。
② 丁丙：《乐善录》卷 3《公牍》，光绪刻本，第 42 页。
③ 王国斌：《浙江杭县行政考察纪录》，《国情调查报告》第 180 册，第 401 页。
④ 《海宁县救济院育婴所征信录（民国十八年）》，约 1930 年铅印本，第 13 页。
⑤ 高炳泰：《长兴县视察报告》，《浙江民政月刊》1930 年第 37 期，第 188 页。
⑥ 《各县视察报告摘录》，《浙江民政月刊》1930 年第 37 期，第 180—181、198 页。

妇哺养"。① 其他分所同样存在偏重院外救助的情况。如嵊县救济院所有分所"皆有一共同缺点，即仅能为院外之救济，不能为院内之收养"。②

三是救助标准过低。救济院要保障受助者的生活，经费投入必须达到一定标准。20 世纪二三十年代江浙地区的"贫穷线"约为年人均 60 元。③ 换言之，浙江救济院若要切实保障救助对象的基本生活，经费投入的标准至少要达到此数。而且，救济院的经费还包括管理人员薪资及办公费等行政费用在内，用于救助的经费只有总经费的六成左右。④ 因此，要达到理想的救助效果，救济院的经费投入应达到年人均 100 元。

按此标准衡量，浙江各救济院年人均经费均未达标。如 1930 年度浙江省区救济院各收容机构月均在所人数为 1547 人，月均支出经费 12176 元，年人均救助经费为 94 元。⑤ 接近 100 元的标准。但之后由于经费削减和救助人数增加，救助标准随之降低。1935 年度省区救济院各收容机构月均收容人数为 2024.5 人，月支出经费 10917 元，年人均经费降至 65 元。⑥ 省区救济院的救助标准是省内最高的，其他救济院更低。1929 年 10 月民政厅统计显示，浙江 42 个县市救济院经费总额为 240389 元，"现时留住"人数为 7477 人，即便所有经费均用于"现时留住"者，年人均经费也只有 32

① 《令义乌县县长：据本厅视察员陈炳麟报告关于该县公私救济事业概况仰查照指伤事理办理由》，《浙江民政月刊》1931 年第 49 期，"公牍"第 28 页。

② 束以范等：《嵊县民政公安教育财政建设实习总报告》，1935 年 6 月，《国情调查报告》第 197 册，第 369 页。

③ 孙本文：《公民·社会问题》，《孙本文文集》第 5 卷，社会科学文献出版社 2012 年版，第 290—291 页；柯向峰：《中国贫穷问题》，正中书局 1935 年版，第 78 页。

④ 如首都南京的救济院经费中，职员薪水"占十分之二"，"办公添置各费仅占十分之二三"。镇江的江苏省会救济院"行政费约占百分之四十，事业费约占百分之六十"。参见林学就《江苏民政之保甲公安禁烟卫生救济事业概述》，《国情调查报告》第 24 册，第 454—455 页；南京市救济院编《京市救济院院务报告》，1933 年油印本，第 4 页。

⑤ 建设委员会调查浙江经济所编：《杭州市经济调查》第 1 册，第 660—661 页。

⑥ 浙江省区救济院编：《浙江省区救济院概况》，1936 年铅印本，第 15—17 页。

元。① 20 世纪 30 年代的调查显示，建德县救济院养老所和残废所的救助标准为年人均 12 元。② 浦江县救济院养老所的老人"并不住所，每季各给津贴抚养费五角，聊云之救济而已"。③ 年人均救助标准只有 2 元。

四是某些教育救助措施的强制惩戒色彩过强，偏离救济的本意。浙江省区救济院感化习艺所规定，该所"系惩戒场之一部分"，"仿照模范第一监狱办法严密管束，就寝时间仍收入笼，加门锁，其倔强者用轻镣"。④ 在 1929 年 9 月，感化习艺所有艺徒集体逃跑，省民政厅随即发文称，在逃艺徒"均系不良分子，一朝脱羁，于社会安宁不无影响"，令公安局将在逃艺徒"一体严查，务获解所"。⑤ 可见其性质已与监狱类似。亦有人指出，浙江省区救济院的感化机构类似于"变名的监狱"，"有非救济的情状，过分的陷于刑罚的苛待"。⑥ 救济院强制惩戒色彩过强的现象，与近代英国习艺所（workhouses，亦译作济贫院）类似。恩格斯在《英国工人阶级状况》中曾提及 19 世纪 40 年代的英国习艺所。他指出，英国工人将习艺所称作"穷人的巴士底狱"，"那里的伙食比最穷的工人吃得还要坏，而工作却更繁重"。贫民常受到各种严厉惩罚，如幼孩被关入停尸房、流浪汉在寒冬被剥光衣服关入禁闭室等。所以恩格斯说："习艺所的建立比执政党的任何措施都更激起无产阶级对有产阶级的强烈的仇恨。"⑦ 即政府推行的济贫措施反而进一

---

① 《各市县救济事业调查表》，浙江省民政厅编《（民国十八年）浙江民政年刊》下册，第 27—55 页。

② 郝遇林等：《浙江建德史地政治概况及县政考察总报告》，《国情调查报告》第 205 册，第 205—206 页。

③ 徐治成等：《浦江县民政财政公安教育建设实习报告》，《国情调查报告》第 204 册，第 198—199 页。

④ 《杭州市公安局感化习艺所特刊》，龙向洋主编《美国哈佛大学哈佛燕京图书馆藏民国文献丛刊》第 7 册，第 418、445、462 页。

⑤ 朱家骅：《令各县市局：据浙江省区救济院呈送感化习艺所逃脱艺徒名单仰即严查解所由》，1929 年 10 月 25 日，《浙江省政府公报》1929 年第 743 期，"命令"第 20—23 页。

⑥ 陈悫哉：《杭州的救济事业》，《国立劳动大学月刊》1930 年第 7 期，第 35 页。

⑦ 恩格斯：《英国工人阶级状况》，人民出版社 1962 年版，第 336—341 页。

步激化了阶级矛盾。救济院的强制惩戒措施恐怕也难免此弊。

之所以存在上述局限，原因主要有两方面。

一是经费保障能力不足。救济院的经费来源以产业租息和财政资助为主，二者都不够稳定，这使得浙江各救济院"大都感于经费缺乏"。[①]

就产业租息而言，救济院名下产业多为田产。由于灾荒连绵、农村破产及减租政策等因素影响，20世纪二三十年代的田产租息收入有所下滑。1929年永康县救济院育婴所称，其经费来源以田租为主，田产租额本低，自省政府推行"二五减租"政策以后，佃农"对此低租率亦任意减折"，使得田租收入大幅降低。[②]金华县育婴所也主要依靠田租，清代政府对善堂田产尚有税收优待，民国成立后优待政策取消，赋税加重，田租则因农村破产和二五减租政策的影响而日趋减少。1931年后谷价走低，田租收入更低。1929年育婴所实收田房租息8211余元，1934年为3915余元，下降幅度超过50%。[③]

就财政资助而言，救济院得到的财政拨款主要来自地方政府。南京国民政府时期地方政府财力有限，[④]对救济院的资助力度相应较弱。在1929年世界经济危机爆发和1931年后日本不断扩大侵华战争步伐的背景下，各地财政状况受到严重影响，收入明显减少。如杭州市政府1931年、1932年两年的财政收入均低于1930年。[⑤]在地方财政窘迫时，政府往往会减少对救济院的资助。1935年7月前后，因财政支绌，浙江省区救济院得到的财政补助从原来的年

---

① 唐鸿烈：《浙江救济事业之检讨》，第76页。

② 《永康县育婴、施医二所财产目录》，《浙江省政府公报》1929年第701期，"命令"第9页。

③ 尤保耕：《金华镇江调查实习日记》，《土地问题资料》第143册，第75033、75045页。

④ 张连红：《论南京政府时期的中央与地方财政收支结构》，《史学月刊》2000年第2期。

⑤ 《杭州市十年来之财政报告》，《浙江财政月刊》1937年第6期，第158页。

拨 16 万元"骤减为年拨十二万元"。① 1931 年度鄞县政府原定补助救济院 13202 元，后改为"八四扣折"。有些地区甚至违规挪用救济院基金。1930 年 9 月，因省政府"需款紧急"，绍兴在救济院基金中借用 1 万元。同年景宁县"发生土匪，各机关法团曾议移用育婴基金"。②

经费来源不稳使得救济院经常遭遇经济困难的局面。内政部曾统计浙江省 69 个县救济院 1931 年、1932 年两年的经费预算情况。1932 年有 25 个救济院的预算与上年持平或有所减少，主要原因即为经费来源不稳，如平阳县救济院因经费短绌，只得"预算缩减"；龙泉县救济院"经费支绌，故本年度减少九六元"。另有 6 县救济院虽预算有所增加，但也出现经费不支的迹象。德清、长兴、余杭三县救济院均开始挪用基金本金，龙游县救济院"经费不足"，东阳县救济院"经费入不敷出"、永康县救济院"收入短少"。③ 调查也表明，浙江各救济院的经济状况普遍不佳，如金华县救济院因灾荒连绵，"原有租息捐款相继短收，以致维持现状已觉为难"；④ 兰溪县救济院"经费来源枯绝"；⑤ 永嘉县救济院养老所"额定经费实觉难以维持"，育婴所经费"不敷甚巨"；⑥ 浦江县救济院贷款所"经费拮据"，养老所经费"异常竭蹶"；⑦ 建德县救济院经费"入不敷出"。⑧

二是管理方面存在欠缺。

---

① 浙江省区救济院编：《浙江省区救济院概况》，1936 年编印本，第 1 页。
② 内政部年鉴编纂委员会编：《内政年鉴》，商务印书馆 1936 年版，第（B）537、540 页。
③ 同上书，第（B）536—543 页。
④ 庄肇昌等：《金华县政府实习报告》，《国情调查报告》第 198 册，第 455 页。
⑤ 周灵均：《兰溪实验县民政实习报告及兰溪实习日记》，《国情调查报告》第 200 册，第 117 页。
⑥ 张学勤等：《永嘉县政实习报告及兰溪实验县实习工作日记》，《国情调查报告》第 203 册，第 483 页。
⑦ 徐治成等：《浦江县民政财政公安教育建设实习报告》，《国情调查报告》第 204 册，第 198—199 页。
⑧ 郝遇林等：《浙江建德史地政治概况及县政考察总报告》，《国情调查报告》第 205 册，第 206 页。

首先是政府对救济院的管理办法不够合理。各地救济院多由旧有慈善机构改组而来。改组存在两种倾向，其一是政府力图完全掌控救济院的运营，使之成为彻底的官办机构。这对社会力量参与救济事业的积极性造成不利影响。时人曾称，政府对救济院"动辄用令，官话连篇，隔膜日甚，名为居于督率，明其系统，实际徒使热心义务之人慑于官气，横受麻烦，多不愿受此委任与接此训令也，影响所及，不只募款为难已也"。① 其二是改组只是空名，不少旧有慈善机构改组为救济院后，仍由原绅董主管，救济事业一仍其旧。如缙云县救济院育婴所由旧育婴堂改设，"原育婴堂之产，仍由原堂董经管，并未拨归救济院支配"。② 奉化县救济院由旧有育婴堂、同善局、借钱局合并改组，然而各所产业仍由绅董把持，"县政府非特不能过问其经济，即内部办理真象，亦莫之明也"。"名为政府主管，实则有类私人慈善团体"，所谓"县立"不过是"仅具名义"。1929—1933 各年度的育婴所均入不敷出，不敷之数由该所负责人筹垫，负责人常以辞职要挟政府，"而政府恳切慰留外，别无善策以应付"。③ 吴兴县救济院下设各所"完全为私人慈善团体所办，不过名义上隶属于救济院耳"。④ 这使得救济院趋于因循守旧，难以有效贯彻"教养兼施"的宗旨。

其次是救济院的内部管理也存在弊端。长兴县救济院"历任院长均不得人"，管理无方，育婴所"现状腐败不堪入目"，一名乳母领养四五名婴孩，三四名婴孩同睡一床、同盖一被，蚊帐被褥久未清洗，污浊不堪，喂养婴儿时只是"日哺米糕数次"。因讨厌婴

---

① 谭建丞、秦筱涛：《请中央提高慈善团体地位对于公私立合法之慈善事业加以特别维护以资保障而利奖进案》，《全国慈幼领袖会议实录》，第 156 页。

② 葛志元：《缙云县政府视察报告》，《浙江民政月刊》1930 年第 27 期，第 182 页。

③ 李学训：《奉化县社会经济情况概说及民政财政教育实习报告》，《国情调查报告》第 190 册，第 168—174 页。

④ 杨绍亿：《吴兴县概观及县行政之观察与地方自治》，《国情调查报告》第 187 册，第 75 页。

孩哭闹，乳母常用酒迷醉婴孩。① 鄞县救济院育婴所也存在乳母视婴孩如草芥的现象。② 兰溪县救济院则有职员办私事"使用收容人员而不付报酬"的现象。③

上述各种因素对救济院的救助成效造成不利影响。其突出表现是救济院育婴所普遍存在婴孩死亡率过高的现象，大部分婴孩难以长大成人。1926—1931 年浙江省区救济院育婴所共收婴孩 8528 名，同期夭折 6961 名，即约 82% 的婴孩活不到出所。④ 1929—1935 年间鄞县救济院育婴所共收 1209 名婴孩，799 名即 66% 的婴孩夭折。1930 年长兴县育婴所办事员称婴儿"夭殇十之八九"。⑤ 1936 年金华县育婴所的管理者称，夭折婴孩"占百分之七十，养大的只占百分之二三十"。⑥ 所谓"不敷养口，遑言教育?"⑦ 在生活救助都不能保证时，教育救助的成效恐怕也会受到严重影响。如限于经费，1937 年绍兴县救济院将贫民习艺所裁撤。⑧ 另据亲历者回忆，兰溪县救济院孤儿所虽规定孤儿需读书，教员由救济院职员兼任，但"授课不正常"，"从来没有看见他们上课"。⑨

小　结

综上所述，南京国民政府时期的浙江救济院建设深受"教养兼施"理念的影响，在努力保障救助对象生活的基础上，还注重传授

---

① 高炳泰：《长兴县视察报告》，《浙江民政月刊》1930 年第 27 期，第 188 页。
② 民国《鄞县通志》之《政教志》，第 2106 页。
③ 蔡甲生：《兰溪实验县时的救济院》，载政协兰溪文史资料委员会编《兰溪文史资料》第 14 辑，2003 年内部出版，第 82 页。
④ 沙福尔：《视察杭州救济院育婴所报告》，《医药学》1936 年第 10 期，第 8—9 页。
⑤ 高炳泰：《长兴县视察报告》，《浙江民政月刊》1930 年第 37 期，第 188 页。
⑥ 石英：《南巡佳话》，《申报》1936 年 7 月 13 日第 9 版。
⑦ 高上佑等：《淮阴县政实习报告之总论及民政编》，《国情调查报告》第 126 册，第 433 页。
⑧ 《救济院裁撤两所》，《申报》1937 年 7 月 8 日第 10 版。
⑨ 蔡甲生：《兰溪实验县时的救济院》，第 82 页。

文化知识和职业技能，以养成其自立精神和谋生能力，并实行感化教育，纠正救助对象的恶习。救济院"教养兼施"的举措，使得不少社会弱势群体得到救助，并有助于培养自食其力的劳动者和改善社会治安。但由于经费保障能力不足和管理方面存在的弊端，救济院存在机构设置不全、偏重院外救助、救助标准过低、强制惩戒色彩过强等局限，极大地影响了救助成效。浙江救济院"教养兼施"的实践、成效与困境说明，虽然南京国民政府已经意识到传统救助事业的不足，并力图加以改进，但建设现代救助事业的成绩仍属有限。社会救助问题的解决，并非理念进步和制度变革即可奏效，还有待于经费保障能力和政府管理能力的提高作为保障。换言之，社会救助事业的完善，还有待于更深刻的社会变革。

出仕、保证与同乡：明清
同乡京官印结

唐仕春

（中国社会科学院近代史研究所）

    同乡京官印结是同乡京官出具的钤有官印的保证文书。① 明清时期，众多京师衙门的官僚制度运作需要同乡京官印结，而意图出仕，或者已经出仕人员在仕途的诸多环节若没有同乡京官印结常寸步难行。那么，同乡因素如何介入官僚制度运作，引入同乡京官印结的官僚制度运作又怎样促使同乡群体、同乡意识的演进？

    许大龄、陈宽强、张德昌、伍跃等探讨捐纳、京官生活时涉及同乡京官印结。② 张德昌研究李慈铭等个案后指出，印结银是部分京官生活费的重要来源。许大龄、陈宽强和伍跃等分析了捐纳中印结的使用，并在此基础上探讨印结局对印结、印结银的管理。③ 王雁研究晚清直隶印结局管理机构。魏秀梅提及在清代回避制度中使

    ① 本文的同乡京官指出具印结的同省京官。

    ② 许大龄：《清代捐纳制度》，《燕京学报》专刊之二十二，燕京大学哈佛燕京学社 1950 年版；张德昌：《清季一个京官的生活》，香港中文大学出版社 1970 年版；伍跃：《中国的捐纳制度与社会》，江苏人民出版社 2013 年版；陈宽强：《清代捐纳制度》，台北三民书局 2014 年版；张宏杰：《给曾国藩算算账——一个高官的收与支》，中华书局 2015 年版；刘凤云：《从清代京官的资历、能力和俸禄看官场中的潜规则》，《中国人民大学学报》2008 年第 6 期；王雁：《晚清直隶印结局管理机构研究——以唐煊〈留庵日抄〉为中心》，《历史教学》2014 年第 22 期。

    ③ 印结局是各省同乡京官办理印结事项的机构。"印结费"指出具印结时收取的手续费，在不同文献中又称"印结银""结费""结银"等。

用同乡印结，茅海建注意到同乡印结在都察院上奏中的作用。① 这些涉及同乡京官印结的论著对同乡因素并未做重点论述。明清时期，京师建立的同乡会馆数以百计，众多同乡京官活跃其中。何炳棣、王日根等分析明清同乡会馆的演变，却甚少注意同乡京官印结对同乡群体和同乡观念的塑造，带有浓厚同乡因素的京官印结对官僚制度的影响亦非其关注所在。② 本文不仅仅讨论官僚制度运作中的同乡京官印结，或者同乡群体的演变，而是力图打通制度史与社会史之间的壁垒，既探讨明清时期官僚制度运作对同乡因素的接纳与防范，又对具结与出结导致同乡群体与同乡意识的勃兴和分化等问题加以分析。

一　同乡京官印结之弥散

印结作为一种保证文书，可以上溯到后汉时代，宋元明清被广泛使用。③ 张德昌指出，印结是清代官吏铨选陈规的一种例行的保证手续之一。④ 伍跃认为，印结至迟在康熙十四年（1675）捐例实施时已经是报捐的必要文书。⑤ 学界通常只论及清代的同乡京官印结，其实，同乡京官印结并不始于清代，至少在明代它已出现并被用于出仕环节，而且使用范围也不仅仅限于官吏铨选和报捐。

（一）明代出仕与同乡京官印结

明弘治年间，官僚制度运作的一些环节已经用同乡京官来提供保证。

---

① 魏秀梅：《清代之回避制度》，台北"中研院"近代史研究所1992年版；茅海建：《戊戌变法史事考》，生活·读书·新知三联书店2005年版。
② 何炳棣：《中国会馆史论》，台北学生书局1966年版；王日根：《乡土之链——明清会馆与社会变迁》，天津人民出版社1996年版。
③ 伍跃：《中国的捐纳制度与社会》，江苏人民出版社2013年版，第126页。
④ 张德昌：《清季一个京官的生活》，香港中文大学出版社1970年版，第47页。
⑤ 伍跃：《中国的捐纳制度与社会》，江苏人民出版社2013年版，第129页。

　　关于进士回籍养病，弘治十五年（1502）吏部题准，"取具本衙门官员并同乡官同办事进士及医士各不扶结状回报，仍拘赴部看验无伪，照例具题放回原籍调理"。① 弘治十八年（1505），南京各衙门官员回籍养病照依在京患病官员事例而做出规定，如果"患病是实，别无托故违碍，取具同僚并同乡官不扶结状"，报吏部具奏。② 可知弘治十八年，京官回籍看病已经需要同乡官的结状。除了进士等回籍养病需要同乡官出具结状，弘治年间规定，京官及进士奏归毕姻，也需要同乡官员保勘。③

　　目前尚不清楚京官及进士奏归毕姻是否用印结保勘，进士和京官回籍养病出具的结状等是否钤有官印。如果结状上钤有官印，就是同乡京官印结，如果没有钤官印，同乡京官结状大约可以看作同乡京官印结的前身或者雏形。正是以这些同乡官员的保勘及其出具的结状为基础，形成同乡京官提供保证的政治氛围，逐渐发展出比较完备的同乡京官印结制度。

　　"同乡京官印结"有不同的书写方式。明代文献中已经出现"在京同乡官印结"一词，亦见"乡官印结""同乡官印结""同乡印结""同乡官印信保结""乡官方印保结""乡官方印结"等词，它们在一些具体的语境中基本上可以理解为"同乡京官印结"。

　　较早明确使用"同乡京官印结"的是嘉靖年间的顺天府乡试。参加顺天府乡试的儒生来自四方，时有黜革生员潜入京师改名冒籍，参加科举，应试之时又有儒生冒名顶替入场。御史沈一定奏请禁革。嘉靖十六年（1537），礼部尚书严嵩等题准，"今后顺天府乡试儒士，务要查审辨验籍贯明白，其附籍可疑之人，取有同乡正

　　① （明）李默：《吏部职掌·考功司考疾科·进士养病》，明嘉靖刻本，第43页。
　　② （明）李默：《吏部职掌·考功司考疾科·南京养病》，明嘉靖刻本，第43—44页。
　　③ （明）李东阳等撰，（明）申时行等重修：（万历）《大明会典》卷5《吏部四·给假》，第37页。

途出身官印信保结，方许应试"。① 明代官员实行本籍回避，在当时的交通通信情况下，顺天府应试儒士向距离最近的同乡京官取具印结较为便捷，向在其他省出仕的同乡官取具印结更为麻烦。此处"同乡官印信保结"当为"同乡京官印结"。

万历年间在降调官员、改给文凭等环节已经明确规定使用"在京同乡官印结"。《大明会典》记载，万历十二年（1584）规定，"凡裁革，并考察被劾改、调等官，不由司府起送者，行查；虽由司府起送，无黏连结者，取在京同乡官印结"。② 李默的《吏部职掌·降调官员》和陈有年的《陈恭介公文集》有同样的记载。③"在京同乡官印结"的记载还见于李默的《吏部职掌·改给文凭》："推升在外府同知以下，守候文凭未到，具告到部者，酌量推升年月并地方远近，仍取在京同乡官印结，准给执照。"④

万历年间办理捐纳等使用同乡官印结。万历十二年（1584），葛昕等奉命建慈宁宫殿作为寿宫，因经费不足而"议开纳事例"。葛昕提出的方案被批准实行："在京者，不分寓居、土著，依亲、探亲等项，俱准通状赴部，取具乡官印结，先行给帖纳银，一面移文各衙门及原籍官司查明给与札照并通行。"⑤《明神宗实录》载：万历四十三年（1615），"在京告纳监儒，先取同乡印结，暂送入监，必原籍查回，乃准实历"。⑥ 办理捐纳等事，取"同乡官印结"的目的在于争取时间，而在京者最为便捷的途径是向同乡京官取具

① （明）李东阳等撰，（明）申时行等重修：（万历）《大明会典》卷77《礼部三十五·贡举·科举》，第1233页；（明）俞汝楫：《礼部志稿》，《景印文渊阁四库全书》卷23《凡应试》，第432页；（明）严嵩：《南宫奏议》卷21《议处京闱科举事宜》，明嘉靖二十四年刻本。

② （明）李东阳等撰，（明）申时行等重修；（万历）《大明会典》卷5《吏部四·改调（降调附）》，第117页。

③ （明）李默：《吏部职掌·降调官员》，明万历刻本；（明）陈有年：《陈恭介公文集》卷12《与郭希所》，明万历陈启孙刻本。

④ （明）李默：《吏部职掌·改给文凭》，明万历刻本。

⑤ （明）葛昕：《集玉山房稿》卷1《议酌开纳济工疏》，清文津阁四库全书本。

⑥ （明）顾秉谦等修：《明神宗实录》卷539，台北"中央研究院"历史语言研究所1966年版，万历四十三年十一月壬寅条。

印结。

天启年间办理荫子与封典等事项已广泛使用同乡官印结。刊刻于天启年间的《南京都察院志》中记载贵州道职掌之一为，"凡遇覃恩咨到，候堂札本道牒行各官取具亲供履历，并同乡同僚印结呈堂转咨南京吏部"。① 南京都察院向南京吏部发出的咨文涉及"同乡官印结"。一份咨文显示同乡官印结是办理封典的必备条件："今将取具本官亲供并同乡同僚官印结各一样二本，合咨贵部，烦为查照转咨题请施行。"② 另一份办理荫子的咨文附有"同僚同乡印结四本"。③ 京师的同乡同僚官较多，办理荫子与封典时所用"同乡官印结"当为"同乡京官印结"。

明弘治年间，办理京官生病请假回籍等事项已经使用同乡官的保证文书。至迟从嘉靖年间开始，审查顺天府乡试儒士的籍贯，改调和推升官员，办理捐纳和封典等环节陆续正式使用同乡京官印结。明代的同乡京官印结不始于捐纳，亦不限于捐纳。

（二）清代出仕与同乡京官印结

相较于明代，清代同乡京官印结的应用范围进一步扩展。伍跃等先生主要关注的是清代捐纳中的同乡京官印结。在此，除了简单提及与捐纳有关的同乡京官印结外，重点勾勒捐纳之外众多领域使用同乡京官印结的情形，展示使用同乡京官印结的广泛性。

1. 入学、科举考试与同乡京官印结

出仕首先要取得任官资格。明清士子可以通过科举考试，或是进入国子监等各类官学而获得任官资格，但也有一些人通过捐纳、荐举、议叙等途径取得任官资格。

乾隆三年（1738）于钦天监附近设立算学一所，汉人无论举贡生童，或世业子弟，取同乡京官印结，具呈国子监会同管理算学大

---

① （明）施沛：《南京都察院志》卷9《贵州道职掌》，明天启刻本。
② （明）施沛：《南京都察院志》卷35《司道请封典咨》，明天启刻本。
③ （明）施沛：《南京都察院志》卷35《副堂请覃恩荫子咨》，明天启刻本。

臣考试合格才能被录取。① 嘉庆朝《大清会典》载，恩贡生、副贡生、岁贡生及廪增附之例贡监生，取旗籍文或同乡六品以上京官印结才能入国子监。② 国子监、钦天监等在《申报》上所登告示显示，直到晚清参加此类招生考试仍须取具同乡京官印结。③

顺天府乡试和会试是取得任官资格的重要环节。顺天府乡试考生来源比较复杂，明朝已经开始利用同乡京官印结来限制考生假冒籍贯，进而保证考生资格的合法性，清朝的相关规定更加明晰。顺治二年（1645）明确规定参加乡试的生童，如果其祖父入籍在二十年以上，有坟墓田宅证据，取同乡官保结，方许应试。④ 国子监的贡监生肄业可参加顺天府乡试。雍正六年（1728）之前，国子监肄业者取具同乡京官印结才能移送顺天乡试。之后，担心京官多寡不一，边远省份贡监无熟识之京官，于是规定取地方官文结到国子监投验。不过，在京的贡监生取具地方官文结往返需时，往往不能赶赴场期，又规定部分不及回籍起文者可取具同乡京官印结录科送考。⑤ 雍正七年（1729）规定，修书各馆内的外省生员，取同乡京官印结，准许保送参加顺天府乡试。⑥ 乾隆四十四年（1779）奏准，之前由寄籍顺天入学，后经遵例归籍的四库全书处誊录，以及由召试二等在馆行走各生，不能回籍应试，准其取具同乡京官印结，咨送国子监录科，赴顺天乡试。⑦

乡试生监中式后需要出示同乡京官印结填写亲供。康熙四十七年（1708）议准，直隶各府乡试生监中式后，不具同乡京官印结，

①　（乾隆）《大清会典则例》卷157《国子监》，第20页。

②　（嘉庆）《大清会典》卷61《国子监·管理监事大臣祭酒司业职掌》，第6页。

③　《招考学生》，《申报》1885年11月2日第2版；《申报》1887年6月24日第1—2版；《申报》1891年9月26日第1—2版等。

④　（康熙）《大清会典》卷52《礼部·仪制清吏司·贡举·科举通例》，第2页。

⑤　（光绪）《钦定大清会典事例》卷1100《国子监五·六堂课士规制·录送乡试》。

⑥　（乾隆）《钦定大清会典则例》卷66《礼部·仪制清吏司·贡举上》。

⑦　（光绪）《钦定大清会典事例》卷1100《国子监五·六堂课士规制·录送乡试》。

不得赴顺天府填写亲供。① 举人复试在清前期并非定制，道光年间要求举人必须参加复试。道光十五年（1835），顺天乡试取中举人具同乡京官临场识认印结，在圆明园正大光明殿复试。道光二十三年（1843）议准，嗣后各省新中举人，于会试年二月初十日前到京，取具同乡京官识认印结，送礼部听候复试。② 19 世纪后期仍可见一些人，因为没有同乡京官印结而不具复试资格。《申报》载，光绪十一年（1885），南部某省冒籍直隶生员而中试者有七人，但复试须有同乡京官印结方得入场，直隶京官因七人冒籍而不出结。《申报》认为，"此次复试则已可望而不可入矣"。③

参加科举考试的其他程序亦需同乡京官印结。云南、贵州、嘉峪关以外举人进京会试，发给火牌。嘉庆六年（1801）奏准，武举人会试后限半年内将原牌赴兵部呈缴，留京不能立刻回原籍者，待回原籍时取具同乡京官印结赴兵部再行给发。④ 参加会试的举人，可以领取盘费银两。但会试举人有的任意逗留，有的中途潜归，人与文书均不到礼部，有的文书到而人不到，如有上述情形要追还盘费银两。乾隆五年（1740）覆准，会试举人已经到京，而患病丁忧者，取具同乡京官印结报礼部，免追缴盘费银两。⑤

2. 官吏选任与同乡京官印结

预备出仕者获得做官资格后，参加铨选时很多环节需提供同乡京官印结。

月选是清代选任简缺的一种方式，单月举行急选，双月举行大选。顺治初年即规定月选需要取具同乡京官印结。取具同乡京官印结的范围是，在京郎中以下，小京官以上，在外道府以下，七品官以上。⑥ 武职人员投供候选亦需同乡京官印结。乾隆八年（1743）

① （嘉庆）《钦定大清会典事例》卷 273《礼部四十一·贡举·申严禁令》。
② （光绪）《钦定大清会典事例》卷 351《礼部六十二·贡举·覆试》。
③ 《考事缀言》，《申报》1885 年 11 月 11 日第 2 版。
④ （嘉庆）《钦定大清会典事例》卷 557《兵部一百三十一·邮政·邮符》。
⑤ （乾隆）《大清会典则例》卷 67《礼部·仪制清吏司·贡举下》，第 79 页。
⑥ （乾隆）《大清会典则例》卷 5《吏部·文选清吏司·月选二》，第 4 页。

奏准，候选营卫各官，有投供后回籍未过一年者，免其行询，如已过一年，无论年份远近，需取具同乡京官印结赴兵部，准其投供铨选，不过同时要将在籍有无事故行询原籍。① 清代后期规定，游击都司守备人员②、候选卫千总③、候选卫守备等有亲老愿挈近省者，投供候选都要取具同乡京官印结。④

部分高级官员的选任需同乡京官印结。嘉庆十一年（1806）定，裁缺，革职还职，降级还级的督抚到京后，将候补情况，出具同乡京官印结送吏部存案。⑤ 嘉庆十二年（1807）进一步规定，三品以下，鸿胪寺少卿以上，各京堂及翰詹等官，无论起复候补，特旨降调，凡属外官离任，及病痊、服阕来京，均取具同乡京官印结，随文书投吏部存案。⑥

被铨选上的官员要办理赴任手续。乾隆三十一年（1766）奏准，在京官员，无论初任补任，以奉旨之日起，限十日内到任，如有患病等情况，不能在限期内到任，取具同乡官印结，以凭查核。⑦ 道光十二年（1832）奏准，各省分发营卫武进士与汉人驻防各武举，赴兵部呈请分发时，取具同乡京官印结等，根据道路远近，照武职凭限日期，给予定限验票投标。⑧

大量正常的官员铨选之外，存在一些特殊地区或者职掌特殊官缺的拣选。清代有拣选下第举人候补边远省份官缺的制度。雍正二年（1724）议定，会试后下第举人，有情愿效力者，取具同乡官印结，投吏部引见，遣往云贵川广，每省各十员，遇有缺出，委用署印。⑨

---

① （乾隆）《钦定大清会典则例》卷 104《兵部·武选清吏司·职制二》，第 16 页。
② （光绪）《钦定大清会典事例》卷 562《兵部二十一·职制·铨选二》。
③ （光绪）《钦定大清会典事例》卷 575《兵部三十四·职制·卫千总选法》。
④ （光绪）《钦定大清会典事例》卷 573《兵部三十二·职制·双月卫守备选法》。
⑤ （嘉庆）《钦定大清会典事例》卷 41《吏部二十八·汉员开列·督抚藩臬等官候补》。
⑥ （嘉庆）《钦定大清会典事例》卷 41《吏部二十八·汉员开列·大学士京堂等官候补》。
⑦ （嘉庆）《钦定大清会典事例》卷 495《兵部六十九·绿营处分例·限期》。
⑧ （光绪）《钦定大清会典事例》卷 616《兵部七十五·绿营处分例·限期》。
⑨ （雍正）《大清会典》卷 10《吏部·文选清吏司·汉缺铨选总例》。

下第举人或荐举生员可以候选候补教职。乾隆七年（1742）议准，举人如有情愿就教，及已经拣选知县，情愿改教，取具同乡京官印结呈吏部候选。① 拣选漕运人员、河工、盐库大使等有特殊要求。雍正二年（1724）议准，南漕领押重运需人，候选卫千总之汉军汉人武举等，拣选引见时需具同乡京官印结。② 乾隆十八年（1753）覆准，遇有河工需人奏请拣发时，守部候选人员等需取具同乡京官印结。③ 乾隆二十二年（1757）议准，各盐场办理需人，有情愿赴挑者需取具同乡京官印结。④ 雍正六年（1728）覆准，生员考序班时取同乡京官印结，由鸿胪寺验明拣选。⑤ 光绪朝规定，太医院选补医生时，初进医生须取同乡京官印结赴太医院具呈报明。⑥

书吏等可以参加候选候补。顺治十二年（1655）题准，参加考职的吏员，在外需取具原籍印文，在京需取具同乡京官印结并五人互结。⑦ 乾隆四年（1739）奏准，内阁、六部等衙门书吏五年役满，各衙门于一月之内，将该吏在着役时地方官印结，并取具同乡京官印结，一并咨吏部注册选用。⑧

直至清后期官员选任一些环节仍使用同乡京官印结。如拣选云南普洱府威远知事，⑨ 拣选福建盐法道库大使，⑩ 新进士分部分省即用人员改任教职，⑪ 奉天奏请拣发委用县丞、州吏目等，⑫ 都察

① （乾隆）《钦定大清会典则例》卷10《吏部·文选清吏司·除授》，第1—22页。

② （乾隆）《钦定大清会典则例》卷107《兵部·武选清吏司·职制五》，第24—26页。

③ （乾隆）《钦定大清会典则例》卷8《吏部·文选清吏司·遴选二》；（光绪）《钦定大清会典事例》卷65《吏部四十九·汉员遴选·河工拣发》。

④ （光绪）《钦定大清会典事例》卷62《吏部四十六·汉员遴选·盐库大使拣选》。

⑤ （乾隆）《钦定大清会典则例》卷156《鸿胪寺》。

⑥ （光绪）《钦定大清会典事例》卷1105《太医院·官制·选补医生》。

⑦ （嘉庆）《钦定大清会典事例》卷122《吏部一百九·书吏·考试供事》，第16—17页。

⑧ （乾隆）《钦定大清会典则例》卷10《吏部·文选清吏司·除授》，第1—22页。

⑨ 《申报》1887年12月1日第2版。

⑩ 《申报》1888年3月30日第2版。

⑪ 《申报》1889年6月25日第2版。

⑫ 《申报》1890年9月8日第1—2版。

院咨请拣发委用兵马司吏目等，① 在办理相关手续时都须具同乡京官印结。宗人府②、詹事府③、内阁典籍厅④、翰林院招考供事⑤，国史馆、会典馆招考誊录⑥，钦天监招考⑦，招考内阁汉中书⑧，考试国子监学正学录⑨，礼部招考教习⑩，都要求投考人取具同乡京官印结。

清代为防止出现籍贯、亲属、师生等营私舞弊，对官员铨选时的回避范围及取具印结做出明确的规定。康熙四十二年（1703）议定，候补候选知县的原籍住址至现出之缺的距离，在五百里之内的，需取具同乡京官印结，声明回避。乾隆七年（1742）议准，每月月选在吏部验到各官，如有寄籍者，取具同乡京官印结，将原籍呈明回避。⑪ 盐商与户部关系密切，盐商子弟出仕需回避户部。嘉庆十七年（1812）议定，盐商子弟，不准选户部司员或户部山东司之缺，赴吏部过堂时，须取具同乡京官印结，呈明办理。⑫ 光绪年间，亲族回避需同乡京官印结。⑬《申报》等数据记载了不少清朝后期回避制度的实例，如吏部一再要求新进士分部人员、月选各官等，应将有无应行回避之处，取具同乡京官印结赴吏部切实说明。⑭

3. 官吏管理与同乡京官印结

清代处理请假、终养、告近、更名、改籍、代奏等事项需要出

---

① 《申报》1890 年 10 月 15 日第 1—2 版。
② 《申报》1885 年 9 月 3 日第 2 版。
③ 《申报》1885 年 10 月 27 日第 2 版；《申报》1887 年 6 月 18 日第 1—2 版。
④ 《申报》1886 年 5 月 10 日第 1—2 版；《申报》1891 年 10 月 4 日第 1—2 版。
⑤ 《申报》1887 年 6 月 11 日第 1—2 版。
⑥ 《申报》1887 年 1 月 5 日第 2 版。
⑦ 《申报》1888 年 8 月 17 日第 2 版。
⑧ 《申报》1889 年 6 月 6 日第 1—2 版。
⑨ 《申报》1890 年 6 月 28 日第 1—2 版。
⑩ 《申报》1886 年 8 月 15 日第 2 版。
⑪ （乾隆）《钦定大清会典则例》卷 5《吏部·文选清吏司·月选二》，第 1—53 页。
⑫ （嘉庆）《钦定大清会典事例》卷 39《吏部二十六·汉员铨选·亲族回避》。
⑬ （光绪）《钦定大清会典事例》卷 47《吏部三十一·汉员铨选·亲族回避》。
⑭ 《申报》1889 年 6 月 10 日第 2 版；《申报》1889 年 6 月 25 日第 2 版；《申报》1892 年 6 月 19 日第 2 版；《申报》1891 年 3 月 19 日第 3 版；《申报》1895 年 11 月 16 日第 1—2 版。

具同乡京官印结。

明代，京官请假回籍养病需要同乡官出具结状，清代请假出示同乡京官印结的范围更广。顺治十七年（1660）议准，各级官员请假，需取同乡官印结，具呈堂上掌印官，勘实代题。① 丁忧守制者需同乡京官印结。乾隆二年（1737）覆准，官员出继为人后，遇本生父母之丧概令回籍治丧，在京各官取具同乡京官印结，中书以上呈吏部具题，其余各官呈吏部注册。乾隆七年（1742）奏准，新选新补内外官员，如果在京获悉讣告，或者父母在京病故，取同乡京官印结，呈报丁忧，准其守制。② 丁忧者取同乡京官印结之制延续到清末，如候选知县刘乃赓丁忧，取具同乡京官印结赴吏部呈明。③

终养、告近需同乡京官印结。康熙三年（1664）题准，符合终养条件的京官需取同乡官印结到吏部具题。嘉庆五年（1800）奏准，遇有亲老业经迎养在寓，在京候补候选人员，取具同乡京官印结，咨吏部存案，不用弃职终养。④ 直到晚清，一些官员在办理改掣近省与迎养时要提供同乡京官印结。⑤

官员在仕途中有时会更名、改籍。康熙三年（1664）题准，汉人官员更名复姓，取具同乡京官印结，准其更复。⑥ 清末仍可见更名时使用同乡京官印结的情形。杨开第被哈密办事大臣奏保免补守备以都司尽先即补，缮单时将"开"字误书"闻"字，不得不取具取同乡京官印结到兵部呈请更正。⑦ 顺治年间定，官员寄籍他省，愿改归原籍者，在京者取具同乡京官印结，吏部移咨该省。⑧ 乾隆三十八年（1773）加强对顺天府籍贯的管理，对不符合条件的寄

---

① （康熙）《大清会典》卷9《吏部·文选清吏司·给假》，第25—27页。
② （乾隆）《钦定大清会典则例》卷29《吏部·稽勋清吏司·守制（终养附）》，第1—16页。
③ 《申报》1896年9月29日第2版。
④ （光绪）《钦定大清会典事例》卷140《吏部一百二十四·终养·汉员告养》。
⑤ 《申报》1896年9月29日第2版。
⑥ （雍正）《大清会典》卷22《吏部二十·稽勋清吏司·更名复姓》，第13页。
⑦ 《申报》1882年1月11日第3—4版。
⑧ （乾隆）《钦定大清会典则例》卷29《吏部·稽勋清吏司·改籍》。

籍人员限期强制改归原籍。正在赴吏部候补、候选人员，就近取结，准予更正籍贯，但仍需取具本籍同乡京官印结送吏部呈明，照例铨选。①

代奏是指有上奏权的机构与官员为无上奏权的中下级官员与民人出奏。其基本途径有两种，一是通过都察院代奏，二是京内各衙门的中下级官员可以通过本衙门堂官代奏。由于当时的信息条件，上书人的身份难以确定，即由同乡京官为上书人作身份保证。呈请代奏者取具同乡京官印结是为了防止冒滥。② 晚清都察院为恩准予谥③，殉难殉节之事④，建忠义总祠、专祠⑤，讼事⑥，开办铜厂等代奏中均见呈请者取具同乡京官印结。⑦

明代办理荫子与封典等事项已经需要提供同乡京官印结，清代办理封赠、旌表、承袭等需取具同乡京官印结。康熙二十八年（1689）规定，办理封赠咨送时需取具同乡官印结。⑧ 清代旌表需取具同乡京官印结，赴礼部具呈。⑨ 咸丰九年（1859）后殉难各员，议给世职，如原籍地方失陷，尚未收复，准其取具同乡实任京官印结在兵部呈明，予以办理。⑩ 刘裕恭办理恩骑尉承袭、夏宗彝办理承袭难荫等事项时使用了同乡京官印结。⑪

捐纳可获得做官资格，改变铨选程序，保障官员有晋升渠道，

---

① （嘉庆）《钦定大清会典事例》卷117《吏部·籍贯·改籍》。

② 《申报》1898年10月29日第14版。

③ 《申报》1872年5月11日第4—5版；《申报》1873年2月13日第4—5版；《申报》1873年2月26日第3—5版；《申报》1873年5月9日第4—5版；《申报》1873年8月30日第4—5版。

④ 《申报》1876年12月13日第3—5版；《申报》1876年10月7日第4—5版；《申报》1877年3月15日第4—5版。

⑤ 《申报》1872年6月14日第4—5版；《申报》1883年9月6日第12版。

⑥ 《申报》1883年11月20日第12版；《申报》1876年2月28日第4—5版。

⑦ 《申报》1872年8月20日第4—5版；《申报》1874年12月26日第4—6版。

⑧ （嘉庆）《钦定大清会典事例》卷13《中书科·职掌·封典限期》，第6页。

⑨ （光绪）《钦定大清会典事例》卷404《礼部一百十五·风教·旌表节孝二》。

⑩ （光绪）《钦定大清会典事例》卷584《兵部四十三·恩锡·袭次》；（光绪）《钦定大清会典事例》卷144《吏部一百二十八·荫叙·难荫及加赠》。

⑪ 《申报》1877年9月22日第3—4版；《申报》1889年9月8日第12版。

规避行政惩戒。不少报捐需要取具同乡京官印结。① 如乾隆三十八年（1773）议准，大兴、宛平两县捐纳贡监及捐职人员，需取具同乡京官印结呈户部查核。② 乾隆三十九年（1774）议准，凡捐复人员，如工部查明该员并无工程应追银两，该员切实甘结，并取具六品以上同乡官印结，送户、工二部存案方准其上捐。③ 报捐指省等事的回避需同乡京官印结。④ 一些捐纳项目须提供同乡京官印结并非因为捐纳而特别做出的规定，而是由于官僚制度运作某些环节本身的需要，如捐纳与非捐纳方式办理月选等铨选程序都要提供同乡京官印结。

清代不仅延续了明朝制度，而且又有更多的衙门和出仕环节接纳了同乡京官印结。需要提供同乡京官印结的事项，顺治朝包括改籍、铨选、乡试、考职、请假等；康熙朝有改名复姓、回籍终养、封典期限、本籍接壤回避、顺天府乡试生监中式后填写亲供等；雍正朝包括太医院选补医生、拣选举人任职、拣选南漕官员、回籍守制、考序班等。一代代积累的基础上，到雍正朝已经建立起比较完备的同乡京官印结制度，清朝中后期对此有所补充，但无根本性改变。吏部、户部、礼部、兵部、刑部、工部、都察院、鸿胪寺、国子监、太医院、侍卫处等部门的运行均有需要同乡京官印结之处。出仕人员办理入学、科举考试、月选拣选考职、请假、告病、丁忧、告养、起复、更名、改籍、代奏、回避、封赠、捐纳等需要取具同乡京官印结。

二 朝廷对同乡京官印结之接纳与防范

（一）保证内容及意图

同乡京官印结广泛地嵌入官僚制度运作之中，同乡京官在构建

---

① 伍跃：《中国的捐纳制度与社会》，江苏人民出版社2013年版，第129—139页。
② （嘉庆）《钦定大清会典事例》卷308《礼部七十六·学校·例贡例监事宜》。
③ （嘉庆）《钦定大清会典事例》卷682《工部二十二·营建通例·报销期限》。
④ （光绪）《钦定大清会典事例》卷47《吏部三十一·汉员铨选·本籍接壤回避》。

印结制度的过程中发挥了关键性的作用，推动了保证制度的发展。朝廷接纳同乡京官印结，其目的是以同乡京官保证出仕人员籍贯、家庭状况和经历的真实、无误。

同乡京官印结对出仕人员的籍贯予以保证。乾隆曾论及同乡京官印结与籍贯回避制度的关系。乾隆四十二年（1777），户部官员带领浙江解饷官绍兴府通判张廷泰引见。乾隆皇帝听其所奏，似绍兴语音，便问其籍何处。张廷泰奏称，"幼曾随父至绍兴，住居数年，遂习其土音"。乾隆皇帝认为，其言未必可信。由于本籍人在家乡任官，与体制不符，乾隆皇帝要求投供时，在同乡京官印结内载明寄籍、祖籍及实系本籍字样，以备查核。① 出仕人员所言未必可信，而京官是对同乡的籍贯较为熟悉的人选之一，因此需要同乡京官出具印结保障出仕人员籍贯的真实性，进而保证籍贯回避制度的实施。除了籍贯回避制度，其他诸如顺天府乡试、官员改籍等也涉及出仕人员的籍贯问题。

同乡京官印结要查明同乡的家庭状况。同乡京官印结中通常需开列三代履历。如康熙五十七年（1718）规定，汉军、汉人、候选、候补和捐纳大小各官的同乡京官印结内，必须注明三代履历，有无过继。② 嘉庆十一年（1806）议定，投考宗人府要出具身家清白，并无顶冒印结。③ 给事中夏献馨奏贱役人等蒙捐官职后，光绪皇帝要求："嗣后各直省出结官，于候选分发人员取结时，务将该员身家是否清白，确切查明，不得滥为出结，以杜蒙混而重名器。"④ 拣选一些特殊职位官员时，京官须证明同乡的身家是否殷实。如盐场大使，及河工效力官员，必须为身家殷实之人，以免发生累商剥民及侵帑误工等弊病。⑤

---

① 《大清高宗纯皇帝实录》卷1037，乾隆四十二年七月下己丑条，第22—25页。

② （雍正）《大清会典》卷10《吏部·文选清吏司·汉缺铨选总例》。

③ （嘉庆）《钦定大清会典事例》卷122，《吏部一百九·书吏·考试供事》，第14页。

④ 《大清德宗景皇帝实录》卷55，光绪三年八月上丁亥条，第9页。

⑤ 《大清世宗宪皇帝实录》卷79，雍正七年三月丁巳条，第15—16页。

京官出结时需对同乡的经历进行保证。道光九年（1829）规定，"此后捐纳各官，例由本员具呈注册铨选者，即责成同乡京官出具确实印结，均令于文结内详叙捐生出身履历，此内如有降革人员报捐，并令将该员从前曾任何项官职，缘事降调案由，一并详细注明，以凭查核"。[①] 道光十四年（1834），御史许球奏，实缺人员告假开缺，请严格对出结官的处分，以杜捏饰。道光皇帝谕："嗣后京外实缺人员，无论何项请假开缺，着该管上司详查确实，并责成出结官出具并无规避营私甘结，方准开缺。"[②] 道光年间，举人呈请拣选，取具同乡京官印结要声明有无就教。[③]

用同乡京官来保证出仕人员籍贯、家庭状况和经历的真实性主要有两大作用。

首先，同乡京官印结为官僚制度的运行提供了一个替代性保证渠道。人在京师，不及回原籍取具一些文件，或者原籍的文件尚未到京，此时出仕的一些程序已经开始办理等情形下，可用同乡京官印结替代其他证明文件先行办理相关手续。明朝办理推升、捐纳时，可以利用同乡京官印结提前办理相关事宜，而不必等文件到齐后再行办理。清代类似的事例更多。如在京的部分不及回籍起文者，可以取具同乡京官印结录科送考。再如举子丁忧，临场服满，取具同乡官印结后准许予参加会试，贡监准许参加顺天乡试。[④]

人已在京师，到京文件有误，出仕人员也可出具同乡京官印结加以改正，并续办相关事宜，不用回籍重新办理。康熙六十年（1721）题准，候选候补官员赴选文结内小有舛错，取具都统咨文，同乡官印结，即可准许改正，不必再行驳查。[⑤] 嘉庆四年（1799）奏准，官员在籍服满后，赴吏部候选，到京后，始知服满

① （光绪）《大清会典事例》卷115《吏部九十九·处分例·滥行出结》。
② 《大清宣宗成皇帝实录》卷250，道光十四年三月丙寅条，第3—4页。
③ 《大清宣宗成皇帝实录》卷335，道光二十年六月庚辰条，第25页。
④ （嘉庆）《钦定大清会典事例》卷271《礼部三十九·贡举·录送乡试》。
⑤ （乾隆）《钦定大清会典则例》卷5《吏部·文选清吏司·月选二》，第1—53页。

文被驳饬察议，准许该员就近将违碍缘由，据实声叙，取具同乡京官印结，赴吏部呈明办理。嘉庆十九年（1814）奏准，出仕人员服满文内未声明三代年岁存殁者，准许就近取具同乡京官印结，声明起复。① 清末《申报》等处仍可见一些官员和吏部使用同乡京官印结办理服满起复的情况。②

捐纳用同乡京官印结即可免除回籍取文结。道光二十一年（1841）奏准，各项捐纳候选卫守备，若有未赴本籍起文者，取具同乡京官印结，赴吏部具呈，注册投供，铨选分发。坐补原缺卫守备，经该督抚咨送到吏部引见，奉旨后，即行捐免坐补原缺，取具同乡京官印结，即准予投供；如逾半年始捐，及捐后半年始投供，仍令回籍起文到吏部，方准投供。③

同乡京官印结作为替代性保证，使官僚制度运作多了一个备选方案，从而更加具有灵活性，它也一定程度上给出仕者提供了方便。

其次，同乡京官印结为官僚制度运作增加了一道防弊屏障。

明清时期，科举发达，捐纳盛行等因素，导致出仕人员日趋复杂化。"捏饰""蒙混""顶替""假冒""规避营私"等弊端影响腐蚀官僚制度的正常运行。嘉庆皇帝强调，"报捐者惟凭京官印结，及地方官文结，原所以杜假冒"，④ "考试取具印结，原以杜顶替捏冒等弊"。⑤ 咸丰皇帝指出："近来捐例繁多，流品不一，全赖各省出结官认真稽查，以杜弊混。"⑥ 同治皇帝也认为，"各省京官印结，系为防弊而设"。⑦ 朝廷意在用同乡京官印结防止"顶替""假冒"等违规违法行为。

①　（光绪）《钦定大清会典事例》卷 139《吏部一百二十三·守制·官员起复》。

②　陆元鼎、徐士英等人办理服满起复见《申报》1885 年 6 月 18 日第 11 版；《申报》1890 年 11 月 21 日第 1—2 版。

③　（光绪）《钦定大清会典事例》卷 573《兵部三十二·职制·双月卫守备选法》。

④　《大清仁宗睿皇帝实录》卷 31，嘉庆三年六月甲午条，第 35 页。

⑤　《大清仁宗睿皇帝实录》卷 101，嘉庆七年七月下戊戌条，第 17—18 页。

⑥　（光绪）《大清会典事例》卷 115《吏部九十九·处分例·滥行出结》。

⑦　同上。

同乡之间熟悉彼此的籍贯、家庭状况和经历等。官僚制度中使用同乡京官印结主要是借助同乡之间的熟络，以保证出仕者籍贯、家庭状况和经历的真实性，其意图是杜蒙混而重名器。同乡京官印结的介入，使官僚制度多了一道防弊屏障。

（二）出结之漏洞

使用同乡京官印结主要基于出结官对取结者籍贯、家庭状况和经历有较为充分了解的假设。然而，空间距离和捐纳中银号包揽代人取结上兑等因素，有可能导致出结者对取结者相关信息的掌握并不充分。[①]

由于中国幅员辽阔，即便是同乡，出结官与取结者之间的空间距离过远，可能影响同乡京官印结保证的真实性。乾隆元年（1736），太仆寺少卿鲁国华奏称："候补候选者有与同乡之京官相去四五百里，甚至千里者，岂能备悉其人之生平。"由于候补候选官员铨选前后，被发觉有出身不正，行止有亏等情况时，出结官将受到惩罚，因此自爱者不肯轻易出结，有欲者反得借势抑勒。[②] 道光皇帝指出："直省拔贡，各府州县俱有，而直省各府州县，不必尽有京官，云贵远省，京官更属寥寥。设使该拔贡应行复试，本州本县并无京官，即偶有一二京官，与该拔贡不相认识，甚或有意慎重，不欲滥行出结，亦所常有。若临场拘执，是该拔贡转因此不能入场，殊觉窒碍难行。"[③] 同乡之间地理空间相对而言算是近的了，但是在交通不便、信息传播渠道不畅的时代，一省之内的同乡彼此也不一定能充分了解。

清代，银号、金店逐渐成为报捐的中介或者代办机构。捐纳中银号可以包揽代人取结上兑，在一定程度上消解了同乡京官印结的

---

① 商人代办报捐参见伍跃《中国的捐纳制度与社会》，江苏人民出版社 2013 年版，第 104—118 页。

② 《奏为候补候选人员同乡京官出结之例宜略为变通等情请饬部议复施行事》（乾隆元年七月十一日），中国第一历史档案馆藏，档号：04 - 01 - 12 - 0004 - 072。

③ 《大清宣宗成皇帝实录》卷313，道光十八年八月癸酉条，第3—4 页。

保证效果。嘉庆二十年（1815）掌广东道监察御史孙世昌注意到，出结之员有预用空白印结的情况出现，他指出，"听银号包揽代人取结上兑，甚至出结者不知所结为何人，报捐者亦不知为何人之结，其顶冒与否，清白与否，皆未能知"。① 道光九年（1829）御史达镛奏称："各直省人员投供赴选及报考报捐等事，向例取具同乡京官印结呈验，原以同乡素相识认，有无情弊，不能朦混，立法至善。乃近来例准出结各员，但系同乡，即并未识认之人，亦为出结，又有暗向银号勾通，不问有无违碍顶冒，含糊包揽，并有五城候补正指挥偶遇署事，多将空白钤印，以为日后售结之计。"② 咸丰十一年（1861），御史高延祜指出，"各省出结官皆虚应故事，有名无实，凡捐生取结，径由经手报捐上兑之人向印结局领取，皆系总理印结局之官代为填给，其出结之官与报捐之人不仅并未谋面，亦且并不与闻"。③ 其结果是一些身家不清白之人，蒙捐出仕，鱼龙混杂，清浊难辨。光绪年间有人称："印结之设，原为禁止顶冒，广东现有代验看结费名目，既任代验，何又用结，自相矛盾一至于此。"④ 捐纳中银号包揽代人取结上兑不仅使捐纳制度，甚至同乡京官印结制度的基础也受到冲击。

　　出结官不认识取结者或者不完全了解取结者的信息，使同乡京官印结保证内容的真实性受到挑战，与其初衷不相符，产生了诸多弊端。

　　取结者不认识出结官，也会生出一些弊病。如道光年间，直隶省一些贡监生向顺天府呈诉，"生等皆系穷乡寒士，现无同乡认识出结之官，碍难考试"。⑤ 没有认识的出结同乡京官，取结者不得

---

　　① 《奏请饬出结官员务须详慎勿致捐纳人员预用空白印结事》（嘉庆二十年三月初三日），中国第一历史档案馆藏，档号：03－1567－001。
　　② 《大清宣宗成皇帝实录》卷163，道光九年十二月乙亥条，第14—15页。
　　③ 《奏请饬令各省总理印结官认真稽查以杜蒙捐事》（咸丰十一年），中国第一历史档案馆藏，档号：03－4431－084。
　　④ （清）唤醒梦梦子：《揭广东云南印结之弊》，《申报》1875年11月25日第1版。
　　⑤ 《奏为乡试取具印结请量为变通事》（道光十九年八月初六日），中国第一历史档案馆藏，档号：03－3669－049。

不托人代寻印结。

代寻印结常出现人托人的问题。如乾隆二年（1737），直隶南宫县武举郑柏龄托人代寻印结时发生了偷用印结案件。郑柏龄在兵部具呈拣选南漕效力，因无在京同乡官员相识，请熟人陈音代寻印结。经过李玉章、莫麟等层层转托，最后由刑部湖广司经承朱邦英乘用稿印的时候，擅自盖印，后被发现是偷用印结。① 嘉庆年间王世瑨等请人代寻印结也是人托人，最后所托之人假造印结被发现。② 道光年间的一起代寻印结案中，于重耀等四人托吴世芳等，吴世芳等托沈钊，沈钊托楼某等，转托多人，弊窦丛生。③

托人代寻印结案件中，书吏们采取偷印结、假造印结等违法途径为取结者提供印结，结果东窗事发，累及无辜。案件起因多为取结者不认识出结官，转而托人代寻印结。

情托与贿嘱等是影响滥行出结的重要因素之一。嘉庆皇帝注意

① 陈音是直隶涿州人，在兵部职方司当贴写书办，他要了郑柏龄3两银子，将银子2.04两转烦李玉章寻人出结，剩下的0.96两银子自用了。李玉章是大兴县人，从前在兵部堂上当过书办。十二日，他转烦同住的莫麟替他寻人出结。莫麟也是大兴人，在刑部江西司充当书办。李玉章给了他2.04两银子，他给了朱邦英1.2两，要他转求本官王组出结，剩下的0.84两，莫麟自己用了。朱英邦是浙江绍兴府会稽县人，为刑部湖广司经承。他趁着用稿印的时候，私自用了一颗印，将印结交与莫麟。闰九月十三日晚，陈音到郑柏龄寓所拿出一张刑部湖广司额外主事王组印结。郑柏龄不识真假，至王组处拜谢，方知印结系偷出，恐有干连，为此据实具首吁乞查断。刑部传提陈音等审讯。十月十三日审结。将朱邦英革役，徒二年，至配所杖八十折责三十板，递回原籍定地充徒；莫麟、陈音杖六十，各折二十板，革役李玉章四十折责十五板；武举郑柏龄以财求请出结，已经据实自明，免罪。《题为报湖广司已革经承朱邦英自首偷用印结一案情由单》（乾隆二年），中国第一历史档案馆藏，档号：02－02－028－002032－0020。

② 刑部广东司主事孔广廉风闻有山东捐纳县丞王世瑨、主簿王宗沂于十月在吏部验照所用印结系孔广廉名。孔广廉没出此结，于是向王世瑨等人询问。王世瑨称，其印结托汲姓转托吏部书吏沈姓代办。王宗沂称，其印结托吏部王姓代办。二十八日晚间，吏部书吏王宗海、邓其昌来孔广廉寓所求恩免究，当即被拿获。此案是王宗沂托王宗海，王宗海托邓其昌，邓其昌托沈六，沈六取得孔广廉印结。王世瑨托汲建和，汲建和托沈琢如，沈琢如托邓其昌，邓其昌托沈六。王宗海所取印结与刑部广东司印式，字画显有参差，很可能是假造印结，而沈六也闻风潜逃。《奏为审办刑部主事孔广廉因印结不明将王宗海、邓其昌送究事》（嘉庆十四年十二月十一日），中国第一历史档案馆藏，档号：03－2459－031。

③ 《题为查议顺天学政吴文镕失察书吏代应试生员代觅印结议处事》（道光十五年八月十六日），中国第一历史档案馆藏，档号：02－01－03－10167－017。

到，报捐者需要京官印结，"一遇情托贿嘱，即不免滥行出结"。①
内阁考取供事，印结官李肄颂等出结数百张，嘉庆皇帝直言其弊：
"内阁报考供事，司官出结，自二百张至七百张不等，断无一人认
识如许多人之理，自系希得酬谢小费，遂尔滥行保结。"②

清代滥行出结屡禁不止，滥行出结案件层出不穷。乾隆年间，
梁无党捐纳封典案发，吏部杨永谟照滥行出结，被降二级调用。③
嘉庆时期，陈连为大学士庆桂契买家奴，他通过捐纳，签掣安徽试
用通判。按照规定，家人常随是不应出仕之人，陈连被查，滥行出
结各员被吏部议处。④嘉庆二十四年（1819），礼部奏参甘肃阶州
训导蒋万柏违例取结会试，滥行出结之刑部主事同功元被议处。⑤
咸丰九年（1859）戴尧天等在督察院呈控直隶临城县知县戴泽远
以匪僧改名朦捐，户部咨称，戴泽远遵豫工事例报捐县丞，出结之
同乡官系前任江西司郎中王三祝。次年吏部将失察身家不清，滥行
出结之王三祝降一级留任，不准抵销。⑥

同乡京官印结与官僚制度结合之后，出现诸多漏洞和弊端，令
保证制度面临挑战。

（三）朝廷对同乡出结之防范

为有效地保障官僚制度运转，朝廷出台相应措施，以防范同乡
出结过程中出现的各种弊端。

首先，出结同乡京官有品级和部门之限制。

清代《会典》和《实录》中提及同乡京官印结出结官的品级，

① 《大清仁宗睿皇帝实录》卷31，嘉庆三年六月甲午条，第35页。
② 《大清仁宗睿皇帝实录》卷101，嘉庆七年七月下戊戌条，第17—18页。
③ 《题为会议吏部主事杨永谟不行查明滥行出具河南捐职梁无党印结照例革职事》
（乾隆二十五年二月二十三日），中国第一历史档案馆藏，档号：02 - 01 - 03 - 05703 - 023。
④ 《大清仁宗睿皇帝实录》卷78，嘉庆六年正月己亥条，第17页。
⑤ （光绪）《钦定大清会典事例》卷339《礼部五十·贡举·起送会试》。
⑥ 《题为遵议查参前任户部江西司郎中王三祝为同乡戴泽远报捐滥行出结请给予降
级留任处分事》（咸丰十年二月二十三日），中国第一历史档案馆藏，档号：02 - 01 -
03 - 11320 - 048。

通常指六品、五品京官，不过也有一些别的规定。雍正强调盐场大使等官出结之官必须为主事以上之员，其微末京职，概不准出结。①偶尔也准七品京官出结。嘉庆五年（1800）奏准，如某省并无五六品京官出结，即令七品以下同乡京官图结，出具隔省五六品京官印结投递。②嘉庆十一年（1806）议定，投考宗人府供事，取五品以下七品以上同乡京官印结。③

同乡京官印结上所盖印信为出结官的衙门所有，提供保证的不仅仅是京官个人，还包括京官所在的衙门。虽然出结官多为五、六品京官，不过并非所有五、六品京官都能出结，出结者还受就职部门限制。嘉庆时期，翰林院编修等官不能为供事考试出结："翰林院为京员清秩，非行走司曹可比。若纷纷代供事出结考试，临期识认，于体制未协，嗣后各衙门供事，所有编修、检讨、庶吉士等官，不准出具图结。"④《清稗类钞》记载，京曹印官可出结者，为六部郎中、员外郎、主事、宗人府起居注主事、光禄寺署正、顺天府治中粮马通判、大兴宛平两县知县；五六品京堂、给事中、御史因体制崇不能出结；翰林院修撰、编检、内阁中书因无印也不能出结。⑤清末，出结的京官范围有所扩大，一些新设机构有印信使用权的官员，如京师内城地方审判厅民科推事等也能出结。

有时出结官要求正途京官和实授官出结。光绪十年奏定，"贡监投考，责成各直省同乡京官正途出身不与乡试者出结"。⑥道光十二年（1832）奏准，"各省人员投供赴选，以及报考报捐等事，

---

① 《大清世宗宪皇帝实录》卷79，雍正七年三月丁巳条，第15—16 页。

② （光绪）《大清会典事例》卷115《吏部九十九·处分例·滥行出结》。

③ （嘉庆）《钦定大清会典事例》卷122《吏部一百九·书吏·考试供事》，第14 页。

④ （嘉庆）《钦定大清会典事例》卷122《吏部一百九·书吏·考试供事》，第16—17 页。

⑤ 《清稗类钞·廉俭类》，第44—45 页。关于翰林院官员不能出结原因，《会典》记载是体制问题，《清稗类钞》记载是无印，可能既无印，又体制未协才不让翰林院官员出结。

⑥ （光绪）《钦定大清会典事例》卷1100《国子监五·六堂课士规制·录送乡试》。

五城正指挥实授者，准其出结，其拣选候补署事代理者，不准出结"。① 通常由正途出身京官管理、查核印结。吏部规定，印结向由该省出结京官等公举正途出身者查核。② 参与出结的刑部主事李绍钧等指出，各省同乡京官向有公议保举正途之五六品京官一二员管理稽察之责。③

其次，对出结过程进行管理。

各衙门设立号簿查核是否出结。如雍正十二年（1734）复准，"凡出结各官，务令本衙门设立号簿，将出过印结缘由，登记簿内，每至月终，按照数目缘由，汇送清册呈堂，咨吏部查核；如册内无名，即传赴选人员究问"。④

有一种同乡京官印结是通过现场识认确定京官与同乡的关系。同乡京官为顺天府应试者出结并需临场识认。乾隆五十四年（1789），"乡试生员，请令该督，每府派教官二员，到京识认。其国子监肄业贡监生，令助教等官识认，其不在监肄业者，取具同乡官印结，令出结官识认，其在部候选，及各馆誊录，亦令同乡出结官识认"。⑤ 嘉庆二年（1897）奏准，国子监官员子弟录科，取同乡官识认保结。⑥ 光绪十年（1884）奏定的《录科防弊章程》规定，"贡监投考，责成各直省同乡京官正途出身不与乡试者出结，依期赴国子监识认，出结官不到，不准该考生入试，如查有买枪顶名扶同作弊，将出结官参处"。⑦ 传补教习和考职时需出具京官临场识认印结。光绪五年奏准，"嗣后传补教习，令取具同乡京官识认印结，仍照旧自备亲供赴部验到，再行给咨赴学，验到之后，如

---

① （光绪）《钦定大清会典事例》卷115《吏部九十九·处分例·滥行出结》。
② 《申报》1896 年 9 月 29 日第 2 版。
③ 《申报》1893 年 2 月 27 日第 1—2 版。
④ （光绪）《钦定大清会典事例》卷115《吏部九十九·处分例·滥行出结》。
⑤ 《大清高宗纯皇帝实录》卷1344，乾隆五十四年十二月上，第 12 页。
⑥ （光绪朝）《钦定大清会典事例》卷1100《国子监五·六堂课士规制·录送乡试》。
⑦ （光绪朝）《钦定大清会典事例》卷1100《国子监五·六堂课士规制·录送乡试》。

查有到学迟延及别项情弊，即将该教习及出结官，一并分别议处"。① 光绪年间，考职时，"凡在国子监肄业诸生，无论正途捐纳，均由六堂助教移付绳愆厅送考，并取具同乡六品以上京官临场识认印结二纸投递"。② 直到清末参加吏部补行验看③；在吏部投供请拣之候选人员报到听候点名拣选④，新举人复试点名⑤，考试内阁中书等须出结同乡官前往识认⑥。

同乡官在考试等场所对取结者进行识认外，还要求在出结前详究取结者的来历。如同治十三年（1874）规定："取结人员，有无各项违碍情弊，出结官须先期查明，再行出结，不准于验看及引见后，呈请扣留执照。业经铨选分发人员，有身家不清等弊，续经出结之员查出，准其据实检举，宽免处分。"⑦

属于本部门铨选不许本部门人员出结。乾隆年间，御史胡翘元参奏签掣江西雩都县典史江鉴。起因是出具同乡京官印结者为吏部文选司司员杨焯，为此朝廷做出规定："吏部文选司司员，遇有铨选等事，嗣后概不准其出结，违者降二级调用，杨焯应照此例。各部院官员如遇承办事件，有自行出结者，亦照此议处。"⑧ 嘉庆五年（1800）奏准，"各部院衙门司员，遇有本司办理事件，概不准其出结，如有率行出结者，照违令私罪律议处"。⑨

同乡京官可以为多人出结，不过在一些特殊情况下对其出结数目进行限制。如嘉庆十一年（1806）议定，投考宗人府供事，报名时投递，每京官一人，每次只许结送一人，所保既隘，姓名必

① （光绪朝）《钦定大清会典事例》卷393《礼部一百四·学校·官学通例》。

② （光绪朝）《钦定大清会典事例》卷1100《国子监五·六堂课士规制·录送乡试》。

③ 《申报》1891年3月18日第1—2版。

④ 《申报》1888年1月28日第2版。

⑤ 《申报》1889年3月31日第2版。

⑥ 《申报》1889年6月29日第1—2版。

⑦ （光绪）《大清会典事例》卷115《吏部九十九·处分例·滥行出结》。

⑧ 《大清高宗纯皇帝实录》卷879，乾隆三十六年二月下戊条，第4—5页。

⑨ （嘉庆）《钦定大清会典事例》卷92《吏部七十九·处分例·滥行出结》，第6页。

真，除京官内尚有不愿出结者，计每次取结投考之人，必不致如前滥溢。①

最后，惩罚出结失误者。

出结事关出结者的道德良知，也负有保证责任。对出结官的失误进行惩罚是防止同乡京官滥行出结的主要手段。同乡京官出结，如因假冒蒙混等事被查，将针对不同出结事项和情节，给予出结者罚俸、降留、降调和革职等处罚。

罚俸属于较轻的处分。嘉庆二十二年（1817），发生了李履顺改名蒙混荐举事件。因此议定，官员更名蒙混，出结之同乡官，降一级留任；若无关铨选人员，有蒙混更名者，将出结之京官，罚俸一年。② 比较严重的处分是将出结同乡官革职。顺治年间规定，官员寄籍他省，愿改归原籍，如查出假冒情弊，将出结官革职。③ 有的官员于父母疾笃之时，假捏出继归宗，更名复姓，豫为匿丧。乾隆四年（1739）覆准，更名复姓时如有假冒等情节，将该员革职治罪，出结官照代顶冒出结例革职。④

通常对通同舞弊的出结官处分严重，失察者处分较轻；对出结官处分重，查结官减等。如同治元年（1862）议准："嗣后有身家不清，假冒顶替之人，报捐以前，另犯奸赃不法等事，因案发觉，其同乡京官滥行出结，应查照定例，从严议处。失察者，降三级留任，不准抵销。知情者，降三级调用，私罪。隐匿不举，并通同舞弊者革职，不准捐复。至总司查核之员，减等定拟，如查结官知情容隐，即议以降三级调用；通同舞弊者，仍革职，不准捐复。"⑤ 同乡京官被处罚，捐复是重要的救济手段，印结局有专门条款规定

① （嘉庆）《钦定大清会典事例》卷122《吏部一百九·书吏·考试供事》，第14页。

② （光绪）《钦定大清会典事例》卷94《吏部七十八·处分例·官员更名改籍》。

③ （乾隆）《钦定大清会典则例》卷29《吏部·稽勋清吏司·改籍》。

④ （嘉庆）《钦定大清会典事例》卷117《吏部一百四·籍贯·更名复姓出继归宗》，第9页。

⑤ （光绪）《钦定大清会典事例》卷115《吏部九十九·处分例·滥行出结》。

是否资助出结官捐复。① 不准捐复即失去了这种救济的希望与途径。

违规出结而受处罚的规定对出结者有一定威慑力。光绪三年（1877）二月二十三日，广西丙子科新中举人牛光斗，取具户部主事龙继栋印结参加复试。二十四日，户部主事龙继栋呈称，牛光斗有身家不清之事，应该检举，将牛光斗印结撤销，以便查明办理。礼部奉旨斥革举人牛光斗。吏部奏请将户部主事龙继栋照出结官失察，不准抵销例，议以降一级留任，因属于自行检举，照原例减为罚俸一年，不准其抵销。② 这个案例中出结官龙继栋因为自行检举而受到较轻的处罚，他之所以自行检举或多或少迫于违规出结而受处罚的压力。

朝廷对同乡京官参与官僚制度的运作保持警惕，产生限制出结同乡京官的品级和部门，管理其出结过程，惩罚其出结失误者等措施，其目的是尽可能防止同乡京官出结的弊端。无论是取结者案发而牵连出结官，还是取结者诉出结官，抑或出结官之间互控，以及出结官自行检举，都使违法出结与取结的同乡面临被处罚的风险，这一定程度对滥行出结产生威慑作用，然而威慑并不意味能够杜绝滥行出结。

三 印结与乡谊之型塑

朝廷接纳同乡京官介入官僚制度运作，同乡京官则利用参与官僚制度运作的机遇顺势而为，收取印结费改善生活。办理印结过程中同乡京官往往商订各种印结章程，规范印结，逐渐衍生出印结局，它主要管理出结、收取并分配印结银。伍跃等对印结局的组织、功能和印结银的分配已有论述。③ 本文则详其所略，侧重梳理印结费的演变，讨论同乡京官利用出结获取印结费以维持、改善生

---

① 《结局现行章程（广东）》，京师京华印书局宣统元年编订，第 1 页。
② 《题为遵议户部主事龙继栋自行检举所出印结身家不清请照例降留事》（光绪三年六月十九日），中国第一历史档案馆藏，档号：02-01-03-11828-003。
③ 伍跃：《中国的捐纳制度与社会》，江苏人民出版社 2013 年版，第 156—157 页。

计时，印结费又是怎样引起同乡的利益博弈等问题。

（一）结费与京官生计

在明代文献中，尚未见同乡京官收取印结费的记载。清雍正皇帝曾提及获取同乡京官印结而交一定费用，这是关于印结费较早的记载。雍正八年（1730），雍正皇帝整顿盐政弊端时指出：吏部因人员不敷，"遂将监生捐纳职衔之人纳入盐场大使的拣选之内，今行之二年，众人渐启钻营之念，闻有央求同乡京官出结，而私相馈送者，此风断不可长"。① 同乡京官出具印结获取一些馈送已经被皇帝所知，可见这种私人之间的风气已经严重到被朝廷所关注的程度。清末一位笔名为唤醒梦梦子的官员指出，乾隆年间，有御史认为结费为陋规，曾多次奏请禁革。② 嘉庆二十四年（1819），四川道监察御史龚镗奏称，风闻云南、浙江、山西、河南等省出结之员，"竟有藉请封出结取利者"，请旨饬禁覃恩请封索取印结费。③ 这说明乾隆、嘉庆年间，同乡京官收取印结费似乎比较普遍，甚至演变为社会问题而遭到官员抨击。时人对印结费的理解存在分歧。关于印结费的性质，雍正皇帝认为印结费是由取结者主动馈赠的；嘉庆年间的龚镗认定是出结官索费取利；嘉庆皇帝指出，"外任官员请封，例由同乡京官出具印结，即间有酬谢，系属交际私情，岂能官为限制"。④ 雍正皇帝强调此风断不可长；嘉庆皇帝却表示，不能官为限制。尽管有分歧，雍正皇帝和嘉庆皇帝仍有共通之处，都把印结费作为私相馈送、私人酬谢看待。

同乡京官印结经历了从个别情形的保证到大范围内的弥散，随着捐纳越来越多，具结与出结增加，出现了印结局。印结费也从最

---

① 《大清世宗宪皇帝实录》卷98，雍正八年九月庚寅条，第13—14页；（清）梁国治：《钦定国子监志》，《景印文渊阁四库全书》卷2。

② （清）唤醒梦梦子：《揭广东云南印结之弊》，《申报》1875年11月25日第1版。

③ 《奏为覃恩请封同乡京官出具印结索费过多请旨饬禁事》（嘉庆二十四年三月初四日），中国第一历史档案馆藏，档号：03-1640-018。

④ 《大清仁宗睿皇帝实录》卷355，嘉庆二十四年三月丙申条，第6页。

初具有私人馈赠性质，逐渐由印结局制定各种章程后使之制度化，收取、分配印结费成为出结过程的重要事项。道光年间，谢荣埭在奏折中指出，出结时设立"印结公局，每省各（有）掌管之人，得费随时分派，如数目（有）时增改，即私利说贴俨若例文"。①河南印结局有一册道光二十九年（1849）至咸丰二年（1852）的印结费账簿——《己酉等年印结簿》，对印结费的收取和分配都有详细记载。②由此可知，至少在道光年间，印结局对印结费的管理已经非常规范。咸丰至光绪时期，记载印结局管理印结费的文献不少，除了奏折，还有如咸丰七年浙江印结局刊印的《公议印结条款章程》等。③

取具同乡京官印结多数要收取印结费，也有免费的。④京官为同乡出印结收取印结费，成为其收入之一。印结费的标准，通常由各省印结局讨论决定，各省之间也互有借鉴。如光绪年间，浙江京官曾公同酌议，常捐"援照安徽等省章程办理，核计各项捐银实数，取费十分之一"。⑤各省印结费的标准不同，且同一省份不同时期也会通过修订章程而收取不同的印结费。各省印结局通常按月将印结费均分出结京官。当然也有其他不同的分配方案。如清末直隶印结局中查结官按提成收取额费，剩余印结费由众官平分。查结官甚至每年可以分得管局费数千两，普通出结官每月大概分得 20两银子。⑥

每个出结官所分印结费的多少，主要取决于各省印结费收入总

---

① 《奏为密陈收取捐生印结时有藉端勒索事》（道光二十九年九月初十日），中国第一历史档案馆藏，档号：03 - 2783 - 033。

② 《己酉等年印结簿》，《清代吏部档案》第 71 卷，中国第一历史档案馆藏，转引自伍跃《中国的捐纳制度与社会》，江苏人民出版社 2013 年版，第 149—156 页。

③ 见伍跃《中国的捐纳制度与社会》，江苏人民出版社 2013 年版，第 157 页。

④ 如浙江印结局章程规定，"捐纳各员铨选、过堂、领凭及分发、验看等结各就熟识同乡官取结，结费随同交局"，"局友改捐外官，其印结由局中公送，概不收费"。《重订浙江印结章程》，中国国家图书馆北海分馆藏，光绪十一年重订。

⑤ 《重订浙江印结章程》，中国国家图书馆北海分馆藏，光绪十一年重订。

⑥ （清）唐烜：《留庵日抄》，中国社会科学院近代史研究所图书馆藏。亦见王雁《晚清直隶印结局管理机构研究——以唐烜〈留庵日抄〉为中心》。

数和参与分配的京官人数之多寡。据《己酉等年印结簿》所载数据可知，道光二十九年（1849）至咸丰二年（1852），河南省出结官平均每月分印结费22.5两，平均每年合计约270两。① 李慈铭《越缦堂日记》所载数据显示，同治二年（1863）至光绪十五年（1889），李慈铭每年所得印结费，最少为118两，最多达386两，② 平均每年分得的印结费约170两。③

查结官与出结官都可以分到多寡不均的印结费，也有个别京官自己不参与分配印结费，如姚学塽不纳印结费，但这被认为"自开事例以来，所希见也"。④

出结京官所得印结费处于变化之中，不能视为稳定的收入来源。尽管如此，印结费仍有助于改善同乡京官生活。印结费能在多大程度上改善同乡京官生活需要在朝廷俸禄制度的变迁之中加以体会考察，才能看出其重要性。从雍正二年（1724）起，外省官吏耗羡归公之后，加给养廉。乾隆元年（1736）起，京官照原俸加倍发放。原额称为正俸，加俸称为恩俸。当时五品京官俸银为160两，俸米为80斛，六品京官的俸银为120两，俸米为60斛。⑤ 有时因为财政困难，俸银和养廉银都减折发放，不能获得足额，致其薪俸常常不能满足生活需要。薪俸不能维持体面生活，京官往往要靠所分得印结费以改善生活。若出结的五、六品京官每月分印结费为20两，每年将达200多两，则其印结费多于俸薪收入。下面以李慈铭、刘光第等人为例考察印结费对京官生活的影响。

李慈铭的收入包括印结银、养廉银、塾师束修、馈赠、润笔等

---

① 《己酉等年印结簿》，《清代吏部档案》第71卷，中国第一历史档案馆藏。转引自伍跃《中国的捐纳制度与社会》，江苏人民出版社2013年版，第151—156页。

② 张德昌：《清季一个京官的生活》，香港中文大学出版社1970年版，第48页。

③ （清）李慈铭：《越缦堂日记》，广陵书社2004年版。亦见张德昌《清季一个京官的生活》，香港中文大学出版社1970年版。

④ 徐世昌等编纂：《清儒学案》卷124《镜塘学案》，中华书局2008年版。

⑤ （光绪）《钦定大清会典》卷21《户部·陕西清吏司·文职官之俸·京官的俸银》。

名目，光绪九年（1883）开始有天津问津书院聘金、束修等。多
数年份俸银、俸米、养廉银、印结银四项收入中，印结银所占比例
在80%以上。而印结银在总支出中所占比例多在30%以上，有的
年份仅印结银一项收入即可满足支出需要（详见表1）。

表1   李慈铭印结银与官职收入①

年份	俸银（两）	俸米（石）（斗）	养廉银（两）	印结银（两）	共计（两）	支出（两）	印结银占收入比例（%）	印结银占支出比例（%）
同治二年			8.8	143	151.8	598.4	94	24
同治三年			8.8	257.2	266	868.57	97	30
同治四年			4.4	119.1	123.5	839.55	96	14
同治十年			11.08	118.88	136.16	410.43	87	29
同治十一年			32.32	155.93	188.25	98.5	83	158
同治十二年			40	159.57	199.57	243.9	80	65
同治十三年			41.8	134.1	175.9	425.26	76	32
光绪元年			42.06	126.5	168.56	155.6	75	81
光绪二年			43.7	172	215.7	214.8	80	80
光绪三年			18.6	162.19	180.79	343.32	90	47
光绪四年			25.1	133.1	158.2	456.1	84	29
光绪五年			24.5	386.86	411.36	381.8	94	101
光绪六年	16	7石8斗	28	306.9	350.9	756.06	87	41
光绪七年	32	7石8斗	37.3	163.4	232.7	406.96	70	40

---

① （清）李慈铭：《越缦堂日记》。据张德昌《清季一个京官的生活》"表二"计
算相关比例，香港中文大学出版社1970年版，第65页。

续表

年份	俸银（两）	俸米（石）（斗）	养廉银（两）	印结银（两）	共计（两）	支出（两）	印结银占收入比例（%）	印结银占支出比例（%）
光绪八年	32	7 石 8 斗	40.5	119.8	194.8	397.35	61	30
光绪九年	32	7 石 8 斗	18.8	284.13	334.95	936.13	85	30
光绪十年	16		12	50.7	78.7	801.83	64	6
光绪十一年①				182.2	182.2	1364.94		
光绪十二年②				119.8	119.8	1077.03		
光绪十三年	125	15 石 6 斗	10	337.6	472.6	1943	71	17
光绪十四年	160	15 石 6 斗	90	72	322	1156.21	22	6

　　刘光第于 1888 年入京后，致其族叔的信函中，对在京生活费用作了描述："留京有家眷，每年非六百金不可，除去俸银五十余金（米数百斤），印结闲时长扯不过百余金，贤叔伙助二百金外，尚须二百金之谱。"③ 刘光第所列开支中印结费所占比例约六分之一。事实上，印结费对他生活的影响至巨，若无印结费，其日常生活难以维持。1889 年的 6、7、9、10 月因为没有印结费，刘光第请不起厨师，由婢女与其妻一起做饭。④ 1892 年，感叹"结费太坏，用颇不敷"。⑤

　　国家低俸制度造成京官清苦，印结费是部分京官生活的重要支柱，因此它也是国家默许存在的陋规。印结费某种程度上缓解了财政支出的困境，但它也影响财政收入。

----

　　① 只记载了 1、2、3、5、6、10、11 月的印结银，其他月份缺。
　　② 只记载了 2、3、10 月的印结银，其他月份缺。
　　③ （清）刘光第：《自京师与自流井刘安怀堂手札》，收入《刘光第集》编辑组《刘光第集》，中华书局 1986 年版，第 194 页。
　　④ （清）刘光第：《自京师与自流井刘安怀堂手札》，第 207—208 页。
　　⑤ 同上书，第 232—234 页。

　　捐纳不是印结费的唯一来源，由于捐纳花样繁多，所需印结甚多，故捐纳成为印结费最为重要的来源。捐纳是明清财政收入的来源之一，过高的印结费有时影响报捐的积极性。道光年间，谢荣埭奏称印结费多于报捐正项，以"直隶省印结公局而论，如捐一从九未入之微职，自初捐并分发指省递捐至遇缺前注册止，共需结费一百七十余两。查定例从未双月捐银一百四十两，今此结费一宗转浮于报捐之正项"。① 唤醒梦梦子指出其弊端："司理者不顾大局，止计目前，不独使结局所入日少，并使户部捐输日稀，朝廷之捐价日减，印结之陋规日加，是不仅与捐生为难，直与朝廷为难也。"② 为鼓励捐纳，有人主张减少或者裁去印结费。清末因海防筹饷复议开捐，然而报捐并不踊跃，因是"诸富绅之裹足不前者皆因费多款巨，致生吝心……拟定将各省结局由官酌定结费，俾各减成，是亦为开源节流之一道也"。③ 光绪十二年（1886），李慈铭指出，"近日户部百计求利，谓捐例既开，而无来者，由印结之费太重，因议裁此费"。④

　　清后期关于减少甚至取消印结费的讨论引起对京官生活的担忧。光绪七年（1881），李慈铭在日记中对停发印结费一事发表评论："直隶、江苏、湖北、浙江、贵州久停分发。近日广东、广西、云南、湖南、江西、福建亦皆停结。此事将绝，吾辈首阳之期至矣。"⑤ 光绪十二年（1886），他又声称："凡户部上兑者概不须结，于是京官之恃此为命者，皆当立槁墙壁矣。"⑥《申报》记载："京官向藉印结费为养赡资，自光绪五年停捐后，分发既少，印结无多，京员苦甚，或请假或请回籍措资者不一而足"；⑦"京官一年之

---

　　① 《奏为密陈收取捐生印结时有藉端勒索事》（道光二十九年九月初十日），中国第一历史档案馆藏，档号：03－2783－033。
　　② （清）唤醒梦梦子：《揭广东云南印结之弊》，《申报》1875 年 11 月 25 日第 1 版。
　　③ 《申报》1885 年 3 月 23 日第 2 版。
　　④ （清）李慈铭：《越缦堂日记》卷 11，第 8966 页。
　　⑤ 同上。
　　⑥ 同上。
　　⑦ 《津贴京员》，《申报》1884 年 6 月 2 日第 2 版。

中不过数斛老米，此外别无进项，所恃者京官结费，而停捐之后，每月所入能有几何"。①

印结费有利于改善部分京官清苦生活，这成为其长期存在的理由之一。御史谢荣墉认为，捐生取同乡京官印结是为京官设一谋利之途。② 一位江苏武官也有类似看法。他指出，"文员印结银两本非国家例定，不过以其宦途清苦，藉此以谋饔飧"。③ 唤醒梦梦子认为，"始以为捐官者家必富，出结官住京贫苦，各捐生力能报效国家，盍分余润以恤同乡，此亦亲亲仁民之理"。④ 一位掌河南道的监察御史分析："各省京官索取结费，虎视眈眈，虽清班亦加收津贴，结局必以进士出身者管理，遂为进士部员垄断之薮，徒以京官清苦，相沿已久，受之者众，未便议裁。"⑤

尽管出现过关于印结费存废的争论，印结费的收取一直持续到清末。以印结费的收取与分配为纽带，将具结同乡和出结京官等联为一个整体，促使同乡意识的凝聚。

（二）出结与同乡博弈

取结者与同乡出结京官之间直接的纠葛涉及出结的规则问题。两者的冲突有时比较激烈，以致取结者起诉出结官。如咸丰年间，大兴县监生孙启盛等呈诉京官刘岱骏等十二人把持印结，阻挠考试。⑥ 刑部郎中刘岱骏等申诉，由于孙启盛等贡监籍贯于例均有违

---

① 《官禄篇》，《申报》1887 年 10 月 6 日第 1 版。

② 《奏为密陈收取捐生印结时有藉端勒索事》（道光二十九年九月初十日），中国第一历史档案馆藏，档号：03-2783-033。

③ 《申报》1887 年 9 月 26 日第 3 版。

④ （清）唤醒梦梦子：《揭广东云南印结之弊》，《申报》1875 年 11 月 25 日第 1 版。

⑤ 《掌河南道监察御史崇恃御奏劾吏部假公济私片》，《申报》1905 年 1 月 20 日第 2—3 版。

⑥ 《呈为诉直隶京官刘岱骏等人把持印结阻挠考试事》（咸丰元年），中国第一历史档案馆藏，档号：03-4524-005。

碍，是以未曾出结。① 咸丰皇帝派顺天府会同直隶总督查明核议。咸丰元年（1851）八月初六日，大学士管理兵部事务卓秉恬等奏称："缘礼部条例于籍贯案件间有前后宽严未能划一者，臣等未便率行引断，致有畸重畸轻，相应请旨饬下礼部将此案折中情法之平，秉公办理。"② 九月二十八日，大学士管理礼部事务杜受田等共同酌议："嗣后顺天考试出结不必限定人数，凡系土著俱准出结，并令该乡会试年春初，将土著京官职名呈明礼部、顺天府、国子监备查。如有寄籍未满年限，及已满年限而未经呈明，同乡官滥为出结，廪生滥为出保，地方官滥为送考者，日后自行查明检举，照失察公罪例议处，如或别经发觉，即照徇庇私罪例议处。"③

印结费源于取结者，取结者与出结者围绕印结费等展开博弈。当印结费成为取结者的负担后，取结者在有限的范围内进行抗争。改籍他省捐纳，回原籍办理相关事宜，以规避较高印结费就是策略之一。清末从云南到京验看、引见，其结费张数多于贵州两倍，因此云南捐生多冒籍贵州，或冒籍大兴。④ 有的取结者以行贿降低印结费，有的则不欢而散，"有军功保举福建某道到京引见，始则索结费三千两，再三央求，且私略当时用事者，始允一千五百两。又有某太守到京引见，索结费二千两，许以一千五百两，仍不允，遂至角口大骂而散"。⑤

取结者的抗争，有时会促使印结局进行改革。1888 年，直隶印结局发现直省报捐教职或佐杂者，因所交结费过多，避回原籍，由本籍州县办理赴选申文，详请顺天府转咨吏部，结费减省较多。

---

① 《呈为声明顺天辛亥恩科乡试遵例严发印结意在防止冒籍跨考事》（咸丰元年），中国第一历史档案馆藏，档号：03-4524-006。

② 《奏报遵旨查明大兴县监生孙启盛等呈控京官刘岱骏等把持印结一案情形事》（咸丰元年闰八月初六日），中国第一历史档案馆藏，档号：03-4524-020。

③ 《奏为遵议直隶京官与贡监生为考试印结互禀一案事》（咸丰元年九月二十八日），中国第一历史档案馆藏，档号：03-4524-073。

④ （清）唤醒梦梦子：《揭广东云南印结之弊》，《申报》1875 年 11 月 25 日第 1 版。

⑤ 同上。

直隶同乡京官经协商，不得不酌减结费，"拟自十一月为始减为三分之一，以广招徕"。①

出结同乡京官内部围绕印结费的分配时有纷争。同乡京官组成的印结局中有查结官与出结官。同乡京官的纷争有时围绕查结官的推选而展开。

光绪年间直隶同乡京官为公举查结官而发生矛盾。② 更换查结官时通常由京官联衔向吏部等衙门呈报一次，以凭查核。围绕查结官孙承烈病故后由谁接任问题，不同的直隶京官出面先后四次向吏部具呈。③ 亲历事件的唐煊认为，"通省京官分结者，常百三四十人，一人岁计二百金上下，管局官已获万金之利矣。是以往往前后瓜代，辄起争端，以余利太厚也。去冬捐道府者，无月无之，而州县正印官，月辄十余人，约略计之，月可入万金或逾之，而众人所得仅二十金上下。局中按四五千金分账，所□（原文缺）没亦甚矩矣。方□□（原文缺）之后，京宦大半窘迫，唯持此以糊口，乃垄断先登蝇欲分润，人言啧啧，固其宜也。曩年李慕皋太守、刘耀庵比部，相继为之，皆拥厚资以去"。④

光绪四年（1878），浙江印结局围绕印结费的分配发生内部纷争。李慈铭评论道："吾浙印结局以部曹之进士出身者轮管，朋占渔利，出入不谨……自丙子冬季，忽议进士月增四分之三，而京官之告假出京者，又私侵蚀之，至三四十分。去冬又议定：凡入银者每百两，外加十二两为赢余，而分给同人，则不足京平之数。"⑤

无论是直隶还是浙江，同乡京官围绕查结官而出现的纠纷，其矛盾主要因由印结费分配不均所致。

出结官之间因利益而互控。如光绪四年（1878），四川同乡京

---

① 《申报》1888 年 2 月 6 日第 2 版。
② 这次直隶管结官之争的具体过程见王雁《晚清直隶印结局管理机构研究——以唐煊〈留庵日抄〉为中心》。
③ 《申报》1896 年 9 月 29 日第 2 版。
④ （清）唐煊：《留庵日抄》第三册，第 24 页。
⑤ （清）李慈铭：《越缦堂日记》卷 11，第 7751—7752 页。

官的出结官之间因印结而发生纠纷。四川京官刑部主事童华国向都察院呈称，刑部郎中刘正品窃其印结，串通和泰银号严震，捏名淮商陈仁熙在户部递呈愿捐赈银，请颁淮引私卖，得印结银四百两，并私取该员印结七十张。很快，四川省京官户部郎中陈南等联名向都察院呈称，陈仁熙捐助山西赈银取结赴户部具呈，四川京官公同商议，将童华国印结填给陈仁熙，户部未经准行。陈仁熙因同乡有修补义园会馆等事，自愿捐银四百两，经户部传讯，陈仁熙并无欺蒙等情。光绪皇帝派都察院堂官会同刑部查办。刑部等衙门当即遴选人员会同查办，讯明后奏称，童华国控刘正品窃结得贿，是怀疑畏累所致，且于未经传讯之先，即具呈首悔到案，应免坐诬，不先详细确查，遽行控告，究有不合；刘正品未向童华国商说辄将其印结填用，亦属非是，应均照不应律各拟笞四十。①

取结者与出结官、出结官与查结官，以及出结官内部时有分歧与冲突，导致了同乡京官之间的分化。

结　　论

借助同乡京官印结保障官僚制度的运行，至迟在明中叶已经开始了。清代，同乡京官印结涉及的部门和群体更多，相关规定更加细密。官僚制度运作的众多环节都需要提供同乡京官印结，办理捐纳所需同乡京官印结常源于此。

官僚制度运作接纳同乡介入，意图利用都市社会熟人网络以保证出仕人员籍贯、家庭状况和经历的真实性。一省同乡之间空间距离往往小于京师与各省的距离，同乡之间的熟悉度通常超出非同乡，借助同乡京官印结有利于京师衙门了解、核对各省出仕人员的情况。有时取结者利用同乡京官印结代替其他证明文件，也可解决京师与各省往返不便等问题。明清时期，出仕人员尚无大规模的区

---

① 《题为刑部主事童华国妄控刘正品窃伊印结得贿依律分别议处事》（光绪五年正月二十五日），中国第一历史档案馆藏，档号：02 - 01 - 03 - 11914 - 063。

域性流动，借助同乡京官为出仕人员保证，不失为保障官僚制度运作的有效途径之一。近代社会流动增强，现实社会的诚信问题日益严重，人们不断探索各种保证方式来解决诚信问题。因此，同乡京官印结的历史，虽然随着清朝的灭亡而终结，但其替代品仍影响着当代生活，如介绍信、证书、证明等都属于其衍生品。官僚制度运作接纳同乡介入，又对其加以防范。即使同在京师，亦有同乡互不相识，更何况同乡之间空间距离有时超出其交往圈。因此，取结者与出结者可能互不相识，同乡保证的基础并不总是牢固的。加之人情、利益等因素或多或少影响其出结的真实性。鉴此朝廷采取种种措施以限制出结官，对出结过程进行管理，惩罚失误的出结官。

朝廷接纳同乡京官参与保证，而同乡京官却在出结过程中逐渐发展出一套印结费制度。印结费改善了部分京官生活，然而，印结费过高，或多或少影响取结者捐纳的积极性。时人据此力主减少印结费，甚至提出废除同乡京官印结。朝廷意图借助同乡京官印结以保障官僚制度运行，收取和分配印结费却成为一部分出结官员瞩目的焦点，朝廷与同乡京官之间出现些许对焦错位。

同乡介入官僚制度运作，在同乡官参与保证的过程中，同乡群体与同乡观念又不断被型塑。

同乡之间频繁地、源源不断地取结与出结，加强了出结官与取结者之间的交往与关联。不少取结者来自故乡，缘于出结，京官与家乡的联系增多。为了便于出结，出结官结成了同乡群体的组织——印结局。推选查结官，制定、修改印结局章程，收取与分配印结费等活动密切了同乡京官之间的交往。同乡京官印结凝聚了同乡群体，增强了同乡观念。明清时期，同乡京官印结在官僚制度运作中的弥散促成了同乡观念和同乡群体的勃兴。

出结官对印结费的索需过度，势必导致出结官与取结者之间的紧张乃至冲突。京师同乡中五、六品官具有出结资格并获分印结费，其他人不得均沾利益。查结官与普通出结官之间存在巨大的利益差距，同一省份不同地域同乡京官之间也存在竞争。这些因素又使同乡群体内部时有张力与博弈，敦睦乡谊亦非一贯常态。

授之以渔：土山湾孤儿院与近代上海孤儿救济

徐华博

（江西师范大学历史文化与旅游学院）

孤儿院作为一种社会救济机构，具有悠久的历史。早在明清时期，善会、善堂就对这一领域有所涉及，表现形式多为育婴堂，甚而有论者指出"育婴堂发展的关键在明清之际"。① 同治年间，出现了专门以"保婴"为目的的善会"保婴会"，在长江下游地区影响较大。② 国民政府于 1943 年颁布的《社会救济法》，将育婴所、育幼所纳入社会救济设施之中。③ 这意味着孤儿院作为一个孤儿救济机构，逐渐从综合笼统的社会救济机构总分化出来，表明了社会救济分工的细化。

土山湾孤儿院始于 1849 年，终于 1960 年，是近代上海孤儿救济事业的典型代表。这不仅仅因为其开办时间之早、存续时间之久，更因为其社会影响力之大。由于创办者身份的特殊性，该孤儿院根据其所能掌握的资源，开辟了一条有别于政府、士绅所办孤儿

---

① 梁其姿：《施善与教化：明清的慈善组织》，河北教育出版社 2001 年版，第 94 页。梁其姿认为明清时期的善会主要目的在于"济贫"，而且是救济因非主观原因造成的贫穷之人，指出保婴则是明清之际许多救荒策略中的重要组成部分。

② ［日］夫马进：《中国善会善堂史研究》，伍跃、杨文信、张学锋译，商务印书馆 2005 年版，第 320 页。

③ 彭秀良、郝文忠主编：《民国时期社会法规汇编》，河北教育出版社 2014 年版，第 4 页。

院的孤儿救济道路。①

对于土山湾孤儿院的历史，学界已有研究。② 但仍有继续探讨的空间，例如，在太平天国运动等特殊历史时期，土山湾孤儿院的处境如何？土山湾孤儿院在其存续的百余年间，如何从被华人社会侧目到得到华人社会认同？土山湾孤儿院的运营模式对上海孤儿救济的现代化有何影响？

本文希望在纵向贯通土山湾孤儿院的历史脉络，在横向阐明土山湾孤儿院与华人社会的关系，并围绕土山湾孤儿院展开近代上海天主教文化与社会生活面相，将这种面相融入上海都市孤儿救济的现代化过程之中。

一 中西之间：土山湾孤儿院历史沿革

土山湾孤儿院的创立与发展，并非偶然，其历史根源与近代上海社会特点及当时天主教在上海的传播情况密切相关。

近代上海在向国际大都市迈进的过程中，因战乱而难民增加、人口剧增，租界由华洋分处变为华洋共处。晚清以降，中国社会处于剧烈转型之际，19世纪五六十年代是上海社会变迁的一个关键

① 根据成梦溪《从奉化孤儿院看抗战前后地方社会中官绅民之关系》（《史林》2015年第2期）一文的研究，孤儿院的创办与存续背后有一张巨大的关系网络，和政府、士绅、民众这三个维度的社会关系网络密切相关；根据夫马进《中国善会善堂史研究》，孤儿院存在由士绅出面创办，政府提供部分资金的情形。土山湾孤儿院作为在华天主教耶稣会的孤儿救济机构，其创办与存续和其他非教会创办的孤儿院存在异同：在其背后同样有一张社会关系网络，区别在于这张社会关系网络是以宗教信仰和教会利益来维系的。

② 有关土山湾孤儿院的研究主要有李梅香《土山湾孤儿院之教育活动及历史意义》，《外国中小学教育》2013年第1期；褚潇白《聆听苦难：土山湾天主教绘画艺术中的空间意识及其宗教精神》，《基督教研究》2012年第2期；邹振环《土山湾印书馆与上海印刷出版文化的发展》，《安徽大学学报》2010年第3期；徐妍《土山湾孤儿院人才培养模式研究》，硕士学位论文，上海师范大学，2014年；张伟、张晓依《遥望土山湾：追寻消逝的文脉》，同济大学出版社2012年版。

时期。① 这一时期发生的小刀会起义、太平军进攻上海等事件，造成了上海及其周边的官绅富户和贫苦百姓源源不断涌入租界，打破了上海租界华洋分处的局面。② 因各处难民麇集沪滨，抱送幼童至者每日数起，天主教耶稣会每收满百人即举行一次大弥撒，满三百人举行头等弥撒。③ 天主教通过《黄埔条约》和1845年的中法修约重新获得了在中国通商口岸传教的权利，法国人尤其是天主教传教士可以在通商口岸从事文化活动。④ 据此，传教士在上海道台那里拿回了三块土地，"一块在城垣之内，两块在黄浦江边"。⑤ 1872年，耶稣会在沪成立"江南科学委员会"后，不少科学家奔赴徐家汇土山湾地区，徐家汇日益成为中国近代文化重镇，土山湾孤儿院也是这一文化重镇的重要组成部分。

天主教江南教区的赈灾事业，从事孤儿救济的时间很长。存续主要分为四个阶段：一是初创时期（1842—1850）⑥，二是蔡家湾时期（1850—1860），三是董家渡时期（1860—1864），四是土山湾时期（1864—1960）。据法国籍传教士高龙鞶的记载，孤儿院所收孤儿人数每年多寡不一，如下表所示：

---

① 周武、吴桂龙：《上海通史》第五卷《晚清社会》，上海人民出版社1999年版，第58页。

② 据上海天主教耶稣会外籍神父以及《北华捷报》编辑的统计，来沪难民最多之时，市区人口达300万左右。参见于醒民《上海，1862》，上海人民出版社1991年版，第13页。

③ 《蔡家湾育婴堂始迁上海小南门继迁徐家汇土山湾之历史》，《善导报》1914年第15期，第70页。

④ ［法］卫青心：《法国对华传教政策》上卷，黄庆华译，中国社会科学出版社1991年版，第276页。明清时期利玛窦、汤若望等耶稣会传教士通过文化传教、科学传教的方式，打通了在中国传教的道路，后因康熙年间发生礼仪之争，其后清朝统治者下令禁止天主教在华传教，直至1844年中法《黄埔条约》签订，天主教才再次取得在中国传教的权利。

⑤ ［法］史式徽：《江南传教史》第1卷，天主教上海教区史料译写组译，上海译文出版社1983年版，第87页。

⑥ 高龙鞶将孤儿院成立之前1842—1849年的孤儿救济数也进行了统计，并纳入土山湾孤儿院的孤儿救济之中。但本文将柏葆禄在青浦小东圩堂口创立孤儿院的1849年定为土山湾孤儿院之起始。

1848—1900 年间土山湾孤儿院所收孤儿数

年度（年）	人数（人）	年度（年）	人数（人）	年度（年）	人数（人）	年度（年）	人数（人）
1848—1849	249	1861—1862	164	1874—1875	71	1887—1888	66
1849—1850	43	1862—1863	176	1875—1876	101	1888—1889	55
1850—1851	66	1863—1864	240	1876—1877	77	1889—1890	49
1851—1852	27	1864—1865	289	1877—1878	32	1890—1891	27
1852—1853	66	1865—1866	69	1878—1879	45	1891—1892	29
1853—1854	64	1866—1867	84	1879—1880	57	1892—1893	23
1854—1855	44	1867—1868	118	1880—1881	37	1893—1894	24
1855—1856	33	1868—1869	61	1881—1882	84	1894—1895	52
1856—1857	79	1869—1870	66	1882—1883	117	1895—1896	37
1857—1858	27	1870—1871	48	1883—1884	129	1896—1897	50
1858—1859	4	1871—1872	37	1884—1885	45	1897—1898	60
1859—1860	43	1872—1873	38	1885—1886	77	1898—1899	63
1860—1861	35	1873—1874	49	1886—1887	73	1899—1900	54

资料来源：黄树林主编：《重拾历史碎片：土山湾研究资料粹编》，中国戏剧出版社 2010 年版，第 471—472 页。

1842 年，耶稣会传教士重回上海后，随即进行孤儿救济事业。他们有感于上海县城及其周边地区的溺婴、弃婴现象，开始将这些弃儿带回，寄养在教友的家庭中，与教友的孩子一同成长。然而，孤儿的数量多到无法找到足够的家庭去领养他们。于是，这些传教士提出了建立一个大型机构来收养孤儿的想法。[1] 到了 1849 年至

---

① [法]史式徽：《土山湾孤儿院：历史与现状》，土山湾印书馆 1914 年版，参见黄树林主编《重拾历史碎片：土山湾研究资料粹编》，张晓依译，中国戏剧出版社 2010 年版，第 150 页。

1850 年，中国淫雨成灾、洪水泛滥，江南地区尤甚，[①] 孤儿和弃儿人数剧增。天主教徒家庭受到洪水的冲击，自顾不暇，再也难以接收由教会送来的孤儿了，即便教会愿意为他们提供经费。建立孤儿院显得十分必要和迫切。随后，意大利籍青浦县本堂神甫柏葆禄（Paul Pacelli）在青浦小东圩堂口创设孤儿院，收容孤儿。孤儿人数最多时可达 400 人，其中男孩 250 人，女孩 150 人。[②] 与此同时，法国籍耶稣会士施于民（R. Rose）建孤儿院于松江泗泾横塘堂口，并于柏葆禄去世当年（1850 年 6 月）合并了小东圩孤儿院，对孤儿进行集中抚育。

1850 年，孤儿院迁往青浦徐泾蔡家湾，由方济各会负责。次年，意大利籍耶稣会神甫夏显德（Franciscus Giaquito）接任孤儿院院长之职，开始负责孤儿院事务。蔡家湾时期，孤儿院有孤儿 66 人，其中男孩 43 人，女孩 23 人。[③] 圣婴善会为孤儿院提供资助，用于抚养外教的孤儿和弃儿。有时，一些教外人士或教徒会将孩子送来蔡家湾学习技能，属此种情况者需支付食宿费。1858 年初，夏显德被派去直隶，法国耶稣会神甫柏理师（Ludovicus Pajot）和意大利耶稣会神甫马理师（Louis Massa）相继接替了夏显德的位置。

1860 年 8 月，太平军进攻青浦，由于意识到英国和美国在上海县城内对他们展开了攻击，他们一改以往不进攻大门口竖着三色旗由法国保护的蔡家湾孤儿院的行为，于该月 17 日向孤儿院逼近。[④] 马理师遇害，孤儿们逃往徐家汇，再与徐汇公学学生一同迁往小南门附近的董家渡，夏显德重回孤儿院负责院务。据《江南育婴堂记》记载，小南门内所租郁家典当房子无法安置所有孤儿，需另择他处，后于 1863 年，选定徐家汇土山湾新建孤儿院。

---

① 据《徐汇公学纪念册》（上海档案馆藏，全宗号：U101－0－161－1）记载，洪灾泛滥，沪上难民充斥，晁德利神甫开始收养难童，次年徐汇公学成立。
② ［法］史式徽：《土山湾孤儿院：历史与现状》，第 151 页。
③ 同上书，第 152 页。
④ 同上书，第 156 页。

1864 年 1 月孤儿院暴发伤寒，夏显德也在照顾生病孩子过程中被传染而逝世，在确保上海郊区和平之后，时任江南教区主教鄂尔璧（Joseph Gonnet）宣布孤儿院迁回徐家汇。① 在法国籍神甫石可贞（R. P. Mile Chevreuil）的带领下，孤儿们暂居徐汇公学等处。同年，陆乾坤经手在土山湾营造孤儿院大楼，规格为"上下俱十九间两头又加大半间，置两部大扶梯"。② 因太平天国战乱，诸多倒塌房屋无主收管，坍毁砖瓦被装运到沪。陆乾坤在土山湾河滩附近以低廉的价格购得众多品质较高的砖瓦，建造了一座美轮美奂的楼房。随后，孤儿院搬迁至土山湾，由石可贞负责院务，孤儿多至三百余名，其中大半由蔡家湾迁入，其余为战乱中新收孩童。

土山湾时期是该孤儿院飞速发展直至成为近代中国天主教艺术创作中心的黄金时期。该地也成了来徐家汇的西方人访问最多的地方。用一位俄国驻华公使的话说："我只在上海逗留三天，两天是处理我的公务，但是我曾犹豫着是否不访问这个孤儿院；但是所有的驻京公使都对我说这个孤儿院的赞美之词；在我现在看来，他们的话一点都没有夸张。"③

尽管社会各界对其赞誉颇多，但孤儿院的发展并非一帆风顺，其间遭遇了一场大火灾。此次火灾受到社会各界，尤其是上海西方社会的广泛关注。④ 火灾发生于 1919 年 12 月 16 日晚 11 时左右，起于木工场守夜人将香烟尾弃于积木场，大火继燃至木栈房，再蔓延至木工房和孤儿院住房。待法租界救火队和董家渡救火队赶至现场，大火已成燎原之势，加之土山湾无自来水，肇嘉浜半夜退潮水位极浅，直至涨潮才将大火扑灭。大火虽然焚毁房屋十余间，但所

---

① 《蔡家湾育婴堂始迁上海小南门继迁徐家汇土山湾之历史》，《善导报》1914 年第 15 期，第 71 页。

② 《江南育婴堂记》，参见钟鸣旦等编《徐家汇藏书楼明清天主教文献》第五册，台北方济出版社 1996 年版。

③ *Les Missions Catholiques*，1873 年 4 月 11 日第 201 期。参见黄树林主编《重拾历史碎片：土山湾研究资料粹编》，张晓依译，中国戏剧出版社 2010 年版，第 66—67 页。

④ E. M. Beaure（Recteur de Zi-ka-wei），"The Orphanage Fire"，*The North-China Daily News*，Dec. 22，1919，p. 4.

幸孤儿伤亡甚少。^① 第二次世界大战爆发后，随着西方国家战火愈演愈烈，土山湾孤儿院的境况也受到了影响，不得不裁减工人，甚至有绝粮之虞，^② 直至 1960 年宣告终结。

二 养与教：土山湾孤儿院的孤儿救济

土山湾孤儿院的目的是让这些弃儿成为好的基督徒，并使他们能自食其力。^③ 有一首诗作很好地诠释了这一目的：

> 世人溺婴孩，收恤加栽培，
> 幼哺兼教读，度量何恢恢。
> 嗷嘈文字认，嬉笑饱煖该，
> 居然托夏屋，譬若登春台。^④

孤儿们可以在孤儿院从六七岁待到二十岁，孤儿院为孩子们提供一个家、一种信仰，以及培养他们使其具有良好的职业能力。

另有一幼小的孤儿男女均收的圣母院育婴堂，孩子们每人都有自己的吊艇式小铜床，上挂小蚊帐，床上的毯席毛巾被等干净整洁，有姐妹给他们喂牛奶。孤婴到四五岁时，接受教育，主要内容是规范作息时间，按时游戏、饮食和休息等。每天除二粥一饭外，提供一次点心。午饭后安排午睡，睡醒到花园散步。^⑤ 男孩满六七岁后送往土山湾，女孩则仍旧在育婴堂中与幼婴分开养育，另有卧室三大间、膳堂一间满足她们的日常生活，并"教以文字、书算、

---

① "Careless Watchman Cause Of Big Fire That Destroyed Orphanage At Siccawei", *The China Press*, Dec. 18, 1919, p. 1.

② 《被裁工人捣毁土山湾孤儿院》，《新闻报》1941 年 2 月 4 日第 9 版；《土山湾孤儿院有绝粮之虞》，《新闻报》1945 年 1 月 2 日第 2 版。

③ ［法］史式徽：《土山湾孤儿院：历史与现状》，载黄树林主编《重拾历史碎片：土山湾研究资料粹编》，第 152 页。

④ 一思：《土山湾四咏·婴堂》，《益闻录》1891 年第 1084 期，第 329 页。

⑤ 《徐家汇圣母院访问记（二）》，《申报》1943 年 7 月 23 日第 4 版。

刺绣、花边等美术，随材器使，长则为之择配"。①

土山湾孤儿院的膳食起居与育婴堂类似。孤儿们每日二粥一饭，技术工人供膳食外，每月给付工资，有家室者根据家室情况补贴大米。据生于1919年的李成林回忆，孤儿院周日提供荤菜，平时周三、周五提供蛋、鱼等小荤，早饭惯例提供萝卜干和咸菜，晚饭菜色有开花豆、萝卜干等。作息时间一般是早上5点起，晚上7点半睡。② 从孤儿院的亲历者回忆来看，孤儿院的饮食基本注重营养。那么问题来了，孤儿院的人数多则几百人，少则几十人，为为数不少的孤儿提供这样的膳食，经费从何而来？孤儿院的经费主要来自外国捐助（圣婴善会等）、上海天主教会补助、孤儿院工场作品销售所得这三个方面。遇到战时（第二次世界大战）经费周转困难，也曾向社会各界募捐。③

孤儿院有工场作品出售，得益于其对孤儿进行半工半读式的教学。孤儿院在蔡家湾之时，夏显德已开始践行教养并重的孤儿抚养模式。夏显德在蔡家湾"创建了衣作、木工作、鞋作、织布作坊、印刷作坊"。④ 搬入土山湾后，这一培养模式日渐形成体系。1946年进入土山湾孤儿院的沈方伯回忆土山湾的岁月时，指出"我们学的文化课跟外面差不多，小学读到六年级毕业，随后读初中，有语文、数学代数、几何等等，不同的是一边读书，一边学技术，等读书结束，你吃饭的本事也有了"。⑤ 这一孤儿养育模式也受到国人的认可，一位非教徒认为该孤儿院"所授各课皆以工艺为本"，孤儿"皆能以手工自活，我们所办的小学不如他"，"油画室、水彩

---

① 张璜：《徐汇纪略》，朱有瓛、高时良主编《中国近代学制史料》（第4辑），华东师范大学出版社1993年版，第244页。

② 李成林老人访谈录，张伟、张晓依、徐锦华于2008年8月26日在李成林家中访谈，参见张伟、张晓依《遥望土山湾：追寻消逝的文脉》，同济大学出版社2012年版，第218页。

③ 《土山湾孤儿院》，《新闻报》1941年2月1日第10版。

④ ［法］史式徽：《土山湾孤儿院：历史与现状》，第153页。

⑤ 沈方伯访谈记录，参见黄树林主编《重拾历史碎片：土山湾研究资料粹编》，中国戏剧出版社2010年版，第402页。

画室、木工、金工、革工诸陈列室，皆是十余岁学生做的，我们所办的中学堂不如他"。①

至 1941 年，孤儿院的教育体系日趋完善，其为孤儿提供教育的机构被命名为慈云小学。学制为"初级小学四年、高级小学二年、实习班二年，采用学年升级秋季始业单轨制"。② 孤儿从高级小学开始半工半读，实习班同样需要学习诸如经济、史地、计算、外国语等课程。高小毕业后，孤儿们基本年满 13 岁，可根据资质被分配到木工场、五金工场、制鞋工场、铸铁工场、印书馆、画馆、照相馆等工场学习一门技艺，分配的依据可能是"他们认为你看起来比较斯文些的，就去南面的图画，花玻璃，还有东面的排字，印刷，装订，还有发行所"。③ 各个工场会根据其特点进行考试。法国籍神甫孔明道（Jeseph de Lapparent）在 1904 年 2 月 11 日的家信中对考试有所描述："木匠就做框，做祭台，做棺材；而画家就画画，画苦路。人们展现了自己的一切才能，一个工人会陪同在边上给他们分等级，并发放工具作为奖励。"④

工场分布在门口那个大院两边的建筑里，每个工场均有修士（俗称为相公）负责管理，有工人和学徒若干名。根据生于 1923 年、1932 年进入土山湾孤儿院并进入木工场的鄞周林回忆，师傅是中国人，高级管理人员是外国人。学徒期为 6 年，期满后不发证书，仅给予口头宣布。满师以后可出去工作，也可留院成为技术工人，晚上可自由出入，这在满师前是不允许的。学徒期的吃住均由教会提供，洗衣皂、剃头等也有免费提供。当时，学徒每月给予 2 元工资，孤儿院将这笔工资记账，待满师后要结婚之时一起发放，

---

① 《一个中国外教人访问徐家汇后感》，《民立报》1911 年 5 月 19 日第 6 版。
② 《半工半读教学》，《申报》1943 年 7 月 26 日第 2 版。
③ 鄞周林老人访谈录，张伟、张晓依、徐锦华于 2008 年 8 月 26 日在鄞周林家中访谈，参见张伟、张晓依《遥望土山湾：追寻消逝的文脉》，同济大学出版社 2012 年版，第 224 页。
④ 张伟、张晓依：《遥望土山湾：追寻消逝的文脉》，同济大学出版社 2012 年版，第 167 页。

作为结婚成家之用。① 其他工场的情况除所学技艺不同之外，大抵如此。

各工场最初目的是满足远东各个教堂的使用需求，后来也对世俗社会提供服务。如木工场最早是为远东各大教堂提供圣像、祭台等宗教用品，后来也为在沪西人尤其是英、德、美等国人制作中西各式家具。据鄞周林回忆："土山湾木器部还分为细木间等各个部门的，细木当时做红木的，有做家具的，现在就叫西式家具。当时的西式家具很少，外面不太有的。总的名称叫木器部，下面有很多部门，做红木的，西式家具的，这种比较高档；次一等的呢，做教堂里的跪凳，还有学校里的课桌椅。另外木器部门里还有雕刻，雕刻人像的水平比较高。雕刻人的面孔都有一定的规范。一般先雕身体，最后一个头让水平最高的人去雕。"②

经过土山湾半工半读模式培养的孤儿，基本都能自食其力，在社会上立足。不少近现代知名艺术家出自土山湾，诸如月份牌画家徐永清、黄杨木雕刻家徐宝庆、雕塑家张充仁等。即便是普通的学员，也能获得不错的职位。据时人记载，数十年来，该院的毕业生外出工作者大都能在上海各工厂获得优良地位，那些成为专门技师者也能受到实业界的重视。③

三 从重养轻教到教养并重：
孤儿救济的近代转型

耶稣会在明清时期已经传入中国，但有研究指出当时"受天主教影响的善会在中国并没有产生太大的影响"，仍坚持对受济人"分品类"，不接济游手好闲之人和不符合主流道德规范之人。④ 为何土山湾孤儿院对近代上海孤儿救济具有特殊意义？这并非因为其

---

① 鄞周林老人访谈录，第 224—225 页。
② 鄞周林老人访谈录，第 224 页。
③ 《上海第一个孤儿院土山湾孤儿院巡礼》，《申报》1943 年 7 月 27 日第 3 版。
④ 梁其姿：《施善与教化：明清的慈善组织》，河北教育出版社 2001 年版，第 80 页。

在孤儿救济方面不分品类，[①] 而是因其教养并重的模式成为近代上海孤儿救济事业竞相效仿的对象，促进了上海孤儿救济模式由重养轻教到教养并重的近代转型。

中国传统社会的救济思想，旨在"老有所终，壮有所用，幼有所长，鳏寡孤独废疾者皆有所养"（《礼记·礼运篇》），重在"养"不在"教"。康熙元年（1662），北京建有一育婴堂。清代学者赵吉士在《育婴堂碑记》中记载该育婴堂的经费来源时，指出柴世盛为确保育婴堂的经费，请北京士绅设立一座陶器工厂，以贩卖陶器的收入充作经费。同时，在北京兴隆街出租房屋，房租收入作为育婴堂的经营费用。此外，根据王崇简年谱记载，他在康熙七年（1668）曾捐赠白银百两作为育婴堂的经费。[②] 由此可知，中国传统社会的孤儿救济由多种途径的社会资助提供经费，保障孤儿的衣食，而非培养其自食其力的技能。当时传统社会的都城如此，遑论处在东海之滨的小县城上海。因而，有论者指出中国传统社会的救济是消极的救济，而非积极的救济，"养而不教、重养轻教是中国传统社会救济模式的突出特点"。[③] 清末来华传教士也认识到中国传统社会重"养"轻"教"的弊端，指出政府、士绅虽于各省设有养济院，用于收养鳏寡孤独及无依无靠之人，然"养之而不教之做工，以帮补其不足"，致使国家赋税虚糜浪费。[④]

晚清国门洞开之后，来华传教士开始践行西方近代孤儿救济教养并重的理念，与此同时，一些有识之士通过开眼看世界认识到教养并重在孤儿救济中的重要意义，主张摒弃传统社会重养轻教的救济模式，学习西方"教养并重"的救济模式。1900 年瑞典社会理论家爱伦·凯（Ellen Key）出版了《儿童的世纪》（*Barnets århundrade*）

---

① 土山湾孤儿院对被救济人不分品类主要表现在两个方面：一是只要力所能及，所有抱送至堂者均予以接收；一是太平天国战乱后，接收来自太平军的性情顽劣之孤儿。

② ［日］夫马进：《中国善会善堂史研究》，伍跃、杨文信、张学锋译，商务印书馆 2005 年版，第 171—172 页。

③ 岳宗福、杨树标：《近代中国社会救济的理念嬗变与立法诉求》，《浙江大学学报》（人文社会科学版）2007 年第 3 期，第 70 页。

④ ［德］花之安：《自西徂东》，上海书店出版社 2002 年版，第 2 页。

一书，将 20 世纪称为聚焦儿童权利与发展的世纪。① 时人将其思想传入国内，称"二十世纪是儿童的"，② 即 20 世纪是儿童的权利被发现和重视的时代。国人开始广泛关注儿童，孤儿救济问题亦在此列。

有鉴于此，国人创办的孤儿院开始由重养轻教向教养并重转变。转变较为显著的是上海普育堂和新普育堂。上海普育堂由上海道台应宝时于 1866 年在淘沙场陈公祠延董设立，"收养丐童，抚而教之"。经费由"关库月给钱五百串，淞沪厘局月给钱三百串，余具由丝茶商栈抽捐充费"。③ 普育堂由上海官府创办，分立老男、老妇、男残废、女残废、养病、抚教、贴婴七所，设有书塾、医药两局。其中抚教主要用于收入贫苦儿童，考虑到辅元堂、果育堂中产妇之子有未能从师读书学艺者，章程中对此所的名额从原先的 40 名增至 80 名。④ 由此可见，清末上海道台已开始关注孤儿的教养并重问题。辛亥革命后，新成立的上海慈善团接管了普育堂，由上海公教进行会会长陆伯鸿于 1913 年建成新普育堂，扩充其业务。⑤ 新普育堂在孤儿教养方面，更为重视教之作用，在其北拓地十余亩建成一所建筑工场，教授技艺。⑥

此外，由清末民国知名慈善家、社会活动家王一亭创建于 1906 年的上海孤儿院，已注重将孤儿的教养相结合。拟创设之初，即提出"盗贼匪棍之源，大半由于失教，而失教之尤者，莫如孤儿"，认为"恤孤之道，非特给以衣食，使毋冻饿而已，更宜瀹其智识"。⑦

---

① 该书于 1909 年被译成英文 *The Century of The Child* 后，受到国内教育家的普遍关注，于 1935 年被翻译过卢梭《爱弥儿》的魏肇基译成中文，次年初由上海晨光书局出版发行。

② 宋介：《儿童救济问题》，《东方杂志》1925 年第 22 卷第 17 期，第 50 页。

③ 应宝时修，俞樾撰：《上海县志》卷 2，同治十一年版，第 26—27 页。

④ 《普育堂章程》，《中国教会新报》1869 年第 54 期，第 17 页。

⑤ 伊人：《记上海新普育堂》，《圣教杂志》1918 年第 7 卷第 5 期，第 204—205 页。

⑥ 《上海新普育堂》，《广益杂志》1919 年第 5 期，第 148 页。

⑦ 《拟设上海孤儿院募捐启（旧名育孤工读学堂）》，《通问报：耶稣教家庭新闻》1906 年第 227 期，第 2 页。

该院经费来自华人社会、西人社会、沪上教会等的捐助。① 1910 年，该孤儿院已颇具规模，分男女二院，食以白饭、赤豆饭、粥、面包，教以扎藤工艺、国文、英语。② 其后，工艺扩展为男孩可习木工、漆工，女孩可习缝纫、烹调。1923 年，该院发展日趋完善：龙华总院有孤儿 298 人，其中男孩 218 人，女孩 80 人；上海西门分院有工艺学生 40 人，周浦分院有幼稚所，有幼稚生 30 人；上海闸北有进德会，专事出院习业生辅导，有寄宿生 40 人。③

到了民国时期，政府也开始注重儿童救济中的教养并重，使得儿童救济中的教养并重得到广泛的普及。1915 年，北京政府颁布的《游民习艺所章程》规定：年龄较小者（10 岁之内）学习初等小学课程，学制 4 年；年龄较大者学习高等小学课程，学制 3 年；年龄较长及不堪就学者，习织染、印刷、刻字、铁器、木工等技艺，使其能够自谋生计；晚间设补习班，教年长习艺者习字、珠算等课目。④ 1943 年的《社会救济法》将教养并重的孤儿救济理念以法制的形式确定下来，规定"凡满二岁以上未满十二岁之幼年男女，应受救济者，得于育幼所内留养之"，"育幼所应按留养儿童之年龄，设置相当班次，授予相当教育，并为技能上之训练，或送就近相当学校免费肄业"。⑤ 时人也认识到社会救济中注重教养的重要性，指出"近代救济事业的发达，已从消极的救济进展到积极的预防，就其本质上说，一般的救济机关也能渐渐采取科学方法对于救济的技巧上加以合理的设施，这和从前基于'慈悲为怀'而仅供以膳宿免致冻馁是不同的，特殊的社会救济事业的发达，使救济事业得到极大的利益"。⑥

---

① "Shanghai Industrial Orphanage", *The North-China Daily News*, Aug. 6, 1913, p. 5.

② 《参观上海孤儿院有感》，《慈善》1910 年第 8 期，第 3 页。

③ 竺规身：《上海孤儿院参观记》，《兴华》1923 年第 20 卷第 22 期，第 18 页。

④ 彭秀良、郝文忠主编：《民国时期社会法规汇编》，河北教育出版社 2014 年版，第 28—31 页。

⑤ 同上书，第 6 页。

⑥ 章复：《儿童救济事业与社会教育之设施》，《社会教育季刊》1937 年第 1 卷第 2 期，第 54 页。

结　语

西方宗教传入中国，与其如影随形的社会服务模式，宗教术语称为"事工"，也随之进入中国。土山湾孤儿院的成立，是西方宗教宣教事工和分龄事工的体现，它通过教养并重的模式，推动了上海乃至全国社会救济事业的发展，促进孤儿救济模式的现代化进程。

土山湾孤儿院从 1849 年初创，到 1864 年日趋完善，再到 1960 年宣告终结，存续时间达 110 余年，在近代上海乃至近代中国的孤儿救济事业中均具典型意义。这一由近代上海天主教耶稣会创办的孤儿救济机构，尽管最初以为远东地区的教堂所需服务而教授孤儿各种实用的工艺技能，但是其践行教养并重的理念，教授孤儿文化知识和工艺技能，与中国传统社会孤儿救济重养轻教形成鲜明对比。这一教养并重的孤儿救济模式使出自该孤儿院的孤儿获得在社会立足的能力，得到社会的认可。

尽管如此，包含孤儿救济在内的社会救济模式转型的历史重任，外来传教士无法完全承担，最终还是需要政府、士绅的共同参与，从国家层面建立健全制度，从社会层面广泛推行。在土山湾孤儿院之后，近代上海创办的孤儿院如上海孤儿院等基本都注重孤儿的教养并重，以便孤儿长大成人之后在社会上自食其力，使孤儿救济事业更具效果。1943 年《社会救济法》的颁布，更是将社会救济教养并重的理念以法制的形式确定下来。

三
新观念与社会演变

晚清科举改革和书店的应对之道

八百谷晃义

（台湾慈济大学东方语文学系）

一 前言

晚清科举制度的改革和废除，是最近备受关注的学术课题。相关研究发轫于政治史和制度史领域①，后来研究重点逐渐转移到了科举制度的改革和废除给近代中国社会带来的影响等问题上②。科举改革带来的影响，包含很多方面。其中研究较集中的，是关于应试士绅如何应对改革后的新考试内容和科举废除后的社会变化之讨论。这些研究以刘大鹏、朱峙三等公开出版的，或林骏等人尚未出版的日记为主要材料，讨论应试士绅面对制度改革的反应和调适③。本文拟利用晚清科举改革时期出版的举业书（考试参考书），辅以在

---

① 关于晚清科举改革的大概过程，参见王德昭《清代科举制度研究》，中华书局1983 年版，第161—249 页。关于有清一代的科举制度，详见商衍鎏《清代科举考试述录》，生活·读书·新知三联书店 1958 年版；刘兆璸《清代科举》，东大图书有限公司1977 年版等。

② 关晓红：《科举停废与近代中国社会》，社会科学文献出版社 2013 年版，从政治史和制度史的讨论开始，论及科举停废的社会影响。在晚清科举改革和停废的讨论中，此书目前为止是涵盖面最广的专著。

③ 比如，行龙：《怀才不遇：内地乡绅刘大鹏的生活轨迹》，《清史研究》2005 年第 2 期；关晓红：《科举停废与近代乡村士子》，收录前引关氏《科举停废与近代中国社会》，第187—226 页；［英］沈艾娣：《梦醒子：一位华北乡居者的人生》，赵妍杰译，北京大学出版社 2013 年版；徐佳贵：《废科举、兴学堂与晚清地方士子——以林骏〈颇宜茨室日记〉为例的考察》，《近代史研究》2013 年第 4 期；罗志田：《科举制的废除与四民社会的解体：一个内地乡绅眼中的近代社会变迁》，载氏著《权势转移：近代中国的思想与社会》（修订版），北京师范大学出版社 2014 年版，第53—80 页。

报纸上登出的书店广告，讨论晚清的书店在遭遇科举改革时的应对之道。科举制度的改革和废除直接影响到士绅的个人利益，也给以士绅为主要顾客的书店带来了商机，书商如何应对科举改革，是一个值得讨论的话题。另外，如果要了解非上层人士如何应对科举改革的话，能直接说明这个问题的史料非常有限，即使有，也不一定能利用。但各地图书馆有收藏量较大的举业书，而且这些举业书相对来说比较容易阅读到。我们可以通过举业书的序文和结构知道书店的出版意图，进而间接透视作为顾客的士绅对科举改革的反应。

以举业书为分析对象的既有研究也不在少数。比如，在晚清出现了好几种经世文编，关于此种"经世文编现象"有比较丰富的研究成果[1]，其中部分论者明确提及经世文编作为举业书的身份[2]。改革后的晚清科举的两大重点是经济特科[3]和改试策论。与必须由高官推荐的经济特科相比，改试策论则与要应考的广大士绅有关，因此与此相关的举业书也很多，研究者讨论策论，举业书自然要进入他的视野中。刘海峰梳理了从古代到晚清"策学"的演变，强调研究"策学"在科举学上的重要性[4]。章清、刘龙心、王艳娟、李少军等学者讨论策论在晚清只是转型中所扮演的角色[5]。袁一丹讨

① 杨立人：《经世文续编研究》，《近代史研究》1990年第3期；冯天瑜、黄长义：《晚清经世实学》，上海社会科学院出版社2002年版；沈艳：《晚清经世文编的文化特色与文化本质》，《清史研究》2000年第1期；沈艳：《晚清经世文编现象的历史文化透视》，《江汉论坛》2000年第1期；沈艳：《近代"经世文编"赓续潮流述论》，《史学月刊》2004年第3期；沈艳：《试论近代续"经世文编"文化热潮的成因》，《湖北大学学报》（哲学社会科学版）2005年第32卷第4期；李鹏程：《晚清"经世文编"现象研究》，《中州学刊》2006年第1期；章可：《论晚清经世文编中"学术"的边缘化》，《史林》2009年第3期等。

② 沈艳：《晚清经世文编现象的历史文化透视》，第62页。

③ 关于经济特科，参见何玲《晚清经济特科探析》，《历史档案》2004年第1期；张海荣《经济特科考论》，《安徽史学》2016年第6期。

④ 刘海峰：《"策学"与科举学》，《教育学报》2009年第6期。

⑤ 章清：《"策问"与科举体制下对"西学"的接引：以〈中外策问大观〉为中心》，《中央研究院近代史研究所集刊》2007年第58期；章清：《"策问"中的"历史"：晚清中国"历史记忆"延续的一个侧面》，收录氏著《学术与社会：近代中国"社会重心"的转移与读书人新的角色》，上海人民出版社2012年版，第72—89页；章清：《会通中西：近代中国知识转型的基调及其变奏》，社会科学文献出版社2019年版；刘龙心：《从科举到学堂：策论与晚清的知识转型（1901—1905）》，《中央研究院近代史研究所集刊》2007年第58期；王艳娟、李少军：《迎拒之间的选择：清末科举改试策论与西史接引》，《甘肃社会科学》2015年第3期。

论改试策论在实际运作中的种种困境①。最近，沈俊平、曹南屏等学者也陆续发表关于编辑和出版举业书的研究②，大大推进了此领域的研究。笔者曾经在讨论科举改革的论文中，使用报刊登载的书店广告，谈过书店应对科举改革的营销策略③。本文的讨论其实并未超过上述先行成果，比如提到的改头换面、盗版等现象，均在先行研究里被提到过。本文以资料的介绍为主，沿着过去研究的思路，用实际的举业书为素材，介绍晚清科举改革时期的书店所采取的应对措施，以期为后续的研究提供多一些参考依据。

二　晚清科举改革的进展

关于科举改革制度层面的讨论，学术界已经进行了很多讨论④，本文的重点也不在此。虽然与既有研究重复，但有必要在制度方面做一定的整理，作为本文探讨的主要问题的研究背景。

呼吁改革科举的声音和如何改革的讨论，早自鸦片战争后就开始不断出现，也有不少官员上奏提出了改革方案。甲午战争前后，中国国内已经有一定数量的新式学堂。不过在维新运动之前，清政府基本上未对科举制度本身做过改动，新式学堂也未被纳入正规的

---

① 袁一丹：《"实学"与"虚文"之间：晚清改试策论的多重困境（1898—1905）》，《文艺争鸣》2016 年 7 月号。

② 沈俊平：《举业津梁：明中叶以后坊刻制举业书的生产与流通》，学生书局 2009年版；沈俊平：《晚清石印举业用书的生产与流通：以 1880—1905 年的上海民营石印书局为中心的考察》，《中国文化研究所学报》2013 年第 57 期；曹南屏：《阅读变迁与知识转型——晚清科举考试用书研究》，社会科学文献出版社 2018 年版；曹南屏：《"考试不足得人才"：清末科举改制与出版市场的互动及其影响》，《近代史研究》2018 年第 5 期等。

③ 拙文：《光绪戊戌年における反変法活動の意味》，《史林》（日本京都）2010年第 93 卷第 6 号，第 82—83 页；《浅议维新时期湖南科举的改革》，《文史拾遗》2014年第 4 期，第 14 页；《晚清维新运动时期天津报纸有关科举改革的报导：以〈国闻报〉、〈直报〉为例》，《辅仁历史学报》2016 年第 36 期，第 273—277 页。

④ 关于晚清科举改革在制度层面的讨论，参见王德昭《清代科举制度研究》，第161—249 页；关晓红：《老树新枝：晚清科举改革的取向》，收录氏著《科举停废与近代中国社会》，第 18—81 页；韩策：《科举改制与最后的进士》，社会科学文献出版社 2017年版。

人才系统中。

甲午战争之后，清政府已经允许乡、会试第三场以时务策士。书店也很快做出反应，积极推出新商品。在此仅举一个例子。光绪二十三年由漱石山馆石印出版的金为、金煊同辑《时务全书提要》是应对此次调整的举业书。徐炎森于光绪二十三年六月下浣撰写的序文明确表示，"岁在丁酉（光绪二十三年），各直省举行乡试，谏垣请于三场策问兼及时务。于是海内文人翕然趋向，坊间时务新书一时叠出，大都悖多斗靡，未能挈领提纲，风檐寸晷，稽考良难，阅者憾焉"。徐炎森明确表示，考试内容的调整让海内文人寻找有用的参考书，因此出现了很多时务新书（虽然其水平无法满足应考士绅的要求）。那么，《时务全书提要》是什么样的书呢？徐炎森说："吾友金霍生和仲昆玉辑有《时务全书提要》一书，扼要钩元，条分缕析，凡未经涉猎西学者，开卷之余，靡不了然于心目。其书采辑各种中西新出书籍，折衷一是，有条不紊，不取荒诞之说以炫奇，不逞臆度之见以欺。此述而不作，心而有微，维不敢曰五侯之鲭、白狐之腋，然合五千年之典籍汇为一编，罗千百国之见闻勒为一集，岂亦可谓博而能约也？"[1]《时务全书提要》一共有五卷，分别是讲"开辟之始""报馆之始"等的"纪始"；讲"中国纪年""泰西纪年"等的"纪年"；讲"英国统系""法国统系"等的"纪统"；讲"五大洲""亚细亚洲"等地理的"纪地"；讲"英吉利""法兰斯"等政治的"纪政"。由金氏兄弟"采辑各种中西新出书籍"而成的《时务全书提要》，在即将要考乡试的此时面世，出版书店漱石山房的意图很明显，是给"凡未经涉猎西学"的应考士绅，准备一个可靠的参考书。

不过，第三场考试的重要性远不如前两场考试，尤其不如首场四书文。清政府于光绪二十四年做出两大改革措施，在考场的安排上也带来很大的变化。光绪二十三年九月底，贵州学政严修上奏请

---

[1] 金为、金煊同辑：《时务全书提要》，光绪二十三年漱石山房石印本，国家图书馆普通古籍阅览室藏。出版书店名据版心。

开设经济专科①。同年十一月二十三日，清政府下谕将严修的奏折抄录给总理衙门，并让其会同礼部妥议具奏②。翌光绪二十四年正月初六日，总理衙门覆奏请开设经济特科和常科，被清政府立即采纳③。经济特科仿康熙、乾隆年间博学宏词科，让三品以上的京官和督抚、学政各举所知擅于在内政、外交、理财、经武、格物、考工中某一专长的人才，推荐给总理衙门后特简阅卷大臣试以策论，决定去留，然后再复试一场，详定等第。特科十年或者二十年用特旨举行一次，不为常例。经济常科则"每届乡试年分，由各省学臣调取各书院、各学堂高等生监录送乡、会试，皆以策问试之。初场试专门题，次场时务题，三场仍试四书文，以端趋向。中式者另为一榜，名为经济正科举人、贡士。其复试、殿试、朝考，仍与寻常举人、贡士合为一场，同试一题，第于卷面另编字号，不责以楷法，不苟其讹脱，一以学问为高下，自不至屈抑真材，而亦可免诸生之歧视。此为常科，三岁一举"。按照总理衙门提出的方案，无论是特科还是常科，都试策问。由高官推荐的特科在与实际去留有关的阶段只试策论，常科虽然在殿试还是跟进士科同试一题，但也是跟实际去留有关的乡、会试阶段，初场和次场都试策问，四书文被放在重要性不大的第三场。这是在考试安排上极大的改动。

光绪二十三年五月五日，清政府又下谕旨，说道"著自下科为始，乡、会试及生童岁、科各试向用四书文者，一律改试策论。其如何分场命题考试，一切详细章程，该部即妥议具奏"④。调整考试内容的讨论，此时已经开始涉及进士科的考试内容。同月十二日，御史宋伯鲁上奏说"宜将正科（进士科）与经济岁科合并为一，皆试策论，论则试以经义，附以掌故，策则试以时务，兼及专门，泯中西之界限，化新旧址门户，庶体用并举，人多通才"，请

① 严修自订：《严修年谱》，高凌雯补，严仁曾增编，王承礼辑注，张平宇参校，齐鲁书社1990年版，第101—104页。
② 朱寿朋编：《光绪朝东华录》第4册，中华书局1958年版，第4007页。
③ 同上书，第4024—4026页。
④ 同上书，第4102页。

"除了乡、会试自下科为始改试策论外，其生童岁、科试，即饬各省学政，随按临所至，一经奉到谕旨，立即遵照章程，一律改试经史时务，两者并重，庶学者不以帖括分心，得以专力讲求实学"。清政府立即下谕旨说，等下届乡、会试时将两科合并为一科考试，至于生童岁、科试，不等下届立即改试策论①。此后同月二十二日礼部上奏详细章程，但还是说"以四子六经为根柢"，首场试四子书论、经论、史论各一篇，另外询问是否仍旧试五言八韵诗②。六月初一日，湖广总督张之洞和湖南巡抚陈宝箴联名上奏主张，"合科举、经济、学堂为一事"，采取"先博后约，随场去取之法"。他们的方案是考试全三场中第一、二场试经济，第三场才试四书义、五经义。六月初三日，清政府应此奏折命礼部"详议条目颁行"③。此后礼部提出的《乡、会各试详细章程》，几乎照样采用了张、陈两人的方案④。

如此，经过光绪二十四年的改革，在科举考试中传统考题的重要性降低，与时务、经济等新的考试内容，尤其是策问的重要性被大大地提高了。于戊戌政变后的八月二十四日，虽然慈禧太后宣布取消戊戌年间所有科举改革措施⑤，但经过义和团运动和辛丑和约之后的光绪二十七年，科举改革再一次上演。

清政府本拟于光绪二十七年辛丑举行恩科会试，翌光绪二十八年壬寅举行正科会试，但因义和团运动导致的全国性混乱，辛丑恩

---

① 朱寿朋编：《光绪朝东华录》第 4 册，第 4106—4107 页。宋伯鲁此一奏折是由康有为代拟的，参见孔祥吉《康有为变法奏章辑考》，北京图书馆出版社 2008 年版，第 282—284 页。

② 国家档案局明清档案馆编：《戊戌变法档案史料》，中华书局 1958 年版，第 224—227 页。

③ 朱寿朋编：《光绪朝东华录》第 4 册，第 4137—4142 页。

④ 此章程见于《湘报》第 163、164 号，中华书局 2006 年影印，下册，第 1614—1615、1625—1627 页。

⑤ 朱寿朋编：《光绪朝东华录》第 4 册，第 4220—4221 页。

科和壬寅正科都延至光绪二十九年癸卯合并举行①。清政府已于光绪二十七年七月十六日颁发谕旨，决定"著自明年为始，嗣后乡、会试头场，试中国政治史事论五篇，二场试各国政治艺学策五道，三场试四书义二篇、五经义一篇。考官评卷，合校三场以定去取，不得偏重一场。生童岁、科两考，仍先试经古一场，专试中国政治史事及各国政治艺学策论，正场试四书义、五经义各一篇。考试试差、庶吉士散馆，均用论一篇、策一道。进士朝考论疏、殿试策问，均以中国政治史事及各国政治艺学命题。以上一切考试，凡四书、五经义，均不准用八股文程式，策论均应切实敷陈，不得仍前空衍剿窃"。② 上谕虽说乡、会试评卷"不得偏重一场"，但从各场的安排上看，考试重点无疑在"中国政治史事"和"各国政治艺学"上。此次对考试重点的调整，是在清政府宣布废除科举制之前，是一项有关科举制改革的重要措施。应考士绅在义和团运动结束后恢复科举之时，要重新面对新的考试内容。

三 晚清的举业书

在本章，笔者拟使用实际举业书的例子，对晚清科举改革时期的举业书进行分析。

虽然是为了应对新考试的举业书，但其内容也不一定全是新的学问内容。策论这个考试体例古已有之，而且光绪二十七年的改革明确将中国政治史事纳入考试范围，因此面对策论地位的遽然上升，应考士绅和书店从传统中找到材料，也是理所当然的。

光绪二十四年六月浙江会文堂书庄石印出版的《三苏策论》，

---

① 王德昭：《清代科举制度研究》，第234—236页。光绪二十七年癸卯科和二十八年甲辰科，即中国历史上最后两科会、殿试举行的状况，详见韩策《科举改制与最后的进士》。

② 朱寿朋编：《光绪朝东华录》第4册，第4697页。

是其中较为典型的一例①。出版书店会文堂在封面背面的告白上，首先推宋代三苏，即苏洵、苏轼和苏辙为"海内立言不朽者"，然后说"戊戌（光绪二十四年）夏五月，钦奉上谕，校士改试策论"，因此请"湘中张君（绍龄）取三苏集中，择其尤雅者，详加批解，厘为十二卷，以便学苑津梁，当为有目所共赏"。编者张绍龄的序文也谈编此书的目的，明确表示"适明诏以策论取士，三苏其策论之尤者"，所以选编加批献给读者。会文堂自光绪二十四年七月十三日开始，在《申报》上登出《三苏策论》的广告，也重申同样的意思②。

另外，刘龙心也在其论文中特意介绍过③的上海官书局光绪二十九年石印《通鉴纲目分类策论检题》④，也是取材于传统典籍的举业书之一。如刘龙心所说，"礼部强调《御批通鉴纲目》是为头场命题的主要出处"，不过此种大部头书很少人能够全放在大脑里。序文说，此书"自皇古以迄有明，条列分明，虽所采不过一二语，而因是以求原本，固不啻全书悉备也，且按之本科各省闱题，亦约略具载"。撰写序文的书商相信此书如此有用，"因述所见，以弁诸简端，然耶否，还以质诸应举者"。

此种"传统类"策论举业书，在笔者见到的书籍中，还有光绪二十四年秋渔陆山人校印《策论秘诀》二卷⑤。编者渔陆山人光绪二十四年七月的序文首先概括历代取士文章的演变，说道"国朝承前明旧制，功令所颁，首重制艺，相沿既久，文体日益佻薄。天子忧之，诏开特科，设学堂，嗣后一切考试，皆改用策。夫策论古

① 张绍龄编：《三苏策论》，会文堂光绪二十四年石印本，国家图书馆普通古籍阅览室藏。
② 《新辑批校三苏策论》，《申报》1896年7月13日，上海书店1982—1987年影印，第59册，第831页。
③ 刘龙心：《从科举到学堂——策论与晚清的知识转型（1901—1905）》，第114—115页。
④ 梦蝶生辑：《通鉴纲目分类策论检题》，上海官书局光绪二十九年石印本，国家图书馆普通古籍阅览室藏。
⑤ 渔陆山人校印：《策论秘诀》，光绪二十四年秋石印本，国家图书馆普通古籍阅览室藏。

文之一体也。承学之士但记帖括，而于古今文章之体蒉蒉焉。邸舍无事，爰辑桐城刘海峯（刘大櫆）、姚姬传（姚鼐）两先生论文之言，汇录校印，名曰《策论秘诀》，以示海内学者云"。如序文所言，此书其实是刘大櫆《论文偶记》和姚鼐《惜抱轩尺牍》的选编（卷上为《论文偶记》，卷下为《惜抱轩尺牍》）。刘氏《论文偶记》和姚氏《惜抱轩尺牍》是很常见的论文指南书。渔陆山人给自己的书冠以《策论秘诀》的堂堂书名，但其实际上只是常见材料的汇录，所以此本《策论秘诀》即使作为举业书，也不可能是上乘之作。不过我们通过此书，也可以了解为了应付新考试，士绅们希望从传统材料中汲取营养的心态。

邵恒照辑《古今经世策论举隅》八卷是古今合璧的参考文集①。此书自卷一至三辑贾谊《治安策》等"历朝文"，自卷四至六辑"国朝文"，卷七、八辑李元度《西教论》等"时务文"。对很多应考士绅（尤其是那些身处北京、上海等大城市或江南先进城市以外的）来说，学习陌生的时务知识是一个难题，与此同时，当考虑怎样表达自己的知识的话，很多士绅自然而然地会想到中国传统的论文技法。因此出现《古今经世策论举隅》这样的举业书，也是理所当然的。

传统科举时代，应考士绅常组织文社，相互切磋撰文技法。科举考试的重点移到策论上，"策论版"的文社也应运而生。笔者在讨论维新运动时期天津士绅对科举改革的反应时，曾指出在光绪二十四年六月时，天津举人洪月般等人组织静致庐会课活动，同人切磋琢磨，互评策论，还拟刊刻佳文②。此种团体虽然目前所知不多，但在科举改革时期，尤其在光绪二十七年的改革方案出炉以后，应该出现了不少。广智书局光绪二十八年排印出版的强聒书社编选

---

① 邵恒照：《古今策论举隅》，光绪年间排印本，国家图书馆普通古籍阅览室藏。

② 拙文：《晚清维新运动时期天津报纸有关科举改革的报导：以〈国闻报〉、〈直报〉为例》，第 277 页。

《策论新选》二卷，算是策论文社佳文选集的实际例子①。"强聒书社同人识"的序文说，"方今天子维新，以策论试士，冠缨之伦，咸争自励，莫不殷殷求实学，以应世变。然无经世之韬略，必无经世之鸿文，随流逐波，揣摩时习，则与帖括之文，复何以异也？同人肄业之余，旁搜博览，得灌阳唐维卿（景崧）先生批订之策论，于中择其理与文并胜者得若干篇，非惟文中之模范，抑亦为从事新学者之阶梯也。真伟作哉。不欲自私，付诸手民，以公天下之讲求实学者"。《策论新选》收录陈祖虞《南洋关西中西大局论》等策论，每一篇都有批文（比如陈祖虞一篇批有"南洋形势源流一一分明，高瞻远瞩，崇论宏议，是天地间绝大文字，小儒不知也"等语）。如果相信序文的说法，此书并非强聒书社自己的作品，而是前署理台湾巡抚唐景崧批订的策论选集。但书社同人偶得唐景崧批订一堆策论这样的说法，令人怀疑，不能贸然相信。笔者推测此书仍是强聒书社自己的佳文选集。或者至少可以说，当时有练习做策论的活动，其中的优秀作品会结集出版，《策论新选》是此种选集的一例。广智书局愿意出版此书，说明这种书籍在当时有一定的销路。

中央政府科举改革的动向，对举业书的结构也带来了影响。笔者虽然目前还无法以实物说明这一点，但通过报纸上的广告，可以知道维新运动时期经济特科的方案出炉以后，按照经济特科六门专长编辑的举业书出现了很多。比如，经济书局在光绪二十四年六月二十六日的《申报》上登出的广告说，"新辑《经济通考》。是书遵奉上谕，内政、外交、理财、经武、格物、考工六门，以自史百家为经，以时务诸书为纬，实为揣摩风气、练达世情最要巨籍。限年底出书"。②《经济通考》的六门内容与经济特科的六门专长完全一致，可见经济书局编辑此书，是受到中央政府

---

① 强聒书社：《策论新选》，广智书局光绪二十八年排印本，国家图书馆普通古籍阅览室藏。

② 《经济书局启》，《申报》1898 年 6 月 26 日影印本，第 59 册，第 712 页。

改革动向的直接影响①。

光绪二十七年的科举改革也同样给书店的编书带来了影响。比如，光绪二十八年春上海鸿文书局石印出版的朱大文等辑《万国政治艺学全书》，分上编《万国政治丛考》一百二十卷和下编《万国艺学丛考》一百二十卷，总共二百四十卷②。此书以"各国政治艺学"为书名，是因为光绪二十七年的科举改革特别交代考试重点在"中国政治史事"和"各国政治艺学"上。同样用"各国政治艺学"命名的，也有鸿宝书局光绪二十八年石印出版的东山主人编《新辑各国政治艺学全书》③。赵以炯为此书撰写的序文说，"自去年诏开科举，海内新识之士莫不移的换目，束其所谓十万选、五万选者，而全注其脑电于译本。于是各国之政治家言、艺学家言，无不渐次译印，罗列于五都之市，用纸之数，遂顿涨数十。度书业之现状，殆即文明之风潮也。……东山主人涖沪有年，于东西新学之书，多所浏览，爰辑十九世纪、二十世纪中之新译善本汇为全书，付之石印，子目分二十有三，而其宗旨，则不外政治艺学而大端，遂标其名曰《万国政治艺学全书》，此正我中国输入文明之朕也"。

比较有意思的是，赵以炯的序文，使用了很多新名词，比如"脑电""文明""十九世纪""二十世纪"等。到了光绪二十八年，部分举业书已经毫不犹豫地使用新名词撰文，如果考虑到当时的应考士绅争相阅览此种书籍，那么举业书在推广新名词上的贡献也必会不小。

另外，《新辑各国政治艺学全书》的结构，也值得一谈。此书有"学校""政治""财赋""兵制""商务""公法""刑律""格致""算学""天文""地理""声学""光学""电学""化学"

---

① 在湖南《湘报》和天津《国闻报》《直报》上同样受到特科改革影响的广告，分别参见拙文《浅议维新时期湖南科举的改革》，第 14 页；拙文：《晚清维新运动时期天津报纸有关科举改革的报导：以〈国闻报〉、〈直报〉为例》，第 273—274 页。

② 朱大文等辑：《万国政治艺学全书》，鸿文书局光绪二十八年石印本，国家图书馆普通古籍阅览室藏。

③ 东山主人编：《新辑各国政治艺学全书》，鸿宝书局光绪二十八年石印本，国家图书馆普通古籍阅览室藏。

"制造""矿务""电报""铁路""邮政""农学""医学""史学"二十三个子目。稍前的举业书，比如上引光绪二十三年漱石山房石印《时务全书提要》，虽然是"採辑各种中西新出书籍"而成的，不过其分"纪始""纪年""纪统""纪地""纪政"五门的结构，不能说完全无法看出西方的影响，但还保留浓厚的中国传统风格。另外，同样应对策论编辑出版的光绪二十四年上海书局石印华金昆校《分类时务统编》九卷，每卷的内容分别为"奏疏类""议类""论类""说类""书类""考类""表类""门类""杂录类"，也用传统的文章分类法①。由此可以说，晚清举业书即使将重点放在新的学问上，但在光绪二十三、光绪二十四年科举改革刚开始的时候，部分举业书还是保留了传统的结构。但到了光绪新政时期，新考试的格局逐渐确定，而且受到东西学的影响，中国的学问分类法也开始变化。随着此种演变的过程，举业书的结构也呈现出明显的变化。当然不能说，晚清的学术观、世界观的变化是举业书带来的，但在新观念的普及上，举业书应该有它不可忽视的影响。

下面笔者要谈谈书店出版举业书时的资料来源的问题。现在很多人都知道，晚清的书店编书，或士人撰文，经常使用别人的著作抄录。那么他们利用别人著作的用意何在？标准如何？这些著作来自何处？都是值得讨论的问题。但可惜笔者目前无法进行这方面详细的讨论。下面仅就盗版、改头换面以及伪造的问题，介绍笔者目前所知道的例子。

上海宝善书局于光绪二十四年正月石印出版的《中外时务策府统宗》四十四卷，附《西学书目表》《读西学书法》各一卷是一种典型的盗版书②。此书于卷端有上海文盛书局主人于光绪二十三年五月撰写的序文。在光绪二十三年六月十九日的《申报》上，有"上洋江西文盛堂"推出《中外时务策府统宗》和《策学百万卷类

---

① 华金坤校：《分类时务统编》，上海书局光绪二十四年石印本，国家图书馆普通古籍阅览室藏。

② 《中外时务策府统宗》，宝善书局光绪二十四年石印本，国家图书馆普通古籍阅览室藏。

编》的广告，说"因今蒙荷旨，允准某侍御奏请，乡、会三场，策重时务，敝局特请精通西学诸友，复重辑《中外时务策府统宗》，博搜课艺、格物等书……得四十四卷，凡中外时务，应有尽有，识西学之统宗也"。① 宝善书局《中外时务策府统宗》和《申报》广告上的《中外时务策府统宗》不仅书名一样，卷数也一致，而且宝善版序文的"文盛书局"和"上洋江西文盛堂"，也应为同一家书店。因此可以说，宝善版的《中外时务策府统宗》是文盛堂于光绪二十三年出版的《中外时务策府统宗》的盗版书。笔者目前尚未见到文盛堂版，但其广告上完全没有提到梁启超的《西学书目表》和《读西学书法》。因此笔者推测，宝善版的《西学书目表》和《读西学书法》是宝善书局在印发盗版书时，为了提高它的价值另附上去的。

关于改头换面的举业书，则有重编版的《湘学报》和《庸庵全集》。

《湘学报》是自光绪二十三年三月二十一日在湖南长沙创刊的旬刊报刊。创刊时的督办是湖南学政江标。在光绪二十三年底江标离任后，下一任学政徐仁铸继续发行，光绪二十四年六月二十一日终刊，共出 45 册。《湘学报》的内容有"史学"、"掌故（后改称为'时务'）"、"舆地"、"算学"、"商学"、"交涉"六门，是维新运动时期湖南的重要刊物②。光绪新政时期，《湘学报》多次被重编出版。

首先介绍光绪二十八年石印出版的《西政丛钞》六卷③和《湘学报类编西政丛钞》六卷④。其实这两套书除了封面的书名和封底

---

① 《新出石印中外时务策府统宗、策学百万卷类编》，《申报》1898 年 6 月 19 日影印本，第 56 册，第 483 页。

② 关于《湘学报》，参见汤志钧《戊戌时期的学会和报刊》，台湾商务印书馆 1993 年版，第 253—264 页；拙文：《〈湘学报〉的经营、流通以及其在维新运动史上的位置》，《新史学》（台北）2019 年第 30 卷第 1 期。

③ 《西政丛钞》六卷，光绪二十八年石印本，国家图书馆普通古籍阅览室藏。

④ 《湘学报类编西政丛钞》六卷，光绪二十八年石印本，"中研院"郭廷以图书馆藏。

稍有不同以外，序文的内容和正文部分的版式及内容完全一致。江浦养春堂主人于光绪二十八年三月撰写的序文说道：中国自从科举制度确立以后，不能培养人才，"草茅之士，于中国历代政治，讲求贯串，明体达用者，尚千百年中无一人，遑云西政"，此种情况后来导致"甲午之丧师，戊戌之变政，庚子之义和拳"。此时"朝廷既废制义，试策论，以中外政治取士，举天下之耳目，焕然而更新之。士之讲求实学，有志见用者，乌能不于欧美政治，神明变通，借镜反观，以考中国之舟车梁栋乎？"如上所述，清政府发布改革考试内容的是光绪二十七年七月十六日，下一科会试在光绪二十九年举行，养春堂主人撰写《西政丛钞》序文的光绪二十八年三月，正好是各地考生寻找应对新考试办法的时候。养春堂主人编辑出版这套《西政丛钞》是为了给应考士绅提供一个新的举业书。

养春堂主人给应考士绅准备的内容，其实完全是来自《湘学报》的。《西政丛钞》目录为第一册"史学"、第二册"时务"、第三册"舆地"、第四册"算学"、第五册"商学"、第六册"交涉"，与《湘学报》的内容完全一致，只不过是重新分类并以石印出版而已。《湘学报类编西政丛钞》的封面有"书经存案，翻印立究"字样，但它本身也是《湘学报》的翻本。《西政丛钞》和《湘学报类编西政丛钞》虽无法知道哪一方在先，但此两套书的存在说明它至少被重印过一次，说明其出版受到读书界一定程度的欢迎。

光绪二十八年上海书局石印出版的王德尚编《西学新政丛书》，也是重新编辑过的《湘学报》[①]。此书不仅第 1 册封面书名为《湘学报类编》，而且它的内容也完全是利用《湘学报》编辑而成的。此书由《中西政治辑要》三卷、《万国政教种族考》二卷、《西学维新策》六卷、《中西地理辑要》三卷、《算数名义释例》三卷的五个部分构成，虽然与《湘学报》原刊的六门分类不同，但其实际内容都与《湘学报》一样（《中西地理辑要》和《算学名义释例》

---

① 王德尚编：《西学新政丛书》，上海书局光绪二十八年石印本，国家图书馆普通古籍阅览室藏。

分别是"舆地"和"算学"的内容。前边的《中西政治辑要》等三种是用"史学""时务""商学"和"交涉"的内容编辑的）。公学会主人于光绪二十八年四月撰写的总序说，"今者朝野一心，皆知学校为古今万国治富强之基，我皇上变法之始，首诏天下省会、府、厅、州、县普立大中小学堂及养蒙学堂，改科举章程试以中西历史、政治、艺术，举国全力奋迅复古，以符三代选举合于学校之盛轨。十年以后，人才辈出，各尽所长，以光辉吾皇家万载文明之鸿业，欧美之富强云何哉？"总序如此强调改革科举后士子学习内容的变化，那么王德尚对《湘学报》内容的重新分类，也是为了应对此种变化。

上海积山书局于光绪二十八年石印出版的《中外时务经济文编》①，其实是薛福成《庸庵全集》，只不过将书名改换成更可以吸引应考士绅眼球的《中外时务经济文编》而已（总目为《庸庵文编》四卷、《续编》二卷、《外编》四卷、《出使英法义比四国日记》六卷、《海外文编》四卷、《筹洋刍议》一卷）。

《中外时务经济文编》在封面上注明"南皮张之洞鉴定"，"两湖书院译"，卷端也有湖广总督张之洞、军机大臣王文韶和宋伯鲁三人光绪二十八年二月的序文。宋伯鲁原是御史，维新运动期间曾多次代康有为上奏，戊戌政变后被革职。宋伯鲁易姓逃亡上海，后来于光绪二十八年六月，返回陕西醴泉原籍被捕②。宋伯鲁是戊戌党人，可以说是铁定的"康党"，光绪二十八年二月还在上海匿居。那么谨慎如张之洞那样的大官，还愿意与宋伯鲁一起撰写序文吗？虽然没有证据，但笔者推测此三篇序文均为书贾托名的伪作。张之洞和王文韶是无人不知的大官，宋伯鲁在维新运动时期上了很多有关科举改革的重要奏折。积山书局用此三人名字的用意，是很明显的。

---

① 张之洞鉴定：《中外时务经济文编》，积山书局光绪二十八年石印本，国家图书馆普通古籍阅览室藏。

② 关于宋伯鲁，参见汤志钧《戊戌变法人物传稿》（增订本）上册，中华书局1982年版，第309—317页。

　　另外，有益堂于光绪二十七、光绪二十八年间出版的《三苏策论文选》六卷，附有《新增策论萃林》二卷①。《新增策论萃林》的封面有"张香涛（之洞）先生选集"字样。但是，张建桢于光绪二十七年十月中旬撰写的序文说，"今秋八月有上谕，明年大小试以策论取士，学者争思从事所谓策论者，或以不识所向为虑。有益堂主人爰辑汉以来策论，刊以示余，或有嫌所采约者曰若未审主人意也。主人特为初学操觚者示程途耳，非谓古人策论名篇备于兹也。然取是编而读之，已可寻指南之车矣"，一字也没有提到张之洞。因此也可以推定，"张香涛先生选集"也是书店为了提高销量的托名行为。

　　光绪二十七年石印本《中外经济政治汇考》，也是书店托名编辑的举业书②。此书每卷首都有"元和江标辑"，每卷或每册末也均有"钦命湖南全省督学使者江标辑"字样。卷端还有江标和黄遵宪的序文。江序说"朝廷下诏开特科以取士，复有废八股改试策论之论。有志维新者，跃然奋起，是宜讲求实学。即此编以详究之盖，不无小补"云云。不过此书也是书店托名编辑的，江标和黄遵宪的序文都是伪作③。

　　如此，书店为了推销自家商品，使用了各种各样的手段，不用说出盗版或用别人的著作改头换面，甚至会伪造序文，托名出版举业书。

四　结语

　　笔者在上文介绍的举业书，虽然只是九牛一毛，但通过它们，

---

　　①　朱若且编：《三苏策论文选》，附有益堂主人编《新增策论萃林》，有益堂刊本，国家图书馆普通古籍阅览室藏。本文说此书刊刻于光绪二十七、光绪二十八年间，是由《新增策论萃林》序文的撰写时间推测的。
　　②　江标辑：《中外经济政治汇考》，光绪二十七年石印本，国家图书馆普通古籍阅览室藏。
　　③　黄政：《江标生平与著述刻书考》，硕士学位论文，北京大学，2011 年，第 59—60 页。

也可以了解当时中国的一种社会现象。清政府科举改革的方案一出，书店很快做出反应，编辑诸多新的举业书。举业书的结构和它在世纪之交的变化，也反映出当时中国学术语境的变化，而且受众较多的举业书在推广新的世界观上，做出一定的贡献。书店编书时使用的各种技巧，也反映当时中国出版业的生态。

发现"青年期":20世纪二三十年代青年问题调查的兴起

王　康

（中国社会科学院近代史研究所）

20世纪二三十年代，五四运动给青年群体带来的政治光环消失殆尽。同时期的文学作品会使用"苦闷、绝望、彷徨"等词汇描绘青年精神状态，报纸杂志上经常刊载关于青年自杀、求学失业、恋爱婚姻等问题的讨论，社会上所谓的"青年顾问"纷纷登场，给青年们开具各式"药方"。众声喧嚣中，青年问题的讨论模糊了青年问题的本质和实态。与此相对，心理学家、教育学家秉持科学的态度，在事实调查的基础上分析青年问题，提供了积极的解决方案，但是，这类学术活动实践一直被我们所忽视。

20世纪二三十年代，以舒新城、杨贤江、张文昌和周先庚为代表的心理学、教育学者，在引进介绍国外"青年期"理论的同时，普及青年期知识，通过对中国青年问题的实际调查，形成一系列关于解决青年问题的新认识，为青年提供指导和帮助。正是由于他们深入青年群体的调查和研究，留下了丰富的记录，成为我们今天了解当时青年问题的珍贵历史文本。本文拟从青年问题调查出现的社会背景，研究者的学术渊源、知识结构、研究方法等方面深入解读四份调查文本，检讨这些调查的科学性，以及作为历史资料的青年问题社会调查，多大程度上呈现了青年群体遭遇的人生困境。

一 "青年"何以成为"问题"？

青年学生是近代中国社会的一股新兴力量。随着清末科举制的废除与新式教育的兴起，青年学生向城市集中，他们在校园内学习、生活，形成了一种特殊的青年文化。五四运动时期，他们登上社会的舞台，担负起挽救国运的历史责任，引起社会各界瞩目。这一时期，中学数量和学生数量也迅速增加。1915 年，全国有中学444 所，学生 69770 人，而到了 1923 年，学校增加到 738 所，学生数量多达 115548 人。[①]

虽然青年群体力量崛起，个体的青年却处于迷茫和不安的情绪中。沪江大学 1934 级学生邹鸿操称其在青年时代过着"幻想、苦闷、冲动、恐怖、悲观、感叹"的生活。他的痛苦源自家庭制度、国家社会的黑暗、前途未卜以及生理冲动。这些因素对其思想产生巨大冲击，造成他持续的失眠和精神疲乏。[②] 无独有偶，郑超麟在中学毕业后也时常莫名其妙地感觉苦闷。[③] 青年的"烦闷、苦恼"在 20 世纪二三十年代极为常见。

同时代的研究者认为，这些"烦恼"意味着青年对社会的"不适应"。人在青年时期的身心发展具有跳跃性，对社会的责任与对爱情的向往，随着性的成熟而萌生出明确的意识。但青年既不了解社会，又不明白身体发育所引发的心理变化，常常遇到心理适应方面的问题。因而，青春期又被称为"危险时期"。[④] 这一时期，青年如果遇到特殊环境刺激，平日的生活习惯不能适应突发的困难，导致青年问题的出现。[⑤] 因此，研究者们从青年生理心理变化

---

① 陈元晖：《中国现代教育史》，人民教育出版社 1929 年版，第 24 页。
② 邹鸿操：《青年期的心理卫生》，《南大教育》1935 年第 2 期。
③ 郑超麟著，范用编：《郑超麟回忆录》，东方出版社 2004 年版，第 161 页。
④ 杨贤江：《第二诞生期：人生第二危险期》，《学生杂志》1922 年第 9 卷第 3 号。
⑤ 张文昌：《青年问题研究——杭市五百七十七高中学生调查表统计结果》，《教育杂志》1936 年第 26 卷第 1 号。

与社会环境变动两个方面探究青年问题的发生机制。

首先，研究者们从青年期特殊的身心状态来理解青年问题。廖世承指出，到了中学阶段，随着年龄增长，自我的观念逐渐萌生，"人世间可喜可忧可爱可憎的事情，渐渐地来萦绕青年的心志"，由此青年问题产生。① 张文昌则强调，青年内心所形成的新观念、新要求、新兴趣，如"好活动、好交际、好自我表现，求知欲旺盛，同情心扩大，性欲的刺激，情的奔放"等，是导致青年问题的深层心理原因。② 从以上论述可知，研究者们已注意到青年期心理和行为特点，并运用其阐释分析青年问题，而这与20世纪早期霍尔青年期理论在国内的传播密切相关。

青年期的发现是现代心理学发展的产物。1904年，美国心理学家斯坦利·霍尔（Granville Stanley Hall）将进化论引入心理学研究领域，认为个体发展重演了人类的发展阶段。青年期（Adolescence）则是一个走向成熟的过渡阶段。在青年期后期，个体重演的是现代文明的起始阶段。因此，霍尔认为"青年期是新生命之开始，从这时候起，有更高等、更完全的人性产生出来"。③ 1908年霍尔将原著《青年期》（*Adolescence*）一书的精华部分摘出，新增一章"道德和宗教的教育"，出版了《青春期：教育、养成和健康》（*Youth：Its Education，Regimen and Hygiene*）一书。霍尔非常强调在青年期研究中使用科学方法，他前承过去哲学的、推理的方法，后启现代科学的、经验的方法，对中国学界产生重要影响。随着"青年期"概念引入中国，"青年问题"从一种讨论话题成为科学研究对象，可以说，在"青年期"概念传入前，中国人并不清楚有所谓青年问题，更谈不上研究了。④

① 廖世承：《中学教育》，商务印书馆1924年版，第133页。
② 张文昌：《青年问题研究——杭市五百七十七高中学生调查表统计结果》，《教育杂志》1936年第26卷第1号。
③ ［美］斯坦利·霍尔：《青年期的心理与教育》，杨贤江译，上海世界书局1929年版，第8页。
④ 张友仁：《青年与婚姻问题》，《学生杂志》1924年第11卷第1号。

20世纪20年代，霍尔有关青年期理论和青年期新知识在中国开始传播。1922年，杨贤江发表了《第二诞生期：人生第二危险期》一文，把霍尔青年期的核心观点引进到中国，文章解释了什么是第二诞生期，青年期的起始阶段以及被称为人生第二危险期的原因。① 1929年，杨贤江以"李浩吾"为笔名，翻译该书，出版中译本《青年期的心理与教育》。杨贤江因原著文字晦涩，又是删节版，翻译时遇到许多困难。所以，他参照了和田琳熊翻译的日文版内容②。这一时期国内学界关于青年生理、心理特征的论述，明显受到霍尔青年期理论的启发。北京师范大学教育研究科的赵廷为在《青年期的研究》一文中介绍国外青年期研究的概况，多处引用霍尔的观点③。杨贤江撰写《中等教育与青年问题》一文时，借鉴了霍尔关于青年期的年龄划分："从十二岁或十四岁到身体完全成熟的一段年期"，因为青年期出现生理和心理上的重要变化，所以可被看作人的"第二诞生期"④。廖世承在讨论中学生问题时，提及性欲和青年心理的关系，就使用了霍尔的观点归纳青年期特征⑤。由此可见，霍尔的学说深刻影响了国内青年期研究，引导国内学者从青年期心理和行为特征的角度来阐释和分析青年问题。

另一方面，国内知识界也认识到霍尔学说解释青年问题的局限性，青年的"不适应"情绪，不仅仅是青春期心理和生理变化的结果，还是现代社会发展的必然产物。1938年，吴泽霖翻译 E. B. 伦特（E. B. Renter）的《社会学观点下的青春期》（*The Sociology of Adolescence*）。E. B. 伦特认为，现代社会的复杂性造成了青年面对相互矛盾的"各类社会标准"时无所适从。⑥ 此时，国内学者也发

① 杨贤江：《第二诞生期：人生第二危险期》，《学生杂志》1922年第9卷第3号。
② ［美］斯坦利·霍尔：《青年期的心理与教育》，杨贤江译，上海世界书局1929年版，"译者序"。
③ 赵廷为：《青年期的研究》，《民铎杂志》1924年第5卷第4号。
④ 杨贤江：《中等教育与青年问题》，《教育杂志》1925年第17卷第9号。
⑤ 廖世承：《中学教育》，商务印书馆1924年版，第135页。
⑥ 吴泽霖：《社会学观点下的青春期》，《东方杂志》1938年第35卷第16号。

现了社会环境与青年问题之间的内在联系。1936 年，张文昌通过调查杭州市 577 名高中生，将"青年问题"归结为社会环境刺激下的行为。① 杨贤江则在近代中国社会的语境下，进一步提出疑问："何以中国青年从前不发生问题？"他认为在传统中国社会的青年生活在被压制的环境里。20 世纪前的青年认同于传统社会道德，因而在社会标准适应方面没有明显的矛盾和冲突。而 20 世纪初期中国社会发生的变化影响了青年生活。首先，辛亥革命前后，青年加入革命党，组织学生军，青年群体气势浩大。政治偶像推翻以后，剪发、废除旧历，青年自身的生活方式也随之发生改变。其次，新文化运动时期反对旧制度，推广白话文运动，以青年学生为主体的知识阶级觉醒了。最后，第一次世界大战后，巴黎和会外交失败和五四运动爆发，引起全国学生空前的活跃，从此，青年好动、革新的精神完全显露出来②。

从社会变动的角度来理解青年问题，可以超越青年个体的限制，把普遍存在的青年问题作为研究对象。社会学意义上的青年期，强调的是青年个体对于社会的适应性，既包括青年期的成长变化，又有社会结构变动的因素；青年群体的社会不适应性，则是一个特殊的社会问题，须从社会结构的变化中寻求解释。传统中国社会的变化是缓慢的，青年在成长过程中没有出现显著的不适应，而 20 世纪早期中国社会的变化致使青年问题更为凸显，引起学界与社会舆论的普遍关注。

二 青年问题调查的发端

民国知识界虽然关注和讨论青年问题，但并不存在致力于青年问题社会调查的学术共同体。20 世纪早期的青年问题调查是教育学、心理学研究者自发的、以发现和解决青年问题为导向的学术实

---

① 张文昌：《青年问题研究——杭市五百七十七高中学生调查表统计结果》，《教育杂志》1936 年第 26 卷第 1 号。

② 杨贤江：《中等教育与青年问题》，《教育杂志》1925 年第 17 卷第 9 号。

践。基于对中国教育制度的反思，教师有意识地与学生交流，了解学生在青年时期遭遇的人生困境。研究者多以问卷、测验等方式探究学生成长过程中的普遍问题，形成有针对性的改良意见。

舒新城是较早进行青年问题调查实践的教育者。1923 年，从事教育工作已有五年的舒新城，向学校申请设立青年修养课程。以往他在教学实践中对青年问题多有留意，每周都与学生讨论。但他始终认为自己接触的青年问题都是片段的，所以希望借助课堂教学将青年问题研究清楚。于是在青年修养课上，他把平时思考的问题分类，交由学生们讨论并补充意见，这些学生基本上都是 15 岁至 20 岁的青年。①

以青年身体方面的问题为例，舒新城将 130 余名青年的意见汇总，归纳出 12 个具体问题。他原本计划把问题逐条列出，请更多的青年人回答，后因时间不足而未能实行。因此，他认为报告只能反映青年问题的性质，无法说明存在上述问题的青年数量。从反馈意见来看，舒新城推测当时大多数青年的身体是不健康的。

舒新城对青年问题的初步总结和归纳，为后继研究者的研究奠定了基础。根据他的调查结果，廖世承在《中学教育》一书将青年问题分成家庭、经济、身体、交友、学业、行为、性情及思想等。作为师范学校教科书，廖世承的《中学教育》影响甚广，之后的青年问题调查者杨贤江、张友仁、张文昌等都引述了《中学教育》关于青年问题的分类，从不同角度细化了舒新城的研究。

杨贤江不仅将霍尔"青年期"的理论译介到中国，并且非常关注实际存在的青年问题。1923 年，杨贤江成立"青年问题讨论会"，以讨论"青年的学术上、人生上和其他切要问题"为宗旨，譬如求学、婚姻、服务社会、干预政治、选择职业、独立生活等。该会用通信方式讨论青年问题，并由书记汇总各会员意见和文字汇集组合成篇，作为该会正式意见刊发在《学生杂志》上。② 1924 年

---

① 舒新城：《青年及青年所急当注意的几个问题（一）》，《申报·教育与人生周刊》1923 年 10 月 5 日第 8 版。

② 杨贤江：《青年问题讨论会简章》，《学生杂志》1923 年第 10 卷第 1 号。

8月，杨贤江在上海夏令讲学会发表青年问题演讲，总体上借鉴了舒新城的研究，只是增加了婚姻问题一项。[①] 杨贤江认为，通过讨论能够找到解决青年问题的方法，为彷徨在歧路的青年提供指导，使之从烦恼中解脱。在他的号召下，天津也成立了青年问题讨论会[②]，青年学生常常给他写信，询问人生困惑。由此，杨贤江对中国青年问题形成自己独特的见解。

根据读者来信，杨贤江认为中国青年问题的种类与内容，远比舒新城等人的调查要复杂。他的调查对象遍及全国各地，北自黑龙江，南至琼州，东自上海，西至四川，大多数是中等学校临近毕业的学生。因此，他把青年问题重新划分为11类：生理、家庭、社交、求学、婚姻、职业、经济、生活态度、人生观、政治见解以及常识问题。[③]

杨贤江的分类新增加了职业问题、政治见解和常识问题。政治见解和常识问题多涉及政治和社会改革，如革命、主义、学生运动、共和政体等[④]。虽然直接询问职业问题的人数不多，但考虑学生毕业后，面临职业选择，他还是将其列出，以引起青年重视。由于案例丰富多样，他在阐释青年问题时充分运用了举例法，即在每个分类后面列举了一些具体问题。对于青年颇为关心的求学和婚姻问题，杨贤江还作了补充说明。杨贤江掌握的个案数量尚不得而知，但他的调查范围广泛，调查者自愿参与调查，所以调查案例相对可靠、真实。

舒新城和杨贤江完成了对中国青年问题的分类，对于婚姻、求学、职业问题进行了重点分析。但因缺乏相关数量统计，无法从量的方面说明各个问题的轻重程度。而另外一份"中学学生的问题"调查，利用简单的统计方法，从侧面证明困扰青年的三大问题是婚

---

① 杨贤江：《青年问题》，《民国日报·觉悟》1925年1月27日，第4页。
② 天津青年问题讨论会：《本会第一次对外宣言：为青年解决种种问题》，《新民意报·青声》1923年第16号。
③ 杨贤江：《中等教育与青年问题》，《教育杂志》1925年第17卷第9号。
④ 同上。

姻、求学和职业。1924 年上半年，东南大学学生张友仁选修了廖世承教授的"中等教育"课程，课外研究的作业就是"二十多个关于中学学生与教职员及中等教育上一切理论与实施的问题"。他选择了"中学学生的问题"为题目，制作了 1000 份问卷，寄给 5 所中等学校里的朋友，每人 200 份，请他们转给同学填写，最终共收回了 453 份问卷。① 张友仁的调查问题是开放式的，几乎难以形成集中性的答案。而根据他的统计结果，婚姻、职业、求学三大问题构成全部的类型，没有"其他"的分类项目。据此，笔者推测要么数据计算未必精确，要么事实上青年学生认为人生最重要的问题只有这三种类型。这与杨贤江根据全国青年调查做出的判断一致。正因为此，张友仁撰文重点讨论了青年的婚姻问题。

20 世纪 20 年代的青年问题调查是在青年期理论的指导下结合中国青年实际情况进行的。研究者依据青年学生的反馈意见形成调查结果。这些调查也反映了青年学生对于自身问题的思考。从调查方法来看，研究者们使用了问答法，在某几个学校分发问卷或在报纸上刊载问题。前者以在校学生为调查对象，而后者调查范围广泛，涵盖未受过学校教育和已经毕业的青年，并且被调查者自愿参与，所以采集的数据相对可靠。

三　青年问题调查的科学化

20 世纪 20 年代舒新城和杨贤江关于青年问题的讨论影响了一批青年学生和中学教师，刚刚大学毕业的张文昌便是其中的一位。1935 年，时任之江文理学院教育学系教员的张文昌，在舒新城和杨贤江论述的基础上，提出了青年问题具有时代性与地方性的观点。他认为，舒新城和杨贤江在 20 世纪 20 年代进行的青年问题调查不能代表 20 世纪 30 年代青年的实际情形。而教育者应经常调查

---

① 张友仁：《青年与婚姻问题》，《学生杂志》1924 年第 11 卷第 1 号。

青年，要让青年说话，才能找出真正的青年问题。① 在这种理念的指导下，张文昌进行了一次较为系统、全面、科学的青年问题调查。

张文昌的调查开始于 1935 年 5 月，请 12 名学生协助其工作。选择调查对象时，他充分考虑到年龄分布和男女生的性别比例。调查对象只限于高中学生，年龄范围大致为 15 岁至 20 岁。张文昌没有把初中生纳入调查对象，一是因为人数太多，不易统计；二是因初中生年龄较小，多数未到青春期，严格说来不能算作青年问题。调查的学校共有 5 所，包括省立杭州高级中学、私立蕙兰中学、私立之江文理学院附属高级中学、省立杭州女子中学、私立弘道女中。前 3 校为男校，后 2 校为女校，共计被调查者 577 人，其中男生 457 人，女生 120 人，女生约占总数五分之一。②

张文昌先将调查对象依据实际年龄分组，再按照性别进行二次分组，15 岁以下者并入第一组，20 岁以上者并入第二组。调查内容包括青年健康、习惯、学业、经济、社交、家庭、政治、人生八个方面，问题的类型既有是非题，又有填字题，共 149 个问题。调查结果是依据年龄和性别统计每个题目的人数与百分比。为了使结果更精确，以每题实际回答的人数为标准计算百分数。报告因篇幅关系，并没有列出年龄组的情况，只显示性别组的统计以及综合统计的情况。③

张文昌的调查结果不仅显示了青年存在各类问题的数量，以及每一类问题在男女青年中的差异表现，还呈现出杭州市青年人的一般生活状况。张文昌也逐一指出统计结果暴露出的问题，并对每一分类举一二例进行说明④：

---

① 张文昌：《青年问题研究——杭市五百七十七高中学生调查表统计结果》，《教育杂志》1936 年第 26 卷第 1 号。

② 同上。

③ 同上。

④ 同上。

　　健康方面——男生常觉烦恼 33.9%，女生常觉烦恼 41.7%；

　　习惯方面——女生有吃零食习惯 72.5%，男生 48.1%，女生有记账习惯 43.9%，男生 37.6%；

　　学业方面——读书兴趣女生较男生薄弱，70% 学生觉得功课太忙，60% 学生缺少自修时间；

　　经济方面——中学生认为金钱为万能者有半数以上 51.7%；

　　社交方面——有知己朋友的男生有 80.7%，女生只有 40.7%；

　　家庭方面——母亲受过教育者 54.4%，女生家庭较富裕，男生较差；

　　政治方面——81.2% 的中学生反对中日亲善，牺牲生命以换取国土有 71.9%；

　　人生方面——男生以为自杀是正当出路有 31.4%，女子有 25%。

　　张文昌的调查延续了舒新城和杨贤江的研究脉络。他对于青年问题的类型划分是在杨贤江分类的基础上提出的，具体问题的设计既符合中国现实，又使用了现代统计方法，所以形成当时较为客观、科学的青年问题调查报告。

　　同一时期，清华大学教授周先庚利用心理学测验方法进行了学生烦恼调查。周先庚在美国斯坦福大学生物学院心理学系获得博士学位，接受过严格的实验心理技术训练。他深感中国学生的情感生活不健全，于是调查中国学生的烦恼程度，找出正确的解决方法。

　　周先庚虽然也采用问答法，却秉持科学的态度。他批评国内"随意造问题，邮寄分发给人填答"的"问答法滥用"现象，既不考虑调查事实是否适用于问答法，又不参考理论书籍编制问卷。他推荐的是 1930 年芝加哥大学统计测验心理学家叟斯通（Thurstone）的情感问题调查，认为它很适合大规模团体调查，能在最短的时间内测验多数人的情况，是科学、客观、迅速、可靠的方法。① 周先庚把叟斯通"情感问题调查单"的223个问题，翻译成中文，制成"学生烦恼调查"问卷。他也注意到，基于美国经验事实的某些问题不符合中国社会情形，但为了比较中美学生心理适应状况的差异，就暂以美国社会标准来测验中国同等程度的学生，然后再根据初步调查结果，弄清哪些问题代表不同社会环境的影响，日后再逐条修改，为中国学生量身定做适合的调查问卷。

周先庚仔细斟酌"烦恼调查问卷"的命名、问卷说明。问卷在细节上体现了心理学研究者的科学设计，例如，他没有使用英文人格调查单（Personality Inventory）的中文直译，因为"人格"二字仍具有伦理道德的意义，为避免引起受测验者的反感，周先庚作了模糊处理，命名为"心理问答"。② 调查问卷的第一页印有填写说明，希望受测验者了解调查目的，如实填写。同时向他们普及一些心理卫生知识，懂得采取积极的态度面对不良心理，或向专家寻求指导。说明中多次提到保护受验者的隐私，使他们抛弃顾虑，如实回答问题。第一页上端的空白处应填写姓名和学校，如果不愿意填真实姓名，也可作暗号标识③。

1932年2月至10月间，周先庚等分发调查问卷950余份，分布在北平、济南、太原3个城市的7所学校，收回来的问卷共有855份，占发出问卷的90%左右，男生785人，女生70人。周先庚整理问卷的方法也非常高效。他把问题进行顺序编号，将每个问题的3个答案选项（即"是""否"与"？"，其中"？"表示不知道），逐项印在问题的前面。同时设计长8寸、宽0.75寸的硬纸条，按照每页问题正确答案的位置，凿出许多圆孔，计算答案时，把含有答案孔洞的纸条叠放在每页的问题答案上，计算孔洞中所填

---

① 周先庚：《学生"烦恼"与"心理卫生"》，《中山文化教育馆季刊》，转引自李文海《民国时期社会调查丛编（一编）》（文教事业卷），福建教育出版社2004年版，第538页。

② 同上书，第539页。

③ 同上书，第538—540页。

答案的数量。[①]

　　周先庚的测评结果显示：中国青年学生的烦恼比美国学生多。调查中 855 人的平均烦恼程度不但比美国 1217 个正常人的平均程度高，而且比美国 138 位女罪犯和 82 位神经病患者还高得多。按照叟斯通的烦恼程度等级划分，中国"情感生活适应最良"的学生比例还不到 1%，"应请神经病学家诊治"的有 37.5%，还有 2.2% 的学生竟有 140 条至 189 条烦恼，甚至超过了叟斯通设定的最高等级，周先庚认为这些学生应该寻求专业诊断和治疗。[②]

　　20 世纪 30 年代，青年问题调查的特点是依照科学分类进行数据采集，并应用现代统计方法进行数据整理。值得注意的是，张文昌和周先庚这两位研究者分别采取基于本土经验的问答法和美国实验心理学的测评方法，算出学生烦恼的数据，张文昌的调查显示，学生觉得烦恼的比例为 35.5%，而周先庚的测验结果显示 37.5% 的学生情感生活适应最不良。两份调查结果证实了文字描述呈现的当时青年苦闷和烦闷的精神状态。

四　青年问题的解决方案：两种模式

　　综观 20 世纪早期的中国青年问题调查，研究者们普遍认为，青年问题源于青年对社会的不适应。这种不适应，一是因为青年期生理和心理的发展；二是因为社会环境的剧变。这些调查的主旨是帮助和指导青年度过人生发展的特殊时期。虽然调查者都以发现、解决青年问题为目的，但是不同的改善措施折射出其教育理念和价值取向的差异。

　　第一种解决方案以培养青年自觉和独立人格为目标。舒新城认为青年问题应从教育者和青年两方面进行改良。以青年健康为例，

---

　　① 周先庚：《学生"烦恼"与"心理卫生"》，《中山文化教育馆季刊》，转引自李文海《民国时期社会调查丛编（一编）》（文教事业卷），福建教育出版社 2004 年版，第 540 页。

　　② 同上书，第 551 页。

青年指导者应调整课程设置和训育方法，调整的标准应适应青年的成长。青年需有自己的觉悟，认识到自己对于社会的责任，养成健康的身体。这些建议强调教育应适合青年的需要，充分发挥青年的自我意识和能动性，恰好印证了舒新城的教育理念："教育是改进人生的活动"，其目的是"为社会创造独立的个人，为个人创造互助的社会"，"使受教育者能自动解决问题，创造生活"。① 因而，舒新城教育青年的方法，不是为了改造青年，而是为了培养青年自身的主体性。

同样，周先庚呼吁重视青年的人格教育。鉴于中国学生烦恼程度较高、精神疾患严重的状况，周先庚认为，中国应实行现代教育，除了提供正确的知识外，还要对学生的行为、道德、品性和人格负有责任。中国学校也应仿照国外制度，开展心理卫生工作：首先，学校应有德育、群育指导，并设置心理卫生的课程和讲座；其次，成立学生职业指导部门，请心理学家或顾问进行心理卫生的咨询与治疗等。虽然推进制度更新较为困难，但作为心理学教授，周先庚身体力行，经常在清华大学发表心理学演讲，并表示愿意随时为学生提供心理咨询服务②。后来，他在西南联大与几位教授一起成立青年问题顾问处，为青年学生提供心理、信仰、家庭、婚姻等咨询和帮助③。

第二种解决方案则是从社会改造的角度解决青年问题。杨贤江认为，在帮助青年解决个体性问题的同时，还应以社会改造来解决青年的普遍性问题。如生理、婚姻问题可通过学习知识自行解决；然而，全社会青年的求学问题、经济问题等无法逐一解决。曾有一名青年写信向杨贤江求助，他因经济困窘而投考师范学校，正逢军

---

① 舒新城：《教育通论》，《民国丛书》（第二编第 44 辑），上海书店出版社 1990 年版，第 13 页。

② 周先庚：《"心理问答"报告（附表）》，《清华周刊》1932 年第 37 卷第 12 期。

③ 周先庚：《青年问题顾问处工作检讨》，转引自阎书昌、周广业《周先庚文集》卷 2，中国科学技术出版社 2013 年版，第 218 页。

阀战争教育经费被挪作军饷，而不得不典当负债……①杨贤江认为这类问题是普遍性的社会现实，所以只能诉诸改造社会的运动。譬如办平民学校，"劝告年长失学者或他们的子女来入学"；向农工宣传，"引起他们的注意，使他们能接受宣传者的意思"；"组织群众，指挥群众，使这个运动能发生效果"。②

杨贤江认为社会改造运动是青年群体的责任，需通过宣传和动员实现对社会的改造。在《中国青年之敌》一文中，他对青年问题的阐释生发出新的认识，开始借用马克思主义的概念工具来解释青年问题产生的社会根源。"帝国主义""资本主义"是青年求学就业、恋爱结婚的最大阻碍。青年人要反抗资本主义，必须明白社会演化的规律，即"革命"和"阶级斗争历史"，要援助"被压迫阶级"，"不能再为压迫阶级张目作恶"了③。杨贤江认为，资本主义导致青年问题的发生；要解决青年问题，就应该改造现实中的资本主义社会。在这一过程中，青年成为社会变革的动员对象。

杨贤江对于青年问题的分析有两大理论来源：一是霍尔的青年期理论；二是唯物主义。前者将进化论引入人的成长阶段，后者则强调社会进化的规律，二者是进化论在不同研究命题上的应用，共同构成杨贤江阐释青年问题的理论基础。最终，杨贤江提出了"全人生指导"的教育观点，即教育者对于青年的所有问题都应负有指导责任，认为中学学校教育应从九个方面进行改良："1. 确定中等教育及训育的方针，以指导青年期的心身发展；2. 莫要采取反动与专制的教育，以酿成学潮；3. 性教育实不可缺少；4. 应有卫生和健康法的指导；5. 培养学生自学之能力；6. 注意时事教育及政治训练；7. 实行教育及职业指导；8. 注重团体生活的训练；9. 指导学生进行社会改造运动。"④ 杨贤江的建议既关切到青年期发展的特殊性，又指出学生参加社会改造运动的必要性。青年个人的成

---

① 杨贤江：《中等教育与青年问题》，《教育杂志》1925 年第 17 卷第 9 号。
② 同上。
③ 杨贤江：《中国青年之敌》，《民铎杂志》1924 年第 5 卷第 3 期。
④ 杨贤江：《中等教育与青年问题》，《教育杂志》1925 年第 17 卷第 9 号。

长与社会的进化是有机统一的，因此，要解决青年问题，必须改造社会，而改造社会必须由青年来完成。

五 结语

20世纪20年代，随着霍尔青春期理论的传入，中国知识界深刻认识到青年问题的重要性，青年问题调查随之兴起。这一时期，中国青年问题调查呈现出两种不同的学术脉络。首先是以舒新城、杨贤江、张文昌为代表的，从青年实际生活入手，发现"中国真正青年问题"的研究者。三位研究者均是师范学校毕业，开展调查前虽未接受过现代调查统计训练，却有着丰富的教育实践经验。他们通过与学生的交流互动来研究青年问题。舒新城和杨贤江采用问答的形式进行调查，在听取青年人意见的基础上形成归纳和总结。舒新城的青年修养课程、杨贤江编辑的《学生杂志》通信以及青年问题讨论会，为他们的调查提供了丰富的真实案例。可以说，舒新城和杨贤江的调查是在普及知识的过程中，调动青年学生积极参与，是一种以青年为主体的调查方式。这种调查风格以及问题设计反映了时代特色。

需要指出的是，舒新城和杨贤江的调查只在问题举例和类型划分方面不断重组和增补，并未采用现代统计调查方法，致使青年问题的分布和普遍性无法被清晰说明。而张文昌则在这方面取得了突破。他的青年问题调查细化了舒、杨二人的研究，认识到"青年问题具有一定的地方性和时代性"，所以他选择以杭州的5所高中作为自己的调查对象，并对性别和年龄进行分组，逐个问题进行统计分析。基于数据整理方法的变化，张文昌的统计结果呈现出青年问题的多种面向，丰富了知识界对青年问题的认知。针对青年的特殊心理问题，如自杀倾向在男女学生群体中的比例分布，以及学生对中日亲善的态度，使此类问题由"模糊化""印象化"日渐"清晰化""科学化"。

与舒新城、杨贤江和张文昌的研究路径不同，周先庚使用的是国外实验心理学测验的方法。他对问卷调查秉持严谨的态度，在调查中国学生烦恼程度时，全面移植了美国心理学界最具权威性的情感生活调查问卷。他也认识到，这份情感生活调查的问题存在不符合中国实际的题目，所以先以美国问卷为标准，通过对比发现中国青年的特殊情感问题，再设计专门针对中国青年的情感调查问卷。

20 世纪早期的青年问题调查是运用科学理论方法进行的研究实践，推动和引领了中国青年研究的本土化和科学化，对于当今我们研究、调查青年问题仍有许多启发和借鉴意义。第一，信息技术时代，问卷调查更加高效便捷，今天的研究者强调问题的设计，而容易忽视调查过程中人的因素。相反，早期研究者如舒新城、张文昌认为要让青年"说话"，重视与青年人的交流互动，试图站在青年的立场上理解青年问题。他们采取以青年为主体的调查方式，能够拉近调查者和被调查者的情感距离，有利于深入到青年本体层面解决青年问题。第二，这些研究报告承载着研究者们的本土关怀和现实关照。中国青年问题的研究既要吸收国外的先进理论和研究方法，也要从我国的具体国情出发，才能发现真正的青年问题。在这方面，杨贤江做出了良好的示范。同时，我们也应借鉴周先庚的思考方式，拥有国际比较的视野，将中国青年与外国青年问题进行对比研究，如此，才能多角度、立体化的理解全球化时代的中国青年问题。

从个人经历到公众记忆：作为
全球史的近代社会史书写

——以 20 世纪前西方人对"杭州"的描述为例

周东华

（杭州师范大学历史系）

20 世纪以前，城市形象的建构与传播主要依赖传统的纸质媒介，游记、地图、书信等传统方式将人们对一座城市的直观印象记录下来，在一定的范围内传播、交流，进而形成一个地区对这座城市的集体记忆。"上有天堂，下有苏杭"，20 世纪以前在西方人的集体记忆中，"杭州"的城市形象是什么？从学术史角度看，20 世纪前西方人对"杭州"城市形象建构及传播的成果为数不少，既有西方人编写的资料汇编，也有关于西方人笔下的杭州、西方地图上的杭州等专题研究。① 从历史学角度看，这些研究都有启迪作用，

---

① G. E. Moule, Notes on Col. Yules's Edition of Marco Polo's "Quinsay", in *Journal of the North-China Branch of the Royal Asiatic Society*, New Series, No. IX, 1875, pp. 1 - 24；Arthur C. Moule & Paul Pelliot, *Marco Polo: the Descriptions of the World*, London: George Routledge & Sons Ltd., 1938；徐海松、张玲蓉：《元代欧洲旅行家笔下的杭州及其影响——杭州在西方人眼中的最初印象》，《杭州师范学院学报》2000 年第 5 期；许蓉：《〈马可波罗游记〉和 13 世纪末的杭州》，《台州师专学报》2001 年第 2 期；鲍志成：《马可·波罗与天城杭州》，香港新风出版社 2000 年版；龚缨晏：《欧洲与杭州：相识之路》，杭州出版社 2004 年版；路易吉·布雷桑：《从马可·波罗到卫匡国：西方人眼中的杭州》，姚建根译，学林出版社 2010 年版；李治安、宋涛编：《马可波罗游历过的城市：QUINSAY——元代杭州研究文集》，杭州出版社 2012 年版；董海樱：《早期西文文献中的杭州初探》，《杭州文史》2015 年第 4 辑，第 18—37 页。

但从历史传播学角度看，这一课题有可深化处。第一，西方人是如何层累地建构有关"杭州"的集体记忆？第二，这些集体记忆有哪些是正解？有哪些是误读？

一 发现"Quinzay"：1640 年前西方人对"杭州"的记录及传播

据黄时鉴先生的研究，16 世纪前、中期的西方地图上已经出现中国城市"Quinzay"的名称，但对此城的城市形象，并无特别的作品阐明。就笔者目力所及，穆联（Mattheos Meriar）创作于 1640 年的画作"Xuntien alias Quinzay"（见图 1），可能是近代西方描述"Quinzay"城市形象的最早作品。稍后有另一幅与穆联画作内容基本一致的绘画（见图 2）流传。比较两者，图 1 仅标明了作者和时间，图 2 则注明画作内容是按照马可·波罗游记描述内容所绘制的东方亚洲大都市"Quinzay"。据此线索，要想发现"Quinzay"是哪一座东方大都市，需从马可·波罗游记中寻找相关记录。

图 1

图2

据《马可·波罗游记》记录:"从强(长)安城发足,骑行三日,经行一美丽地域,沿途见有环墙之城村甚众,由是抵极名贵之行在(Quinsay)城。行在云者,法兰西语犹言'天城',前已言之也。既抵此处,请言其极灿烂华丽之状,盖其状实足言也,谓其为世界最富丽名贵之城,良非伪语。兹请续言此国王后致略地之伯言书,请其将此书转呈大汗,俾悉此城大佳,请勿毁坏事。吾人今据此书之内容以及马可·波罗阁下之见闻述之。书中首称此行在城甚大,周围广有百哩。内有一万二千石桥,桥甚高,一大舟可行其下。其桥之多,不足为异,该此城完全建筑于水上,四周有水环之,因此遂建多桥以通往来……城中有一大湖,周围广有三十哩,沿湖有极美之宫殿,同壮丽之邸舍,并为城中贵人所有。亦有偶像教徒之庙宇甚多。湖之中央有二岛,各岛上有一壮丽宫室,形类帝宫。……自从大汗据有此城以后,于一万二千桥上,每桥命十人日夜看守,俾叛乱之事不致发生。……此城有大街一百六十条,每街有房屋一万,计共有房屋一百六十万所,壮丽宫舍夹杂其中。城中仅有聂思脱里派基督教徒之礼拜堂一所。"[1] 此冯承钧译本有关

---

[1] 马可·波罗:《马可波罗行纪》,冯承钧译,上海书店出版社2001年版,第352—354页。

"行在"（Quinsay）的描述有三点值得细究。

第一，马可·波罗明确称他关于该城描述的信息来源有二：该城旧有居民之见（蛮子国王后呈交伯颜转呈大汗的降书记录）和马可·波罗的"亲眼所见"，以此向读者证明其描述"确有其事"；第二，在该城资料"良非伪语"基础上，马可·波罗进而将该城定性为"世界最富丽名贵之城"，然后用相当长的篇幅论证该城的规模、湖泊、宫殿、邸舍等尽显"富丽名贵"之处；第三，尤为关键点，马可·波罗称"该此城完全建筑于水上，四周有水环之，因此遂建多桥以通往来……城中仅有聂思脱里派基督教徒之礼拜堂一所"。此点对照穆联 1640 年绘画，自然可知马可·波罗描绘之"行在（Quinsay）城"即穆联所绘之"Quinzay"城。

对于"行在"是哪一座城市？研究《马可·波罗游记》与中国的学者逐渐取得一致认识，"行在"即"杭州"。对此，向达先生《元代马哥孛罗诸外国人所见之杭州》一文已有考证，采信日本学者将 Kinsay、Cansay、Cassay、Campsay 等对音为"行在"，行在即杭州，"理由颇足，因从其说"，冯承钧亦采同向达观点，采信日本学者译法。[1] 慕阿德的考证文章则开门见山地说："Quinsay 是杭州（或者 1129—1277 年正式称谓是临安），位于现在的浙江省，当马可·波罗来到中国时它仍然自南宋以来是首府。"[2]

马可·波罗宣称自己"多次到过此城，留意观察并了解城里的各种情形，记录在案"。[3] 据鲍志成研究，马可·波罗大约 1277—1290 年间多次到过杭州，尤其 1277—1287 年间很可能在杭州居住过一段时间。[4] 当《马可·波罗游记》在西方流传后，杭州是"世界最富丽名贵天城"的说法和马可·波罗的叙述方式（文献证据、

① 向达：《元代马哥孛罗诸外国人所见之杭州》，《东方杂志》第二十六卷第十号，第 79 页；马可·波罗：《马可波罗行纪》，第 355—356 页。

② A. C. Moule, *Quinsay: with other notes on Marco Polo*, Cambridge University Press, 1957, p. 1.

③ Arthur C. Moule & Paul Pelliot, *Marco Polo: the Descriptions of the World*, p. 327.

④ 鲍志成：《马可·波罗与天城杭州》，香港新风出版社 2000 年版，第 392 页。

亲历二重证据法），很长时间内主导着西方人对"行在城"的印象。

1322—1328 年间，一位名叫鄂多立克（Friar Odoric 或 Odoric of Pordenoned）的意大利方济各会士由从广州前往北京时途经杭州，回国后口述其在东方见闻的《鄂多立克东游录》中，如此描述"杭州"。他说："我来到杭州城（Cansay），这个名字义为'天堂之城'。它是全世界最大的城市，［确实大到我简直不敢谈它，若不是我在威尼斯遇见很多曾到过那里的人］它四周足有百英里，其中无寸地不住满人。……此城位于静水的礁石上，像威尼斯一样。它有一万二千多座桥，每桥都驻有卫士，替大汗防守该城……但若有人想要谈谈该城的宏大和奇迹，那整卷的纸都写不下我所知的事。因为它是世上所有最大和最高贵的城市，并且是最好的通商地。"①

虽然鄂多立克强调他所描绘的这个"世上所有最大、最高贵、最好的通商地"——杭州——的一切都是他亲眼所见的，但我们仍然可以发现并怀疑鄂多立克的描绘来源于马可·波罗。最明显的证据有二，第一是关于杭州城内有"一万二千多座桥"；第二是对杭州的定位与马可·波罗关于杭州的定位完全相同。最有意思的是，鄂多立克强调他曾经在威尼斯遇到很多曾经到达过杭州的人，笔者认为这恰恰表明鄂多立克即便到过杭州，也是"经过"，甚至鄂多立克没有到过杭州，其描述源自他对《马可·波罗游记》的印象。

在鄂多立克之后不久，另一位意大利方济各会士马黎诺里（Giovanni de Marignolli）于 1338 年作为教皇特使来到中国，1345 年从北京南下广州，或许途经杭州，留下了他关于杭州的描述。他说："康勃绥（Campsay）城最著名，面积最大，市街华丽，人民殷富，穷奢豪侈。建筑物雄壮伟大，尤以佛寺为最。有可容僧侣一千以至二千人者，实为今代地面上未有之大城，即古代恐亦罕有其匹。昔时著作家谓其城有美丽石桥一万座，皆饰以雕刻及持戟贵人

---

①　鄂多立克：《鄂多立克东游录》，何高济译，中华书局 1981 年版，第 67、69 页。

之塑像。未亲履其地者，读之皆以为不经之谈。然其所言者皆确实事情也。"①

有意思的是，马黎诺里与鄂多立克一样，十分强调他以"亲履其地者"的身份证实"昔时著作家"马可·波罗宣称"Campsay"有一万座美丽石桥是"确实事情"，而其所谓该城"最著名，面积最大，市街华丽，人民殷富，穷奢豪侈"亦不过马可·波罗所谓"富贵华丽之城"的说法。换句话说，马黎诺里有关"杭州"的印象与描绘，同样来自马可·波罗，其是否真的"亲履其地"同样值得怀疑。

稍后一点，14 世纪中期在欧洲名噪一时的《曼德维尔游记》中也有一段关于杭州的描述，"它是世界上最好的城市之一，人们称之为杭州（Cassay），意即'天堂之城'。这座城市方圆 50 里，有 12 座主要的城门。在每个门前约莫 3—4 里的地方又有一个大城镇或大城市。这座城落在一个大湖上，就像威尼斯。在城里有一万两千多座桥。每座桥上都建有坚固而美观的塔楼，里面住着卫士，替大汗防守该城。城的一端有条大河，河水流经整座城市。"② 从这段描述看，"Cassay"仍然从马可·波罗有关杭州的描述中汲取原料，"这座城落在一个大湖上，就像威尼斯"一句更揭示了马可·波罗有关杭州描述对后世的影响，也证明穆联的绘画素材来源的确是马可·波罗游记。

正当《曼德维尔游记》在欧洲流行时，1474 年前后一封来自意大利人保罗·托斯加内里（Paolo Toscanelli）致其同胞哥伦布（Cristobal Colombo）谈中国情形的书信中再一次提到"Quinsay"，该信称"从里斯本先西直行，可抵京师城（Quinsay）。城市美丽、人烟稠密……京师之义，犹云天城（city of heaven）也。前人至其

---

① 张星烺编著，朱杰勤校订：《中西交通史料汇编》第 1 册，中华书局 1977 年版，第 253 页。
② 约翰·曼德维尔：《曼德维尔游记》，郭泽民、葛桂录译，上海书店出版社 2006 年版，第 74—75 页。英文版见 *The Voiage and Travaile of Sir John Maundevile*，London：J. Woodman & D. Lyon，1725。

地者，述各种奇事、巧匠，富厚甲天下"。① 在这封信中，哥伦布了解到东方有一座"天城"（Quinsay），从信件内容看，实际上并未溢出马可·波罗的叙述。

1516 年成书的阿里·阿克巴尔的《中国纪行》，"对于欧洲人来说"，是 13 世纪的《马可·波罗游记》到 17 世纪后半叶的耶稣会传教士报告中国情况之间"唯一的、全面描述中国的文献"，②书中称："中国即契丹的第七个省的第一大城是 Khansai（京师，今杭州），它非常大，十五个游览过杭州的人，其中的一个人说：我们早上从杭州的一头开始走，到了晚上才到城的中间，就在那里留宿过夜，第二天早上再走，到晚上才走到它的另一头。真主知道，他们说的都是真的。"③ 阿克巴尔用"十五个游览过杭州的人"证明自己所言不虚，叙述方式与马可·波罗基本一致。

到 1643 年，一位在中国生活了 20 多年的葡萄牙耶稣会士曾德昭（Alvaro de Semedo）在马德里出版了一部《大中国志》，他说："第八是浙江省（Chekiam）……省会的名字叫杭州（Hamcheu）。"④ 曾德昭的这段描述十分重要，他有关"杭州"的记述出现了一个新的罗马字标注法，即"Hamcheu"，基本接近现代有关杭州的英译拼法。按照董海樱的说法，曾德昭第一次使用"杭州"而非"行在"的说法，"在西文文献当中，这是第一次，具有重要的标志性意义"。⑤ 如果董海樱的判断准确，那么至少从 1643 年开始，在欧洲人的叙述中，"杭州"已经作为独立的专有名词出现，"行在"代表"杭州"的说法逐渐烟消云散。从这个意义上讲，穆联绘制于 1640 年的这幅"Xuntien alias Quinzay"绘画，恰好代表西方人对"行在"的最后记忆，其所描绘的"杭州"，又机缘巧合地

---

① 张星烺编著，朱杰勤校订：《中西交通史料汇编》第 1 册，第 338—339 页。
② 张至善：《〈中国纪行〉的启示和中文译本编译经过》，见阿克巴尔《中国纪行》，张至善译，生活·读书·新知三联书店 1988 年版，第 11 页。
③ 阿克巴尔：《中国纪行》，第 98—99 页。
④ 曾德昭：《大中国志》，何高济译，上海古籍出版社 1998 年版，第 15—16 页。
⑤ 董海樱：《早期西文文献中的杭州初探》，第 31 页。

回到了"行在"即"杭州"的最初记录者马可·波罗那里，发现"Quinzay"的历史，也就是发现1640年前西方人关于"杭州"的见闻、想象、描述与流传。

二 "Hamceu"的最初半世纪：利玛窦、曾德昭、卫匡国对"杭州"的重新标识

前文述及，董海樱认为曾德昭《大中国志》在西文文献中第一次将"杭州"和"西湖"的罗马字母拼写为"Hancheu"和"Si-hu"。但就笔者目力所及，第一个用"Hamceu"罗马字母拼写"杭州"的不是曾德昭，而是大名鼎鼎的利玛窦（Matteo Ricci）。

商务印书馆于2014年出版了文铮重译的《耶稣会与天主教进入中国史》，在1598年12月5日—1599年2月条谈到利玛窦到过杭州，"利神父又在镇江府渡过了长江，进入了通往苏州的运河，然后又沿河到了浙江的嘉兴和首府杭州"。[①] 这种说法值得怀疑。倘若利玛窦到达苏州之前抵达杭州，那么肯定会有更多关于杭州的记录，但事实上却没有。比较合理的解释来自《利玛窦中国札记》的记录，"他横渡扬子江后，经过一条实际是人工河流的长运河，达到当地的首府镇江，又经过这条河可以航行到著名的苏州和杭州，即浙江省的首府"。[②] 换句话说，利玛窦是在谈论运河时提及运河通向杭州。

利玛窦在1598年底到达苏州后，再次提及杭州，"苏州这座城市，无论就其风景而言，还是就其富裕程度和丰富的物产而言，都是全国闻名的重要城市，因此人们常说：'上有天堂，下有苏杭。'这里的'杭'指的是浙江的首府杭州，很早以前它曾经是中国的都

---

① 利玛窦：《耶稣会与天主教进入中国史》，文铮译，商务印书馆2014年版，第236页。

② 利玛窦：《利玛窦中国札记》，何高济等译，中华书局1983年版，第337页。

城，是皇帝居住的地方。"① 这一段话有两层含义比较重要，第一，利玛窦知道"杭州"曾经是南宋的都城，知道"杭州"是与"苏州"并称的两个大运河旁的城市；第二，天堂在上，苏杭在下，意思是苏州和杭州像天堂一样美妙。这两层意思都指向利玛窦明确"杭州"是"杭州"，不是"行在"。这在金尼阁（Nicolas Trigaut）整理的意大利语原文中，意思最为清楚，利玛窦将浙江首府杭州标注为"Hamceu"，提到"上有天堂，下有苏杭"时，将杭州标注为"Hanceu"。②

此外，利玛窦还有两处提及"杭州"，一处是 1601 年他在北京与李之藻建立"亲密友谊"，提到"李我存是浙江省杭州人"。另一处是 1608 年 9 月—1611 年 5 月上旬利玛窦委派郭居静开拓上海布教工作不久，郭居静决定把工作重点从上海转移到杭州，他说："没过多久，我们放慢了上海的传教工作，以便以其人力和物力在浙江一座更大的城市——杭州开设寓所。虽然在上海也确实应该有我们的一处寓所，但我们的人手却十分紧张，好在杭州离上海不是很远，神父可以时常去照料。……关于杭州的情况，我们到时会详细地介绍。"③ 从这年初的记录可知，利玛窦相较于 1598 年对杭州有了更多了解，他知道杭州是一座大城市，杭州与上海相距不远。

笔者初步认为利玛窦虽然没有到过杭州，但他却几乎可以说是西方人标注"Hamceu"的第一人。如果从利玛窦抵达苏州的 1598 年底开始算，他比曾德昭早了 40 余年使用"Hamceu"一词；如果从金尼阁整理的《利玛窦中国札记》于 1615 年在德国出版开始算，也较曾德昭早近 30 年。

葡萄牙人曾德昭在中国生活了 22 年，其间曾经到过杭州，他于 1638 年在果阿完成的《大中国志》中非常准确地用"Hamcheu"标注"杭州"，并且重点介绍了西湖，称西湖（Sihu）"是世界奇

---

① 利玛窦：《耶稣会与天主教进入中国史》，第 236 页。
② Nicolas Trigault，*DE Christiana Expeditione Apud Sinas susceptaab Societate Jesu*，Ex P. Matthaei Ricci，1615，p. 346.
③ 利玛窦：《耶稣会与天主教进入中国史》，第 305、470 页。

景之一，四周有 30 里，合 6 英里，其中筑有优良的宫廷……水之清澈令人乐于观赏，湖底细沙纤毫悉睹。湖上有铺石道路，任行人随意玩乐通行；备有小艇，供休歇宴乐之用，船舱或头舱，设有厨房，中间地方作厅室用"。① 曾德昭不但将杭州标注为"Hamcheu"，更为重要的是，他向西方人讲述了杭州西湖的故事，明确将杭州与西湖的关系定义为西湖是杭州一大特色，修正了马可·波罗以来将杭州作为西湖之上城市的美丽误会。

在曾德昭之后，另一位与杭州结下深厚缘分的欧洲人是卫匡国（Martino Martini），他于 1642 年到达澳门，然后被派往杭州工作，1651 年他返回罗马，1657 年再次起程来到中国，1661 年 6 月 6 日在杭州去世，葬于杭州直大方伯天主教墓地。他于 1654 年出版的《鞑靼战纪》中称"浙江省首府杭州是一座华贵之城……此城之雄伟、美丽和富庶，我将为你来描述，我是眼见为实，不信传闻。我在该城住了三年，又从那里赴欧洲"。② 1655 年卫匡国编辑出版《中国新图志》，对"杭州"作了详细考证说明。布雷桑编辑的《西方人眼里的杭州》收录了这部分内容。

卫匡国说："这个城市就是威尼斯人波罗提到的行在。……该城是中国君主之所，在学者的正式言语中称其为京师，行在（Kingsai）是社会下层的普遍叫法，稍欠准确……实际上，京师只不过是'朝廷之所在'的意思，这个城市有自己的名字——杭州（Hangcheu）。"③ 接着，卫匡国从桥梁（包括牌坊）、城墙之外的西湖、城隍山、运河和钱塘江证明马可·波罗的"行在"即"杭州"，"中国的历史记载、日期、名称。描述的细节、规模以及其它方方面面都让人确定，这个城市就是行在。所以，没有理由再怀

---

① 曾德昭：《大中国志》，第 15—16 页。

② Martino Martinio, *De Bello Tartarico Historia*, Antverpiae, 1654, pp. 90, 93 – 94. 中译文参考卫匡国《鞑靼战纪》，何高济译，中华书局 2008 年版，第 220—221 页。另见戴寅译文，收录于杜文凯编《清代西人见闻录》，人民大学出版社 1985 年版，第 36 页。

③ Martino Martini, *Novus Atlas Sinensis*, 1713, pp. 110 – 114；路易吉·布雷桑：《从马可·波罗到卫匡国：西方人眼中的杭州》，第 106、109 页。

疑这一点"。①

　　作为一位在杭州居住过 10 余年，最后长眠于杭州的"居民"，卫匡国比同时期的其他西方人有资格"引介"杭州。他关于"行在"即"杭州"的几点考证，修正了马可·波罗的论述，修正了西方人对"行在"的看法，修正了杭州和西湖的关系，对此后西方人关于"杭州"的想象和描述产生了重要影响。按照黄时鉴的研究："卫匡国向欧洲提供了完整而正确的中国地理知识，全国地图和分省地图，因而被西方人誉为中国地理写作之父。此后'Quinsay'基本上在西方古地图上消失。"② 取而代之的是"Hangcheu、Hangchew、Hangchow、Hanceu、Hamcheu、Hangtcheou"等拼法的"杭州"。

三　讲述"Hangchow"故事：17 世纪中期至 20 世纪前西方人眼中的"杭州"

　　从卫匡国开始，西方人关于杭州的描述少了"亲眼所见"的强调与想象，却多了关于"杭州"城市特质的叙述。街道、牌坊、西湖、钱塘江等作为杭州城市标识的内容，经常性出现在西方人的文字中。例如，罗马尼亚人米列斯库（Nicolae Spataru Milescu）虽然没到过杭州，但他非常偏爱杭州，他根据在北京与一些商人交谈以及参考明末清初欧洲传教士的著作，对杭州的石桥、牌坊、城市规模、宗教场所、西湖和钱塘江等都有比较精彩的描述，证明"从马可·波罗所描写的城市规模及其特征可以看出，他所说的'京师'是确实存在的，也就是这里所说的杭州府"，③ 杭州"这个城市之

---

　　① 路易吉·布雷桑：《从马可·波罗到卫匡国：西方人眼中的杭州》，第 115—116、122—123 页。

　　② 黄时鉴：《马可波罗游记与西方古地图上的杭州》，李治安、宋涛编《马可波罗游历过的城市：QUINSAY——元代杭州研究文集》，杭州出版社 2012 年版，第 19 页。

　　③ 尼古拉·斯帕塔鲁·米列斯库：《中国漫记》，蒋本良、柳凤运译，中华书局 1990 年版，第 173—174 页。

秀丽非笔墨所能形容"。

1696 年法国神甫李明（Louis Le Comte）在《致富尔斯登堡主教大人》的信中说："浙江省的省会杭州府，也是帝国最富有、最大的城市之一。……杭州城东面濒临大海，有一条宽约一公里的河流在此注入大海……在西边，杭州紧靠着一个大湖，其周边最多不过二古法里。湖水清澈见底，湖并不深，但足以承受中国人驾着有如水上旅店的大船游弋湖上。……杭州城即使不以它的建筑的华丽而著称，它的城市情况也是值得注意的。由于惊人多的人口，四通八达的运河交通运输，以及世界上最美丽的丝绸的贸易，使杭州成为帝国最美妙的地方之一。"① 从李明对杭州的描述可知，即便到了 17 世纪末，西方人眼中的杭州，仍然是马可·波罗笔下的华贵天城，美丽的西湖与杭州的位置也不再弄错。

李明和他此前的西方人对"杭州"的描述，成为 18 世纪欧洲"中国热"集体记忆中的重要组成部分，其间，让·巴普蒂斯特·杜赫德（Jean Baptiste Du Halde，1674—1743）是集大成者。他在《中华帝国全志》一书中称："杭州府（Hang－chew－fu），浙江省的省会。这是中华帝国最富有、最宏大的城市之一，尤可称道的是，此城地理位置优越，居民数量众多，运河渠道便利，盛产世界上最好的丝绸。中国人有俗语'上有天堂，下有苏杭'，此地即人间天堂……大街上行人繁多，颇似巴黎。……不过，此城最为著名的还是城边的一个小小的湖泊，名为西湖，周长二里格。"② 杜赫德没有到过中国，他对"杭州"的描述主要参考了同时期西方人的著作，其叙述虽然没有新意，却令人身临其境，很有真实感。因此，即便欧洲的"中国热"退潮，杭州在欧洲仍然保持了很大的影响力和吸引力。

---

① 李明：《中国近事报道》，郭强、龙云、李伟译，大象出版社 2004 年版，第 91—92 页。

② J. B. Du Halde, *Description Geographique*, *Historique*, *chronologique*, *politique*, *et physique De L' Empire De La Chine*, Paris, 1735. 中译文参考了龚缨晏《欧洲与杭州：相识之路》，第 177—178 页。

　　与同一时期的欧洲人高度赞扬中国，引发风靡一时的"中国热"不同，这一时期亲历中国的英国人，在其有关"杭州"的叙述中，少了夸张，多了记录。例如，1793 年随马戛尔尼出使中国的斯当东爵士记录了使团返回时路经杭州时观察到的"杭州"，他说："杭州府位置在运河盆地和钱塘江之间。……南方货物由海运至钱塘江，以及由湖和江运来的浙江和福建的货物一定得先卸在杭州而后运到北方各省，这自然促成杭州府成为一个联系南北各省的大商业中心。城内人口繁盛程度同北京差不多。除了城墙而外，全城没有高大的建筑。房屋很矮，没有高过二层的。街道狭窄，中心是板石铺路，两旁是碎石便道。城内主要街道上大部分是商店和货栈，其中许多规模之大不下于伦敦同类栈房。丝织品商店最多，也有不少皮毛和英国布匹商店。"[1]　斯当东爵士是英国人，18 世纪末的英国正在如火如荼进行工业革命，"日不落帝国"的雏形随着大英帝国商品远销海外市场在不断推进中。在这种背景下，斯当东爵士眼中的"杭州"与他同时期以及此前西方人的视角非常不同——商业革命和商品城市。因此，斯当东明确"杭州"是传统的陆上丝绸之路和新兴的海上丝绸之路的重要枢纽城市；杭州城里的商业氛围与伦敦相比也毫不逊色，是商业之都；杭州虽然没有高楼大厦，但杭州是一座民生富足的城市。这样的叙述，在 20 世纪前西方人的"杭州"想象与叙述中，是一个新的阶段；与 18 世纪欧洲"中国热"相比，更为真实和更具朝气。

　　在杭州期间，英国使团还畅游了西湖，"西湖是砂砾底，湖水很浅，非常澄清。湖里鱼很多，可以钓出来立刻烹食。湖面上有很多游艇，游湖的都是男人，这里的妇女不在这种场合出面。美丽的湖水，直径约三、四哩长。在湖的北面、东面和南面环绕半圆形一系列名山胜地。由山底到湖边一条不宽的平地上做了适应环境的风景布置。西湖周围建了许多达官贵人的别墅，著名的寺庙，还有一座皇帝行宫。湖水同从山边冒出来的小溪流在峡谷中汇合，上面建

---

　　① 斯当东：《英使谒见乾隆纪实》，叶笃义译，商务印书馆 1963 年版，第 455 页。

了轻便巧妙的石桥。山顶有几座宝塔，其中一个名雷峰塔最著名，它建筑在突入湖面的一个险峭半岛的边沿。它的下面四层仍然屹立在那里，上面的几层都倾塌了。在它朽烂的飞檐上还看得出规则的线条曲线。上面生满了小树、绿苔和野草。同样情况下，欧洲建筑物一定要产生常春藤，但在中国任何地方没有这种东西，雷峰塔的拱门和嵌线是红色的，塔是黄色石头砌的。它现在的高度不超过一百二十呎。据可靠的说法它是两千年以前孔夫子时代的建筑物。"①同样是对"西湖"的描述，斯当东爵士仍然将之与伦敦等世界名城作了比较，选择的描述对象，除了此前西方人都关注的自然西湖外，他更关心的是"人文西湖"，更关心的是自然与人文交汇的"西湖"。因此，他提到了西湖的风景布置，提到了士绅的西湖游乐、提到了千年叹息的雷峰塔。或许，斯当东是最早把雷峰塔介绍给世界的西方人。

马戛尔尼使华未果，"杭州"仍然是一座外国人未经允许无法抵及的城市。19世纪40年代鸦片战争之前，中国的闭关反而使"杭州"一段时间内不如18世纪及以前为西方人所熟知。除了1816年阿美士德使团途经杭州外，1858年来到杭州的传教士倪维思博士（Dr. Nevius）和包尔滕主教（Bishop Burdon）是最早在这个大城市站住脚的新教传教士；1860年前后美国传教士丁韪良（W. A. P. Martin）从宁波前往杭州游历，留下了美国人的"杭州印象"。他说："作为浙江省会的杭州与苏州被并列视为全国最好的两个城市。正如一条谚语所说：上有天堂，下有苏杭。……我和我的朋友亨利·兰金教士未经化装便被允许进入城门……我们发现杭州的地方很大，其中包括了好几个山麓，而且它还保持了旧时都城辉煌的某些痕迹。……杭州湾的特殊构形造成了一种罕见的海洋现象，即钱江潮——潮水雷鸣般地涌入钱塘江，它所掀起的浪涛看上去就像是一道水墙。加尔各答的胡格利河潮汐也许更加有名，而芬迪湾的潮位更高；然而钱塘潮是如此的与众不同，以致在十月份潮

---

① 斯当东：《英使谒见乾隆纪实》，第457—458页。

位最高的时候，当地的执政官员们会向它磕头烧香，因为他们相信潮水预示了海神的降临。"① 丁韪良的"杭州印象"并无多少稀奇之处，例如他和其他西方人一样将杭州和苏州当作中国"最好的城市"，但关于杭州好在哪里，却没有细说，可能与他一天一夜的短暂行程有关。即便如此，丁韪良还是用可以比拟加尔各答胡格利河潮汐和芬迪湾潮水的世界级大潮"钱塘江潮水"向世界介绍"杭州"。

在丁韪良之后，另一位美国长老会传教士来恩赐（David N. Lyon）来到杭州，在《1870 年杭州日志》中称杭州是"最著名的省会城市，是一座更新中的古老城市"，他说："1870 年的杭州仍然是一个完全被高墙包围的城市。每天日落之时，城门就要被关上，直到第二天旭日东升后才会重新打开，开始新的一天。城里人口 80 多万！城墙之外还聚集着郊区的村落。杭州城里的所有住宅，除了最简陋的之外，几乎都用高墙圈住一个院落。市区的道路全都显得很狭窄，就连主要的干道也不例外。有些街道是某个手工行业集中的地方，例如当时的皮市街就几乎集中了全杭州的制皮匠和鞋匠。杭州城里重要的货物运输基本依赖河道，当时城里水道纵横，古色古香的石拱桥随处可见。那些河流水渠不仅是连接城乡的主要通道，也是城市间旅行的主动脉！著名的大运河，北至北京，南端在杭州南面不远处。西边城门外青山环抱的西湖是一处风景宜人的旅游胜地。南面是连接京杭大运河的钱塘江。"②

来恩赐 19 世纪 70 年代的杭州日志开始很完整，但随着他往来于中美之间有很多遗失了，故今天看到的版本是 1936 年整理的小薄册子。他说他不想把日志写成回忆录，因此上述关于"杭州"的描述，是他抵达杭州后的"真实"印象记录，这也是他特意交代马

---

① 丁韪良：《花甲忆记》，第 72—73 页。

② David N. Lyon，*Hangchow Journal* 1870，1936，p. 3. 笔者最近在美国费城长老会社会协会全国档案中心见到了这份日记的原件，Diaries of David Nelson Lyon，1870 – 1873，in *The Lyon Family Papers*，1869 – 1907，Presbyterian Historical Society：The National Archives of the PC（U. S. A.），Series1，Box1，Folder3.

可·波罗有关杭州的文字是"浪漫的"动机。四周环绕的围墙、规模众多的人口、狭窄的街道、密布的水道、宜人的西湖、专业的商品集散场所等，都可以视为初到杭州的美国年轻人的"真实"杭州印象。

到19世纪倒数第三年，一位年近70岁的资深女旅行家，英国人伊丽莎白·毕晓普夫人（Isabella Lucy Bird Bishop）来到杭州，用她的相机和笔记录下"杭州"的风貌。她说："这座最古老的城市，坐落在钱塘江左岸，马可·波罗用'行在'（Kinsai）之名对它作了最为重要的描述。纵然它尚未从太平军造成的破坏中恢复过来，杭州仍然是一座华贵之城。在我看来，连同其周边，仍然是中国最具吸引力的大城市。无疑最为重要一点，杭州作为浙江省首府，城市富裕、人口众多，是区域的丝绸工业中心和最佳的丝绸产地，是帝国织造局的惟一供应者，大运河的最南端和中国文化和文学的伟大中心。……杭州同时是著名的'宜居'城市，诸多退休商人和致仕官员选择杭州作为养老家园。……除了这些'有闲阶级'的居所外，还有高官、银行家、富有的茶商和丝绸商，许多都极尽堂皇，一个富有的银行家盖一座楼的价值估计是十万镑。"在书中，当她谈到"西湖"时，她说："杭州的地形是美丽的，一条清澈的沙带把明丽的钱塘江水分隔开来。西南部分建筑在山上，从那里可以望见大海的浩渺微光；西南城墙之外就是驰名全中国的西湖了。……这可爱的西湖，它的幽深，林木苍翠的河口和水湾，森林覆盖的山丘和沟壑，欢乐的游船和小舟，理想的完美湖岸，我一遍又一遍地玩中国之春的宜人美景，它银子似的水面倒映出美丽如画的群山，清风吹拂；在紧靠城市的一段显眼位置上，一座极其古老的宝塔巍然而立；而较低的山坡上布满松柏、丛竹、桃李、樱桃、樟树、杜鹃花、铁线莲、玫瑰、忍冬、枫树。"①

在书中，毕晓普夫人用相机拍下了大运河渡口、孤山皇家园

---

① MRS. J. F. Bishop, *The Yangtze Valley and Beyond, an Account of Journeys in China, Chiefly in the Province of Szechuan and among the Man - tze of the Somo Territory*, London, 1899, pp. 34 - 43.

林、杭州西城门等，这些以前的西方人只能用文字或绘画反映的
"杭州"记忆，有了新的展示方式，虽然这些镜头也只是拍摄者攫
取的某一角度，但毕竟不是"描述"而是"写真"了。应该说，
毕晓普夫人关于"杭州"的记录，是 20 世纪前西方人对"杭州"
的最后记忆，既是以往的结束，也是 20 世纪的新开端。换句话说，
毕晓普夫人的"杭州"记忆，结束了文字、绘画、地图等或单一或
结合的传统叙述方式，开启了左图右史、图文并茂的现代"写实"
方式。

1906 年出版的美国驻杭州领事云飞得（Frederick D. Cloud）的
《杭州，人间天堂》一书，对清末杭州城的规模有所叙述，他说：
"城市的全面重建十分缓慢，40 余年后仍有大块荒地，杂草丛生，
而原先此处则是华屋矗立，居民众多。现城有墙围绕，经实际测量
为 11.5 里长，略低于 30 英尺高，顶部 35 英尺宽。共有 10 座城门
和 6 座水门。南面有 2 座，东面有 3 座，北面 2 座，西面 3 座。城
市轮廓呈不规则的长方形，南段狭窄，最长的城墙延河，西城墙沿
湖曲折入城。城市面积近 9 平方里。大街，基本是南北走向，从武
林门到凤山门穿越城市。大街大约有 3—4 里长，是城市商业中心
区。与大街平行的是穿越整个城市的水道，被称为'商业航道'。
大街用石板铺路，路面相当宽敞，修缮良好。马可·波罗时代称此
街'宽足可使 9 驾马车并行，如舞厅地板般平整'。唉，此况不再！
大街街道宽处有 10—12 英尺宽，但许多商户私占空间，以至于只
剩 6—8 英尺宽，很多地方则不足 5 英尺宽。"① 从内容看，云飞得
的"写实"手法也并未超越毕晓普夫人。

四 从西方历史叙述中重新发现东方：
"想象与误读"的全球史书写

新近出版的《历史学宣言》称"长时段历史研究的模式不同

---

① Frederick D. Cloud, *Hangchow*, *The "City of Heaven"*, *with a Brief Historical Sketch of Soochow*, Shanghai: Presbyterian Mission Press, 1906.

于一般意义上的简明通史概述（long - term survey）。长时段历史须将历史发展的历程进行分段或分层处理，而不是像微观史那样深究个案，点到为止。为此，长时段历史研究者必须在既有微观史研究基础之上审慎考察多个历史事件，然后确定某些事件为历史发展的节点或分水岭，即那些带来机构、气候和社会重大变迁的历史时刻"。① 此言甚为有理。

本文有关 20 世纪前西方人对"杭州城"的描绘，是一项有关西方人"杭州印象"变迁的微观史基础上的长时段研究，笔者认为此一变迁可分为三个阶段：第一阶段从 13 世纪后期到 17 世纪中期大约 400 年间，马可·波罗对标威尼斯，称"行在"，将"杭州"定义为一座"水上华贵天城"，其后的西方人基本都按此界定展开叙述；第二阶段是 16 世纪末到 17 世纪前半期大约半个世纪，以利玛窦、曾德昭和卫匡国为代表，对标巴黎，称"杭州"，修正马可·波罗以来的看法，将"杭州"重新定义为城、湖、河、江"写真"的"人间天堂"；第三阶段从 17 世纪下半期开始到 19 世纪末这 200 年间，亦称"杭州"，一方面是 18 世纪欧洲"中国热"中法国人的余音，延续前一阶段的旧说；另一方面是完成宪政革命、正在推进工业革命的新世界体系奠基者英国人的新声，以斯当东爵士为代表，对标伦敦，将"杭州"定标为中西交流的"东方枢纽城市"。

之前的研究者相信西方对中国的记录基本都是真实的一手资料，例如，许明龙指出："传教士的著作大多数以纪实为主，书中叙述的一般都是作者本人在中国的所见所闻，用今天的话说，都是第一手资料。尽管每个人的视角不尽相同，好恶有异，但从总体上看，这些资料基本上是对中国的真实反映。可以毫不夸张地说，传教士的著作是 18 世纪研究中国的唯一资料，没有一个研究中国的学者不以传教士的著作为依据。"② 实际上，西方对记录中国的史

① 乔·古尔迪、大卫·阿米蒂奇：《历史学宣言》，孙岳译，格致出版社、上海人民出版社 2017 年版，第 37 页。

② 许明龙：《欧洲十八世纪"中国热"》，山西教育出版社 1999 年版，第 77 页。

料并非全部是作者在中国的所见，更何况其中的很多作者根本没有到过中国，更没有到过杭州，他们的叙述不但有"想象"，更有"误读"。

前文所述三个阶段建构了20世纪前西方人有关"杭州"的三种主流印象，其认知历程，就是从"想象"走向"写真"再走向"写实"，有"误读"，也有"正解"。笔者认为，在全球史盛行的今天，"想象"与"误读"有时候比"写实"与"正解"更有价值，因为这涉及在全球史书写中特别重要的理论问题，如何在"西方历史叙述中重新发现东方的历史"问题。

首先，关于西方人的"杭州想象"问题，我们可以回到1640年穆联"Xuntien alias Quinzay"绘画。这幅画的标题意思为"顺天，即行在"，也就是说，1640年的穆联并不能清楚区分"顺天"（北京城）和"行在"（杭州城）是两座不同的城市，在构图时，穆联将城市绘制成了一座东方威尼斯，黄时鉴教授在2010年修订的文章《马可波罗游记与西方古地图上的杭州》一文结尾前谈道，"这幅地图想画的是顺天，但实际上是根据马可波罗描述的杭州来下笔的，但其具体图像又局限于对欧洲城市的印象。他并非杭州的真实形象，当然也不是顺天的真实形象，但它还是反映出马可波罗笔下杭州在欧洲的深远印象，也是当时欧洲人所知杭州的一个特殊的曲折的表现"。[①]

毫无疑问，1640年穆联"Xuntien alias Quinzay"绘画是欧洲人根据马可·波罗描述的"行在城"绘制而成，其间充满了想象，但是否真的如黄时鉴教授所说，穆联是想要画北京城呢？前文图2实际上非常清楚地表明穆联真正要画的不是北京城，只是杭州城，是根据马可·波罗描述的"行在"绘制的杭州城，其后谈到"行在"的，大都延续了马可·波罗的描述，因此，穆联这幅1640年的画作，实际上是13—17世纪西方人对"杭州"的美好集体记忆，从

---

① 黄时鉴：《马可波罗游记与西方古地图上的杭州》，李治安、宋涛编《马可波罗游历过的城市：QUINSAY——元代杭州研究文集》，杭州出版社2012年版，第19页。

这个角度看，该图是否符合这几个世纪中真实的"杭州"，反而成为不太重要的事情，重要的是一代一代西方人对这个东方大都市的想象、热爱与追崇，构成、促进了全球史的形成、发展。因此，在"西方发现历史"，不是要建构起以"西方为中心"的历史，而是要发现全球史中"西方历史叙述中的东方主体"。

其次，关于"误读"问题，这些"误读"是否可信？法国神甫李明早在17世纪末就提出："某些游记像谈论杰作似的对这些建筑喋喋不休，这都源自写这些东西的传教士，他们大约在欧洲没有见过更美好的建筑；或者是由于长期客居中国，已是习以为常了。因为，如果不在意，开始令人反感的东西，习惯成自然。假以时日，也就渐渐变得可以忍受了。加之想象力作怪，一个在中国居住达二三十年的欧洲人，比来中国短暂停留的外国人，对于中国的所见所闻作出的判断更缺乏可信性。"①

可见，"误读"本身就是历史进程的一部分，大量到过东方、到过杭州或没有到过东方、到过杭州的作者，在他们的著作中写下的"杭州"、描述的"杭州"、绘制的"杭州"出现了各种的偏差，所构成的"误读"在今天看来恰恰成为历史"真实"的一部分。也因此，在"西方发现历史"，不是只能建构"西方准确论"的历史，而是要发现全球史"西方历史叙述中关于东方的真实"，即便这种"真实"是"误读"。

乔·古尔迪和大卫·阿米蒂奇认为，"史学与大众未来的前景，在于我们能否重新学会在长时段的背景下解读文献、事件和史料。……我们相信，历史要面向公众预示着历史写作必须朝下述方向调整：第一，历史叙事要让非历史专业的人能够读懂并有所感悟；第二，要重视恰当使用图示和数字工具；第三，要能够在大与小之间，'微观'与'宏观'之间妥善协调、适度融合，既要凸显文献档案研究的优势，又要张扬大图景的普遍关怀。"② 杭州目前

---

① 李明：《中国近事报道》，郭强、龙云、李伟译，大象出版社 2004 年版，第 68 页。

② 乔·古尔迪、大卫·阿米蒂奇：《历史学宣言》，第 147—148 页。

正在打造"别样精彩、独特韵味的世界名城",其中的核心课题是挖掘杭州在中西交流中凝练的独特韵味、杭州在中西交汇中展现的别样精彩和对标世界名城的凸显的国际范。本文试图重新解读长时段下的全球史书写,探讨 20 世纪前西方人对"杭州城"的描绘,就是要从长时段积累的文献、事件和西方历史叙述的史料中重新发现东方、重新发现中国、重新发现杭州,以便让非历史专业的人们能够分享专业的史学研究成果。

在全球史书写年代,当我们重新去发现西方历史叙述中的"杭州"时,我们貌似也不必太多在意"想象、误读"与"真实、正解"之间的距离,因为如穆联般"想象"的水上华贵天城、利玛窦讨论苏州定义的"人间天堂"杭州、斯当东爵士对标伦敦发现的中西交流的"东方枢纽城市"杭州,都是 600 多年来西方人的"杭州印象",都是西方人笔下杭州的"独特韵味"和"别样精彩"。正如司徒雷登所指出:"杭州是中国历史最悠久、风景最美丽的城市之一。西湖山峦环抱,山上庙宇错落,十分令人喜爱;远处是以'钱塘潮'而著名的风景如画的钱塘江,杭州的这些郊野景色长期以来一直是中国文学艺术中著名的题材。在马可孛罗的笔下,杭州是一座景色无限优美的城市,他详细地描绘了那里的运河、桥梁和街道。杭州在宋代朝廷为逃避'北方蛮人'的侵扰而南迁后,曾一度是它在南方的国都。中国有一句名言:'上有天堂,下有苏杭',由此可见苏州和杭州这两个城市在中国人民心目中所占有的地位。"[1] "水上之华贵天城"、人间天堂、东西方交通的"东方枢纽城市"同样都是杭州这座城市在西方人心目中的形象与地位,也是当下杭州人追求的"别样精彩、独特韵味的世界名城"杭州的内涵。

---

[1] 司徒雷登:《在华五十年——司徒雷登回忆录》,程宗家译,北京出版社 1982 年版,第 6 页。

以场域理论视角反思近代
中国新闻业

王　毅
（中国社会科学院近代史研究所）

如何理解近代中国社会与新闻业发展的困境？这是一个相当复杂的问题。中国新闻业在经历了北洋政府时期的快速发展后曾达到一个历史顶峰。[①] 然而，随后中日间的全面战争客观上让新闻业迎来一场重要转折。对此，西方学者们曾认为，在十多年的战乱过程中，中国出现的对宣传和社会动员需求陡然增加的状况，改变了新闻业的发展轨迹。[②] 在西方学者所指出的看似偶然的历史因素背后，是否存在某种历史必然性？此外，对于这种趋势的叙述与梳理，是否源于叙事者所处的当下位置造成的某种后见之明，从而使得这种趋势可能更具有某种建构性，而非现实性？需要指出的是，在历史情境中，中国新闻业所从属的社会、政治、经济、文化等大环境处于一种流动性的状态。因此，本文尝试通过法国社会学家皮埃尔·布迪厄提出的场域理论，分析近代中国新闻业在其产生和发展的过

[①] 王润泽：《北洋政府时期的新闻业及其现代化（1916—1928）》，中国人民大学出版社 2010 年版，第 369 页。

[②] 参阅 Stephen R. MacKinnon, "Toward a History of the Chinese Press in the Republican Period", *Modern China*, Vol. 23, No. 1, January 1997, p. 8; Terry Narramore, "Illusions of Autonomy? Journalism, Commerce and the State in Republican China", in *Power and Identity in the Chinese World Order: Festschrift in Honour of Professor Wang Gungwu*, ed. Billy K. L. So, John Fitzgerald, Huang Jianli, and James K. Chin, Hong Kong: Hong Kong University Press, 2003, p. 178。

程中，所面临的客观环境和先天制约因素，而这正是在变动中的近代新闻业所面临的客观问题。正是诸多内外因素的博弈，最终形塑了近代时期新闻业发展的趋势。

相对于仅仅描述趋势的研究而言，场域理论或许为我们更进一步研究这种趋势背后的生成机制提供了某种可能。威斯堡（Silvio Waisbord）认为场域理论对推动新闻业研究具有重大意义。他提出现代新闻业的出现，与其他职业一样，都反映了劳动力、知识和技能的专业化分工。而新闻业的发展正显示了社会机构在现代化的演变中不断精细化和组织化，并且形成自身的标准和规范的过程。布迪厄的场域理论则指引我们把注意力放在探讨新闻场与其他场的位置关系上，在特定语境和复杂且相互变动、相互影响的场域中，以动态和行为导向的视角对新闻实践活动和思想进行解读和分析。[①]

目前，场域理论的应用在新闻史研究中已经取得了一些成果。克劳斯（Monika Krause）基于布迪厄对文化生产场的论述，结合相关历史，探讨了从 19 世纪末到 20 世纪初，美国新闻媒体公共服务理念的发展和演变过程。她着重强调了引入新闻场域对探索和分析新闻史的重要意义。首先，场域理论有助于从历史出发对新闻理念做出梳理和分析。其次，这一理论的应用，有助于引导我们将特殊的新闻活动或行为，作为新闻独立性的标志物加以研究和分析。此外，她还指出场域理论使场域的性质与历史发展阶段和民族国家的背景紧密相连。由此，我们就可以考察影响场域的制约因素，如资本所能发挥的效力，同时也能够把新闻场的改变与其他场，尤其是政治和经济之间所存在的客观联系梳理清楚。[②] 通过研究，她认为美国新闻业公共服务理念的实施，在很大程度上取决于在自治的新闻场内，独立于政治优势或文学价值之外的特定领域的资本。[③]

[①] Silvio Waisbord, *Reinventing Journalism and News in Global Perspective*, Cambridge: Polity Press, 2013, p. 13.

[②] Monika Krause, "Reporting and the Transformations of the Journalistic Field: US News Media, 1890 – 2000", *Media Culture Society*, Vol. 33, No. 1, 2011, p. 90.

[③] Ibid. , p. 100.

　　黄顺星在回顾有关战后台湾新闻业发展的相关研究时发现，尽管在这一领域，不断有新的研究出现，但不管研究的主题聚焦在相关政策还是法规，关注的重点依旧局限于国民党对于社会的控制。在黄顺星看来，这样的研究思路不过是将新闻史研究纳入政治发展演变的历史叙述中，成为政治史研究范畴的一部分，从而导致研究并没有真正从新闻业独特性的视角出发，形成对于自身历史发展和演变的叙述和分析。① 通过利用场域理论，黄顺星颠覆了战后台湾报业的困境在于面临不可抗拒的政治和经济压力的传统理解，指出真正的困境在于当时新闻从业者扮演三重社会角色，即国家意识形态的宣传工具，独立的社会舆论代表和追求经济效益的角色，而他们处在这种夹缝时缺乏历史意识与集体反思。②

一　场域视野下近代中国报刊的出现与发展

　　"场域"是布迪厄在构建其理论体系时提出的核心概念。它的提出打破了传统上用整体与个体、宏观与微观等二元对立的观点来理解社会机制运转所带来的局限性。根据布迪厄的设想，包含社会实体与动机要素的场，广泛存在于社会空间内。每个场由一系列带有特定权力（政治权力和经济权力）和资本（社会资本、经济资本、文化资本和象征资本）的历史网络所构成。③ 可以说，布迪厄通过引入场域的概念，将社会的运行理解为一个权力斗争与冲突的社会竞技场，从而进一步归纳和概括社会机制的构成与运行。在这个竞技场内，各自所拥有的资本至关重要，同时特定形式的惯习和各自所占据的位置也是成功必不可缺的。④ 布迪厄将场视为由不同

---

　　① 黄顺星：《新闻的场域：台湾报业的变迁》，《新闻学研究》2010 年第 104 期，第 116 页。

　　② 同上书，第 151—153 页。

　　③ Pieere Bourdieu and Loïc J. D. Wacquant, *An Invitation to Reflexive Sociology*, Chicago：The University of Chicago Press, 1992, p. 16.

　　④ Jonathan Gaventa, *Power after Lukes：A Review of the Literature*, Chicago：The University of Chicago Press, 1992, p. 16.

位置所构建的一个客观关系网络。现有的和潜在的由权力和资本分布的结构，决定了这些位置的存在和位置的对应关系。这些权力和资本的拥有意味着可以凭借与其他位置的客观关系，在场内获得特殊利益。① 回归到中国近代新闻事业发展的起点，便会发现它是在马六甲这个东西方文明碰撞的边缘地带同时也是前沿地带发生的。此后，随着西方对中国的殖民活动不断深入，中国境内的近代新闻业最先在通商口岸出现，并逐步扩展到内地。随着代表中国传统政治治理的邸报逐步衰落，传教士主导创办的近代中文报刊，为近代国人自办报刊的形态起到示范作用。② 这个过程本身构成了一种东西方文明冲突与交融的"场域"，正是在这样的场域中，中国近现代新闻业被形塑。这种历史形塑的路径依赖，一直贯彻于随后的民国时期，只是表现形式有所不同。

事实上，在东西方权力关系的场域中，西方的强势位置与中国所处的东方日渐衰落的位置决定了近代新闻业的发展框架。首先，这意味着中国新闻业自身的断裂。中国近代新闻业并不是中国传统邸报发展的延伸。它从出现萌芽，到随后近一个世纪的发展，所需的资本一直与西方在华的殖民活动，以及由此在殖民地和通商口岸的产生的治外法权密切相关。近代新闻业对于中国而言是来自西方的舶来品，这一点在学术界已经形成共识。中国新闻史研究的奠基人戈公振在《中国报学史》一书中明确指出，近代新闻活动并不是因中国自身的社会发展而产生，而是由西方人将其引入到中国。③ 方汉奇依据考古出土的两份中唐时期的《敦煌进奏院状》提出世界上最早的报纸原型出现在中国。④ 但是，邸报却与近代报刊之间具有本质区别，且前后不存在继承关系。正如曾虚白所言，中国古代

---

① Pierre Bourdieu and Loïc J. D. Wacquant, *Invitation to Reflexive Sociology*, Chicago: The University of Chicago Press, 1992, p. 97.

② 卓南生:《中国近代报业发展史（1815—1874）》，中国社会科学出版社 2002 年版，第 1—4 页。

③ 戈公振:《中国报学史》，商务印书馆 1928 年版，第 67 页。

④ 方汉奇:《中国新闻事业通史》第 1 卷，中国人民大学出版社 1992 年版，第 247 页。

社会的官方邸报有超过一千年的历史，但它仅仅属于政治精英，从未涉及一般人的日常生活和他们对于国家政治的参与。近代新闻理念直到鸦片战争前后才由西方引入到中国。① 梅嘉乐（Barbara Mittler）也有相似论述，她认为邸报的功能只是将朝廷旨意向全国传递，而在清末西方传教士和商人在华所办报纸之前，中国并未出现具有近代意义的报刊。②

中国近代新闻业的出现可以追溯到鸦片战争前后西方传教士在东南沿海的殖民地和通商口岸所进行的出版活动。这一时期的通商口岸成为中西方文明碰撞过程中一个独特的场域：依据西方在中国攫取的特权，建立一整套新闻信息系统。这套新闻信息系统起初往往是西文的，服务于殖民当局以及相应的传教士与商人。目前已知的中国境内第一份近代报纸出现在澳门，即 1822 年 9 月 12 日创办的葡文报纸《蜜蜂华报》。③ 这份报纸的出版，得益于葡萄牙在澳门所取得的自治权，同时也进一步刺激了英国人在中国攫取相似的特权。④ 随后，英国传教士和商人在广州出版了《广州纪录报》等报刊。不过总体而言，鸦片战争前在中国出现的报刊数量非常少。这一时期一共有 17 份在华出版的西文报纸，而中文报纸只有 6 份，其中的 3 份还是在东南亚的华人社区出版，且中文报纸通常存在的时间很短，保持出版时间最长的也只有 6 年，而 3 份短的都不足 1 年。⑤ 随着鸦片战争后开放五口通商，以及英国开始在香港行使行政管理，这一状况发生了改变。大量西方传教士前往香港和其他通商口岸从事传教和办报活动。⑥ 外国人所办报纸如雨后春笋般在中

---

① 曾虚白：《中国新闻史》，台北三民书局 1989 年版，第 101、125 页。

② Barbara Mittler, *A Newspaper for China？: Power, Identity, and Change in Shanghai's News Media*, 1872 – 1912, Cambridge, Massachusetts: Harvard University Asia Centre, 2004, pp. 2 – 3.

③ 程曼丽：《蜜蜂华报研究》，澳门基金会 1998 年版，第 9 页。

④ 同上书，第 192—199 页。

⑤ 方汉奇：《中国新闻事业通史》第 1 卷，中国人民大学出版社 1992 年版，第 271 页。

⑥ 卓南生：《中国近代报业发展史（1815—1874）》，中国社会科学出版社 2002 年版，第 2 页。

国出现。在香港，英国传教士麦都思于 1853 年创办了中文月刊《遐迩贯珍》。在上海，英国商人奚安门于 1850 年创办了英文日报《北华捷报》；1857 年，英国传教士烈亚力创办了上海第一份中文报刊《六合丛谈》。这种外人创办经营中文报纸的方式，对当初在报社工作，后来独立出来办报的国人提供了一整套新闻业的"惯习"。

受其影响，国人也开启了自主办报的历史。出于对政治压力、传播影响力以及经济上的综合考量，国人延续了在殖民地和通商口岸内办报的传统。容闳作为第一位在美国大学毕业的中国留学生，回国后曾积极投身实业，后转向新闻业。1874 年 6 月 14 日他在上海创办了《汇报》，成为上海第一份中国人创办的中文报纸。[①] 1874 年 2 月 4 日，王韬在香港创办的《循环日报》，是当时最具影响力和代表性的国人报刊。[②] 该报的政论形式成为中国近代报纸之先锋。它既有别于古代中国官方邸报仅限于传递朝廷敕令的模式，也与西方传教士和商人创办的服务于宗教传播或提供商业信息的报刊有所不同。这恰恰是通商口岸的知识分子所处的场域交互作用的结果。《循环日报》刊登了大量政论文章，这些文章大体上从中国作为一个民族国家的视角出发，立场鲜明，评论主题和内容涉及当时的热点，以及具有争议性的时事话题，例如太平天国运动、清政府的政治革新以及对外关系。[③]《循环日报》成功的意义不仅体现在这份报纸被社会大众广泛阅读，也体现在王韬个人对于推动中国近代新闻业发展所做的特殊贡献。林语堂因此称他为近代中国新闻

---

① 方汉奇：《中国新闻事业通史》第 1 卷，中国人民大学出版社 1992 年版，第 486 页。卓南生通过将《循环日报》与同时代其他国人所办报纸比较，分析和阐述了《循环日报》的重要性和特殊影响。参阅卓南生《中国近代报业发展史（1815—1874）》，中国社会科学出版社 2002 年版，第 179—180 页。

② 参阅卓南生《中国近代报业发展史（1815—1874）》，中国社会科学出版社 2002 年版，第 179—200 页。

③ 同上书，第 195—200 页。

之父。[1] 然而，除了王韬的个人因素外，香港作为报纸的出版地也是促成该报成功的不可忽视的原因。由于清政府对于报业限制的相关措施无法实施，这为香港新闻业的发展提供了相对宽松的环境。[2] 而这种空间的出现，恰恰发生在近代中国中西文明碰撞中产生的场域的边界上。

作为通商口岸的上海与香港有相似的环境。第二次鸦片战争后，上海的公共租界和法租界逐渐成为代表不同权力利益的空间。或许正是基于在戊戌变法期间的办报经历，变法失败后，已经被清政府通缉的梁启超，根据康有为的指示，与狄葆贤合作在上海租界内创办了《时报》，继续为改良派做政治宣传。[3] 这同样也是一个通商口岸的近代报纸从舶来品转变成为主流，进而影响社会历史进程的体现。东西方文明在场域中的位置以及当时中国政治与社会状况决定了近代政治力量在利用报纸进行"文人论政"，介入政治之际，也能利用像租界这样的模糊空间为自己服务。而这一方面强化了近代报刊的西方色彩，另一方面也意味中国内生的信息系统的衰落。

在新闻信息系统层面，由于东西方现代化进程的错位与差异，使得中国近现代新闻业发展过程中，延续至清末的官方邸报逐步衰落，而西方近现代报刊逐渐处于主导地位。事实上，一直延续到民国时期，中国新闻业的彼岸一直是西方近现代新闻业，尤其是商业化的新闻业。这种状况，也正是东西方文明在场域中所处位置所决定的，并导致后发国家将先发国家原本是特殊历史背景下生成的实践，视为一种普遍实践，即布迪厄的语汇中的惯习。

---

[1] Lin Yutang, *A History of the Press and Public Opinion in China*, Chicago: University of Chicago Press, 1936, p. 79.

[2] 秦邵德:《上海近代报刊史论》，复旦大学出版社 2014 年版，第 39—40 页。

[3] Joan Judge, "The Factional Function of Print: Liang Qichao, Shibao, and the Fissures in the late Qing Reform Movement", *Late Imperial China*, Vol. 16, No. 1, June 1995, p. 121.

二 新闻场与近代中国新闻业职业化

布迪厄将人类的实践活动理论抽象化，创造出"惯习"这一概念。惯习一词源自拉丁语，意为配置、条件和状态。这一概念是对一系列可以使个人在他们生存的社会领域中，找到他们的价值和合法性条件的简称。这些条件包括社会文化层面、认知层面、环境层面以及历史层面的因素。根据布迪厄的解释，惯习构建于个体的历史进程中，它使得这些个体以一定的逻辑凝聚，并通过某种机构，参与到在制度上具有客观性的历史中。[①] 可以说，惯习在很大程度上，依据对于个体在布迪厄所称作场的社会空间内所推测的合法位置和角色，塑造其行为方式。对于近代商业报刊而言，其最为重要的惯习莫过于职业化。

这种职业化的发生，构成了世界新闻史发展中的惯习。它是新闻生产社会分工的结果。不得不说，这种惯习起初限定在特定地方，但随着近代报纸的普及变成全球的实践。自 19 世纪中叶起，一场新闻业的大变革在美国社会悄然展开。19 世纪 30 年代，以纽约《太阳报》为代表的便士报出现，开始打破政党报刊在美国报业长久以来的垄断地位。这场报业的商业化变革开启了美国新闻职业化道路。随着便士报的发展壮大，美国报社内部开始出现职业分工，这从根本上改变了以往一份报纸，从采写、编评、广告、印刷几乎由一人包办的原始模式。[②] 舒德森（Michael Schudson）认为，这场在市场和民主机制下，由便士报的出现所引发的美国新闻发展史的革命，是基于事实的新闻报道取代主观评论对于报纸版面的主导，而最终使得客观性作为新闻核心价值理念得到广泛认同。[③]

---

① Pierre Bourdieu, *The Logic of Practice*, Stanford: Stanford University Press, 1990, p. 57.

② Michael Schudson, *Discovering the News: A Social History of American Newspapers*, New York: Basic Books, 1978, pp. 65 - 69.

③ Ibid. , p. 14.

进入 20 世纪后，随着美国新闻职业化的发展，以及以密苏里新闻学院为代表的美国新闻教育界积极向中国推广职业化新闻理念和教学体系，中国新闻业也开始由政党主导向职业化转型。这种转型本身带有复合式特征。从王韬到康有为、梁启超等人，办报实践实际上是从"通商口岸知识分子""文人论政"的方式向中国士大夫阶层扩展，并走向了主流化。尽管这个阶层在受东西方冲击的场域之中，影响力与作用在民族危亡之际也最终走向衰落，但他们代表传统中国与西方现代世界之间的桥梁。因此，在近代国人办报过程中，存在着由新式的通商口岸知识分子扩展到更为主流的士绅阶层之中，这是一种新式的政治化过程。在这个过程中，报纸成为政党政见表达的工具。清末废除科举意味着士大夫阶层的终结，而通商口岸职业化知识分子的角色，为新式知识人提供了新的空间。因此，在民初鼎革之际，职业化也成为相当一批知识人推崇的发展方向，教育救国、实业救国、工业救国等口号的提出，实际上也意味着职业场域已经确立自身的主导位置。

对于新闻业而言，西方本身意味着一种发展的风向标。1908年，基于推动新闻职业教育理想的密苏里新闻学院得以正式成立。[1]它的成立，不仅翻开了美国新闻史上的重要一页，同时对于随后中国新闻业职业化变革也产生了深远影响。密苏里新闻学院的创始人威廉（Walter Williams）本人热衷于推动国际交流，他将此作为向亚洲地区推广美国新闻教育理念的重要机制。威廉先后五次来访中国，不遗余力地介绍密苏里新闻学院的新闻教育理念。在他的努力下，北平的燕京大学和上海的圣约翰大学新闻系得以成立，并以密苏里新闻学院的教学大纲为蓝本进行教学。同时，密苏里新闻学院还与燕京大学建立了一个为期五年的学生和教师的交换项目。[2]

---

[1] Sara Lockwood Williams, *Twenty Years of Education for Journalism*: *A History of the School of Journalism of the University of Missouri*, *Columbia*, *Missouri*, *U. S. A.* Columbia, Missouri: The E. W. Stephens Publishing Company, 1929, p. 6.

[2] 罗文辉:《密苏里大学新闻学院对中华民国新闻教育及新闻事业的影响》,《新闻研究》1989 年第 41 期, 第 201—204 页。

与此同时，以董显光为代表的一批中国留学生赴密苏里新闻学院留学，回国后又投身于新闻业。与此同时，还有很多密苏里新闻学院毕业的美国人，例如裴德生、武道和聂士芬，在学成后来到中国从事新闻教学工作。这些在西方接受职业化新闻教育的留学生，将美国的新闻知识体系移植到中国。同时移植的还有密苏里新闻学院情结。此外，自 20 世纪 20 年代起，中国最早的一批新闻学专著相继出版。新闻职业化的核心价值与理念，在这些专著中得到阐述。[①] 至 30 年代初，对于新闻职业化的讨论已经上升到新闻业务层面。[②] 这也成为那个时代中国新闻职业化场域的特点。

三 新闻场域视角下中国近代新闻发展的困境

布迪厄基于场域理论，提出"新闻场域"的概念。他将其描述为一个独立的且拥有其自身运转规律的自治场，但又强调其自治的相对性。每个被置于社会空间内的场，就其各自的位置与其他场既相互吸引，又相互排斥。正是由于新闻场域的自治性特征，布迪厄强调新闻业内部的运转，不能仅仅理解为是外部因素作用的结果。[③] 布迪厄和其他学者通过对于新闻场相对位置的研究和分析，得出它处于文化生产场之内。布迪厄依据文化生产活动的规模，将文化场细分为小规模文化生产场和大规模文化生产场。小规模文化生产场靠近文化极，尤其指那些仅为处于社会象牙塔尖的各领域专家组成的小规模群体消费而生产的专业性期刊和前卫艺术。大规模文化生产场靠近经济极，新闻业因其所具有的鲜明的大众消费品特征，而被归类为大规模文化生产场内。根据布迪厄所示，场内的个体为通过竞争而获得对于有效资本的垄断，而使得每个场内充满争夺与冲

---

① 张静庐：《中国的新闻记者与新闻纸》，现代书局 1932 年版，第 16—17 页；任白涛：《新闻学纲要》，联合书店 1930 年版，第 7—8 页。

② 徐基中：《集纳运动：理论自觉与未完成的新闻学革新》，《新闻春秋》2015 年第 3 期。

③ Pierre Bourdieu, *On Television and Journalism*, London：Pluto Press，1998，p. 39.

突。在这种情况下，占据场内的位置成为每个场固有运行逻辑下的产物。① 布迪厄提出内部和外部的竞争是保持场的动态运行，同时也成为导致场内部性质和外部环境变化的机制。②

具体到艺术场，有效的资本可以以文化权威的方式表现出来，这有别于在权力场内，有效资本通常被理解为因占据等级体系中的有利位置，而获得权力的潜能和改变场内位置的权威性。③ 布迪厄认为场内的各方势力凭借各自所拥有的权力，来改变场内的力量对比。也就是说，在一个场内存在处于不稳定的位置，为争夺合法取得而展开的竞争。在探索作用于内在转变的外部条件时，布迪厄认为场的内部斗争，在一定程度上取决于外部的联系和影响，但他进一步补充，即使那些基于场内固有逻辑所得出的最要紧的场内的斗争，这些斗争的结果通常也依赖某些在权力场内的特定的，属于场际联系的斗争。④

在此基础上，布迪厄进一步提出场内的"等级化"这一概念，并利用这一概念将文化生产场内的斗争动力划分为"自律"和"他律"原则。他律原则意味着场对于主导的经济和政治力量的严重依赖。而自律原则反映了拥有某种资本的场可以自身形成一定程度的独立性。⑤ 一个场或其子场的自律性的程度，将会影响场内的个体，试图凭借它们各自的标准或权威，来改变其他个体，旨在追求相同目标和象征资本的权力关系。自律程度因时间

---

① Pierre Bourdieu, *The Rules of Arts: Genesis and Structure of the Literary Field*, Stanford: Stanford University Press, 1996, p. 232.

② Rodney Benson, "Field Theory in Comparative Context: A New Paradigm for Media Studies", *Theory and Society*, Vol. 28, No. 3, June 1999, p. 465 - 466; David Hesmondhalgh, "Bourdieu, the Media and Cultural Production", *Media, Culture & Society*, Vol. 28, No. 2, 2006, pp. 213 - 214.

③ Pierre Bourdieu and Loïc J. D. Wacquant, *Invitation to Reflexive Sociology*, Chicago: The University of Chicago Press, 1992, pp. 17 - 18.

④ Pierre Bourdieu, *The Rules of Arts: Genesis and Structure of the Literary Field*, Stanford: Stanford University Press, 1996, p. 252.

⑤ Pierre Bourdieu and Randal Johnson, *The Field of Cultural Production*, New York: Columbia University Press, 1993, p. 40.

和民族传统的不同而呈现多样化，场的整体结构因此会发生改变。[①] 但可以确定的是，场的自律程度的下降意味着对于他律依赖度的增加。[②] 布迪厄认为了解新闻场和新闻从业者在新闻场内从事新闻出版活动的自律程度，对于揭示新闻场的状况和性质至关重要。[③]

在新闻业务实践中，追寻客观性的行为在场域理论的视角下可视为惯习。它高度依赖所获得的资本的性质与数量。也就是说，当新闻业拥有足够的且可以支撑其独立运作的政治和经济资本时，它在实际业务操作的过程中所拥有的追寻客观化的空间就会高于没有或较少拥有相应资本的状态。这种情况下，在新闻实践过程中，追寻客观性的惯习是新闻个体在新闻场所拥有相应资本的产物。因此，所获资本的制约是新闻客观性在业务过程中的实践与其作为一个纯粹的理念最本质的区别。

当我们将场域分析的框架拿来分析当时的中国新闻业时，便会发现其中的困境所在。与新闻职业化在中国逐步生根相对应的是，中国新闻业所面临的制约因素直到 20 世纪 30 年代依然没有出现根本性改观。具体表现为新闻活动在东南沿海的殖民地和通商口岸内十分活跃，而在其他广大内陆地区却较为落后。1934 年 12 月 7 日，《大美晚报》公布了克劳广告对于全国读报状况的统计，报告指出中国当时的报纸发行量和读者人数均有增长，但全国读报的普及程度依旧处于较低水平。正如该报道标题所示，"全国人口四万万，日报销量三百万份，平均每千人中只一人读报"。[④]

---

① Pierre Bourdieu and Randal Johnson, *The Field of Cultural Production*, New York: Columbia University Press, 1993, p. 40.

② Ibid., pp. 45 – 46.

③ Pierre Bourdieu, "The Journalistic Field, the Social Science Field, and the Journalistic Field", in *Bourdieu and the Journalistic Field*, ed., Rodney Benson and Erik Neven, Cambridge: Polity Press, 2005, p. 43.

④ 《全国人口四万万，日报销量三百万份，平均每千人中只一人读报》，《大美晚报》1934 年 12 月 7 日第 4 版。

1934 年中国各省和区域报纸发行量和阅读人数状况①

省和区域	发行量	人口	每万人中的报纸读者
安徽	23532	19832665	11
浙江	103242	22043300	46
大连	120050	300000	4000
福建	50395	13157791	45
河南	36120	307831909	11
香港	276700	513000	5393
河北	520400	34186711	152
湖南	52300	28443279	18
湖北	114600	27167244	41
甘肃	2945	5927997	4
江西	37300	24466800	15
江苏	1139080	33786064	337
广西	14100	12258335	11
广东	260800	37167701	20
贵州	3400	11114951	3
澳门	11200	78000	140
东三省	118100	20000000	95
陕西	122500	11030827	20
山东	27700	30803245	39
山西	27700	9465558	29
绥远	5600	1900000	29
四川	97700	40982810	19

---

① 此数据最初刊登于 1934 年 12 月 7 日《大美晚报》副刊《记者座谈》上。本表同时也参考了由陈细晶整理过的数据表格。参阅 Chin Sei - Jeong, " Print Capitalism, War, and the Remaking of the Mass Media in 1930s China", *Modern China*, Vol. 40, No. 4, 2014, p. 399。

　　这反映出当时中国报业的空间分布严重失衡。从当时的调查中可以看出，作为英国殖民地的香港和日本殖民地的大连，在每万人的报纸读者一项中分别有5393人和4000人，这一数据远远高于其他省和地区。上海和天津作为通商口岸的代表没有独立统计，而是被分别放入它们各自所隶属的江苏省和河北省。基于这一统计方法，上述两省的每万人的报纸读者数量分别为337人和152人，虽然分别仅为香港的6.2％和2.8％，大连的8.4％和3.8％，但依然远远高于其他省。此外，在葡萄牙统治下的澳门，每万人中140人读报。除东北地区为95人，其他各省均低于50人。地理位置离殖民地或通商口岸较近的沿海省份，在每万人中报纸读者的数量又会明显高于偏远的内陆省份。与浙江省有46人相比，江西省为15人，而甘肃和贵州仅分别为4人和3人。从整体数据上看，报纸读者呈现出明显的地区不平衡，报纸基本集中在沿海通商口岸以及政治文化中心，这本身和近代以来政治经济发展不平衡相关联。这也说明，民国近代报纸的影响范围实际上是有限的，职业化新闻生产发挥作用的社会场域并没有今天想象的那么大，它依然局限在知识分子阶层。对于欠发达地区而言，报纸并没有走进人们的日常生活，依然只是都市文化现代性的组成部分，乡村本身是失语的。

　　随后，中日间爆发了全面战争。这场战争从根本上改变了中国的权力场结构，文化生产场的也随之改变。战争使得自鸦片战争以来，西方在华所形成的，维系了近一个世纪的殖民体系彻底解体。此外，国民党在长江下游建立起来的权力中心，也随着战争的深入逐步瓦解，国民政府被迫西迁。在这一过程中，东南沿海的都市文化随着知识精英相继迁往内陆投身抗战而向全国扩展。[1] 在全新的政治环境下，民族主义不断膨胀。当民族主义主导的新闻业随后与内陆抗日政权的利益结合在一起，形成了政治宣传的新惯习。

　　随着抗战的推进和国共关系的转变，这种惯习在中共领导的抗

---

　　[1]　Hung Chang - tai, *War and Popular Culture: Resistance in Modern China*, 1937 - 1945, Berkeley: University of California Press, 1994, pp. 1 - 3.

日民主革命根据地形成了一种不同于通商口岸和沿海都市的新闻实践，即全党办报、群众办报的传统。在战乱年代，这种立足于小城镇与乡村等现代化程度不高、传统社会束缚较多、生活条件更为艰苦地区的新闻实践，从实践形式到报刊内容也更为粗糙，更强调战争需要。它难以维系职业化的新闻实践，但却更强调新闻工作者与人民群众结合，与社会生产结合，更强调新闻实践的在地性。新闻的概念与意义也更为广阔，更具有中国乡土现代性特色，从而有效同中国广大地区的社会需求结合到一起，新闻也起到在日常生活中缔造新的现代文明契约的功能，而这是职业化新闻实践所远不能及的。"全党办报""群众办报"以及群众路线的推广，完成了新闻下乡。在这个过程中，新闻扎根于人民群众之中，与民众农业生产、日常生活组织、识字等全面结合，在新闻生产之中将此前"没有乡村主体"的都市新闻生产变成立足于乡土中国社会的新闻生产。① 在这样的过程中，新闻生产也超出职业化的范畴，而成为组织与动员中国社会进行基层建设，促使中国走向现代社会进程的一部分。

正如洪长泰所言，虽然自20世纪20年代起标志着新闻职业化发展的新闻职业协会相继建立起来，新闻职业守则也在社会上得到广泛讨论。但这些成果随着职业记者在抗战过程中纷纷参与到由政党主导的抗日宣传战线而改变，媒体的政治化成为当时中国社会的选择。② 抗战胜利前夕，在陪都重庆爆发了拒检运动，这是国共两党自抗战期间，长期围绕对新闻宣传的主导权展开争夺所积累的矛盾在战后的一次集中爆发。③ 拒检运动一方面是新闻场性质历经抗战后变化的展现，另一方面也为战后中国新闻业的发展趋势定下

---

① 李飞：《延安新闻学传统与乡土中国的现代性》，《新闻春秋》2018 年第 2 期，第 61—63 页。

② Hung Chang – tai, "Paper Bullets: Fan Changjiang and New Journalism in Wartime China", *Modern China*, Vol. 17, No. 4, October 1991, pp. 459 – 460.

③ 王毅：《拒检运动与政党全面控制战后中国新闻业》，《辅仁历史学报》2015 年第 35 期。

基调。

对于新闻业而言，抗战的过程就是内陆地区的新闻场解构原有的东南沿海新闻场的过程，而战后新闻业在东南沿海都市的复原与重建，从某种意义来讲，就是当地新闻业因场的性质改变而丧失原有资本，从而改变惯习的过程。以战后上海为例，国民党的新闻宣传体系，在接受和改造当地民营报纸，特别是《申报》和《新闻报》的过程中实现了对于新闻舆论的垄断。[①] 成舍我在面对战后新闻业的窘境时，曾愤怒地表示民营报纸在抗战期间自应有责任和义务为了国家的利益而做出自我牺牲，但在抗战已经取得胜利之时，民营报刊就应物归原主。他甚至还措辞严厉地向国民党喊话，声称如果民营报人的财产先是被日本人掠夺走，而后又被国民党攫取，他们的抗争也不会停止。[②] 尽管成舍我态度强硬，但他对此状况却也无力回天。

抗战胜利后，国民党试图继续维系抗战期间扩大的对新闻出版活动的管理支配权，并将之常态化，为此遭到第三方势力的反抗。以黄炎培为代表的这些知识精英在国民党体制内进行抗争的政治路径就是通过政治化的媒体同国民党展开政治斗争。因此，尽管当时国共的政治对抗远较中间道路的更为激烈，但"拒检运动"却由第三方势力掀起，而导火索是审查黄炎培撰写的宣传延安模式的书籍《延安归来》，这恰恰是行使新闻出版权利以达成政治目标的体现。当国民政府试图通过行政化、法律化的新闻出版审查手段，对政治化的新闻出版实践进行管理之际，遭受国统区已经政治化的媒体与知识分子群体的反弹。对此，国民党当局迫于舆论压力接受了"新闻自由"的诉求。从政策外部性来看，当时美国提供援助的附加政治条件更利于挑战蒋介石权力的党内外各派力量，这从马星野在《中央日报》上喊出"不承认新闻自由的国家不予以救济贷款"就可见一斑。但这种争取新闻权利的努力最终随着内战的爆发湮没在

---

① 高郁雅：《国民党的新闻宣传与战后中国政局变动：1945—1949》，台大出版委员会2004年版，第25—58页。

② 成舍我：《报学杂著》，中央文物供应社1956年版。

历史的洪流中。1949年国民党败退台湾后，迅速对媒体实施政治治理。蒋介石首先借助《中央日报》因不满国民党失利而发出的各种批评声音完成权力重组，后于1952年通过改组报纸人事，重掌党媒舆论，而马星野在这个过程中也黯然离开。[①]

四　结语

通过应用布迪厄的场域理论，从新闻场所处的环境入手，对于中国近代的文化生产场在权力场的客观状况和其对于新闻场的资本分布和惯习所产生影响的考察可以发现中国近代新闻业与西方发展的步伐，以及中国自身政治与社会变革的内在联系。与此同时，这也让我们看到了新闻史研究的另一视角，即跳出过往局限于媒体机构和少数新闻从业精英的新闻史叙述方式，从社会史的角度切入寻求另一种历史叙述方式，即从新闻业与权力、资本以及社会文化关系等多层面多维度地梳理历史发展的脉络，揭示历史进程背后的生成机制，从而探寻精英叙事方式背后可能被遮蔽的社会复杂性的一面。

---

① 王明亮：《家长制支配下侍从报人的职业命运——迁台后〈中央日报〉社长马星野下台原因分析》，《新闻记者》2018年第9期。

早期宗教传统与实践

宗亦耘

（上海图书馆历史文献中心）

我们今天了解元代的景教主要来自文献和考古文物，但元代景教文献的稀少零散，很大程度上妨碍了我们全面掌握其时景教的发展状况。作为一个后来的研究者，笔者试图用一个大家认同的标准来衡量宋元时期的景教，也许能让人比较清晰地勾画出这一时期景教在东方传播的情况。

按理说，景教除了与天主教在一些观点上有区别，比如：不承认玛利亚为天主之母，不用偶像，保留十字架，其他没有多大差异。但由于在景教传播的过程中，有巨大的时空距离的差异，它在中国又是怎样一种情形，是否形成了神学的一些特征并达到完备的宗教传播。这是本文要讨论的一个问题。

英国神学家约翰·麦奎利（John Macquarrie）在其著作《基督教神学原理》中说："神学可以定义为这样一种学问，它通过参与和反思一种宗教信仰，力求用最明晰和最一致的语言来表达这种信仰的内容。"① 他还用一种开放而包容的态度概括神学的构成因素包括"经验、启示、经典、传统、文化、理性"六方面。并把神学分为哲理神学、象征神学、应用神学三部分。

本文还参照其他学者的研究成果，比如米拉德·丁·艾利克森

---

① ［英］约翰·麦奎利：《基督教神学原理》，何光沪译，上海三联书店 2007 年版，第 1 页。

《基督教神学导论》、戴维·福特《基督教神学》、许志伟《基督教神学思想导论》、张庆熊《基督教神学范畴》等。以约翰·麦奎利的框架来梳理元代景教，从现有的景教资料着手对照这几个因素，对这一时期的景教进行一个定位。

一　经验

"经验"一词强调的是第一手经验的知识，包括内心世界之生命经历、主观感受与情感以及对以上各种经验的自我反省、诠释、更新。每一个参加信仰团体的人，都有其经验，它也许是非常私密，但这个宗教经验对于他的信仰十分重要，因为"神学凭据的是人类经验的全部"。[①]

每个人的宗教经验各不相同，阿克·穆尔（Arthur Christopher Moole）的书中记载了元代西行的景教徒拉班·扫马父母的上帝显灵经验："当他们上了年纪时，经常祈祷上帝，恳求赐予他们子嗣，以绵延后代……上帝向夸姆塔派去怀孕之灵，她生一子，起名扫马。夫妇二人颇为喜悦，全家和亲属也为之欢乐。"[②]

敦煌莫高窟北区 B53 窟第 14 件遗物，是一篇叙利亚文《诗篇》，从中也可以看出祈祷者的宗教经验与情感。

二　启示

基督教是一个启示的宗教，这是基督教与其他宗教不同的特点。启示是神学的基本来源，也是神学思想中的基本范畴，启示的本质在于：我们通过启示知道的东西，有一种赐予的性质。在启示经验中，就似乎是神圣者"闯了进来"，运动的方向是从人以外到

---

① ［英］约翰·麦奎利：《基督教神学原理》，何光沪译，上海三联书店 2007 年版，第 5 页。

② ［英］阿克·穆尔：《一五五〇年前的中国基督教史》，郝镇华译，中华书局 1984 年版，第 110 页。

人之内。①

《多桑蒙古史》里说："此部人奉基督教，十一世纪初年时，聂思脱里传教士曾传教于此。接着多桑引阿不法剌治之《东方诸朝史》云：聂思脱里派总主教约翰（Jean，1001 年至 1012 年居报达为总主教）得呼罗珊马鲁（Marou）之大司教（Ebad–Yechou）所致书云，有克烈部，在突厥境之东北，其主一日猎于某国山中，雪深迷道不得出，见一圣者语之曰，脱汝信仰耶稣基督，我将救汝出险，示以归路，克烈王许之，圣者乃倒之出，王回营帐后，召居国内之基督教商人，询以教义，乃知未受洗礼，不得为基督教徒，然得福音书，逐日礼拜，并遣人延我，或派一教师至其国授洗，唯其王曰，吾人仅食肉乳，如何能守斋哉？且言其国有二十万人，皆愿信教云云。总主教乃命大司教遣教士二人持圣瓶往其过国授洗，并告以教仪，斋戒日禁止食肉，惟既无他食，许其食乳，阿不法剌治其事在回历 398 年（1007 年）西利亚著作家 Mare'S 在总主教约瑟（Joseph）传中所志亦同。"② 这部分文字记载了克烈部首领在 11 世纪率部信奉景教的经过，圣灵显现，导致了克烈部皈依景教。

在这里，启示也是宗教经验的一种形式，而我们对神圣者的体验、指示等，也全都包含着启示的因素。③

关于宗教经验与启示在元代的记录很少。我们在此重点谈论经典、传统和文化在景教传播中土中的作用。

三　经典（《圣经》）

经典在基督教中发挥着重大的作用，约翰·麦奎利认为"经典或书面记录也为团体提供了某种记忆，团体可据以返回它的过去，

---

① ［英］约翰·麦奎利：《基督教神学原理》，何光沪译，上海三联书店 2007 年版，第 6 页。

② ［瑞典］多桑：《多桑蒙古史》，冯承钧译，商务印书馆 1936 年版，第 44 页。

③ ［英］约翰·麦奎利：《基督教神学原理》，何光沪译，上海三联书店 2007 年版，第 7 页。

追忆它的过去。"① 由于重新带来原始启示中所揭示的东西，《圣经》就有着一种稳定性，甚至有着某种正好与团体中个人经验的易变相反的客观性。一个团体的经典是维持稳定的重大因素，也是团体本身持续身份的一种意识。因此我们发现，《圣经》成了团体的神学中的规范，它们跟传统一起抵抗着过分强调表达当前经验而产生的主观主义的越轨行为。在基督教团体中，任何自称是基督神学的神学（不同于某些人的私人宗教哲学的神学），都必须跟《圣经》保持密切的正面关系。②

景教注重翻译经典，现已知唐代景教经典文献共七部，均出于敦煌，其中《尊经》记载了 35 种经名，在《尊经》最后四行中又写："谨案诸经目录，大秦本教经，都五百卅部，并是贝叶梵音。唐太宗皇帝，贞观九年西域大德阿罗本届于中夏，并奏上本旨。房玄龄、魏征宣译奏言，后召本教大德景净译得以上卅部。卷余大数具再贝叶皮夹，犹未翻译。"③ 由此可知唐代景教经典丰富程度。景教在中亚及东亚能够广为传播，与景教徒大量翻译经典有密切关系。

而到宋元时期，我们没有看到景教徒大量翻译经典的记录，但是有不少记录《圣经》的文本。蒙特戈维诺（Giovanni da Montecor-vino，1246—1328）在寄给教皇的信中称自己曾把《圣经》翻译为蒙文，但他是天主教徒。各地还出土过一些《圣经》片段，记录了福音书和教义。说明在元代很多的传教区，经文都是有翻译文本的，只是在不同地区翻译成了不同的语言。

阿克·穆尔的书中还记录了：北京午城门楼上发现叙利亚文景教前后唱咏歌抄本，经专家确定为元代景教礼拜仪式使用的祈祷诗。④

① ［英］约翰·麦奎利：《基督教神学原理》，何光沪译，上海三联书店 2007 年版，第 8 页。

② 同上书，第 10 页。

③ 罗香林：《唐元二代之景教》，香港中国学社 1966 年版，第 222 页。

④ ［英］阿克·穆尔：《一五五〇年前的中国基督教史》，郝镇华译，第 343 页。

　　新疆地区出土的景教文献时间主要在 9 世纪至 11 世纪。吐鲁番发现的景教文献主要由德国学者整理刊出。Muller 整理刊布了回鹘文写本《巫师的崇拜》，国内学者李经纬有过研究，对回鹘景教而言，该文记录了最为人熟悉的有关三个巫师到伯利恒朝拜孩提基督的回鹘文残卷。这个残卷与新旧约圣经马太福音第二章的内容有相似之处。据报道，Led Coq 1905 年 6 月曾在高昌古城附近发现 4 页叙利亚文写本，其中 6 面为祈祷文残片。Zieme 刊布了一件出自吐鲁番库鲁特喀遗址地 1 页两面约 36 行叙利亚文写卷《回鹘基督徒婚礼上的颂词》，3 件回鹘文景教徒祈祷文残片。① 吐鲁番绿洲的其他地方，如阿斯塔那、高昌故城、库鲁特喀和吐峪沟等地还出土了一部分叙利亚语的基督教文献。如《旧约》的《箴言》第 9 章第 12 节至第 10 章第 14 节。粟特语景教《圣经》片段：《马太福音》《约翰福音》《路加福音》《哥林多前书》《加拉太书》《诗篇》等的不少章节，具体参见陈怀宇《高昌回鹘景教研究》。

　　牛汝极提供的资料指出：中国发现的粟特文（sogdian script）景教文献主要出自敦煌和吐鲁番，大多为西方探险家所获，其中关于景教的文献有《新约圣经》《新约福音书》《圣乔治受难纪》《圣句集》《景教徒书信》②。

　　陈怀宇还提到中古波斯语《圣经》片段有《诗篇》第 94—99 篇，第 118 篇，第 121—138 篇。新波斯语有《诗篇》第 131 篇第 18 节，第 132 篇第 1 节，第 133 篇第 1—3 节，第 146 篇第 5—147 节。③④

　　目前已知的 1999 年出土的敦煌莫高窟北区 B53 窟第 14 件遗

　　①　牛汝极：《文化绿洲：丝路语言与西域文明》，新疆人民出版社 2006 年版，第281—282 页。

　　②　牛汝极：《20 世纪非汉文维吾尔史料和文献整理研究的回顾和展望》，《中国西北边疆》2002 年第 1 期。

　　③　陈怀宇：《高昌回鹘景教研究》，载《敦煌吐鲁番研究》第四卷，北京大学出版社 1999 年版，第 179—180 页。

　　④　牛汝极：《莫高窟北区发现的叙利亚文景教：回鹘文佛教双语写本再研究》，《敦煌研究》2002 年第 2 期，第 56—63 页。

物，是一篇叙利亚文景教—回鹘语佛教双语写本的《诗篇》，并附有一段回鹘文，其内容是《圣经》中《诗篇》的第 15 节第 2—4 行，第 17 节，第 21 节第 2—5 行，第 23 节第 1—4 行，第 24 节第 1—4 行，第 25 节第 1—3 行的内容。它为研究历史上中亚和敦煌地区的景教发展、它的宗教仪式和神学理论提供了原始资料。根据敦煌研究院的考古学家们介绍，这件文书所用的纸与莫高窟北区出土的其他文书所用的纸截然不同，显然不是当地生产的纸。这说明文书很可能是从西亚一带随着景教的传播而辗转流入敦煌的，它证明了敦煌在元代与西亚等地区有往来，文书本身是为了实用目的而书写，从字体的形式看，应是元代的产物。

《圣经》中的诗篇是由 150 篇赞美或抒情诗辑成的诗歌集，可称为旧约的"诗经"，是《旧约全书》中历来最受人欢迎，极为人重视，而又应用最广的一部分。敦煌存录的这部分《诗篇》，至少体现了讲道、崇拜、祈祷、上帝、信仰、救赎、罪恶等概念。按内容来说，有祈祷主的道德颂扬和标准，有颂扬天主的法律，天主圣言的威力，天主对义人和恶人赏罚的公正；有关于吁求上帝的救赎，此外，还呼吁天主惩罚恶人，以及一切不义的人；歌颂赞扬天主的威严、全能、忠信、公义，以及他慈爱的眷顾，体现的是一个坚定的信仰者的形象。这部《诗篇》为我们还原了元代敦煌地区景教徒的宗教生活。

元代泉州发现了大量景教徒墓碑，但没有出土过任何一部分《圣经》文本，从泉州出土的数量可观的景教墓碑，我们有理由相信作为元代景教徒的重要聚居地，圣经文本肯定曾在当地出现过。

四　传统

天主教徒认为，基督的启示既通过经典，也通过传统传达给我们。正如圣保罗清清楚楚的说明那样，比最早的基督教经典更早，并且成为经典基础的，是传下来并为原始基督教团体所接受的传统。而且，怀念耶稣、回忆耶稣，不仅仅是在经典中，在经典被传下来以后，而且也在教会的圣礼中，首先是在被称作明显地为"纪念"他的圣餐中（《哥林多前书》第11章第24节）。正是团体实际上决定了《新约》的正典，因此决定了哪些著作可以被视为权威的基督教经典，而这个决定则是以教会的传统用法为基础的。在经典中只是含糊隐约地陈述出来的教义，最终是在教会的教义宣告中才被弄明白了（这花了几个世纪的时间），这样，今天我们才不是面对冰冷难解的经典，而可以根据传统解释来阅读它们。

"经典需要传统的补充，以便防止对经典的解释的私人化，因为在阅读理解经典时，几乎什么东西都可以加进去，而且还应该由教会的思想在公认的解释中来实行某种控制。"①

在《大秦景教流行中国碑》中记录了景教徒的教规和教仪，景教徒保持了该教的一些传统教规：其一，保持洗礼的入教仪式。虽然聂斯脱里教被称为异教，但景教徒依然视洗礼为一种神圣的礼节，"圣礼"是教徒入教的一种象征。

其二，景教的外在特征即是十字架。梁相《大兴国寺记》中记载："十字者，取想人身，揭于屋，绘于殿，冠于首，佩于胸。四方上下。以是为准"，② 十字架在景教徒中十分重要，唐、元两个时期都没有偶像，说明此景教即彼景教，教义是连续的。而且景教一直保持不拜偶像这一独有的传统。

其三，行礼必向东方，击木为号，是景教徒必须遵守的教规，《至顺镇江志》卷九《大兴国寺记》中有解释，"（景）教以礼东方为主，与天竺寂灭之教不同，且大明出于东，四时始于东，万物生于东，东属木主生，故混沌即分，乾坤之所以不息，日月之所以运行，人物之所以蕃盛，生生之道也，故谓之长生天"。③ 因为梁相是转写马薛里吉思的意思，再加上梁相本人的理解，特别是因为在

---

①　［英］约翰·麦奎利：《基督教神学原理》，何光沪译，上海三联书店2007年版，第10—11页。

②　俞希鲁：《至顺镇江志》卷九《大兴国寺记》，江苏古籍出版社1999年版，第365页。

③　同上。

元代，这一解说自然使景教与蒙古族的敬天神观念联系起来了。梁相对景教的理解有别于唐代《大秦景教流行中国碑》中对景教的解释。

其四，景教徒戒律"留须、削顶"，不役使奴婢、用财物来济困扶贫，思想保持静慎。方豪先生指出，聂斯脱里派教士行落发礼，为公历 502 年所立。① 而到了元代，William of Rubruk（鲁布鲁克）记载在中国北方的景教徒则是"首先，他们是高利贷者和酒鬼……他们都是售卖僧职者，因为他们不免费新圣餐礼。他们为老婆孩子操劳，因而一心发财，不顾信仰"。②

其五，《大秦景教流行中国碑颂》中提到，景教僧实行"七时礼赞，大庇存亡。七日一荐，洗心反素"。关于"七时"是存有不同意见的，一说为"每日七次"，一说为"于每日七时"。我们可以 1999 年出土的敦煌莫高窟北区 B53 窟第 14 件遗物，一篇叙利亚文景教—回鹘语佛教双语写本的《诗篇》为例，通过北京大学段晴教授的研究，更细致地了解这一仪式。

段晴认为，敦煌《诗篇》的主体文字是一件叙利亚语文书，叙利亚语曾是东方波斯基督教的教会用语。从东方基督教分离出来的景教在历史上曾在中亚地区流行。本文书的内容为《圣经》文选，摘录的是《旧约》中诗篇的内容。根据文字的书写，基本可以断定，这件文书曾是在西亚、中亚和中国流行的景教社团的文献。

从文书的形式和内容看，这件文书应是从一本与景教的宗教活动有关的书中脱落出来的。根据《东叙利亚人的每日祷告》（*East Syrian Daily Offices*）（东叙利亚人即指景教的信奉者），此书根据几部叙利亚语《前后书》的版本，译出了其中每日祷告的内容。《每日祷告》一书的作者曾深入到依然保留着景教信仰的地区，根据他的描述以及一些其他文献的描述，我们知道，景教于每周日以及各

① 方豪：《唐代景教考》，《中国史学》1936 年第 1 期，另载《西北民族宗教史料文献》新疆分册，甘肃省图书馆 1985 年印。
② 耿昇、何高济译：《帕朗嘉宾蒙古行纪　鲁布鲁克东行纪》，中华书局 2002 年版，第 255 页。

种宗教节日皆需举行各种礼拜仪式，此外，在非节日的平常日子里，景教信徒每日需在神职人员的带领下做四次祷告，分为黄昏祷告、晚祷告、夜祷告以及晨祷告。其中对黄昏祷告和晨祷告有严格的限制，祷告时间的长短不可以延长和缩短，晚祷告和夜祷告对于一般信徒来说可长可短。一年之中，于一般日子可进行的晨祷告，形式和内容都不发生变化，但是黄昏祷告需分为前半周和后半周。前周和后周之分完全根据《轮》（HUDRA，《轮》是一部巨著的简称，其中记载了景教的各种礼拜仪式以及于礼拜日和各个宗教节日所应进行的祷告的内容年年如此，一年一个轮回，犹如景教的年历，因此被称为《轮》）的指示，如果星期日是前周，那么随后的一、三、五是前周，而二、四、六是后周。于两周内，每日黄昏祷告的内容有所不同。对比《每日祷告》，敦煌的叙利亚文书刚好与该书列出的每周周一到周四的唱诗（SHURAYI）内容基本相吻合。[①]

段晴还认为，文书首页有回鹘文，行文十分流畅，说明是不一定通晓叙利亚文的回鹘人所写。而且，抄写者十分认真，有明显涂改的迹象，而且，在每一行尾部都有几个叠在一起的红点，这些内容不完全是现存内容所需的，从内容看，当一句话写到行末而内容没完时，书写者戛然而止，不惜丢掉几个字符，致使文书内容不完整，似乎这些红色符号更神圣。这使人联想到萨满教。萨满教认为人的灵魂寄寓在血液之中。红色使人联想到血液，这也许正是熟悉萨满教的突厥—蒙古族中的景教信徒对红字怀有特殊敬畏，才在这些信仰者眼中有了特殊的意味。

基督教的信仰者生活在萨满教占主导地位的宗教氛围之中，也要适应大环境才能生存。

从以上两位学者对敦煌北区叙利亚文《诗篇》的研究，我们可以发现，首先，敦煌地区在元代的景教团体主要是突厥、回鹘人的后裔，早年生活在蒙古高原，萨满教在他们的大脑中根深蒂固，所

---

①　段晴：《敦煌新出土叙利亚文释读报告（续篇）》，《敦煌研究》2000 年第 4 期。

以，无论改信奉何种宗教，都无法彻底摆脱原有宗教的影响。其次，敦煌地区是一个佛教十分发达的地区，在手抄的景教《诗篇》上还附带回鹘文佛教诗歌的片段，说明敦煌当时宗教信仰十分繁杂，当时人的信仰也不是十分严格。而这正是元代景教文献和考古资料所具有的一个共同特点，说明元代景教是一个融合当地不同文化的开放性的宗教。

当然，景教的教义教规在某些地方还是得到传承。据阿克·穆尔（Arthur Christopher Moole）记录：元代有畏兀儿人拉班·扫马（Bar Sawma）和马可·扫马两位 13 世纪初著名的景教人物西到耶路撒冷朝圣的故事。拉班·扫马的父亲昔班（Hsiban）是北京聂斯脱里派教会的巡查使，他 30 岁时抛弃世俗生活入修院隐修 6 年，后来隐居于北京郊外的一个山洞里。马可·扫马生于东胜（今山西霍山），他的父亲是聂斯脱里派副主教拜涅尔，马可立志做僧人，他排除了多方阻挠，来到北京找到年长他四岁多的拉班·扫马，三年后，马可接受了聂斯脱里大主教的剪发礼，也成了修士。这说明当时成为一个景教徒要经过一定的仪式。

1278 年，他们二人为了祈求上帝的宽恕，决心西行去"圣地"耶路撒冷朝拜，以赎清罪孽。这是基督教的神学思想在教徒行动中的体现。他们从北京出发，在东胜、唐古忒城（今宁夏）受到景教徒的欢迎和挽留，再到于阗、喀什噶尔到达波斯，一路上得到景教徒的帮助。

拉班·扫马一行从黑海出发来到君士坦丁堡，从那不勒斯经陆路来到罗马，罗马的红衣主教们对他们进行了严格的教义诘问，并对他这样一个基督教徒竟作为蒙古国王的使节来此表示惊讶。由于教皇奥诺利刚刚去世，扫马于是先从罗马到热那亚到巴黎谒见法兰西国王菲利普，递送了阿鲁浑王的信件。在波尔多谒见英国国王爱德华一世，受国王之命领弥撒和圣餐礼。新教皇选出了，拉班·扫马又回到罗马，晋见新当选的教皇尼古拉四世，受到教皇的最高礼遇和真诚欢迎，扫马还按景教的礼仪领弥撒，教皇还邀请他主领圣餐礼，"他们看后甚为满意，并说，虽然语言不同，但礼仪相同"

（穆尔《一五五〇年前的中国基督教史》）。拉班·扫马还参加了教皇主领的天主教弥撒，并得到了教皇的赦免。说明景教的这部分仪节得到天主教的认可。

拉班·扫马和马可·扫马在中国基督教史上占有一席之地，是因为他们是中国基督教史上第一次为救赎罪孽这个宗教目的，远赴西方的，这证明了景教徒中还是有虔诚的教徒的，景教礼仪得到教皇的认同，说明除了景教与天主教的分歧之外，景教与基督教的主流没有大的区别，只是在其传播的过程中发生了变化。马可·扫马（改名马·雅巴拉哈）因为自己的身份而荣升东方景教大总管。说明当时在元代景教还是有较完备的组织格局的。

我们还知道元代景教徒修建了不少十字寺。《至顺镇江志》记述的马薛里吉思的传教活动具有个人色彩和家族色彩，马薛里吉思任镇江路达鲁花赤五年，他对景教十分虔诚，舍己之宅建大兴国寺，"且敕子孙，流水住持"，发展家族力量传教，他或许意识到了本教应该取得周围汉人的理解，遂聘请镇江儒学教授梁相撰写《大兴国寺记》，有意扩大也里可温的影响，说明马薛里吉思有在广大公众中宣传景教的想法。而且马薛里吉思在七个十字寺的突厥名上都加上中国名，证明他还是注意到了景教需要和所居之地的文化相融合。

景教的教义教规在中国元朝得以保存，有些还得到新的解释，加入当地文化的因素。而这也符合我们所理解的传统，因为"传统的作用是诠释，而诠释是需要时时反复进行的，尽管变成了团体身份结构之一部分的古代的信仰诠释"。当然约翰·麦奎利也考虑到时空因素在其中的作用："这一类东西总是在其语言甚至概念上历史地收到制约，而且，假如它以一种纯然机械的方式传递下来，它就变成了无生气的传统。每一代人都必须利用传统，而且为了做到这一点，他们必须用自己的思想范畴，去诠释古老的公式，或者别的任何东西。"①

---

① ［英］约翰·麦奎利：《基督教神学原理》，何光沪译，上海三联书店 2007 年版，第 12 页。

五 文化

"承认文化因素，也就等于承认没有任何终极的神学。神学的工作需要反复进行，因为它的论述是受到文化制约的。所以当文化模式发生改变时，它也就需要重新诠释了。"① 时间的改变是这样，如果空间改变，也必然会发生这样的变化。

景教在其传播过程中受不同区域文化的影响，例如在西北地区传播的景教受到当地流传的拜火教、佛教的影响，其中就夹杂着这类元素。

我们仔细研究前面所述的回鹘文写本，发现《巫师的崇拜》回鹘文残卷与《圣经》两者并不完全相同。原本译成回鹘文时，加进了祆教的内容，"天主耶稣从石头摇篮的角上（38）像揪面团儿一样把一块圆石头（39）扯下来，给了那些巫师们。巫师们拿到那块石头之后，（40）他们自己的身体搬不起来。（41）让牲口驮，牲口也驮不动。（42）因此他们商量道：'这石头十分（43）沉重。这一（块）圆石……（44）它对我们有什么用？连牲口都驮（45）不动，我们是带不走的吧！'（46）他们这样交谈了。后来就在原地（47）出现了一口井，他们搬着那块石头（48）扔到了那口井里，就这样（49）他们刚走不远（回头）一看，从那口井（50）里，有一股可怕的巨光（51）带着火焰一起喷出，（52）直达蓝天之上。而他们（53）看到了那奇异的……征兆以后，巫师们（54）明白了，便诚恐诚惶地把头低下去，（55）顶礼膜拜了。他们这样说道：'（56）他（天主耶稣）给了我们可敬可拜的宝物，而（57）我们却没有加以敬拜，（58）我们不自觉地把它扔到了井里。'（59）他后悔地说。由于这种情况，到今天（60）为止，巫师们之

---

① ［英］约翰·麦奎利：《基督教神学原理》，何光沪译，上海三联书店 2007 年版，第 12 页。

所以崇拜火（61）的原因就是这样的"。① 这段内容主要叙述的是拜火的来源，《圣经》原本中无此内容。回鹘文景教残卷包含祆教的内容，这说明了两个宗教当时在回鹘人中的某种融合现象。

前面提到的敦煌莫高窟北区 B53 窟第 14 件遗物，一篇叙利亚文《诗篇》，值得引起注意的是，在这篇叙利亚经文的后面还附有回鹘文，译文如下：

> 三宝为何物？细听如是说，莫当男女奴，勿对静思疏忽，莫要寻求救渡！法奴之外是福禄，尽在努力之外。深感忐忑畏惧，功德之举有效力，前世善举在言语里。我为恶行而烦恼。持久的善妙，人世间难得到。少许的功德也有神效，《八千颂般若经》有业报，万事万物有法道。②

在景教经文中附注佛教经文，说明当时信仰景教的人同时也关注其他宗教。

吐鲁番出土的《圣乔治殉难记》也有回鹘语译本留存，现存残卷一叶，藏于柏林。描述圣乔治于受刑前做祈祷时，多出了以下内容：如有所需，只要呼唤圣乔治的名字（阿斯姆森《伊斯兰教真正兴起前中亚粟特语和回鹘—突厥语的基督教文献》，第 22 页）。就能有求必应。显然是受佛教的影响。1905 年至 1907 年德国第三次"吐鲁番探险队"于吐鲁番获得的用叙利亚文拼写的突厥语景教文献中，有一件回鹘文和叙利亚文抄写的祈祷文，手书在末尾的题记中，发愿将其功德回向另外一个人。此人也许就是他的父亲。这种功德回向思想又可见于其他一些文献中，如在一件景教文献的尾题中，景教徒施主提出要把诵经的功德回向王室。其做法颇类佛教，

---

① 李经纬：《回鹘文景教文献残卷〈巫师的崇拜〉译释》，《世界宗教研究》1983 年第 2 期，第 142、151 页。

② 牛汝极：《莫高窟北区发现的叙利亚文景教—回鹘文佛教双语写本再研究》，《敦煌研究》2002 年第 2 期，第 58—59 页。

当为回鹘景教受佛教影响所致。

《圣经》的翻译无论在唐、宋、元时期的变化，还是空间地域的改变都导致其注入流传所至当地文化的因素，经典的翻译在经过新的诠释后被注入新的内容，地域文化因素直接导致了这一变化。

由于各种宗教相互影响、渗透，元代回鹘人中的景教在教义和形式上已有嬗变。一些西方学者发现中亚地区出土的《诗篇》数量颇多，其中一个原因是，这些《诗篇》被视为咒语，当西方基督教的代表 William of Rubruk（鲁布鲁克）于 13 世纪中叶到达蒙古统治下的中亚时，他看到萨满教中流行的蒿草卜仪式上，人们所念的咒语竟是《诗篇》。① 基督教的信仰者生活在萨满教占主导地位的宗教氛围之中，也要适应大环境才能生存。

景教与不同宗教的相互融合，说明景教在中土发生了变易。

再如元押是日常生活于草原的蒙古人佩戴于颈项或挂于腰间的牌物。而在绥远地区发现的元押分正反两面，正面中部为一十字架，加边连接四支。十字架形式复杂，十字所分空白及接连四支的边缘，附有各类花纹，甚至十字架形状，也演变为鸟展双翅形。各种花枝，都是阳纹平凸；背面皆有纽，既可以作为印押，也可穿绳佩项。元押的由来，沿袭六朝至宋之押字或画押转变而成。这些铜十字架是元代马可·波罗常论及的聂斯脱里派教徒的遗物。蒙古各部早期无文字，用铜牌元押，简便易行，所以广为流传。汪古、克烈各部信奉景教，十字架与铜牌元押合为一体，成为元押式青铜十字牌。便于佩戴，又象征着教徒的虔诚与敬仰。

元押中还有卐字附加于十字架，佐伯好朗认为，卐字附加于十字架是景教为维持生存之必要，因自唐代开始，景教就有附会佛教的传统，元代景教碑上的莲台、莲花也是接受了佛教的影响，卐字

---

① 转引自 Wolfgang Hage, *Religose Toleranz in der Nestorianischen Asienmission*, in Glaube und Toleranz, 1982, p. 106。

形青铜十字架应该也是这种情况。[①] 鸟形十字又使用了鸽子在基督教中的特殊象征意义。而一些附益的花纹又有汉文化的痕迹。说明景教的元押混合了多种文化。

我们还可以从各地不同的景教墓葬文化中得出同样的结论。

在中国内陆，泉州、扬州等地出土的基督教墓碑都融合了佛教、伊斯兰教和中国传统文化，基督教的天使着佛教的宽服大袖，帽上有中国式的螺钿，一个墓碑上雕刻了十字架、莲花、天使、牡丹等代表着不同文化背景的内容。这些融合不同文化的景教墓碑，正无声地说明了，景教作为一种宗教文化在中国经历的全新的诠释。

在吴文良、吴幼雄的《泉州宗教石刻》一书中记录了当地基督教石刻刻画的天使形象，如：

> B5 跌坐羽翼天使墓碑，碑面浮雕一位跌坐男性天使，面部丰满，头带"惹草"形图案装饰的冠帽，两耳垂肩。天使披云肩，身着宽袖袍，开襟，两袖随风飘起，两臂与手不裸露，两手于腹前，捧一朵盛开的莲花，花上承托一个十字架。胸前有饰物，肩后有两对展开的羽翼，羽翼后有飘带。天使跌坐于从两旁和下面上涌的云端。如果除去两对羽翼和十字架，其状颇如元代石雕的菩萨坐像。[②] 天使跌坐，完全是借鉴了佛教打坐的动作，而惹草是中国传统建筑中常用来装饰屋顶山花面，有木"悬鱼"和"惹草"（一种水生植物）。一方面"鱼"、"余"谐音，表示"年年有余"；另一方面人们相信水中的鱼和水草可以压火防灾。这里惹草纹饰被用来装饰天使的冠帽，有中国元素在内。而祥云在中国古艺术中常用来象征吉祥。

当十字架与莲花、天使（莲花、飞使均富有多种文化因素）、华盖、龙、梅花、牡丹、乌纱帽等来自不同文化特征之物相遇时，

---

① 《齐大季刊》第三、五合期，青铜十字专号，山东济南私立齐鲁大学 1934 年版，第 193 页。

② 吴文良、吴幼雄：《泉州宗教石刻》，科学出版社 2005 年版，第 367 页。

我们可以看到景教在中国的传播是经历了怎样的一个文化融合的过程。而且是在这样一个地域范围之内，无论在泉州、扬州、大都还是在汪古部旧地，我们都可以看到融合佛教、伊斯兰教、其他外来文化因素和中国传统文化的景教徒墓葬。如果说泉州是一个融合了各种宗教文化的场所，它有着最丰富的不同文化元素，那么我们也会感叹汪古部旧地的景教也会有如此的文化融合力量。也许因为时间的遥远我们无法有更丰富的资料细化这些，但我们已经可以窥见当时的景教是如何在中国内陆按照它独有的模式发展着。这一时期的景教墓葬艺术，在保持着其景教最主要的特征的同时，开放性地吸收了不同文化传统的元素，形成了如今我们看到的这种有着丰富文化内涵的墓葬艺术。

景教的入乡随俗也表现在其因传播地区的不同而发生宗教仪式的变化。

据鲁布鲁克（William of Rubruk）说，由于回鹘景教杂糅了地方特点，形式上发生了许多变迁，以致他很难辨别回鹘人中的基督教徒。他在写到回鹘基督教徒时如是说：他们可以说形成一个与众不同的教派。他们都向北礼拜，合掌跪在地上磕头，把额头放在掌上。其结果是，这些地方的聂斯脱里决不在祈祷时合掌。而是在祈祷时把手伸向胸前。[①] 我们通过这些描述，可以看出当地的景教徒受伊斯兰教、佛教影响。

《鲁布鲁克东行纪》记录景教在民间发生的变化，"远至契丹，在他们当中有被视作异族的聂斯脱里和撒拉逊。在契丹有十五个城镇中居住着聂斯脱里教徒。他们在称作西安的城市里有一个主教区。……那里的聂斯脱里教徒什么都不懂，他们作祷告，有叙利亚文的圣书，但他们不懂语言，因此他们唱圣诗就跟我们僧侣不懂法语一样。他们完全堕落了。首先，他们是高利贷者和酒鬼，有些人住在鞑靼人当中，甚至像鞑靼人那样娶好些老婆。他们进入教堂时

---

① 耿昇、何高济译：《帕朗嘉宾蒙古行纪 鲁布鲁克东行纪》，中华书局2002年版，第248—249页。

和撒拉逊人一样洗下身，在礼拜五吃肉，按撒拉逊人的方式在那里过节。主教难得访问这些地方，差不多五十年仅一次。当他访问时，他们就把所有的男孩，哪怕摇篮中的婴儿，都指定为教士，因此他们的男人几乎全是教士。然后他们结婚，那是违背祖宗法规的，而且他们是重婚者，因为当第一个老婆死时，这些教士又另娶一个。他们都是售卖僧职者，因为他们不免费新圣餐礼。他们为老婆孩子操劳，因而一心发财，不顾信仰。这样，那些教训蒙古贵人子弟的，尽管教的是福音书和教义，因他们的生活肮脏和贪婪，反使子弟们背离了基督的信仰。"①

由于地域的变迁，严格的景教教义和教规在元代已变得非常松散了。景教在传播过程中发生的变异，鲁布鲁克（William of Rubruk）视为景教徒"堕落"的现象，是景教世俗化、多元化的一种表现。景教的传统在元代因文化发生了变迁，我们是否可以把这种变迁视为一种新的诠释？

约翰·麦奎利说，"承认文化的因素，也就等于承认没有任何终极的神学。神学的工作需要反复进行，因为它的论述是受到文化制约的，所以当文化模式发生改变时，它也就需要重新诠释了"。②麦奎利在论述时代变迁时讲到以上话语。

景教在传入中国大陆时，遭遇中国内陆不同的区域文化。所以在它的传播中，必定裹挟了这些地区的不同文化。最后成了非佛、非景、非伊，而又同时包含这些不同文化因素的一种中国地区独有的景教文化。

比如景教在中国内陆出现的祭祀祖先，不承认罗马派所谓"死后涤罪说"，但祀奉祖先，景教碑有"七时礼赞，大庇存亡"之语。到泉州戴氏十二小娘的墓碑，都说明景教到中土，是承认了中国传统的祭祀祖先的观点。而祀祖的观念，在清初的礼仪之争中是被罗马教皇否决的一个重要中国文化传统。

---

① 耿昇、何高济译：《帕朗嘉宾蒙古行纪 鲁布鲁克东行纪》，第255页。

② ［英］约翰·麦奎利：《基督教神学原理》，何光沪译，上海三联书店2007年版，第12页。

六 理性

迄今为止，没有文献记录的宋元时期的景教理论家，也许唐代的阿罗诃、景净可以算是在景教传播时，从景教的教理和从理论上阐述景教观点的学者，但宋元时期这样明晰的理论解释保存下来的几乎没有。也许 Giovanni da Montecorvino（蒙特戈维诺，1246—1328）是一位有建树的神学家，但他是天主教传教士，而且文献没有流传下来。也许拉班·扫马（Bar Sauma）这样一位矢志景教的学者会有真正的景教理论与观点，但没有文字流传下来。我们只能十分遗憾。

七 总结

通过以上逐一的梳理，我们也许可以做一总结。

在元代景教传播的过程中，有所谓的宗教经验，有启示，有经典的翻译，有传统因素的保存与变异，有文化因素的介入与重新诠释，只是少了理论的总结。所以说元代景教传播具备了宗教传播的基本元素，经典的翻译加入文化的因素，其间发生的碰撞与变异正说明不同文化传统交流的常态。只有仔细考察其中的曲折，我们才能全面了解元代景教的现状。

从一种广义的角度来说，元代虽然没有对景教神学理论的文字论述，但我们也许可以从元代中国各地对景教的不同理解，从各地融入不同文化因素的墓碑装饰，从不同地域对景教的不同理解，所有这些都应该是用了另一种形式表达出他们对景教的理解，唯一缺乏的只是诉诸语言文字的表述。所以说元代景教离神学的完整概念其实只差了一步。

总之，景教在宋元时期的发展与变化在中国基督教传播史上是十分有意义的，虽然它只是在少数人群中的传播，但它典型地涉及在不同的文化环境中一种新的外来文化如何生存与发展的诸多问题。

四　传统社会与革命新生

绅士的分裂：咸同之际山东乡绅刘德培的抗官之路

崔　岷

（中央民族大学历史文化学院）

引　言

　　1862 年初，为抵御捻军的进袭，山东淄川县的二十余位绅士组建了一支名为"信和团"的团练。在其主要领导人、生员刘德培的经营下，该团很快成为淄川、博山一带势力最大的团练。不过，"信和团"并未成为官府用以抵御寇盗的帮手，反而处处与官府为难，从起初的"私征钱粮""擅理词讼"发展至"戕官踞城"的"叛乱"。在"信和团之乱"发生后十个月内，清廷不断增派兵力，直至动用僧格林沁的"剿捻"大军始将其平定。

　　淄川"信和团之乱"可谓咸同之际山东团练"靖乱适所以致乱"现象的典型反映。[①] 还在"叛乱"期间，其影响便已达到"全省因之骚动"的地步，[②] 同时还牵制了僧格林沁镇压安徽捻军的行

---

　　① 有关咸同之际山东各地团练引发地方动乱的情形，参见［日］横山英《咸丰期山东の抗粮风潮と民团》，《历史教育》1964 年第 12 卷第 9 期；［日］神户辉夫《清代后期山东省における"团匪"と农村问题》，《史林》（京都）1972 年第 55 卷第 4 期；崔岷《山东"团匪"：咸同年间的团练之乱与地方主义》，中央民族大学出版社 2018 年版。

　　② 孙葆田等编：《毛尚书奏稿》卷首，《清末民初史料丛书》第 42 种，台北成文出版社 1969 年版，第 76 页。

动，致其不得不率军北上山东并将"信和团"列为首要之敌。① 在
"叛乱"平定数月后发布的一道评估团练效果的上谕中，清廷更是
将"信和团之乱"视为办团练十余年来三起最为严重的团练"倡
乱"事件之一。②

中外学者业已从不同视角对这场绅士借助团练发动的"叛
乱"展开讨论。在传统的"革命史"视角下，刘德培被塑造成
为民请愿、反抗暴政这一熟悉的革命领导者的形象，整个事件被
视为淄川中小地主联合自耕农、佃农与大地主之间的一场抗争，
是"太平天国时期革命高潮的产物"，其失败的根本原因在于
"全国革命低潮的到来"。③ 而在"国家与社会"视角下，这一事
件被视为"一种就近要求有权控制的资源问题而开展的新型战
斗，也就是国家与社会两者都迫切期望在其中取胜的战斗"。④
本文无意对"刘德培之乱"的性质提出新见，而是在重新梳理史
实的基础上，着重揭示刘德培与部分绅士的联合行动对于日后成
立团练直至发动"叛乱"的重要意义，以及刘德培抗官之路中体
现出的绅士阶层内部的分裂倾向等前人关注较少的内容，期能借
此进一步认识咸同乱世期间的"绅权扩张"现象和官绅关系的复
杂性。

---

① ［美］费正清、刘广京编：《剑桥中国晚清史（1800—1911 年）》上卷，中国社
会科学院历史研究所编译室译，中国社会科学出版社 1985 年版，第 507 页。

② 《大清穆宗毅皇帝实录》卷 86，同治二年十一月乙丑。

③ ［日］神户辉夫：《山东省淄川县刘德培抗粮始末》，《大分大学教育学部研究纪
要》（人文社会科学 B 集）1974 年，4－4；江地：《论太平天国时期的北方农民起义
（下）》，《山西大学学报》（哲学社会科学版）1979 年第 2 期，第 62—66 页。类似的成
果还有赵润生：《淄川刘德培起义试探》，《聊城师范学院学报》（哲学社会科学版）
1988 年第 2 期；王德峰、刘长飞：《试论近代淄川农民起义的几个问题》，《临沂师范学
院学报》2001 年第 1 期。

④ ［美］裴宜理：《晚清抗粮斗争：上海小刀会和山东刘德培》（续），章克生、何
锡蓉译，《史林》1988 年第 4 期。类似成果还有陈华：《清代咸同年间山东地区的动乱
（咸丰三年至同治二年）》，博士学位论文，台湾大学，1981 年，第 219—226 页；张中
训：《大汉德主刘德培反清始末（1860—1863）》，《东吴历史学报》2001 年第 7 期。

一　"闹漕"：从个人挑战到联合绅士

居住在淄川东关外纸坊庄的刘资治原本在县衙里担任刑书，因替人告状而遭斥革。在多年未能生子的情形下，刘资治选择了抱养以延续香火。收养之后，刘家竟陆续降生了四子。刘资治给长子起名为"德培"，其寓意除了寄望之外，也隐含了对自己品行的自信。① 但刘资治在乡里的名声委实不佳。② 这一切都缘于他的谋生手段——"唆讼"。因此，当长子刘德培没费什么力气便通过童试，并以院试第一名的成绩取得生员资格时，乡人都抱怨为何刘家没有受到应有的报应。③

在乡人眼中，刘德培既"好趋小利"，又"尚义气"。④ 一方面，他并没有沿着科举之路继续前行，而是"仍蹈父辙"，时常替人告状，"以故士林与契者少"。⑤ 另一方面，刘德培又多次为乡人利益挑战官府权威。他曾向知县告发了一位在征收漕粮过程中向花户勒索钱财的斗级，⑥ 而最为冒险的一次行动当属1860年冬天的"闹漕"。在得知官府准备继续施行一种名为"合勺成升"的不合理制度后，刘德培即劝说乡民和他一同前往县衙抗议。由于应者寥寥无几，刘德培又冒用几位绅耆名义抄写了数百份传帖，"沿村传观"，鼓动村民"于某日赴城"，去向知县抗议。⑦ 这些为民争利之

① 《刘逆纪略》，中国史学会济南分会编《山东近代史资料》第1分册，山东人民出版社1957年版，第61页。
② 《刘逆事迹本末》，中国史学会济南分会编《山东近代史资料》第1分册，第94页。
③ 《刘逆德培纪略》，中国史学会济南分会编《山东近代史资料》第1分册，第52页。
④ 《刘逆事迹本末》，中国史学会济南分会编《山东近代史资料》第1分册，第94页。
⑤ 《刘逆德培纪略》，中国史学会济南分会编《山东近代史资料》第1分册，第52页。
⑥ 《刘逆纪略》，中国史学会济南分会编《山东近代史资料》第1分册，第61页。
⑦ 《刘逆德培纪略》《刘逆纪略》《刘逆事迹本末》，中国史学会济南分会编《山东近代史资料》第1分册，第52、62、94页。

举无疑又为其博得了一些绅士的同情。

正因此，"闹漕"行动虽为刘德培带来牢狱之灾并被解送省城接受严惩，但在途中成功地脱逃后，他先是得到了般阳书院主讲、贡生林佶的帮助，得以逃亡邻县博山，为旧识贡生魏孔彰所收留。不久，经友人监生蒲人芷的牵线，刘德培又潜回淄川，藏匿于蒲之好友监生司冠平家中。① 在随后的抗官行动中，刘德培与其他绅士逐步走向联合行动，而捻军的进袭更为他们提供了建立组织的良机。

1861 年 3 月，捻军由莱芜县青石关突入博山县境，"遂扰淄邑"。由于淄城坚固，捻军"破西关，恣意焚掠，一宿方去"，随后即在乡间"据掠村落"，"阅三日始陆续出境"。② 其间"邑之被杀伤裹胁者，惨不忍言，孝水以西村庄皆成焦土"。因其离境时声称"八月间仍回齐鲁借粮"，知县多仁"闻之惧，即谕四乡团练，谋于耆老保守城池，以御外患"。③

知县的办团谕令并非开启一项新的计划，而是加强此前业已展开的行动。1852 年至 1853 年，随着太平天国"叛乱"的迅速蔓延，清廷先是将此前于广西实施的"普行团练"迅速推广，号召各省绅民仿照嘉庆年间之法迅速举办团练，稍后又多次催促各省督抚"实行团练"，以期再现当年"白莲教匪"蔓延数载、一经举办团练"旋就荡平"的明效。④ 在当时奉谕办团的各省中，山东的团练办理有着格外重要的意义。时任礼科掌印给事中的毛鸿宾即认识到："逆匪现陷皖省，必将窥伺江宁，各处土匪恐有纷起之势。山

---

① 《刘逆德培纪略》《刘逆纪略》，中国史学会济南分会编《山东近代史资料》第 1 分册，第 52—53、62 页。

② 方作霖修、王敬铸纂：《（宣统）三续淄川县志》卷 9，艺林石印局 1920 年版，第 36 页。

③ 《刘逆德培纪略》《刘逆纪略》，中国史学会济南分会编《山东近代史资料》第 1 分册，第 53、62 页。

④ 详参崔岷《山东"团匪"：咸同年间的团练之乱与地方主义》，中央民族大学出版社 2018 年版，第 21—32 页。

东一省为北方屏障，最为紧要之区……此时惟有实行团练以资保卫。"① 江宁陷落后，清廷更是催促山东巡抚李僡加快办团进度："现在江宁失守，东省接壤江南，水陆通衢，防堵尤为吃紧。必须团练壮勇，以济兵力之未逮。"②

在山东加紧办团的背景下，淄川亦陆续建立起团练组织。不过，1861 年 3 月的抵御行动使得淄川团练伤亡惨重，仅在团练首领中就至少有 2 名生员、2 名监生被杀。③ 为防备捻军再袭，重建团练便成为淄川官绅的急务。就在知县多仁下令四乡办团后，"不意外患未至，内患骤起"，④ 被寄望于帮助官府恢复秩序的团练反而引发了新的动乱。

由于在 3 月的兵燹中受灾，乡民们纷纷簇拥团长入城报灾，以求官府延缓征粮。于是，平日肃穆的县衙成为嘈杂纷乱之地，以致知县多仁对团长们"阳慰之"而"阴恨之"。⑤ 但对他而言，团练的"闹漕"行动只是麻烦的开始。在捻军袭扰期间，城外西关是淄川境内损失最重的地区，那里遭受了整整一夜的"焚掠"。事后，西关的"永和"当铺按例向官府报告财物受损情况，称其铺中衣物被抢掠一空。随之，一个令人愤怒的消息迅速传开：有人看见"永和"派人将衣物悄悄运进城内同一东家的当铺。此时已为团长的司冠平、蒲人芷随即带领众人将"永和"当铺团团围住，以赔偿损失为名，抢去了一杆抬枪和数千贯铜钱。⑥

---

① 毛鸿宾：《请密饬山东抚臣实行团练片》（咸丰三年二月初一日），孙葆田等编《毛尚书奏稿》卷1，《清末民初史料丛书》第 42 种，台北成文出版社 1969 年版，第 213 页。

② 《寄谕李僡著责成兖沂曹济道厉恩官等会同绅士认真办理团练》（咸丰三年二月二十六日），中国第一历史档案馆编《清政府镇压太平天国档案史料》第 5 册，社会科学文献出版社 1992 年版，第 366—367 页。

③ 方作霖修，王敬铸纂：《［宣统］三续淄川县志》卷9，艺林石印局 1920 年版，第 94—97 页。

④ 《刘逆德培纪略》《刘逆纪略》，中国史学会济南分会编《山东近代史资料》第 1 分册，第 53、62 页。

⑤ 同上。

⑥ 《淄匪纪实》，中国史学会济南分会编《山东近代史资料》第 1 分册，第 36 页。

几乎同时，仍处于官府通缉下的刘德培经蒲人芷推荐，投靠了邻县临淄一位朱姓团长，"协办团务"。到 6 月时，刘德培便将这支团练掌握在自己手中。随后，为扩充实力，刘德培率团袭击了临淄东南益都县的金岭镇，与"盐枭"共同"劫掠"了临淄西邻长山县的富户，并联络临淄、博兴的"土匪"分别"啸聚"于两地的凤凰山和通滨镇。这些行动使得刘德培及其团练在临淄一带已被视为与"匪"无异。不久，相信已具备足够实力的刘德培率领团练返回淄川"寻仇"，但在途中遭到长山县一支团练的袭击。显然，这是对他在长山劫掠富户的报复。刘德培的团练伤亡严重，他本人则幸运地逃脱，并再次潜回司冠平家中。①

这一次，刘德培邂逅了司冠平的师父张积中。作为"太古学派"的重要传人和北宗领袖，张积中自四年前为避战火而从扬州北迁山东后，先后在济南、长清、肥城等处讲学。其间，山东士人"闻积中讲学，皆负笈担簦，自远而至"。上年，为躲避捻军兵锋，张积中又被徒弟司冠平接到淄川居住。② 在张积中眼中，司冠平、刘德培、蒲人芷均非常人：司有"太原公子"气概，刘与蒲则皆为"将相之才"。③ 对三人而言，这一预言无疑大大增添了他们继续挑战官府的动力。在行动方式上，他们再次选择了与民众关系最切、官府也分外敏感的"闹漕"。

1861 年 9 月，捻军再次突入山东，绕过淄川、博山，经益都东去。④ 11 月，知县多仁因境内未受扰害，通告全县粮户按时交纳漕粮。粮户们则普遍认为官府所定米价过高，提出减价，并要求废除

① 《淄匪纪实》《刘逆德培纪略》《刘逆纪略》《刘逆事迹本末》，中国史学会济南分会编《山东近代史资料》第 1 分册，第 36、53、62—63、94、102 页。

② 《黄崖纪事略》《张积中传》，中国史学会济南分会编《山东近代史资料》第 1 分册，第 134、170、182—183 页。关于"太谷学派"和张积中，可参见周新国《太谷学派史稿》，社会科学文献出版社 2014 年版；朱季康《近代华东民间秘密互助团体太谷学派的生存与信仰研究》，人民出版社 2014 年版。

③ 《刘逆德培纪略》，中国史学会济南分会编《山东近代史资料》第 1 分册，第 53 页。

④ 方作霖修，王敬铸纂：《［宣统］三续淄川县志》卷 9，艺林石印局 1920 年版，第 36 页。

一直沿袭的"合勺成升"制度。在多仁拒绝了上述请求并鞭笞了几位坚持"负米封纳"的粮户后，立即引发了团练的骚乱。蒲人芷与监生毕澜远、武生韩辅东、高振远等人率团聚集在县城外，并在城下杀死了一名催收漕粮的衙役。直至多仁在长山县一位团长调处下宣布废除"合勺成升"并允许粮户减价交纳，蒲人芷等始率团撤去。①

此次"闹漕"行动直接推动了那些敢于挑战官府的绅士结为盟友。1862年初，因闻听"闹漕"时所杀衙役家人和"永和"当铺方面欲一同"赴省具控"，又适逢蒲人芷曾经庇护的一位生员苏庆云因面临仇家报复而前来求助，蒲人芷遂与刘德培、司冠平、孙作云联合了二十余位生员"结为私交"，并创立了一支新的团练，"号信和"。② 在随后的数月中，"信和团"的行动加剧了淄川自1861年初大兴团练后日渐凸显的"官弱民强"态势，并最终演变为"戕官踞城"的"叛乱"。

二 "信和团"的扩张与入城

成立"信和团"后，刘德培、蒲人芷等即"觅丁勇，请练师"，积极谋求组织的扩张。其团丁多为"贫人"，分为正丁和余丁。正丁可按时领到衣食，余丁则"册名候调"。在领导层，除二十余位绅士发起者外，刘德培还将上年在临淄办团时的一些部属招至麾下。其间，如何筹集经费成为领袖们面临的首要问题。雇请练师和训练团丁的费用最初由"信和团"发起者的捐献维持，司冠平甚至不惜变卖了家产，但这显然不是长久之计。不久，他们"约富室入团，随意捐资"。这一方式既扩大了组织规模，又缓解了经费压力，可谓一举两得。③

---

① 《淄匪纪实》《刘逆德培纪略》，中国史学会济南分会编《山东近代史资料》第1分册，第36、53页。

② 《淄匪纪实》，中国史学会济南分会编《山东近代史资料》第1分册，第36页。

③ 同上。

扩张组织的同时，刘德培等人还寻求发挥更大的影响力。这一方面突出地表现为在乡民之间产生纠纷时，他们以团练领袖的身份僭越官府，对纠纷行使审断之权。其间，因乡民张某向"信和团"控诉孙覃灼"强娶其嫂"，刘德培立即传唤后者，并在遭拒后派团丁"围其宅，尽俘其家"，绑至团练局中"杖责断离"。①

"信和团"的强势扩张不可避免地引发了敌意。受到打击的士民向官府寻求帮助，揭发"信和团"侵夺官权的行为。领导人之一苏庆云的仇家、生员吴业荣首先发难，向知县控告刘德培"擅收擅断"；此前被"信和团"杖责的孙覃灼也趁势加入控诉。由于"素通衙署"的蒲人芷向知县送去不菲的财物，刘德培等人仅仅受到"薄责"。但经此打击后，其"势已少敛矣"。②

幸运的是，邻县博山的"匪"警再起适时地为"信和团"提供了新的扩张方向。司冠平主动向博山团总、贡生魏孔彰表达了"信和团"入博助防捻军的意愿。不过，当魏孔彰邀集博山四乡团长"共议"时，各团长对于境外团练介入一事反应各异：东北乡团长、举人翟在田"不至"；北乡团长、恩贡陈知本"力言不可"；南乡团长、副贡赵塘则因此前遭遇捻军袭击，"深惧南匪，闻'信和团'丁勇强悍，欲借为援"，且因家人死于捻军之手，"又欲借以复仇"。最终，刘德培逃亡博山时曾给予其帮助的魏孔彰采纳了赵塘的意见。随即，刘德培等人将"信和团"团局从淄川迁至博山西南的长庄。③

移局博山后，"信和团"的经费最初由魏孔彰和赵塘供给。一个多月后，两人便"力不支"，被迫"征粮四乡"。但"东乡应之，北乡不应"。雪上加霜的是，刘德培还在继续扩充"信和团"的规模，"暗遣人结南匪，复招河北盐枭"。到1862年6月，"信和团""聚愈众"。对此，压力巨大的魏孔彰向司冠平提出了"信和团"撤离博山的请求。就在此时，"信和团"捕获了一名奸细，从其口

---

① 《淄匪纪实》，中国史学会济南分会编《山东近代史资料》第 1 分册，第 36 页。
② 同上。
③ 同上书，第 36—37 页。

中得知捻军即将再次北上。恐惧立即笼罩了整个南乡，并使得"信和团"顺理成章地留在了博山。[①]

尽管在博山的扩张颇为顺利，刘德培对淄川始终念念不忘，并时刻准备返回那个曾经多次抗官的地方。成功留驻博山后，刘德培不失时机地向魏孔彰提出，由于眼下实力仍"不足御贼"，他拟将临淄一支团练招入"信和团"，但需为此筹措一笔经费。当魏孔彰要求北乡团长陈知本承担部分经费时，后者再次予以拒绝，并提醒魏孔彰这必然是刘德培所设"奸计"，博山之患恐"不在南匪也"。不仅如此，陈知本还亲向知县禀报"信和团"的不轨意图，同时向淄川城内的团总、廪贡王维塘发出了警报。于是，淄川城门立即多出了一百名团丁。[②]

淄川城门的加强戒备令刘德培意识到形势紧急，立即将目标从扩张转向入城，随之引发了"信和团"成立后与官府的首次冲突。他先是遣蒲人芷利用在县衙的关系面见新任知县麟盛，并以"未闻警报而派人守门"不但"惊惑人心"且"妄费"为由，说服其下令撤回了城门处的团练，继而于7月16日亲率"信和团"二百余人自长庄"突入"淄川城，将位于东街的"永庆"当铺围住，以上年3月曾遭捻军焚掠为由向其索赔。当知县麟盛带领衙役赶到并试图驱散人群时，遭到团众的恐吓，"几为坠马"。最终，恐惧万分的知县令当铺满足了"信和团"的赔偿要求。利用这笔款项，刘德培在城外西关建立了团局，"大治军器，旁招丁勇"。凡入团者每丁先给钱三千到五千文，除去提供衣食开销之外，每人每天给钱二百文。此外，"觅五十丁者，即以为首领"。几天内，"信和团"便在当地招募了数千人，且历城、青州、博山均有来投者。[③]

"信和团"的突然闯入引起了淄川城内众多绅士的恐慌。鉴于

---

①　《淄匪纪实》《刘逆德培纪略》，中国史学会济南分会编《山东近代史资料》第1分册，第37、54页。

②　《淄匪纪实》，中国史学会济南分会编《山东近代史资料》第1分册，第37页。

③　《淄匪纪实》《刘逆德培纪略》，中国史学会济南分会编《山东近代史资料》第1分册，第37、54页。

知县的软弱，他们将抵制"信和团"的期望寄托于营尉李鸿图。然而，刘德培轻而易举地清除了这一可能的障碍。收到"信和团"百两赠银后，李鸿图"遂置城守事务不问"。① 至此，入城已成为"信和团"的囊中之物。

不过，为了尽量不得罪城内的绅士，刘德培并未立即"冒然进城安局"，而是谋求取得以书院山长刘申祚和团总王维塘为首的城内绅士的支持。直至遭到团总王维塘的拒绝后，恼怒的刘德培方于8月8日率领"信和团"开进县城，并将团局设在般阳书院内。② 这样，在成立半年多后，"信和团"成功地进入州县官府统治的核心地带。作为当地实力最强且具有明显抗官倾向的团练，"信和团"的入城将不可避免地引发与官府更为激烈的冲突。

三 冲突加剧与走向"叛乱"

率领"信和团"入城后，刘德培随即展开一系列针对城内官绅的威慑和控制行动：派人监守火药和守城器械，捣毁了两名曾经与己为难的县役的居所，并"分其众守四门"。由于即将卸任的知县麟盛并未干预"信和团"的行动，以致"在城老幼，惧而逃避"。③

面对"信和团"的严重威胁，城内未逃的一些绅士谋求将其驱逐出城。接替麟盛的新任知县李凤韶到淄后，几位绅士即"伺夜深进署，求李公做主"。李凤韶与绅士们商定了8月25日晚"联五街丁勇逐之"的计划，却因事泄而未能实施。紧接着，绅士们采纳了山长刘申祚赠予经费以换取"信和团"出城的提议，要求"凡居城之人，无论士农工商，乐输者催之速出，不乐输者迫之继出"。

---

① 《刘逆德培纪略》，中国史学会济南分会编《山东近代史资料》第1分册，第54页。

② 同上。

③ 《淄匪纪实》《刘逆德培纪略》，中国史学会济南分会编《山东近代史资料》第1分册，第38、54页。

因筹款缓慢，又以封禁数位绅士家产作为抵押向当行借钱三千贯。但这一举措仍未达到目的。刘德培"得钱益横"，不但借故不出，反而派人在西关安设两座冶炉，"造枪炮"，并"分遣其党"，于淄川解庄、博山福山又设立了两处团局。①

不过，城内官绅也并非完全没有机会。在"信和团"经营各处团局期间，书院内一度仅留有十余人。得到消息的知县"集兵役欲往"，但行动之前再次走漏风声。刘德培遂事先"命列枪炮于门内，自门至堂，多设旗烛。十余人执火绳以待"。当知县率领兵役赶至书院时，"见有备，兵役不敢入。官无如何，逡巡而退"。在接二连三的驱逐行动均以失败告终后，"城中无敢议讨贼者"。②

其后，成功站稳脚跟的刘德培开始实施更为强势的扩张行动。于博山东南乡福山设局后，"信和团"派遣当地人元凤林、吴业秀征粮，并要求"社中地丁银亦令纳于团局"。当博山知县发现纳税期限已过而福山里正仍未赴县时，便命4名差役前往传唤。"信和团"则施以"杀三人，令一人回信"的恐吓，以致"四人闻之皆逃"。9月9日，"信和团"首领之一苏庆云率众前往仇人吴业荣居所，"尽掠其财物"，并将其捆绑以"逼令变产入局"。此前加入"信和团"的博山人翟芳"自淄回里"后，"各处招摇，夸其众有数十万，淄、博二邑已在掌握，山东之地，指日可定。入局者共享富贵，不入者以吴氏（即吴业荣——引者）为鉴"，以致"近村多为煽惑，贫人争册名，富人争纳赀"。③

当时唯一敢于挑战"信和团"的便是此前反对其入驻博山的北乡团长陈知本。三个月前刘德培还在博山经营时，陈知本便拒绝了团总魏孔彰为"信和团"提供口粮的请求，并亲自向知县秘禀刘德培的非法活动。如今，眼见"信和团"势力日益强大，陈知本拒绝

---

① 《刘逆德培纪略》，中国史学会济南分会编《山东近代史资料》第1分册，第54—55页。

② 《淄匪纪实》，中国史学会济南分会编《山东近代史资料》第1分册，第38页。

③ 同上。

了旁人的"远避"建议,并先后派人向知县和济南知府禀报。但前者在奔赴博山县城的半途中便被"信和团"设伏阻止,后者则尚未赶到济南,"信和团"便展开了报复行动。①

9月27日,刘德培令翟雷等率"信和团"数百人包围了陈知本团练局所在的太和庄,并另派一队占据太和庄西山"以为援"。28日黎明,"信和团"从东南角攻入庄内。冲突中,陈知本受伤被俘,其子文生陈星灿被杀。在"数其三次禀官、两次却饷之罪"后,"信和团"将陈知本处决。在撤离前,"信和团"掠夺了几位团长的财物,并命令当地富室"助饷"。②

这起严重的团练仇杀成为压倒骆驼的最后一根稻草,不但刘德培与其"信和团"再无回头余地,官方也到了所能容忍的底线。"太和庄事件"发生后,陈知本之侄"控于藩司",博山知县亦"上言"。在巡抚严催下,济南知府吴载勋只得放弃羁縻的初衷,亲率官军进攻淄川。"信和团"亦公然发动"叛乱",宣称"先得博,次得青州,再图济南"。随后,他们处决了淄川知县和营尉,并将首级挂于城墙上示众。自1862年10月始,"信和团"据守淄川,同清军进行了十个月的对抗。由于攻城行动屡屡受挫,清廷先后调派济南府、兖州府、青州府绿营及驻防八旗"会剿",并于1863年5月谕令僧格林沁从济宁州亲率剿捻大军前来。③

踞城期间,刘德培先是号称"督招讨大元帅",僧格林沁督兵到淄后又自称"'大汉德主',不写'同治',只题癸亥、月、日示"。他"部署将相","以书院为朝会军机处,以讲堂为殿。柱贴对联有'同心扶日月,双手转乾坤'云云。以东街景山堂翟

---

① 《淄匪纪实》,中国史学会济南分会编《山东近代史资料》第1分册,第38页。

② 《淄匪纪实》《刘逆德培纪略》,中国史学会济南分会编《山东近代史资料》第1分册,第38—39、55页。

③ 《淄匪纪实》《刘逆德培纪略》《淄川土匪一》《三续淄川县志·兵事门》,中国史学会济南分会编《山东近代史资料》第1分册,第38—39、54—55、103—104、118页。

氏楼院为宫院，以各街宽阔庭院为衙署"。官军破城后的残酷杀戮也表明了"信和团"之乱的严重性。1863年8月6日，清军攻陷淄城，随即将"自戕未死"的刘德培与"伪大将军""伪军师"等一同凌迟处死。次日，僧格林沁又下令屠城以"无留遗孽"。①

平定"信和团"4个月后，安徽凤台生员苗沛霖领导的规模更大的团练"叛乱"亦被僧格林沁率兵镇压。② 随之，清廷发布一道上谕，对办团十年来的团练效果做了总体评价：

> 各省设立团练，原以助守望而御寇盗，辅兵力之不足。其能协助官兵保卫桑梓者固不乏人，乃或有不肖团长以有寨可踞，藐视官长。甚至擅理词讼，聚众抗粮，挟仇械斗。其尤甚者，竟至谋为不轨，踞城戕官。即如山东之刘德培、河南之李瞻、安徽之苗沛霖等先后倡乱，皆由团练而起。虽螳臂当车，终归虀灭，而国家已重烦兵力。良由办团之人良莠不齐，间有一二团长倚势跋扈，承办团练绅士不能即时举发，遂有尾大不掉之势。国家使民自卫以卫地方，似此奉行不善，流弊滋多，殊非杜渐防微之意。③

在这份重要上谕中，山东的"刘德培之乱"、皖北的"苗沛霖之乱"以及稍早前的河南"李瞻之乱"，一同被清廷视为绅士利用

---

① 《刘逆德培纪略》《破淄略记》《刘逆事迹本末》《纪刘逆踞城作乱事》《淄川土匪一》《淄川土匪二》《三续淄川县志·兵事门》《淄川刘德培抗粮始末》，中国史学会济南分会编《山东近代史资料》第1分册，第58、60—61、91—92、95、98、106、115、118、120页。关于刘德培领导"信和团"发动叛乱以及清军镇压的详情，可参见张中训《大汉德主刘德培反清始末（1860—1863）》，《东吴历史学报》2001年第7期，第102—111页。

② 关于苗沛霖之乱，可参见［日］并木赖寿《苗沛霖团练事件》，谢俊美译，《学术界》1994年第1期；徐松荣《捻军史稿》，黄山书社1996年版，第358—371页；池子华《晚清枭雄苗沛霖》，安徽人民出版社1999年版。

③ 《大清穆宗毅皇帝实录》卷86，同治二年十一月乙丑。

团练"倡乱"的典型事例,① 可谓从不同侧面为咸同乱世中本应维护体制的乡绅如何走上反体制的"叛乱"之路提供了注解。

结　语

淄川生员刘德培在咸同之际的抗官行动经历了从个人挑战到不断联合与吸纳当地绅士的过程。尽管性格中"好趋小利"的一面为一些绅士所不齿,其在"尚义"意识作用下的为民争利之举又能博得不少绅士的同情。这使得刘德培在1860年"闹漕"行动失败后逃亡期间,能够幸运地得到淄川和博山几位绅士的无私帮助。在随后的抗官行动中,刘德培与当地绅士逐步走向联合行动,而捻军的进袭更为他们提供了建立组织的良机。与此前的绅士抗官方式明显不同的是,咸丰年间清廷频繁倡导办团练为这一时期的绅士抗官行动提供了强有力的组织基础。1861年后淄川四乡团练的兴起不但造成了"官弱民强"的社会氛围,还为刘德培等人的抗官行动提供了合法工具,从而对官府的利益和权威构成了往日稀见的严重威胁。借助"信和团"的力量,刘德培等人在乡村中攫取资源并积极寻求增强自身影响力,在征税与司法方面均形成与官府强势竞争的局面。成功地入城并压制了城内绅士的敌意后,刘德培等"信和团"领袖成为淄川城乡的实际控制者,从而成为咸同之际以团练为基础的"绅权扩张"现象的一个典型注脚。对博山团练首领的杀戮则成为"最后一根稻草",使得"信和团"完成了从团练到"团匪"、从"国家的朋友"到

---

① 这三起引起清廷关注的事件中,河南的"李瞻之乱"尚未引起学界的关注。据《清实录》记载,李瞻"由举人分发山西知县,乞假回籍。借名办团,自号'瞻王',又号'汝南王'。盘踞樊古寨地方,分遣其党王汉围攻张寨。其附近之朱寨、陈寨并相勾结,同谋不轨"。后经河南巡抚郑元善派兵剿办,于交战中将李瞻杀毙,并"歼毙逆众七十余名"。《大清穆宗毅皇帝实录》卷29,同治元年五月乙巳。

"国家的敌人"① 的转变。随之，刘德培率领"信和团"公开发动"叛乱"，而迎接他们的将是官方的大规模清剿行动。

　　回顾刘德培的抗官之路，从早期的"闹漕"到建立"信和团"后的扩张直至最后的"叛乱"，无不体现出绅士阶层的分裂——一部分绅士甘于冒险、挑战官府权威，另一部分绅士则坚持维护传统秩序，而刘德培对反对者和拒不合作者的打击又进一步加深了这种裂痕。事件平息后，淄川当地绅士的评论也呈现出两极分化之势：既有认为刘德培的"作乱"是"为官所逼而成"，亦有断言"当其闹漕滋事，原是为利私心"，因刘德培"天性奸诈，逼亦乱，不逼亦乱"。② 尽管作为官府与绅士关系中的一面，清初以来官绅之间的冲突可谓常态，③ 但如"刘德培之乱"中有多达二十余位绅士参与且不乏同情者，从最初的抗粮暴动最终发展为"造反"且影响两省时局的情形则委实鲜见，提示出在咸同年间社会剧烈动荡的背景下，绅士阶层内部在政治上的分歧明显扩大了。

　　对于咸同乱世期间伴随"绅权扩张"过程而发生的绅士分裂倾向，学界尚未给予应有的关注。笔者窃以为，这一倾向自然直接缘于地方官府乃至清廷在太平天国威胁面前权威和统治力的严重削弱。而从绅士方面看，清廷频繁的团练动员激发了绅士心中埋藏已久的地方主义倾向，使得他们借助团练的力量反对官府暴政或谋求控制地方资源。④ 正如一些学者所注意到的，"在正常情况下，绅

────────────

　　① 美国学者康无为曾在讨论地方绅士时提出此说。考虑到团练首领一般由绅士担任，这里借用这一提法。参见［美］康无为《三位研究中国近代史的美国历史学家》，陶文钊、樊书华译，中国社会科学院近代史研究所编《国外中国近代史研究》第 22 辑，中国社会科学出版社 1993 年版，第 284 页。

　　② 《纪刘逆踞城作乱事》，中国史学会济南分会编《山东近代史资料》第 1 分册，第 97 页。

　　③ 相关概述参见萧公权《中国乡村：论 19 世纪的帝国控制》，张皓、张升译，台北联经出版事业股份有限公司 2014 年版，第 527—533 页。

　　④ 详细探讨参见崔岷《山东"团匪"：咸同年间的团练之乱与地方主义》，中央民族大学出版社 2018 年版。

士对乡村地区发挥着稳定的作用"，① 而作为清代规模空前的"叛乱"，"太平天国"的兴起"大大削弱了绅士对国家的责任感"。②不言而喻，这一情形将促使更多对官府不满和意欲挑战其权威的绅士走上抗官之路。

---

① 萧公权：《中国乡村：论 19 世纪的帝国控制》，张皓、张升译，台北联经出版事业股份有限公司 2014 年版，第 373 页。

② ［美］芮玛丽：《同治中兴：中国保守主义的最后抵抗》，房德邻等译，中国社会科学出版社 2002 年版，第 158 页。

知识青年奔赴延安：一项战时交通社会史的考察（1937—1945）[*]

汪效驷　李　飞

（安徽师范大学历史与社会学院；

南京财经大学马克思主义学院）

抗战时期知识青年奔赴延安是学术界长期以来津津乐道的一个话题。关于这一现象的成因、国共的"争夺"及历史启示，学者同人都进行了较为全面的探讨。[1] 纵观既有的研究，大多侧重于宏观的分析，缺乏对历史时空的微观把握。据学界的不完全统计，在全面抗战时期，奔赴延安的学者、文艺界人士和青年学生大约有4万—6万人。在当时的交通条件和政治背景下，数万的庞大人群从四面八方陆续辗转到陕北，仅靠年轻人本身的革命热情和坚强意志是很难完成这趟"朝圣之旅"的；事实上，他们的成行及行程，皆有中国共产党周密的宣传、组织与安置。来自全国各地，甚至海内外的知识青年为什么要选择延安作为行程的目的地？他们是取道何

＊　本文发表于《安徽师范大学学报》（人文社会科学版）2017年第6期，被《中国社会科学文摘》2018年第3期摘转。

① 主要成果有：李佑军：《奔赴延安探析》，《广东党史》1997年第6期；汪云生：《试论20世纪30年代知识分子走向延安》，《学术界》2005年第4期；莫子刚：《抗战时期知识青年奔赴延安与国共两党的"抢夺"措施考略》，《兰州学刊》2010年第3期；莫志斌、崔应忠：《中国共产党青年动员的成功运作——以抗战时期青年奔赴延安为例》，《党史文汇》2015年第3期；赵凯：《延安时期青年知识分子奔赴延安的原因及启示》，《学理论》2016年第3期；程朝云：《抗战时期知识分子奔赴陕甘宁边区研究》，任文主编《我要去延安》，陕西师范大学出版总社有限公司2014年版；杨军红：《抗战初期青年知识分子赴延安研究》，博士学位论文，中共中央党校，2015年等。

种路径去到延安的？他们到延安后又有什么样的人生际遇？或者说，中国共产党是如何打造延安，使其对知识青年产生磁吸效应的？在通往延安的行程中，中国共产党进行了哪些组织、安排、接应才使这一艰难行程得以完成？这些青年学生和知识分子到达以后，中国共产党又采取了哪些措施使他们对延安产生认同，进而留驻下来？通过对奔赴延安旅程的还原，或可为这一经典的民众动员案例提供更加鲜活的佐证。本文利用时人游记、当事者回忆录及中国共产党党史的相关史料对抗战时期中国共产党动员知识青年去延安试作一项交通社会史的考察；以此管窥在革命与抗战的双重背景下，中国共产党与特定社会群体的互动过程。

一 确立目的地：中国共产党的行前宣传与动员

1939 年初的《申报》曾登载过一篇《延安行脚》，开篇言道："上万的人已经到中国西北角的'新圣地'去了。其中有两三结伴的，二三十人的，以至于数百人的团体，一对知己，或则因目的地相同而偶然遇合的。从不同的省份，或远或近，有男有女，有中年汉子，有中年妇女，有剧人，画家，学者，兵士，哲学者，新闻记者，传教师，教徒，医生，工程师。他们有的乘车，有的徒步，坐牛车，或则骑驴，搭大汽车、卡车、小汽车，乘飞机。这是现代的最奇特的'参圣'旅行。他们的目的地都是延安，陕甘宁边区政府的行政首邑。"①"参圣"是对知识青年奔赴延安目的地最恰当的描述。延安之所以成为人们心中向往的"圣地"，已有学者进行过深入分析。② 概而言之，是因为红色革命在陕北的蓬勃发展以及中国共产党向外部世界不遗余力地宣传延安，使延安在世人的心中成为"革命圣地"与"抗战希望"之所在，是自由、民主的"新世界"。

---

① 水柏：《延安行脚（译自亚细亚杂志一月号）》，《申报》（香港）1939 年 2 月 7 日第 2 版。

② 参见王东仓《延安 中国现代革命的符号》，人民日报出版社 2015 年版。书中有专门的章节论及延安"革命圣地"形象的建构过程。

中国共产党革命的每一个发展阶段都伴随着对革命理念的大力宣传，以使其得到更多人的认同和追随；这也是革命成功的要件之一。抗战前后，中国共产党采取多种途径，加强对延安的宣传，扩大延安的影响力和向心力。

一方面，中国共产党善加利用报纸、书籍及亲历者的传播效应。中华苏维埃人民共和国中央政府到达陕北以后，利用政府机关报——《新中华报》对延安的生产和生活进行了广泛的报道，如1937年1月就刊载了诸如《延安市民主抗日运动在继续开展著》《延安城"一二八"纪念会盛况空前》等关于社会运动的报道；诸如《禁烟工作在延安严重提出》《延安市特别法庭公审贪污偷窃犯》等关于社会治理的报道，在舆论上造就了一个充满革命气氛、生机勃发的延安。抗战爆发后，《新中华报》对延安的报道内容更加丰富和详细。如关于延安的民主选举和县政建设工作的报道；关于纪念"九·一八"、双十节、孙中山逝世周年纪念等报道；关于社会动员、锄奸工作、赈济、慰劳方面的报道，向读者展现了延安社会面貌的方方面面，充分显示了作为一个充满激情的革命的延安所散发的活力。但《新中华报》只是在根据地发行的报纸，其影响范围有限。

随着抗日民族统一战线的建立和国民党政府放松关于延安的消息封锁，延安开始进入了国统区人们的视野。国统区的报纸开始报道延安，《大公报》作了垂范。1937年12月14日，《大公报》发表了《我们受责备了！》一文，向读者介绍了由国统区到达延安人员的生活场景。1938年1月25日和26日，《大公报》又连续两天以《新年的延安——除夕的一天》为题，报道了春节前后延安的民众生活。文中描述的场景与国统区的沉闷、刻板形成了鲜明对照。以《大公报》为代表的国统区报纸对延安的宣传，动因在于中国共产党在延安的革命实践以及抗击日本侵略的主张为当时的中国提供了新的希望、新的选择，使国统区的人们，特别是青年学生和知识分子产生了对延安这个"新世界"的向往。

与此同时，中国共产党借重西方记者的延安行记，让外部世界了解延安。西方人士的参访、描述无疑是对延安最好的宣传。1937年6月20—24日，美国学者托马斯·阿瑟·毕森一行访问了延安，对"延安人所表现出的精神面貌"大加赞赏，他后来回忆道："当时和以后所有的外国访问者，都提到过延安的气氛。那种气氛很容易感觉到，却很难用文字来描述。正是这样一种精神和气氛，吸引了追求自由、追随革命的学生从中国各地奔向延安。"① 道出了时人奔赴延安的内在动因。关于延安效应的形成，美国作家埃德加·斯诺1936年7月的延安之行及其著作《红星照耀中国》的面世功不可没。据龚澎和乔冠华之女乔松都回忆，斯诺回来之后，龚澎曾向斯诺夫妇借阅《红星照耀中国》的英文原稿；此后，上海和南京相继沦陷，"深思熟虑后，母亲决定和各燕大同学一起奔赴延安"。② 此后，其他西方记者到延安参访，也受到热情接待；不管他们到访的机缘如何，但在客观上都成为宣传中国共产党、宣传延安的契机。大约在1939年初，美联社有个叫马田的记者在《申报》上发表了《延安印象》，对西北特区大加赞美，谓："特区中最显著的特点便是绝无盗贼，人民亦无寒酸之相，乞丐绝迹，乞丐行为，已不容于特区中，所有叫化子均逃往南方，或由特区政府给以工作了。大部分盗贼都改邪归正，向八路军投诚。"③ 这种直观、具象的描述给读者提供了太多想象的空间，容易激起年轻人的向往和追寻。

中国共产党更重视对延安的直接宣传。1938年1月11日，《新华日报》在武汉正式创刊，这是中国共产党在国统区唯一可以公开发行的报纸。《新华日报》公开报道延安民众的生活、战斗的场景以及宣传党的政策。此外，在八路军驻湘通讯处的帮助下，中共湖南省委还出版了《观察日报》和《抗战日报》，接收、发表了大量

---

① ［美］托马斯·阿瑟·毕森：《抗日战争前夜的延安之行》，张星星、薛鲁夏译，东北工学院出版社1990年版，第79页。

② 乔松都：《乔冠华与龚澎：我的父亲母亲》，世界知识出版社2014年版，第29、31页。

③ ［美］马田：《延安印象》，杨译，《申报》（香港）1939年4月10日第3版。

来自全国，尤其是延安的抗战消息。八路军驻广州办事处利用《救
亡日报》刊登抗战消息和延安的生活，收到了显著效果，"许多爱
国青年从进步报纸《救亡日报》上了解到八路军、新四军英勇抗日
事迹……对革命圣地十分向往"。①

　　另一方面，中国共产党通过政策感召知识分子，通过严密的
组织对知识分子进行动员。延安时期中国共产党的知识分子政
策，学界已有充分论述，此处仅就其针对国统区知识分子的政策
略加补充。全面抗战爆发后，中共中央将吸引、组织国统区的知
识分子到延安作为一项紧迫任务来抓。1938 年 1 月，时任中共陕
甘宁边区宣传部部长、统战部部长的王若飞发表了《欢迎全国革
命青年学生到延安来学习抗战知识》一文，号召学生们到陕北公
学学习；因为"这里是要造成能够去做唤起民众，组织民众，武
装民众来参加抗战的干部；这里教的完全是适合于目前抗战迫切
需要的知识；这里的环境是全国抗战的模范区域"。② 中国共产党
以抗战相号召，对于忧国忧民的知识青年而言，具有不可抵挡的
吸引力。

　　1939 年 6 月，毛泽东在延安高级干部会议上作《反投降提纲》
报告，从革命斗争需要的角度，高度肯定了知识分子在中国革命中
的作用，强调"国民党和我们力争青年，军队一定要收容大批革命
知识分子"。③ 同年 12 月，时任中央组织部部长的陈云在《关于干
部队伍建设的几个问题》中提出了"抢夺"知识分子的思想，称：
"现在各方面都在抢知识分子，国民党在抢，我们也要抢，抢得慢
就没有了。"④ 1940 年 10 月 12 日，毛泽东、朱德、王稼祥联名指
示："大批收容知识分子，只须稍有革命积极性者，不问其社会出

---

　　① 余萍：《组织爱国青年学生到延安学习》，中国人民解放军历史资料丛书编审委
员会编《八路军新四军驻各地办事机构（4）》，解放军出版社 1999 年版，第 664 页。
　　② 王若飞：《欢迎全国革命青年学生到延安来学习抗战知识》，《激流》1938 年第
1 卷，第 16—17 页。
　　③ 中共中央文献研究室编：《毛泽东文集》第 2 卷，人民出版社 1993 年版，第 233 页。
　　④ 陈云：《陈云文选 1926—1949》，人民出版社 1984 年版，第 115 页。

身如何，来者不拒，一概收留。"① 中国共产党的这些政策使国统区的知识青年打消了顾虑，是促使他们做出西行决定的原因之一。

为了使以上政策贯彻落实，中国共产党在国统区做了大量的组织、动员工作。为方便国共双方的联络，中国共产党在国统区的重要城市设立八路军办事处，简称"八办"。随着国民政府西迁，中共中央先后在太原、西安、兰州、武汉、长沙、广州、香港等地设立办事处或通讯处。"八办"通过自己出色的活动扩大了中国共产党及其军队在各地的影响；更成为连接抗日根据地和国统区的红色桥梁。在广州，"人民群众把抗战胜利的希望寄托于共产党，许多爱国青年到广州办事处要求去八路军、新四军参加抗日"。② 如武汉"八办"，介绍送往延安和其他敌后根据地参加抗日的工作人员总数，"据钱之光估计，单是从武汉输送到延安，或是由延安派出来到武汉，然后再赴外地工作的，前后不少于 7000 人"。③ "从1938 年到 1946 年的八年多时间里，经重庆通讯处和办事处介绍到延安和解放区的进步知识青年达数千人之多。"④

中国共产党还通过抗日救亡团体来引导知识青年去延安。广布于全国各地、海外侨界的抗敌后援会往往成为革命青年去往延安的起点站，如四川省各界抗敌后援会"秘书室管大印的是郑远才，郑不知给赴延安的青年盖了多少张'省抗'的'护照'"。⑤ 又如马来西亚华人各界抗敌后援会"号召马华青年回祖国去，到抗日前线

---

① 《毛泽东等关于留用俘虏官兵和大批收容知识分子给陈毅等的指示（1940 年 10月 12 日）》，中央统战部、中央档案馆《中共中央抗日民族统一战线文件选编》，档案出版社 1986 年版，第 474 页。

② 《八路军驻广州（韶关）办事处》，中国人民解放军历史资料丛书编审委员会编《八路军新四军驻各地办事机构（4）》，解放军出版社 1999 年版，第 589 页。

③ 本书专题编写组：《八路军驻武汉办事处》，中共中央党史资料征集委员会征集研究室编《中共党史资料专题研究集 抗日战争时期（二）》，中共党史资料出版社1989 年版，第 83 页。

④ 中共南方局党史研究室红岩革命纪念馆：《八路军重庆办事处》，中共中央党史资料征集委员会征集研究室编《中共党史资料专题研究集 抗日战争时期（二）》，中共党史资料出版社 1989 年版，第 228 页。

⑤ 徐庆坚：《四川省抗敌后援会亲历记》，成都市政协文史学习委员会编《成都文史资料选编 抗日战争卷（上卷）救亡图存》，四川人民出版社 2007 年版，第 119 页。

去。并且，已有一些进步青年先行到陕北延安去了"。① 1937 年 10 月，聚集到长沙的知识分子由吕振羽、陈润泉发起并成立了湖南省文化界抗敌后援会（简称文抗会），"许多青年通过文抗会党组织的关系而去了延安（当时党中央指出国民党统治区的党组织要大力输送知识青年到延安去），如康濯、柯兰、杨迪、彭柱、杨光等就是这样去延安的"。② 党的外围组织"青年抗敌同志会"（简称"青抗会"）也加入到罗致抗日青年去抗日根据地的行列。

最直接的组织、动员莫过于延安学校在国统区的招生。中共中央长江局在《新华日报》上公开刊登招生广告，决定把这些爱国学生和抗日志士招送到延安学习。1938 年 6—7 月，《新华日报》以"读者信箱"的形式，相继刊登了《关于"陕公"和"抗大"招生》《关于投考"抗大"和"陕公"》等文，不厌其烦地向读者介绍"抗大""陕公""鲁师"的报名条件、报名手续、招考方式、考试科目、如何去"抗大""陕公""鲁师"、所需路费多少、学习时间，甚至是毕业条件都有详细的说明，为青年学生投考边区学校提供方便。

1938 年初，中共中央决定在八路军驻各地办事处设立招生委员会负责招生工作。武汉招生处的牌子挂出后，"报名的人络绎不绝，都要求到延安去参加抗日，每天约有十几人到三十几人不等。他们来自四面八方，有武汉三镇当地人，也有外省市如四川等地的，许多是从沦陷区逃出来的流亡青年，还有海外侨胞。他们中大多是青年学生，也有工人、职员，还有机关公务人员以及一些国民党军队的下级军官和士兵等等"。③ 八路军驻湘办事处设立"抗大""陕公"招生委员会，短短三个月时间，"先后共输送 600 多名进

---

① 祝明：《参加"马华抗敌后援会"活动忆述》，政协广东省委员会办公厅、广东省政协文化和文史资料委员会编《广东文史资料精编　下编　第 5 卷　广东人物篇下》，中国文史出版社 2008 年版，第 864 页。

② 杨第甫：《三去延安》，中共湘潭县委党史资料征集办公室编印《湘潭县党史资料》第 2 辑，1984 年版，第 143 页。

③ 张玺主编：《金秋文学选集》，上海古籍出版社 2003 年版，第 75 页。

步青年去延安"。① 以上这些都归因于中国共产党的行前宣传与动员，从而使知识青年的延安之行获得了足够的动力。

二 踏上旅程：中国共产党的沿途安排及照应

战时奔赴延安的知识青年来源甚广，罗瑞卿称抗大的学员，"他们中间的籍贯包括了中国二十七个省份，除青海与西藏外，任何一个省，都有学生在这儿学习"。② 除此之外，到达边区的还有众多海外归来的华侨。为使知识青年能够顺利到达延安，以八路军驻各地办事处为主的中共机构对此进行了严密的谋划和安排。

首先，开展身份甄别工作。武汉会战开始后，中国共产党对青年学生的输送工作加大力度，要求"在南北交通线未中断以前，速在长沙动员招收一批男女青年赴延安，到抗日军政大学和陕北公学学习，为抗战培养干部"。长沙"八办"以"三步走"的方式开展工作。第一步，通过讲演、宣传、办训练班以及开展抗日救亡运动等各项实际工作宣传党的政策，使学生认清当前的时局，激发青年学生的抗战热情。第二步，对学生的状况进行彻底摸排，向学生讲明延安的实际情况，以自愿为原则。第三步，针对有意向的学生进行调查和登记。经调查后，发现青年学生分为四个层次，"一是态度坚决，方向明确；二是受别人启发，想瞒着家庭，和朋友一道走；三是好奇，对共产党八路军抱有一种神秘感，想去看看；四是寻找一条出路。以前两个层次的人居多"。长沙"八办"对愿意留下的学生进行登记，盖上八路军驻湘通讯处公章，就算正式录取了。③

---

① 紫非：《从长沙到延安》，中国人民解放军历史资料丛书编审委员会编《八路军新四军驻各地办事机构（4）》，解放军出版社 1999 年版，第 558 页。
② 罗瑞卿：《"抗大"的过去与现在》，《解放》1938 年第 48 期，第 20 页。
③ 刘恕：《关于八路军驻湘通讯处为抗大、陕北公学招生工作的回忆》，中国人民解放军历史资料丛书编审委员会编《八路军新四军驻各地办事机构（4）》，解放军出版社 1999 年版，第 537 页。

南方局的输送工作亦复如此。据时任陕甘宁边区各界妇女救国联合会驻渝代表廖似光回忆，1940 年之后有大批爱国华侨要求去延安参加抗日活动。为做好统战工作，办事处事先把这些青年组织起来，将延安的现实情况向有意向去延安的人员进行说明，"告诉他们：延安要自己开荒耕地，吃小米，还要打仗，能吃得苦，身体受得了才去，不行就留下来"。名单由廖似光负责拟定，送交周恩来审批，钱之光负责路途上的经费和交代注意事项；童小朋负责发报，将赴延的车辆、人数、司机和带队人的姓名事先通知西安"八办"和延安党中央。① 而对于香港的知识青年和归侨相对比较宽松，"只要真诚表示拥护我党和我军，坚决参加抗日斗争，不怕艰苦，身体健康，自备旅费，同时填写一张简单的登记表，就可以去"。②

武汉"八办"对学生的政治审查工作由张明秀和董必武负责。首先，在报名条件中就明显包含着初步政治审查的意图，报名者应当是 18—35 岁，身体健康，高中文化（工农例外）；接受共产党的领导，决心抗日救国；延安的生活环境和物质条件都很差，要有艰苦奋斗的思想；学习结束后要服从学校统一分配；从武汉至延安的一切费用自理。其次，依据报名者填的表格，在实施个别谈话中进行二次政治审查，以确定是否录取。最后，由董必武把关，对没有问题或问题不大的人即认为合格，就由武汉"八办"写介绍信给西安"八办"，再由他们介绍到延安的学校或安吴堡青年训练班。③

政审、筛选环节最值得一提的是安吴堡青训班的培训与审查。安吴堡青训班是指中国共产党领导下的西北青年救国联合会在陕西省泾阳县安吴堡设立的"战时青年短期训练班"和"战时青年训

---

① 广东省档案馆编：《父辈的抗战往事》，花城出版社 2015 年版，第 288 页。

② 云广英：《抗日战争时期的八路军广州（韶关）办事处》，中国人民解放军历史资料丛书编审委员会编《八路军新四军驻各地办事机构（4）》，解放军出版社 1999 年版，第 655 页。

③ 张明秀：《对八路军武汉办事处为抗日输送人才的回忆》，中国人民解放军历史资料丛书编审委员会编《八路军新四军驻各地办事机构（4）》，解放军出版社 1999 年版，第 159 页。

练班"。1938 年，西安"八办"的工作报告明确规定"来历清楚，有救亡团体或负责人介绍者"方可投考延安的各类学校；但要先鉴定核实，然后呈交招生委员会。依据对知识青年的排查和分析，学生来源主要有几个方面，"一是由各地的八路军办事处和地下党如武汉'八办'、洛阳'八办'、陕豫川等地下党组织介绍来的；二是由社会知名人士及救亡团体如李公朴、邹韬奋、民先队等介绍来的；三是一些友军地方部队，要求为其培训人才而介绍来的；还有一类就是直接持学校介绍信或毕业证自发来的"。鉴于最后一类的学生复杂的社会关系和不明来意，西安"八办"就将他们安排在安吴堡青训班，以培训的名义进行甄别、审查。① 安吴堡是自发北上的青年学生到达延安前要经过的一个重要关口，也是延安战斗生活的预演。

其次，为知识青年开具介绍信，并提供必要的生活帮助。1938年 7 月，康濯一行五人从长沙到达汉口，武汉"八办"开具了五个人去延安投考鲁迅艺术学院文学系的介绍信。同时，武汉"八办"建议他们"想办法搞一个去西北一带找国民党有关方面或找哪个大学等单位的公开介绍信，因为没有公开介绍信，路上不安全"。此后由"曹伯韩搞到了国民党驻湖南部队某师盖了关防大印的一封介绍信"。② 对于知识青年，广州"八办"是开具介绍信到武汉或西安"八办"，转送延安。香港知识青年和归侨是先经过香港"八办"介绍到达广州，然后由广州"八办"介绍到武汉或西安"八办"，转送延安。1938 年初，广东潮阳县达濠区青抗会成员汪涛、石虹就是从香港到广州，拿着广州"八办"主任云广英开具的一封交武汉"八办"、一封交西安"八办"的介绍信，而去的延安。③

---

① 李一红：《通往光明的红色桥梁》，任文主编《我要去延安》，陕西师范大学出版总社有限公司 2014 年版，第 261—262 页。

② 康濯：《关于我赴延安的经过》，任文主编《我要去延安》，陕西师范大学出版总社有限公司 2014 年版，第 219—223 页。

③ 汪涛、石虹：《八路军广州办事处介绍我们奔赴延安》，《广东党史》1995 年第 1 期，第 23—24 页。

　　知识青年以学生为主，其生活来源主要依靠家庭和学校供给，但在战时，他们很难有切实的生活保障；特别是旅途的费用，严重困扰他们的行程。如1938年10月，文学青年康濯等人"从汉口到西安，连这以前的花销，船票、车票、住旅馆、吃饭，钱已不多了。在去西安的火车上，饭都不敢随便吃"。[①] 原国民党军队连长邓乃觉执意要求去延安，终经长江局高层研究同意；但经济上也不宽裕，"走时就变卖了他的书籍、望远镜等以充路费"。[②] 来自上海战地服务团的刘克英、金沙一行人员于1938年3月8日从上海乘英国货轮经香港到达广州，在广州"八办"的帮助下辗转到西安。西安"八办"考虑到她们姊妹年龄较小且体质较差，安排她们乘坐汽车去延安，但是"这时我们身上的钱都不多了，不够乘汽车去延安的路费。于是我们四人就徒步去了延安。在途中，我们一路走、一路变卖身上带的东西"。[③] 虽然中国共产党发布的招生简章上明确规定，知识青年去延安是路费自筹，但是，针对一些经济上困难的学生，"八办"还是给予一定的资助。曾任武汉"八办"主任的钱之光回忆，1938年秋，武汉"八办"对前往延安的知识青年，"每人发给军服，并发零用钱，由办事处把他们送到江岸车站"。[④] 1938年经过武汉"八办"中转的人员，"他们中有一部分住在武汉'八办'招待所，大部分则由武汉'八办'出面联系旅社安排食宿"。[⑤] 由八路军驻湘办事处介绍的湖南省宁乡县立第一女子学堂

　　① 康濯：《关于我赴延安的经过》，任文主编《我要去延安》，陕西师范大学出版总社有限公司2014年版，第221页。

　　② 张明秀：《对八路军武汉办事处为抗日输送人才的回忆》，中国人民解放军历史资料丛书编审委员会编《八路军新四军驻各地办事机构（4）》，解放军出版社1999年版，第160页。

　　③ 刘克英：《我与金沙一起去延安》，万慧芬主编《金沙纪念文集》，中共党史出版社2009年版，第119—120页。

　　④ 钱之光：《忆抗战初期的国共合作和八路军武汉办事处》，中国人民解放军历史资料丛书编审委员会编《八路军新四军驻各地办事机构（4）》，解放军出版社1999年版，第138页。

　　⑤ 本书专题编写组：《八路军驻武汉办事处》，中共中央党史资料征集委员会征集研究室编《中共党史资料专题研究集　抗日战争时期（二）》，中共党史资料出版社1989年版，第82页。

的王警吾、刘履中、紫非等人于 1938 年 6 月从长沙出发到达武汉，在武汉办事处住了几天之后才坐车北上的。[①]

最后，保证知识青年去延安的交通安全。所谓的交通安全主要是指防止国民党设卡拦截和道路安全问题。中国共产党在国统区所开展的招生工作引起了国民党当局的注意。1937 年 10 月，在西安行营汇报会上，行营第二厅厅长谷正鼎说："谷正纲由重庆来信告诉我，有好些朋友的子女都溜到延安去了，你们在西安干甚么的，为甚么不采取有效办法来制止？我们自己的儿女都不保了，都要跟着共产党跑了，我们就坐视不问吗？"随后，行营高层商定对策，一致认为必须采取有效办法，制止学生到延安去，并将意见汇报给西安行营主任蒋鼎文。蒋鼎文"立即召集西安党政军各方面负责人开会研讨"，决定用"党政军各方面力量统一起来对付共产党"，并于 11 月成立西安特种会报组织。该组织"从 1938 年起作出决定，各地到延安去的青年学生，一律堵截扣留送交胡宗南负责的西安战干第四团管训。1939 年冬，西安劳动营（即集中营）成立，其后由胡宗南接管，派谷正鼎负实际责任"。到 1942 年，谷正鼎称，"劳动营管训劳役的共产党、左倾青年先后有 1000 人，绝大部分是到延安去的学生，被西北各地驻军和宪兵在中途扣留送去的"。[②] "据 1944 年谷正鼎在汇报书上说，从 1939 年到 1943 年，仅在交口、碑亭、黄陵、耀县、三原、永乐店、咸阳等盘查站被截扣赴延安的男女青年就有 2100 多人（还不包括胡宗南的特务所扣留的）"。[③] 皖南事变之后，国民党由拦截学生直接变为对边区进行封锁，禁止任何学生模样的

---

① 紫非：《从长沙到延安》，中国人民解放军历史资料丛书编审委员会编《八路军新四军驻各地办事机构（4）》，解放军出版社 1999 年版，第 546 页。

② 张严佛：《抗战前后军统特务在西北的活动》，中国人民政治协商会议全国委员会文史和学习委员会《文史资料选辑》（合订本第 22 卷总第 63—65 辑），中国文史出版社 2011 年版，第 216、218 页。

③ 李犹龙：《封锁陕甘宁边区纪实》，中国人民政治协商会议江苏省委员会文史资料委员会《江苏文史资料（第 45 辑中统特工秘录）》，《江苏文史资料》编辑部 1991 年版，第 176 页。

人员前往延安。道路交通安全问题，主要是指从西安到延安这一段路程。该段有"八百里秦川"之称，途经咸阳—草滩—三原—耀县—铜官—宜君—中部—洛川—富县，全程不通火车，只有一条公路。交通工具只有汽车和畜力，余则步行，并且道路崎岖，危险如影随形。

针对国民党的拦截问题，中共中央派员组织专人带队。西安"八办"特意安排具有国民党背景的人员为其领队。如康濯一干人等，虽然由押运处的负责人带领，但是公开的领队是沙季同，由他与国民党特务打交道；因为"白崇禧发了他一张盖着战区官长司令部关防大印和个人签章的全国各处通行证"。[①] 泰国华侨康明是从西安的青训班走的，青训班把"男女青年编排成班、排、连，有人带领，各人背自己行李步行去"。[②] 国共关系紧张之时，中国共产党将一些知识青年伪装成八路军相关人员，以便于乘坐八路军的汽车。据何方回忆，在其第二次到达西安办事处准备乘坐汽车去延安时，"我们干脆穿上军装，算作八路军护士学校的学员，坐上了八路军的军车。因为我们都年轻，说成是护士学校的学员比较合适"。[③] 四川万县的青年教师熊道柄率领妻子、堂弟、侄儿等 7 人到达西安后，西安"八办"给他们"每人一套八路军军装，佩戴第一一五师臂章，与各地来的青年 90 人一起，由'西办'的同志带队步行去延安"。[④] 正是在中国共产党上下的关心、组织、安排之下，数万名热血青年的朝圣之旅得以成行，抵达目的地。

---

① 康濯：《关于我赴延安的经过》，任文主编《我要去延安》，陕西师范大学出版总社有限公司 2014 年版，第 219—225 页。

② 康明：《去延安前后》，全国政协文史资料委员会编《文史资料存稿选编 第 25 辑 社会》，中国文史出版社 2002 年版，第 165—166 页。

③ 何方：《从延安一路走来——何方自述》，人民日报出版社 2015 年版，第 38 页。

④ 李一红：《通往光明的红色桥梁》，任文主编《我要去延安》，陕西师范大学出版总社有限公司 2014 年版，第 262 页。

三　抵达终点：中国共产党对来到
　　延安知识青年的妥善安置

一趟圆满的旅程，并未随着到达目的地而结束；在延安的学习、生活体验及其对自身发展的决定性影响才是检验的更重要的尺度。这些到达延安的年轻人总体而言，生活虽然清苦，但充满了快乐，"在延安，人们的生活像斯巴达人一样清苦而简单。大部分的学生住窑洞，在野外上课。每天由政府供给七分钱的伙食。每月有一块钱的零用。教授月薪五元。校中纪律严明，每人除了两套制服，山西帽，书本，铺盖之外，就很少别的东西了。有些人也许再拥有望远镜一具，或镜箱一只。忙碌的生活，紧张而活泼。每餐几乎是无变化的，一切表示着茹苦含辛、抗战救国的精神"。①

延安满足了他们对于"新世界"的全部想象。女作家丁玲这样描述延安："街衢清洁，植满槐桑；没有乞丐，也没有卖笑的女郎；不见烟馆，找不到赌场。百事乐业，耕者有田。八小时工作，有各种保险。那些跐蹀在街头的年轻的工人，全来自武汉、西安、沪上。四方八面来了学生几千，活泼，聪明，全是黄帝的优秀子孙。"② 时人谈及到延安后的感受："在这里，她会给你生命的活力，你所要讲的，要做的，尽你去干。这里没有一点大都市的气息，更没有大都市里的罪恶，纯洁敦厚的风尚，确可使你身心方面得到最好的培养，这里确然是一所伟大的家庭……相信在这短促的将来，会带着荣耀的，欢跃的，健全的体魄归来，那时正是我们奏着凯旋的乐曲庆祝抗战胜利的一天。"③ 还有人言道："在我们朝圣地旅行的终了，我们并没有看到什么灰白圣骸或神秘的圣所……那里人们都是赤裸裸的，不带任何假面具；那里没有虚伪，人们都是

---

①　［美］马田：《延安印象》，杨译，《申报》（香港）1939年4月10日第3版。

②　丁玲：《七月的延安》，张炯编《丁玲全集（4）》，河北人民出版社2001年版，第324—325页。

③　蔚华：《到延安以后》，《上海妇女（上海1938）》1939年第3卷第7期，第21页。

很自然的……延安是采用民主主义方法的，他们的生活原则是现实主义，即追求真理，一经发现了真理即以无畏的精神去应用他，这就是延安的神秘也就是他的快乐的泉源。延安是我见过的最快乐的城市。"① 他们不仅停留在充满希望和快乐的人生体验中，还在中国共产党的教导和安排下，追寻更高的革命理想，投入到抗战的洪流中。

这些知识青年到达延安的第一站是交际处，"接待和安置这些投奔延安来的人员"是"交际处的日常工作之一"。据时任交际处处长金城回忆，交际处在做好接待工作的同时，"还担负着一项重要任务，就是经常了解他们的情况，及时向中央及有关负责同志反映他们的政治思想、生活特点、业务专长，使他们学有所用，人尽其才，各得其所"。奔赴延安的年轻人之中，"也有一些人在来延安之前，对革命是怎么回事没有实际的感受，对革命的艰巨性、复杂性缺乏必要的精神准备，而是抱着很多不切合实际的美妙幻想，凭着一股热情和勇气而来的。及至走上工作岗位，在实际生活中一体验，感到现实同自己的理想差距很大"。对此，中共中央的政策是"来则欢迎，去则欢送，再来再欢迎"。② 实践证明，中国共产党的措置是有效的，大多数知识青年在延安锻炼成长，在革命和抗战的大潮中显露身手。

一方面，进入边区的知识青年一般都是进入学校学习。抗战爆发后，陕甘宁边区先后创办了抗日军政大学、陕北公学、鲁迅文艺学院、女子大学等 17 所院校，其中抗日军政大学是唯一一所国民政府承认的高等学府，抗日军政大学与陕北公学被毛泽东称为陕北的"黄埔"。这两所学校可谓年轻人竞相追逐的热门。美联社记者马田曾经这样描述："抗大的门外，正有二万个学生等着入学。恐怕是任何大学的新纪录吧，延安就像一间大学，大家来这里学习，怎样动员民众，做前方后方的政治工作，帮助军队，全民族一起参

---

① 烟如译：《他们为什么去延安（通讯）》，《自学旬刊》1939 年第 2—4 期，第 95 页。
② 金城：《延安交际处回忆录》，中国青年出版社 1986 年版，第 157—158 页。

加神圣的抗战。而到延安去的人的唯一的资格，即是一个坚强的抗日志愿。你可以先进预科，或直接读正课，研究哲学，政治，经济。群众工作，军事策略，军训，党务，军事工程，射击实习，抗大是注重军事科学的。陕公是一般的注重民运等等。鲁迅艺术学院注重宣传。文学，戏剧，音乐，木刻画，都和中国目前的政治军事问题切实联系。九个月的学习期中，三个月在学校念书，第二个三月在校外实习宣传工作，第三个三月重新在校内学习，改正各自的缺点。"① 这些学校可供知识青年选择，然后边区政府根据学生的特长和兴趣爱好，再进行分配。进学校之前，边区相关人员会再次进行审核，但是这个审查就很简单。时人称，"只有一个要求：你必需要有反抗敌人侵略的坚决意志。此后，你就可以参加预备课程，或者直接就读哲学，政治经济学，民众工作，作战技术，步兵操典，游击战争，工事和射击等科目。"② 上文所提及的刘克英一行到达延安后，刘克英姊妹被安排在陕北公学学习，而金沙和郭弗荣分配到抗日军政大学学习。③ "左联"话剧演员苏菲到达延安之后，被安排进了"鲁艺"，学习文学和戏剧，在"鲁艺"学习半年之后，又去"女大"待了一年，之后又回到"鲁艺"戏剧系学习理论和实践。

据统计，安吴堡青训班自创办到结束历经两年半，共计办了 14 期，组编到 127 个连（队），培训了 12000 多名学员，分别输送到延安、前线、敌后根据地、国民党友军、爱国青年团体以及自己的家乡，参加和开展抗日救亡斗争，组织推动抗日青年统一战线，为中国青年运动谱写了光辉篇章。④ 陕北公学自 1937 年 7 月创办到 1941 年 8 月，总计培养了 13000 多名干部，⑤ 主要是外来的知识青

---

① ［美］马田：《延安印象》，杨译，《申报》（香港）1939 年 4 月 10 日第 3 版。
② Jack Chen：《为什么他们往延安》，《学与生》1939 年第 1 卷第 2 期，第 66—67 页。
③ 刘克英：《我与金沙一起去延安》，万慧芬主编《金沙纪念文集》，中共党史出版社 2009 年版，第 119—120 页。
④ 共青团中央青运史研究室等编：《安吴古堡的钟声：安吴青训班史料集》，中共党史资料出版社 1987 年版，第 5 页。
⑤ 《陕公纪念四周年，抗战来造就万余干部》，《解放日报》1941 年 8 月 5 日第 2 版。

年。关于进入抗大的学员，学者程朝云依据第四期抗大学员为基数估算，在抗战爆发后一年时间内抗大共计接收了 1 万余名的学员。鲁艺自 1938 年到 1944 年共计接收了 685 名学生。①

另一方面，来到延安的知识青年充实到边区的干部队伍中去。边区政府将这些知识青年直接吸收为干部。如边区妇联组织开展的扫盲运动中，从长征中过来的女干部很少，为解决夜校、妇女识字班的师资缺乏问题，大量吸收"从国统区和敌占区奔赴边区的女知识青年"充当教员。② 同时，这些经过培养、培训的学员，分配到各机关和军队中，从事抗战工作。1938 年 8 月 23 日，毛泽东等致林伯渠、周恩来等电，专门提到"抗大"毕业生的分配问题："派往友军工作之抗大第三队，外来学生，学习三个月毕业，成绩尚好，其中数十名可由西安、武汉两处派往友军工作，一部可派新四军，不日动身，望准备接受分配。"③ 在"抗大"第四期的欢送会上，毛泽东在致辞中又说："抗大毕业生的出路，到军队中去，到群众中去，到八路军和新四军中去，加强抗战力量，坚持抗战，坚持持久战！到敌人后方去，到游击队去，发动广大的普遍的游击队，创造新的抗日根据地。到群众中间去，到工人中间去，到农民中间去，到学生中去，到一切救亡团体里面去，坚决执行抗战建国纲领，动员组织群众积极参加抗战。"④ 意即经过培训的学生是以作为抗战的干部中坚使用的。

山东沂水青年尹平符、李松舟、王涛、周元同等人于 1937 年10 月到达延安，直接进入"抗大"学习，1938 年 4 月毕业。王涛、周元同随后分配去 115 师工作。尹平符、李松舟被批准回到山东老

① 曲士培：《抗日战争时期解放区高等教育》，北京大学出版社 1985 年版，第 110 页。

② 徐明清：《明清岁月：徐明清回忆录》，中共党史出版社 2014 年版，第 128 页。

③ 《毛泽东、滕代远关于派往友军工作之抗大学生将去西安、武汉分配致林伯渠、伍云甫并周恩来、叶剑英电》，中国人民解放军历史资料丛书编审委员会编《八路军新四军驻各地办事机构（4）》，解放军出版社 1999 年版，第 103 页。

④ 雷烨：《抗大同学毕业上前线》，《新华日报》1938 年 9 月 1 日第 4 版。

家沂水，参加了山东游击队第四支队六大队，开展抗战工作。① 王仲方于 1937 年 12 月到达延安后，在抗日军政大学三期学习，毕业后任抗日军政大学、泽东青干校、延安民族学院教员，华北局社会部科长。② 八路军驻湘通讯处的紫非，1938 年初到达陕北公学第三分校学习，其后加入中国共产党，毕业后分配到中央机要处工作。1940 年跟随周恩来在重庆"八办"工作，后又在南方局做机要员。③ 王淑敏于 1938 年 7 月进入陕北公学学习，1939 年进入八路军卫生学校学习。1941 年毕业后"被分配到晋绥一二○师野战医院……走上了抗日前线"。④ 据八路军驻湘办事处的资料，当年从长沙先后输送去的许多人经过革命熔炉的熏陶，在抗日战争的烽火中锻炼成长为我党我军的优秀干部，如刘雪初（原教育部副部长）、莫立本（方克，原《红旗》杂志副总编）、赵绿吟（烈士，"平江惨案"中被活埋）、杨展（烈士）等。⑤

另据统计，从边区学校毕业的学生大部分成为陕甘宁边区的储备干部、党政的骨干力量，边区中级干部中有 85% 是知识分子。成立较晚的女子大学，自 1940 年到 1943 年，向各部队输送了一千余名优秀妇女干部。⑥ 陈云在谈及华北地区基层干部建设时指出："绝大部分是在 1936 年、1937 年参加工作的学生……就是靠这些干部打开了局面，工作开展了，而且搞得相当好。如果没有新干

---

① 尹平符：《忆当年沂水青年奔赴延安》，任文主编《我要去延安》，陕西师范大学出版总社有限公司 2014 年版，第 37 页。

② 王仲方：《沸腾的古城，我心中的延安》，任文主编《我要去延安》，陕西师范大学出版总社有限公司 2014 年版，第 10 页。

③ 紫非：《从长沙到延安》，中国人民解放军历史资料丛书编审委员会编《八路军新四军驻各地办事机构（4）》，解放军出版社 1999 年版，第 547 页。

④ 王淑敏：《女扮男装赴延安》，任文主编《我要去延安》，陕西师范大学出版总社有限公司 2014 年版，第 88 页。

⑤ 中共湖南省委党史资料征集研究委员会长沙市文化局：《八路军驻湘办事处》，中共中央党史资料征集委员会征集研究室编《中共党史资料专题研究集 抗日战争时期（二）》，中共党史资料出版社 1989 年版，第 132 页。

⑥ 粟裕等：《星火燎原·未刊稿》第七集，解放军出版社 2007 年版，第 229 页。

部，华北的根据地就建立不起来。"[1] 1977 年 8 月，邓小平在谈到军队的情况时也说："抗日战争时期吸收了一部分知识分子，后来政治干部除了老红军以外，就靠这批人。"[2]

此外，对于一些高级知识分子进行特殊安排。前文所述高士其到达延安后，受到了很高的礼遇。毛泽东多次到他的窑洞看望他、问候他。边区政府称其为"红色科学家"。高士其还根据毛泽东的提议，在延安发起成立了"国防科学社"，是抗日根据地医疗和科普事业的卓越贡献者。[3] 另一位留学德国的化学专业学者陈康白在恩师徐特立的影响和介绍之下，于 1937 年底历尽艰辛到达延安。对于这样一位延安紧缺的"大科学家"，边区人民对其表现出高度的热情。毛泽东、陈毅亲自接见。1939 年 4 月起，陈康白跟随生产运动委员会副主任李富春在边区从事经济工作，开始了他"科技救国"的探索，"为延安的科技发展作出了特殊的贡献"。[4]

知识青年的延安之行暂告一段落，但新的征程才刚刚开始。回顾这一行程的始末，尤其将这一关涉战时交通与社会的事件置于红色革命和全民抗战的背景下，我们对中国共产党在组织、动员各阶级、各阶层民众方面所表现出来的战略远见和行动能力当有更加清晰与完整的认知。青年学生和知识分子在旅程中经受了磨炼，在延安得到了成长，他们极大地充实了抗战的社会力量，也进一步夯实了中国共产党革命的根基。

---

① 陈云：《关于干部队伍建设的几个问题（1939 年 12 月 10 日）》，《陈云文选》第一卷，人民出版社 1995 年版，第 195 页。

② 邓小平：《军队要把教育训练提高到战略地位（1977 年 8 月 23 日）》，《邓小平文选》第二卷，人民出版社 1983 年版，第 62 页。

③ 高志其等编著：《高士其画传》，航空工业出版社 2005 年版，第 78 页。

④ 王民：《延安当年的大科学家陈康白》，《中华魂》2015 年第 4 期，第 49—50 页。

国民党训政时期的区乡公所与
自治行政

——以广东为中心

黄珍德

（华南师范大学历史文化学院）

一　引言

地方自治的兴起与发展给中国社会嵌入了一种新的治理机制，使近代中国基层行政制度发生了深刻变革。而且，国民党训政时期[①]视地方自治为训政的主要工作和训练民众的重要途径。胡汉民在国民党第三届全国代表大会的开幕词中指出："我们欲求直接民权能够训练成功，使真正民意能够表现，并且能够在深厚的基础上度过了训政时期，而达到宪政，那末，最重要的就是要靠实现总理所详细规定的地方自治了。"[②] 国民党三届二中全会宣言明确提出：

---

①　1928 年南京国民政府完成北伐后，就遵照孙中山的建国思想实行训政。1928 年 8 月召开的国民党二届五中全会通过了《政治问题案》，决定国民政府下设立法、司法、行政、考试、监察五院，《中国国民党二届五中全会宣言》正式宣布从此以后"军事既终"，"训政开始"。训政时期共六年，定于 1934 年底结束。但实际上，1934 年底国民党以训政没有完成为由继续实行训政体制，直到 1948 年行宪国大召开，才正式宣布结束训政，实行宪政。由于 1934 年后国民党训政制度发生转折，如作为本文的研究对象，区乡自治政策发生重大调整，全面实行保甲和"分区设署"制度，尽管乡镇继续作为自治单位，乡镇公所得以保留，但区成为县政府的派出机构，区公所被取消。因此，本文所说的训政时期主要包括国民党原定的 1928 年夏至 1934 年底这六年多时间。

②　《中国国民党第三次全国代表大会开幕词》，载荣孟源主编，孙彩霞编辑《中国国民党历次代表大会及中央全会资料》（上），光明日报出版社 1985 年版，第 618 页。

"训练人民行使四权，实施地方自治，为训政时期主要工作。"[1] 为此，南京国民政府颁布了许多有关地方自治的法规，如《县组织法》《区自治施行法》《乡镇自治施行法》《县组织法施行法》等。在国民党和国民政府的严催和督促下，全国各县纷纷以训政相号召办理地方自治，建立区和乡镇自治公所（后文简称区乡公所），举办调查户口、修筑道路、办理警卫等自治事务。

对于国民党训政时期的地方自治问题，许多学者进行过探讨，关于其理论构想和制度渊源、地方自治政策以及若干特定地区的地方自治实践，都有学术成果论及。[2] 不过，相关研究仍存在较大的空间，如作为当时地方自治主要内容的区和乡镇自治（后文简称区乡自治）就尚有不少可议之处。南京国民政府公布的《县组织法》和《县组织法施行法》关于地方自治的主要内容之一是关于区乡公所的产生、组成和行使相应自治职能；而从各地举办地方自治的实际情形看，训练自治人才，划分自治区和乡镇区域，成立区乡公所，举办调查户口、办理警卫、发展教育等是最为重要的。各县大多能够实施国民政府内政部规定的上述自治事务，当然进展和程度不一。到1934年底先前确定的完成训政期限将至时，各省已经基本完成了所属各县划分自治区和乡镇区域，召集乡镇公民大会选举正副乡镇长和成立乡镇公所，江苏、浙江、安徽、山西、河北、广东、江西、山东、河南、云南、甘肃、青海、热河、察哈尔、绥远等省所属多数县成立区乡公所。[3] 区乡公所的建立，使县政发生重大变革，日益分化为县政府官治行政和县以下区乡自治行政，中国

---

① 《中国国民党三届二中全会宣言》，载中国第二历史档案馆编《中华民国史档案资料汇编》第五辑第一编"政治（二）"，江苏古籍出版社1994年版，第124页。

② 涉及民国地方自治问题的研究成果众多，如梁漱溟《中国之地方自治问题》（山东乡村建设研究院1931年版）、董修甲《中国地方自治问题》（商务印书馆1937年版）、李德芳《民国乡村自治问题》（人民出版社2001年版）、王奇生《党员、党权与党争：1924—1949年中国国民党的组织形态》（上海书店出版社2003年版）、魏光奇《官治与自治——20世纪上半期的中国县制》（商务印书馆2004年版）、王兆刚《国民党训政体制研究》（中国社会科学出版社2004年版）、周联合《自治与官治——南京国民政府的县自治法研究》（广东人民出版社2006年版）等以及一批有分量的学术论文。

③ 据内政部编《内政年鉴》（民政篇），商务印书馆1936年版，第753—758页。

的基层行政制度因此发生重大变革。那么，具体到各县，区乡公所是如何建立的，又是如何行使自治职能的？上述基本问题尚未得到既有成果的足够重视和充分探讨，均有进一步深入研究的必要。本文拟以广东为中心，聚焦上述问题，研究国民党训政时期的区乡公所与自治行政，并见微知著，透视国民党训政时期区乡自治的社会实效。

二 区乡公所的成立

从性质来看，国民党训政时期的区乡公所是根据《县组织法》成立的区和乡镇两级自治机构。

孙中山关于训政时期地方自治制度的构想没有涉及自治层级问题，只是强调以县为地方自治的单位，对于县以下要不要构建自治组织很少提及。中国各地情况复杂，很多县面积辽阔，人口众多，因此对于从事地方自治工作的人来说以县为地方自治的单位未免太大，更多的意见是以中国业已存在的自然村落为自治单位，因而自民国初年开始在河北、山西、江苏等地兴起了村治运动，尤其是山西村制对南京国民政府初期的地方自治制度影响极大。但是中国自然村落的面积大小和人口多寡同样参差不齐，地域差别大，从整体而言相对于日本的村普遍较小，户口较少，"既没有充分的人才，又没有充分的经费"，"许多事情，绝对不是一个村公所可以办理的"，不要说办学校、建医院，就是修路、建桥、筑堤、设立农村图书馆也很难办得起来，因此时人强调办理自治需要村与村的联合，"一齐去办理"。① 所以，多个村落联合起来的自治乡镇以及建置规模更大的自治区就应运而生了，到国民党训政时期就形成了县以下分为区、乡镇、闾、邻四级的规定。

本来，南京国民政府1928年制定的《县组织法》仿效山西村制，将县以下分为区、村里、闾、邻四级，规定：县内百户以上之

---

① 杨开道：《农村自治的单位》，《农业周报》1930年第28期。

乡村为村，百户以上之市镇为里，每区至少由二十村里组成。村里以二十五户为闾，五户为邻。《县组织法》实施后不到一年，南京国民政府决定进行修订。1929 年 6 月修订后的新《县组织法》颁布。与旧法相比，新《县组织法》最大的变化是将村里改为乡镇，正式形成了县以下区、乡镇、闾、邻四个层级，其中五户为邻，五邻为闾，百户以上之乡村为乡，街市为镇，每区由 20—50 不等的乡镇组成。区长、乡镇长和闾长、邻长均为民选产生，负责各管地方的自治事务。① 从表面上看，根据《县组织法》，县以下的地方自治制度包括了区、乡镇、闾、邻四级。不过，区和乡镇作为地方自治的两个单位是没有疑问的，但闾、邻是不是也同时纳入自治层级，则是个较有争议的问题。魏光奇认为：从法律规定和实际实行情况看，区和乡镇有固定地域、专职首领人员和常设机构，存在形态较为完整的自治行政，而闾和邻则不具备这些条件，只是一种编民组织。② 这个看法是正确的，民国时期十分熟悉南京国民政府地方自治制度的杨开道就撰文说：县以下乡村自治只有区和乡镇两级，"至于闾、邻两级，都是名誉阶级；在外国固然没有，在中国也不过是聊以备位，没有多大的关系"。③

因此，国民党训政时期的地方自治实际上主要是区乡自治，主要内容是召集地方公民大会选举成立区乡公所。根据南京国民政府制定的相关法规，训政时期区乡自治组织主要由公民大会、自治公所、监察委员会组成，相当于议决、行政和监察三权的分立。其中，公民大会权力最高，地方自治的所有重要事项均由公民大会审议和决定，其拥有的职权很大，包括了选举和罢免自治首领人员、制定和修正地方自治公约、审议和决定地方自治事务等，是地方人

① 1934 年以后，有关县自治的层级和组织又有了新的变化，如 1934 年 12 月公布的《县自治法》取消了区的设置，县以下设乡镇、闾、邻三级，各级所含居民户数亦相应发生了变化。同年，保甲制开始向全国推广，规定十户为甲，十甲为保，十保以上为乡镇，地方自治已经发生了变质。
② 魏光奇：《官治与自治——20 世纪上半期的中国县制》，第 187 页。
③ 杨开道：《农村自治的单位》，《农业周报》1930 年第 28 期。

民行使选举、罢免、创制、复决四项政权的主要组织形式。① 从与自治公所的关系来看，自治公所相当于公民大会的执行机构，是根据公民大会的决议筹办相关的自治事项，同时受到监察委员会的监督和制约。也就是说，在区乡自治的组织体系中，区乡公所分别作为区乡公民大会的执行机构，代表地方人民行使自治权。

《县组织法》公布后，南京国民政府要求各县严格施行。不过，因南京政府的实际统治区域有限，各地建立区乡公所的程序和进度有所差异。广东各县尽管按照《县组织法》和《县组织法施行法》的规定，自 1929 年 11 月后就开始筹备区乡自治，划定了自治区，改定乡镇名称，委任大批委员成立了部分区乡公所筹备处，颁布了许多自治法规和章程，以及制定了各种调查统计表册和宣传布告、标语，委派一批训政宣传员赴各乡宣传自治，但因各种实际困难，实质性自治事务办理甚少，区乡自治"进行颇觉迟缓"。② 1932 年《广东省政府公报》发表的一篇文章甚至指出：新修订的《县组织法》公布后广东办理区乡自治一年多时间里，"不独没有什么特别的成绩和征象表现出来，就是连地方自治的名词，官府公文上罕有提及"。③

广东各县实质性地启动建立区乡公所工作是在 1931 年 7 月以后。当时广东保持半独立地位，与南京对峙。为争取同情者，体现自身的合法性，广东省紧锣密鼓地推行训政建设，严催赶办地方自治，希望走在南京国民政府的前面，"有一种特殊的成绩和征象表现出来，方足以楷模各省"。④ 在广东省政府的指导和督促下，"各县筹办自治，异常积极"。⑤ 各县主要是依据 1931 年 7 月建立的广州国民政府所颁布《县地方自治条例》《县地方自治条例施行细

---

① 据《区自治施行法》和《乡镇自治施行法》，载徐秀丽编《中国近代乡村自治法规选编》，中华书局 2004 年版，第 138—159 页。

② 陈雁声：《中山县自治筹备处报告》，载中山县训政实施委员会编《中山县训政实施委员会会务汇刊》，广州民生印刷公司 1932 年 7 月印行，"报告"第 173 页。

③ 曙闻：《广东筹办地方自治实施的概况》，《广东省政府公报》1932 年第 188 期。

④ 林树文：《广东筹办地方自治实施的概况》（一），《广州民国日报》1932 年 6 月 1 日第 3 版。

⑤ 《各县最近筹办自治情形》，《广州民国日报》1931 年 10 月 31 日第 1 版。

则》来办理区乡自治。这些法规其实是依据《县组织法》结合广东实际情形修正而来，与《县组织法》的基本原则和条款并无根本性差别。如这些法规尽管对于县以下自治组织，取消了闾、邻，增设了里，规定县以下分为区、乡镇和里三级，但实际上，因里与《县组织法》中的闾、邻一样，以编民为主要功能，没有常设的自治组织，故不存在完整的自治行政，各县施行的地方自治依然主要表现为区和乡镇自治，这一点与当时南京国民政府治下的其他省份并无二致。与《县组织法》相比一个较重大的差别是：《县地方自治条例》和《县地方自治条例施行细则》规定，成立区乡公所时，正副乡镇长由乡镇公民大会直接选举产生，正副区长由区民代表大会选举产生。[①] 可见，如果说乡镇公所是由地方公民直接选举产生的，那么区公所实际上是间接选举产生的。这一点与《县组织法》关于区乡公所都由地方公民召集大会直接选举产生的规定不同。

整体而言，广东各县建立区乡公所大体上包括五个步骤。第一，先由各县政府遴委各区公所筹备委员三到五人，组织区公所筹备委员会。再由各区公所筹备委员会，遴委各乡镇公所筹备委员三到五人，成立乡镇公所筹备委员会，然后由各乡镇公所筹备委员会，遴委各里自治筹备员一人或两人。第二，各里自治筹备员就职后，马上召集本里有公民资格之居民，依据广州国民政府公布的《县地方自治条例》和《县地方自治条例施行细则》举行宣誓，编造本里公民名册，交所在乡镇公所筹备委员会核准，并召集里公民大会选举里长。第三，乡镇公所筹备委员会在所属各里公民名册编造完毕和里长选举产生后，马上编造本乡镇公民名册，交所在区公所筹备委员会核准，然后召集乡镇公民大会，选举正副乡镇长。第四，区公所筹备委员会在所属各乡镇公民名册编造完毕和正副乡镇长选举产生后，马上编造区公民名册，交县政府核准，然后召集区民代表大会，选举区委员五到七人。一年后改为区长制，由区民代表大会选举区长一人和副区长两人。第五，各正副乡镇长和区委员

---

① 《县地方自治条例》，载徐秀丽编《中国近代乡村自治法规选编》，第 275 页。

选举产生后，根据相关规定定期就职，次第成立乡镇公所和区公所，与此同时各乡镇和区公所筹备委员会宣布撤销。上述步骤体现了广东各县成立区乡公所循序渐进的鲜明特色，具有一定的历史合理性。不过，这些步骤中，往往前一个步骤即为后面步骤的前提条件，故需要全面协调一致地进行。如果其中一个步骤出现问题，就必然影响后面步骤的顺利进行，致使成立进度经常因某个步骤在遭遇某些难以克服的困难时不能按期完成而一再拖延，甚至一度停滞不前。这在广东部分县成立区乡公所的实践中体现得较为明显。

因县情差异，"或以土匪尚未肃清，或以地方财政支绌，筹给自治经费发生困难，或以其他故障"，各县完成筹备自治的进展不尽一致。[①] 据广东省民政厅的统计，全省（包括海南）共94个县市中，德庆等6县在重新开始地方自治的当年（1931年）即已次第划定区和乡镇自治区域，召集里民会议选举正副里长、乡镇公民大会选举正副乡镇长和成立乡镇公所、区民代表大会选举区委员和成立区公所，赤溪等63县则在1932年内基本完成上述自治筹备工作。到1933年底，又有儋县等22县完成建立区乡公所工作，只剩澄迈、中山、陵水等3个县尚未完成。到1934年底澄迈和中山县完成成立区乡公所的工作，陵水县则至1935年初方告完成。至此，广东全省94个县全部成立了区乡公所。[②]

成立区乡公所是举办区乡自治的前提条件。总体上看，广东各县成立区乡公所的进展领先于全国绝大多数县。毕竟，广东早在1932年底已有超过七成的县建立了区和乡镇自治组织，到1933年底绝大多数完成，仅余澄迈、中山、陵水等三县在接下来的一年多时间内完成。而从全国整体来看，由于内忧外患，国民党始终"无暇及于训政工作"，[③] 以致到了1934年底先前确定的完成县自治期

---

① 广东省民政厅编：《广东省五年来民政概况》（民国二十年六月至二十五年五月），广东省民政厅1936年编印，第96页。

② 同上。

③ 《实施宪政程序暨政治制度改革案》，载中国第二历史档案馆编《中华民国史档案资料汇编》第五辑，第499页。

限将至时，大多数县份才能算勉强做到完成县政府组织，划定自治区，编定乡镇，划分闾邻，部分县份召开过乡镇公民大会，选举正副乡镇长和成立乡镇公所，少数县份成立区公所。① 从全国范围来讲，各省县以下区乡公所"依法组织者非常之少"。② 区乡自治的进度早于广东的是南京国民政府投入相对较大的江苏，其所属各县在 1933 年 3 月基本完成各级自治组织的组建，也只比广东早了半年多。③ 因此，国民党训政时期广东绝大多数县能够到 1933 年底之前召开区民代表大会和乡镇公民大会，分别选举区委员和正副乡镇长，建立区乡公所，至少在形式上走在前列。

而且，根据 1933 年西南政务委员会修正公布的《地方自治条例》，正副区长和乡镇长的任期均由一年改为两年。但鉴于广东各县区和乡镇公所成立先后不一，间隔时间有长达一年以上，自治人员改选必然参差不齐。对此，广东省民政厅认为"微特不足以昭划一，即办理上亦不无窒碍"，故为求全省的区乡自治"整齐划一起见"，要求各县分别于 1933 年 5 月和 9 月以及 1934 年 1 月改选正副区长和乡镇长，成立第二届区乡公所。④ 当然在实践中，受各县地方政情的影响，正副区长和乡镇长的改选以及成立第二届区乡公所的时间很难按照民政厅的规划统一进行，"各县办理改选，仍有先后，划一改选期间不能不期诸异日"。⑤ 无论如何，到 1936 年广东各县区乡公所都经过改选成立了两届甚至三届，进度超过全国其他省份。

广东各县的区乡公所成立后，对于地方行政和基层社会治理结构的改善产生了一定的积极意义。如广东各县的区乡公所成立后，一般召开过若干届区务、乡务和镇务会议。区务会议由区长和所属

---

① 胡次威：《民国县制史》，大东书局 1948 年版，第 79 页。
② 程方：《中国县政概论》，商务印书馆 1939 年版，第 56 页。
③ 内政部编：《内政年鉴》（民政篇），第 753—758 页。
④ 广东省民政厅编：《广东省五年来民政概况（民国二十年六月至二十五年五月）》，广东省民政厅 1936 年编印，第 96 页。
⑤ 同上书，第 108 页。

各乡镇正副乡镇长组成，乡务和镇务会议由正副乡镇长和所属各正副里长组成。区务、乡务和镇务会议主要讨论区和乡镇地方自治事务以及应革应兴之具体事项，乡民对于地方事务有何意见和建议都可以通过里长和乡镇长反映。如潮阳县第六区于 1934 年 12 月召集第一次区务会议，通过提案共 38 条，其中"属于教育者十一条，属于自治者五条，属于治安者六条，属于救济事业者四条，属于农林者二条，属于交通者一条，属于卫生者二条，属于金融者二条，属于风俗习尚者二条，属于财政者一条，暨其他二条"。[1] 尽管区务、乡务和镇务会议所议决之事项不一定都是普通农民真实意见的反映，也不一定能够得到切实执行，但毕竟在官府和传统宗族之外开辟了一条新的基层社会治理途径和农民议论与参与地方事务的渠道，一定程度上有利于改善普通农民对于地方事务漠然而不关心的社会状况。再如，区乡公所都附设了调解委员会，负责办理地方民事调解事项。广东地方社会颇盛"好讼"之风，以往民间发生民事纠纷，要么前往县政府调解，要么由乡村年高有威信的耆老和族长调解。前一调解途径因路途遥远而费时费力，后者主要是依托传统习惯和道德教化进行的邻里自行调解，强制执行力不够，调解结果容易被推翻。自区公所和乡镇公所设置调解委员会后，农民颇为欢迎。如花县自各区公所设立调解委员会后，"每有争执事件发生，多到区公所投请调解；行政司法讼事，日见减少"。[2] 又如从化县，乡民"遇有争执事故，均由各区公所，就近调解，甚少到县政府诉讼"，县政府还要求各区公所将办理调解事宜的情形每周"分别列表呈报查核，办法尚属完善"。[3] 再如潮阳县第二区农民好讼，自区公所和各乡镇公所设立调解委员会后，"每遇人民有发生争执事件，自治人员秉公为之劝解，以故诉讼甚少，且地方土劣，无所酬

---

① 陈天海：《广东潮阳县现状及自治概况》，《地方自治》1935 年第 4 期。
② 广东省民政厅编：《广东全省地方纪要》（第 1 册），广东省民政厅 1934 年编印，第 53 页。
③ 同上书，第 51 页。

其奸"。①

综观广东各县成立区乡公所的过程，官办特点十分突出。表面上，成立区乡公所包括两个阶段，分别是由县而区、乡镇、里自上而下地成立自治筹备组织和由里而乡镇、区的自下而上地逐级选举。前一阶段固然表现为官办，后一阶段同样由县政府主导和推动，以致整个成立过程，从程序设计到筹备机构的建立再到选举的进行，无时无刻不见县政府的身影。浓厚的官办特点并非广东特例，而是国民党训政时期多数县成立区乡公所的普遍情形。这本与孙中山的"将地方上的事情，让本地方人民自己去治，政府毫不干涉"②的地方自治构想背道而驰。但在国民党看来，二者并不冲突，以为真正意义上的自治当宪政时期方能实现，训政时期重在筹备，处于从官治到自治的过渡，鉴于普通民众素质的低下，只能依赖国民党，由地方党政当局主导成立区乡公所。

三　自治行政的实情

区乡公所名义上是由地方人民选举出来的自治机构，但其实更多的只是体现了一种形式上的意义，不仅选举的实践弊端丛生，而且成立后面临着诸多困难，以致难以真正有效地行使自治职能，不必说户口调查、土地调查、警卫、交通、教育等规定的自治事务往往心有余而力不足，甚至自身的日常运转都成为问题。

第一，各县的区乡公所选举实践中存在着许多比较严重的问题，弊端丛生，难以体现民意。

成立区乡公所过程中的选举弊端在各县都时有发生，在笔者接触到的史料中屡屡可见。如第49、50期《渡溪月报》上载有多篇有关中山县第一区各乡选举情形的报道，从中不难发现中山县办理区乡自治成效较为显著的第一区许多乡选举实践充斥了暗箱操作。

---

① 陈天海：《广东潮阳县现状及自治概况》，《地方自治》1935年第4期。
② 孙中山：《在广州全国青年联合会的演说》，载中山大学历史系孙中山研究室等编《孙中山全集》第8卷，中华书局1986年版，第324页。

如第一区金角环乡有人举报，该乡自治筹备员在选举正副乡长前根本没有调查本乡公民，因而就无从召集乡民大会，所以该乡正副乡长"何从产出"的实际情况就不得而知了。① 沙田乡选举十分仓促，准备不足，以致选举时将所属新凤环村排除在外，导致新凤环村民众对于选举结果持有异议。② 石鼓乡刘衍芳、彭玉坤等数十人联名向第一区公所举报，该乡选举乡长时，本来李茂森以最多票当选乡长，但刘桂芬利用特殊关系违规操作，"瞒呈滥充"当上了乡长，引起公愤。③ 另据《渡溪月报》第 17 期的一则报道，渡溪乡1930 年召开乡民大会选举警卫队长，雷学部得票最多当选，但遭到一些人强烈反对，渡溪乡公所迫于压力竟然向县政府推荐非得票最多的雷法初充任，得到县政府的批准。④ 而在潮阳县第八区，筹备乡镇自治时被委派做各乡自治筹备处主任的"都是在各该乡有势力做过乡团董一类的人充任"，乡镇长选举时"只要不经过监选投票的手续，单由乡自治筹备处主任造具选举票若干，就算完事，其选举结果，中选为乡长的，大多数是乡自治筹备处主任"，选举名存实亡。⑤ 更加严重的是，里长选举更加名不副实，很多地方连形式上的选举都不用了，直接由乡镇公所向上填报。如潮阳县第八区各乡"里长的产生都由各乡填报表册存案"，不必说召开里民大会，实际上里民都不知道谁是里长，甚至一些里长自己都不知道"本身已经是做起里长"。⑥ 在此情况下，自治之有名无实就可想而知了。

　　本来，按照广州国民政府所公布《县地方自治条例施行细则》的规定，具有选举权和被选举权的必须是本区、乡镇和里"继续居住一年以上或有住所二年以上，年满二十岁，经宣誓后，取得公民

---

① 《金角环乡选举未准》，《渡溪月报》第 50 期，第 38—39 页。
② 《沙田对选举之辩诉》，《渡溪月报》第 49 期，第 51 页。
③ 《石鼓乡选举乡长》，《渡溪月报》第 49 期，第 58—59 页。
④ 《队长宣誓就职》，《渡溪月报》第 17 期，第 90 页。
⑤ 陈天海：《广东潮阳县现状及自治概况》，《地方自治》1935 年第 4 期。
⑥ 同上。

资格"的人。① 但事实上,各正副乡镇长和里长的人选往往要求家庭资产丰厚和在乡里具有较高声望,这些人多数出自乡村宗族内强房大户。这从让当选者"无内顾之忧"以便"安心办事"从而促进自治进行的角度出发本无可厚非,但导致一般的平民实际被剥夺了被选举权。如潮阳县办理自治选举,"各区、乡镇公所间有以虚名为区、乡镇长,由各民(宗)族推举人员轮流充当,其中或有地方豪劣,居中操纵",很多乡"因积习难除,故各自以为有被选出之希望之乡长副,仍不脱以族或房为背景"。② 中山县政府1932年在总结以往筹备地方自治的经验教训时就承认县内已产生的各乡镇长和里长"多由乡镇内各姓族人分酌担任"。③ 根据中山文化教育馆和岭南大学合作举行的广东农村经济调查结果,广东省各县筹备地方自治普遍存在"区长,乡长,村长,里长等都被那些在宗族中有权威者所保荐的人们充当",甚至"许多族长和理数自身就兼任了乡长或村长"。④ 陈翰笙对此评论道:"这种制度似乎是绝妙地把中国的古老制度同西方的民主制度融为一体的地方自治的化身。但是实际上它仅仅意味着那些已经控制社会的经济命脉的人们进一步获得权力。"⑤

第二,区乡公所成立后陷于经费短绌的困窘境地,自治行政的能力受到极其严重的影响。

本来,在广东许多县政府经常和临时性支出中有专门的地方自治经费,拨支区乡公所使用。有的县地方自治经费在县财政支出中占有比较高的比例,数额也比较可观。如电白县政府1935年地方

---

① 《县地方自治条例施行细则》(1931年7月1日广州国民政府公布),载徐秀丽编《中国近代乡村自治法规选编》,第277页。

② 陈天海:《广东潮阳县现状及自治概况》,《地方自治》1935年第4期。

③ 《筹备地方自治概况》,载中山县政府编《中山县政汇刊》,出版者不详,1932年版,"自治"第59页。

④ 陈翰笙:《广东的农村生产关系与农村生产力》,载中国社会科学院科研局编《陈翰笙集》,中国社会科学出版社2002年版,第77页。

⑤ 陈翰笙:《解放前的地主与农民——华南农村危机研究》,冯峰译,中国社会科学出版社1984年版,第45页。

财政支出共计 17.1 万余元，其中 6.9 万余元作为区乡自治经费，超过了三分之一，在广东各县中比例是最高的。茂名县从地方税捐中列有专门的地方自治经费，每年 6.9 万余元，"由县按照各区乡粮米之多少，作正比例之分配"，其中县参议会经费约占 12%，区公所经费约占 17%，乡镇公所经费约占 54%，选举费约占 14%，自治宣传及视察等经费约占 2%，其他自治零碎费用约占 1%。① 又如高要县共九个区，每月都有固定的财政收入，主要来自县库拨支，数额从 300 余元到 700 余元不等，各区每月总计 5500 余元，各区公所的行政运行和自治事务举办的经费主要仰赖于此。②

不过，像电白、茂名、高要这样拥有较多地方自治经费的县份在广东各县中较为少见，绝大多数县对于地方自治的财政支出很少，严重影响区乡自治事务。如在 1929 年底中山县自治筹备处成立后，为促进各区自治筹备工作的进行，"由县自治筹备处补助经费每区每月四百元，该款呈由县政府发给之"。③ 各区有此固定续费支持，自治筹备人员纷纷努力工作。但区区四百元的补助费其实不多，用于繁复的自治筹备工作比较紧张，甚至"无济于事"。④ 不仅如此，从 1930 年 2 月起，中山县政府以财政困难为由，对于各区筹备自治补助费拖欠不拨，5 月才一次给过补助经费四百元，但此后不再补助。还有的县区和乡镇公所甚至没有县库拨支经费，如澄海县"县政府对于区公所，原本规定有经费补助的，但不过是形式上的规定而已，向来从未曾补助过"。⑤ 根据 1935—1936 年广东省参议会参议员赴各县的实地调查，缺乏经费成为掣肘各县办理区乡自治的最大因素，区公所普遍存在经费无着的困窘境地。至于乡镇公所的自治经费，就更加缺乏了，基本上可以说是惨不忍睹，

---

① 《本会参议员考察调查县政概况》，《广东省参议会月刊》1935 年第 10 期。

② 《本会参议员考察调查县政概况》，《广东省参议会月刊》1935 年第 6 期。

③ 《中山县自治筹备处组织大纲》，《自治月刊》1930 年第 1 号。

④ 周守愚：《关于地方自治建议书》，载中山县训政实施委员会编《中山县训政实施委员会会务汇刊》，第 186 页。

⑤ 陈国樑、卢明合编：《樟林社会概况调查》，载李文海主编《民国时期社会调查丛编》（二编），福建教育出版社 2009 年版，第 1041 页。

时人则常用"多无着落""寥寥无几"等词语来形容。① 对此，
1934 年 9 月召开的中山县参议会第一次大会上有多位参议员提及。
如吴坚持提出："查各区公所经费，政府向无指定，其所有者不过
就地筹集，每月三数百元，该数又非按月领支，须由常委先行垫
出，数月后始得收回，以之办理区内自治事业，奚能发展，而实现
自治之精神。"② 杨述和亦明言："各区、乡公所自治经费奇绌，无
所讳饰。"③ 这种情形适用于广东绝大多数的县。

因此，广东绝大多数县的区乡公所面临着经费短绌的难题，严
重影响日常的行政运转。一方面，办公场所普遍十分简陋。1935
年广东省参议会组织参议员分别前往各县调查县政和区乡自治情
况，调查报告较多提及这方面情况，在描述区乡公所时常见"因陋
就简""设备简单""甚形简陋"等字眼。区公所多还有固定场所，
而不少乡镇公所其实连固定场所都没有，跟着乡镇长走，随着乡镇
长的更替而不断变化。如高要县共编制 108 个乡和 5 个镇，"乡镇
公所，间有固定地址，每随乡镇长之更易而转移"；④ 翁源县共编
制 152 个乡和 7 个镇，"乡镇公所，并未固定地址，每随乡镇长更
易而移"。⑤ 另一方面，区乡公所"办事甚形困难"，甚至"一饭之
供，一腊纸之购，亦难以从事"，⑥ 严重制约了日常行政和各项自
治事务的进行。区乡公所职员的工作积极性大受影响，许多区和乡
镇长"以经费无着为词不愿负责，对于上级饬办之保甲、户口及门
牌各种事项，诸多放松"，更有因经费之困难而自治事务之繁多而

---

① 参见《本会参议员考察调查县政概况》，分别载于《广东省参议会月刊》1935
年第 5 期、第 6 期、第 7 期、第 8、9 期合刊、第 10 期和 1936 年第 11 期、第 12 期、
第 14 期、第 15 期。
② 吴坚持：《拟请确定各区区公所经费案》，载中山县参议会编《中山县参议会第
一次大会及临时会议案汇编》，1934 年，广东省立中山图书馆文德分馆藏。
③ 杨述和：《拟函请县政府取消区学务委员向各乡公所及学校征收经费以免妨碍各
乡公所自治及学校教育经费案》，载中山县参议会编《中山县参议会第一次大会及临时
会议案汇编》，1934 年。
④ 《本会参议员考察调查县政概况》，《广东省参议会月刊》1935 年第 6 期。
⑤ 《本会参议员考察调查县政概况》，《广东省参议会月刊》1935 年第 12 期。
⑥ 周守愚：《中山县自治述要》，《中央导报》（广州）1931 年第 7 期。

不愿干，屡请辞职。①

第三，区乡公所的自治人员普遍素质低下，办理各项自治事务既无心也无能。

区乡公所成立之后的人员素质和能否有效地行使自治职能是评价自治实效的重要指标，因此有必要考察各县选举产生的各级自治人员的素质情况，特别是他们在举办自治事务方面的实际表现和成绩。揆诸史实，选举过程中的种种弊端导致广东各县区乡公所从首领到一般职员普遍文化和政治素质较为低下，没有自治精神，对于各项自治事务无心也无能进行办理。无心表现在对于自治事务"敷衍塞责延不遵办"，② 如中山县第二区沙涌乡乡长"不愿再膺乡务"，身居地方自治要务而欲"置身事外"，有关自治事务"未参加列席"。③ 潮阳县不少乡公所"外面挂一道招牌，而所内办公闻其无人，所谓乡长者，尽不负责，遇有事务，虽一举手一投足之劳亦胥吝惜而不前，其高枕无忧之态，三令五申犹自若也"。④ 无能表现在文化低下，不了解自治之本意，根本无法胜任自治行政工作。如佛冈县"各乡里长，多是农民，不识字，故于自治工作，及政府委办之事，诸多困难"。乳源县第三区"各乡长对自治问题，尚不明何所云然"，第四区"各乡长多属愚仆者，故常被土劣利用"。⑤ 此外，借自治为名谋私利，甚至横行乡里和鱼肉百姓者也屡屡皆是。如潮阳县第八区各乡长"不乏自爱的人，有着精神办事。可惜里面占多数没有受过教育，一字不识，该乡如果有经济余力，则加筹款项雇员助理，才有能力办事；不然的话，那就无法可想。"自治实行之后，有不少自治机关被豪劣夺取为作威作福的护身符，其益未见而害已生，难怪人民不发生信仰而生怨恨。"⑥

① 《本会参议员考察调查县政概况》，《广东省参议会月刊》1935 年第 10 期。
② 第二区筹委：《催筹备地方自治第三期工作按期完成》（1932 年 3 月 26 日），中山县民国时期档案，全宗号 1，目录号 3，案卷号 162，中山市档案馆藏。
③ 《责备沙涌办理自治》，《渡溪月报》第 50 期。
④ 陈天海：《广东潮阳县现状及自治概况》，《地方自治》1935 年第 4 期。
⑤ 《本会参议员考察调查县政概况》，《广东省参议会月刊》1935 年第 12 期。
⑥ 陈天海：《广东潮阳县现状及自治概况》，《地方自治》1935 年第 4 期。

对于自治人员在办理自治方面的上述营私舞弊以及无心无能力等问题，广东省民政厅长林翼中在出巡各县视察县政时就发现比较严重，视为广东各县地方自治事业的一大障碍。他在报告出巡各县情况的讲演中痛心地说道："各地方自治人员，每有不能克尽厥职，更有奸黠者，则利用时机，营私舞弊，求其真能为地方谋福利者，实居少数。"①

第四，区乡公所与县政府机关之间的职权关系混乱使已经成立的区乡公所更加难以实现真正意义上的自治行政。

从南京国民政府到广州国民政府以及广东省民政厅和各县制定的相关法规和章程来看，区乡公所的职权范围主要是代表人民处理地方公共事务，如调查户口、人事登记、测量土地、发展实业、举办教育、办理保卫等，以体现地方由人民自治的根本精神。但实际上区乡公所却无法做这些事情，其中一个重要原因是由于尚未厘清政府机关与自治组织之间的职权关系，"不晓得将行政系统划分清楚，确定区、乡镇公所的权限"，导致"地方自治会和县政府的组织系统有所抵触"，出现了重叠现象。② 如调查户口、人事登记、办理保卫同时也在县政府所属的公安局职权范围之内，发展农工商等实业和建立合作社同时也在县政府所属的建设局职权范围之内，整理土地和举办教育更分别是县政府所属的土地局和教育局理所当然的职责。因此，各项所谓自治事务的举办，无不由各县政府规划和实施，具体交由县属公安局、建设局、教育局、财政局、土地局等执行，区乡公所由于经费短绌无力也无心举办相关事务，故主要起配合和协助的作用，甚至沦为协助政府部门工作的附属单位。如中山县政府承认调查户口"原属自治机关范围"，但实践中主要由县公安局去办理，区和乡镇公所反倒成了协助办理听从指挥的部门。③ 表面上看，区乡公所被赋予了相当多的自治事务，但实际上"对于赋予的固有事务绝少创办，所做的各项事务，多是委办事务，

---

① 广东省民政厅编：《广东全省地方纪要》（第1册），第64页。
② 《中山县村治现状》，《村治》1930年第11、12期合刊。
③ 《广东全省行政会议中山县行政报告书》，《中山县县政季刊》1934年第6期。

而且委办事务，非经县府再三督促，不能完成"。① 所以长期参与中山县筹备地方自治工作的张汉儒关于中山县区乡公所的职能指出："在现在县的组织系统上，区、乡、镇公所除了处理乡民日常的纷争，和宣传工作以外，当然不能全部实现自治施行法所规定的任务。因此自治施行法便成了具文，而区、乡镇公所便无实际工作可做，自然就没有成绩可言。"② 名义上区公所是自治组织，实质上却沦为县政下达地方的"转承机关"，不仅无法体现自治的本意，反而使县与地方之间又多了一道隔阂，"区与县之间，如意见不甚融洽，则县政设施，不能直达于民众，而民众的意见，也无从转达于政府，以致民众与政府，甚形隔阂"。③ 这种情形显然不能实现自治行政，因此张汉儒对之进行了严厉批评，认为"不能称为真正自治"，最多"仍属半官治而已"，④ "离'自治'两字，尚在百千里之遥"。⑤

也有少数区乡公所力图将地方公共事务揽入手中，但实施的结果往往把自己又当成另外一个政府管理部门，颐指气使，为所欲为，甚至超越职权，假公肥私，完全将自己代表的人民当作统治对象。如 1931 年中山县西乡区（即第二区）青岗乡公所筹备主席黄某积极从事地方自治事务，为肃清本乡烟赌，曾下达布告云："如有乡人胆敢干犯者，立即就地枪决。"⑥ 此告示一出，引起该乡人人自危，想不通代表乡人行使自治权的乡公所怎能对乡人操生杀大权？在很多地方区和乡镇公所俨然成为特殊的政府机关，与民众的关系如同封建时代的官民关系，与地方自治的本意大有背离之处。如澄海县区公所的权力很大，"除地方自治法规所规定的以外，尚

---

① 《毕业学员通讯与报告》，《新村半月刊》1934 年第 14、15 期合刊。
② 《中山县村治现状》，《村治》1930 年第 11、12 期合刊。
③ 陆宗骐：《广东地方自治问题——本社第八次座谈会演讲词》，《半月评论》1937 年第 9 期。
④ 张汉儒：《中山县自治实况述评》，《中央导报》（广州）1931 年第 7 期。
⑤ 《中山县村治现状》，《村治》1930 年第 11、12 期合刊。
⑥ 《乡人控告公所主席》，《隆镇半月刊》1931 年，期号和出版时间不详，中山市图书馆藏。

有各种行政权"，"地方上的人民视之如政府机关，视区长如长官老爷一样"。①

四　结语

对于国民党训政时期各省举办地方自治的成绩，南京国民政府内政部有一个总体的评价，那就是江苏、浙江、广东、广西、山西、河北等省相对较好，东北诸省因日本侵略而无从进行，边远省份"或因土广人稀，或为地理阻隔，举办自治，更属非易"。② 广东作为办理自治相对较好的省份之一，在1933年底绝大多数县成立区乡公所，并且到1936年各县区乡公所都经过改造成立了第二届甚至第三届，至少在形式上进度超过全国其他省份。不过，各县经过多年严催赶办所完成的区乡公所更多的只是体现了一种形式上的意义，地方宗族强房大户的把持和选举实践中的种种弊端使其难以体现民意，日常行政并受到经费短绌、自治人员文化和政治素质低下、与县政府机关之间的职权关系混乱等诸多难题的困扰。在各种因素的制约下，区乡公所名义上作为区和乡镇两级自治机构，但实际上孳蔓难图，窒碍难行，不仅不能进行真正意义上的自治行政，甚至很多公所的日常运转都无法持续。

广东各县区乡公所的成立及其自治行政所出现的上述种种问题并非特例，实为训政时期全国各县办理区乡自治的普遍现象。因此，梁漱溟尖锐地指出："现在统起来说，在过去的经验上告诉我们，地方自治经多次提倡统同失败。"③ 对此，国民党其实也不讳言。1935年国民党第五次全国代表大会通过的《切实推行地方自治以完成训政工作案》不得不承认：训政时期各县办理地方自治，"只注重书面应付，而忽略实际工作，每藉口剿匪关系，或经济无

① 陈国樑、卢明合编：《樟林社会概况调查》，载李文海主编《民国时期社会调查丛编》（二编），第1041页。
② 内政部编：《内政年鉴》（民政篇），第645页。
③ 梁漱溟：《中国之地方自治问题》，山东乡村建设研究院1931年版，第4页。

着，以因循敷衍，奉行故事，徒有自治之名，而无自治之实"；
"回顾过去成绩，全国一千九百余县中在此训政将告结束之际，欲
求一达到建国大纲之自治程度，能成为一完全自治之县者，犹杳不
可得，更遑言完成整个地方自治工作。"① 广东各县区乡公所的成
立及其自治行政的实情无疑为这番评价作了较好的脚注。

---

① 《中国国民党第五次全国代表大会重要决议案》，载中国第二历史档案馆编《中
华民国史档案资料汇编》第五辑第一编"政治（二）"，第541—542页。

张啸林建议蒋介石开征遗产税考析[*]

雷家琼

（宁波大学人文与传媒学院历史系）

张啸林，作为民国上海法租界三大青帮大佬之一，1927 年协助蒋介石发动"四·一二"政变，为蒋介石嘉奖，被授予较高职位。不过，上海沦陷后，他积极投靠日伪，组织"新亚和平促进会"，除为日军收购和运销煤炭、大米及棉花等重要战略物资外，甚至还欲公然出任伪浙江省省长，因此于 1940 年 8 月被国民党收买其保镖林怀部除掉。① 张啸林给世人留下最深刻的形象，是其集黄、赌、毒、骗于一身。由于缺失相关研究资料，目前关于他的传记著作，演义戏说成分较多，学术价值较为有限。② 已有词典中对他的介绍，亦不无错讹。不若同为青帮大佬之一的杜月笙，尚有一些论著进行过专门研究。③ 笔者在搜集研究资料时，无意间在档案

＊ 中国社会科学院近代史研究所魏兵兵博士曾对本文提出有益建议，谨致谢忱。本文原载于《安徽史学》2018 年第 3 期。

① 参见朱剑良、许维之《张啸林的一生》，李新、孙思白主编《民国人物传》第 4 卷，中华书局 1980 年版，第 162、163 页；熊月之主编：《上海名人名事名物大观》，上海人民出版社 2005 年版，第 147 页。

② 关于张啸林的传记著作，值得一阅者，可参见吴天成《张啸林大传》，中国华侨出版社 2010 年版；林葳《张啸林全传》，武汉出版社 2012 年版；王辉《张啸林全传》，民主与建设出版社 2013 年版。

③ 代表性论著有章君谷：《杜月笙传》，台北传记文学出版社 1977 年版；朱华、苏智良：《杜月笙其人》，《历史研究》1988 年第 2 期；邵雍：《杜月笙与上海抗日救亡运动》，《抗日战争研究》2000 年第 2 期；顾建娣：《杜月笙的救济行为浅议（1927—1936）——以〈申报〉为中心》，《中国社会科学院近代史研究所青年学术论坛（2004 年卷）》，社会科学文献出版社 2005 年版。

馆，获得一则关于张啸林建议蒋介石实施遗产税的信函。本文将借助此则档案，结合《蒋介石日记》和当时的报刊文献，以帮会大佬与政治要人的互动关系为线索，在具体历史场景中再现张啸林游走于黑白两道之间，在政治斗争的夹缝之中，闪转腾挪以获取最大利益的立身之道，力图展现时代和历史人物的复杂性。

一 此"张寅"乃青帮大佬张啸林

这则档案现藏于台北"国史馆"，信函落款署名"张寅"，写于 1933 年 11 月 20 日。他致函蒋介石，是希望能有机会继上一年与之面谈施行遗产税之事。全文如下：

> 委员长钧鉴：
>
> 久暌崇泽，时殷翘系，每与中央诸公晤谈，□知钧座在赣规画剿共安民大计，实深钦佩。惟财为百事之母，凡闳谟良策必须经费稍裕方足以资展布。吾侪士庶自应仰体我公宵衣旰食、为国忧劳之心。拙见所及，敢不上贡刍荛，各尽其力，以期上赞高深于万一。是以去年在汉口行营晋谒钧辕，曾面陈遗产税一事亟应举办，当蒙采纳，属即筹划，旋沪与宋部长言及，深为赞同。近闻孔部长亦于此事应即办理，但此中创办计划尤贵精细缜密。如钧座以雍［庸］之言然，事须进行，另有人能办甚善；否则事关国计，愿尽愚忱。即祈电示，寅遵即来赣，趋赴戎幄，造膝密陈，一切规制，恭候裁择施行。专肃密禀，伏维训示。天气严寒，军务贤劳，诸希为国自珍。
>
> 敬颂
>
> 钧绥，统乞垂鉴！

张寅谨上十一月二十日①

---

① 《张寅致蒋介石函》（1933 年 11 月 20 日），台北"国史馆"藏，蒋中正总统文物档案，档号：002/080200/00134/070。

张寅在信函中，先向蒋介石示以钦佩之情，后称愿为解决蒋介石所忧心的经费问题尽力，提及去年在汉口行营晋谒时，曾面陈遗产税一事亟应举办，得蒙蒋介石采纳，旋即在沪与时任财政部长宋子文谈及此事，为其赞同。最近得知新任财政部长孔祥熙亦认为应立即办理遗产税，因遗产税为创办之举，事关重要，计划宜精细缜密，因此希望得到蒋介石同意，赴江西向其密陈实施遗产税之事。

从信函中可知，致函蒋介石的张寅，能与国民党"中央诸公晤谈"，深知在江西忙于"剿共"的蒋介石忧心财政问题，既可与前任财政部长宋子文谈论，又能知晓新任财政部长孔祥熙的财税施政思路。此人与国民党上层勾连较多，极为熟悉国民党高层情况，对时事亦了如指掌。那么，这位"张寅"究竟何许人也？

台湾地区张朋园、沈怀玉编《国民政府职官年表（1925—1949）》[1] 和大陆地区刘寿林等编《民国职官年表》[2]，涵盖整个国民政府时期党政制度变迁与人事嬗迁，是两岸关于国民政府职官情况的权威工具书，却均无任何有关张寅之人的收录。可见，"张寅"并未在国民政府里面担任任何实职。检索相关人名词典，目录页里也无"张寅"之收录。笔者竭力搜查所能找到的其他资料，发现在 20 世纪二三十年代留下一鳞半爪史料、具有一官半职之张寅者，有如下数人。

一为山东平度县知事。因其疏脱解犯，1924 年时任国务总理顾维钧呈准山东省长熊炳琦之咨，下令将其交文官高等惩戒委员会依法惩戒。[3]

一为山东省茌平县警监。浙江温岭人，1925 年任职。[4] 其余不详。

---

① 台北"中央研究院"近代史研究所 1987 年版。
② 中华书局 1995 年版。
③ 《大总统训令：第六十四号（中华民国十三年九月七日）》，《政府公报》第 3041 期，1924 年 9 月 8 日，第 5 页。
④ 山东省茌平县地方史志编纂委员会编：《茌平县志》，齐鲁书社 1997 年版，第 424 页。

一为上海松江县营业税分局局长。浙江人士，1931 年 3 月 6 日抵达松江[①]，三个月后即奉财政厅命令，另为任用。[②] 其后继如何不详。

一为崇明、启东两县沙田官产局长张寅。1932 年镇压崇明花鸟岛网帮渔民"暴动"，击毙笼帮渔民多人。[③]

一为陕西水利委员会委员。[④] 1934 年任职，此后一年受命在陕西各地勘察水源，督导修筑水利工程等。[⑤]

一为浙江临海县县长兼总团长。浙江温岭人。1934 年 3 月至 1935 年 8 月任临海县县长。[⑥] 曾在浙江省团务会议上提交三份提案，如《集中训练第一后备队以节经费而符名实案》《总团部案牍繁多拟添人员分股办事以免延误案》《各县保卫团经理委员会组织规程亟应订定以资遵守案》。[⑦] 后因贪污渎职，1935 年为福建浙江监察区监察使陈肇英弹劾。经密查和审查，1936 年 8 月 12 日国民党中央公务员惩戒委员会议决，减少其月俸百分之十，期间二月。[⑧]

以上六人，虽有一官半职，但均身处国民政府权力结构底端，恐无实力与手段"与中央诸公晤谈"，了解蒋介石的"安民大计"，

---

① 《地方通信：松江》，《申报》1931 年 3 月 7 日第 9 版。

② 《营业税局长调任》，《申报》1931 年 6 月 26 日第 11 版。

③ 《崇明花鸟岛渔民惨案要犯逮捕》，《申报》1933 年 1 月 10 日第 11 版。

④ 《委令张寅：令委该员为本局技佐委状附发饬将履历等报局备查由》，《陕西水利月刊》1934 年第 2 卷第 11 期，第 50 页。

⑤ 《陕西水利月刊》1935 年第 3 卷第 2 期，第 79、81、82 页；《陕西水利月刊》1935 年第 3 卷第 4 期，第 25 页；《陕西水利月刊》1935 年第 3 卷第 5 期，第 40—41 页的相关训令。

⑥ 《临海县志》，浙江人民出版社 1989 年版，第 214 页。

⑦ 《集中训练第一后备队以节经费而符名实案》《总团部案牍繁多拟添人员分股办事以免延误案》《各县保卫团经理委员会组织规程亟应订定以资遵守案》，《浙江保卫月刊》1934 年第 7 期，第 3、40、66 页。

⑧ 《提劾浙江临海县县长张寅贪污渎职案：本院移付文（第五四一号，二十四年十二月十二日）》，《监察院公报》1935 年第 59 期，第 6—8 页；《浙江临海县县长张寅贪污渎职案：中央公务员惩戒委员会议决书（鉴字第三七六号）》，《监察院公报》1936 年第 98 期，第 8、9 页；《中央公务员惩戒委员会议决书（鉴字第三七六号）》，《司法公报》1936 年第 142 号，第 32 页。

并能晋谒蒋介石，当面提出实施遗产税的想法，得其赞许。否则，其在历史上就不会只留下如上一鳞半爪的材料，张朋园、沈怀玉所编《国民政府职官年表（1925—1949）》、刘寿林等编《民国职官年表》和其他人物词典亦不可能均无记载。因此，以上六人，并非致函蒋介石建议实施遗产税之张寅。

以上六人之外，尚有一人名为张寅，他即为大名鼎鼎的青帮大佬之一的张啸林。"张啸林"之名列居有关民国人物大辞典的目录页里，如《中国近代历史辞典（1840—1949 年）》《中华民国史大辞典》《中华民国史事件人物录》《中国共产党历史大辞典》《中国近现代人物名号大辞典》《辛亥以来人物年里录》《中国抗日战争大辞典》《宁波帮大辞典》《中国国民党百年人物全书》《上海名人名事名物大观》等辞典，张啸林亦名"张寅"这一点则在人名解释里述及。① 除此之外，并无其他同名同姓之人。

张啸林，原名张小林，籍贯浙江慈溪。慈溪处于杭州湾南岸。张啸林在杭州长大，后来还成为杭属八邑旅沪同乡会副会长。② 生肖为虎，故亦名张寅。有文章认为"四·一二"政变之后，1930 年他"荣归故里"，文人为其献名，改为张寅，号啸林。③ 不过，此说法并不确切。从《申报》看，早在 1922 年他已采用张啸林之

---

① 参见《中国近代历史辞典》编写组编《中国近代历史辞典（1840—1949 年）》，江西人民出版社 1986 年版，第 540 页；张宪文、方庆秋、黄美真主编《中华民国史大辞典》，江苏古籍出版社 2001 年版，第 1056—1057 页；黄美真、郝盛潮主编《中华民国史事件人物录》，上海人民出版社 1987 年版，第 652 页；廖盖隆《中国共产党历史大辞典·总论·人物》，中共中央党校出版社 1991 年版，第 351 页；陈玉堂编著《中国近现代人物名号大辞典》，浙江古籍出版社 1993 年版，第 523 页；邵延淼主编《辛亥以来人物年里录》，江苏教育出版社 1993 年版，第 470 页；中国第二历史档案馆、《中国抗日战争大辞典》编写组，万仁元、方庆秋、王奇生编《中国抗日战争大辞典》，湖北教育出版社 1995 年版，第 388 页；金普森、孙善根主编《宁波帮大辞典》，宁波大学出版社 2001 年版，第 129 页；刘国铭主编《中国国民党百年人物全书》（下），团结出版社 2005 年版，第 1259 页；熊月之主编《上海名人名事名物大观》，第 147 页。

② 《张啸林赴杭调查水灾》，《新闻报》1926 年 7 月 21 日第 2 版。

③ 朱剑良、许维之：《张啸林的一生》，《上海文史资料选辑》第 54 辑《旧上海的帮会》，上海人民出版社 1986 年版，第 344 页。

名，进行慈善捐助活动以扬名立万①。此外，"四·一二"政变之前，即可见其"张寅"之名出现在一些文献中。如 1927 年 3 月上海总商会的会员介绍，即为"张寅，字啸林，年五十岁，浙江慈溪人，执业杭州龙华丝绸厂、上海批发所，由会员陆少莲、会董邵立坤介绍"。② 张啸林生于 1877 年，1927 年恰好为 50 岁。而在一年前，从 1926 年《申报》关于上海法租界商界总联合会的报道中，亦可见张啸林这一时期已采用"张寅"之名，并被选举为该会正会长。③ 整体而言，这一时期，"张寅"之名出现较少，报刊更常用的是"张啸林"之名；"啸林"之名带绿林气息，亦更为世人和媒体所熟知。与另一青帮大佬杜月笙之名更为世人所熟知，其正式名字"杜镛"则用于更正式和官方场合一样，"四·一二"政变之后，在更为正式和官方的场合，张啸林则往往被称为"张寅"。而国民政府的正式文件，亦往往名为"张寅"，而非"张啸林"。如1932 年 11 月国民政府任命其为招商局理事会理事，及 1935 年 1 月行政院账务委员会委员长许世英因其助赈出力甚大，向国民政府请求给予嘉奖，与国民政府 1935 年 3 月破格颁给他三等采玉勋章之时，即名为"张寅"。④

多数资料认为，南京国民党政府成立后，蒋介石为酬谢上海青帮之支持，将青帮三大佬杜月笙、张啸林、黄金荣授以海陆空军总

---

① 有的著作认为，张啸林进行慈善活动是在"四·一二"政变之后，这并不准确。参见《上海时疫医院敬谢范回春董事张啸林先生经募诸大善士慨助洋五百元台衔列后》，《申报》1922 年 8 月 10 日第 1 版；《旅沪宁波急振会敬谢诸大善士》，《申报》1922 年 10 月 12 日第 2 版。

② 《新会员纪录》，《总商会月报》1927 年第 7 卷第 3 号，第 10 页。

③ 《法租界商总联会闻会纪》，《申报》1926 年 7 月 3 日第 15 版；《各商联会消息》，《申报》1926 年 7 月 14 日第 15 版；《法租界商界总联合会成立启事》，《申报》1926 年 7 月 14 日第 15 版。

④ 《命令》，《申报》1932 年 11 月 16 日第 7 版；《许世英请嘉奖沪绅六人》，《申报》1935 年 1 月 22 日第 9 版；《命令》，《申报》1935 年 1 月 24 日第 8 版；《国府明令颁给杜镛等采玉章》，《申报》1935 年 2 月 18 日第 12 版；《国府嘉奖张寅等热心赈务》；《申报》1935 年 3 月 24 日第 12 版。

司令部顾问、军事委员会少将参议和行政院参议等虚职。① 从现有材料来看，蒋介石授予三人以上三种职位的这种说法，恐并不确切。1930 年 12 月 20 日，法租界纳税华人会召开市民代表大会，欢迎法公董局华董华委就职时，张啸林作为华董之一公布了简历，其头衔有"海陆空军总司令部参议、副司令部顾问、上海法租界总会会长、纳税华人会主席委员、法公董局董事"，杜月笙的头衔为"海陆空军总司令部参议、副司令部顾问、上海法租界商总会主席委员、纳税华人会监察委员、中汇银行董事长、法公董局董事"。② 从中可知，蒋介石任命给张啸林和杜月笙的虚衔可能是两个，一为海陆空军总司令部参议，一为副司令部顾问；很可能蒋介石对青帮大佬并无军事委员会少将参议和行政院参议的任命。不管怎样，张啸林确实一度凭借协助蒋介石进行"四·一二"政变之"功劳"，由一帮会人物，一跃而成国民党统治层中的"党国要人"。因此，蒋介石 1928 年 3 月 4 日凌晨乘车抵沪时，即由张啸林等人陪同。③一方面有国民党领袖的"看重"，一方面张啸林也善于与权贵勾连钻营，自然与国民党中的上层官员展开诸多交往。信函中的"每与中央诸公晤谈"，当为其这一时期日常社交行为的真实反映。

此外，从已有资料来看，信函中提及的"去年"，即 1932 年，张啸林确实曾拜会蒋介石。一次为 1932 年 11 月。据媒体报道，11月 1 日张啸林与杜月笙、傅筱庵等一道，起程前往汉口赴会蒋介石，12 日离开汉口到达南京。因资料尚不完整，具体会面日期尚不能确定。④ 一次为 1932 年 12 月 26 日，蒋介石乘"逸仙舰"偕宋

① 朱剑良、许维之：《张啸林的一生》，李新、孙思白主编《民国人物传》第 4卷，第 162、163 页；中国第二历史档案馆、《中国抗日战争大辞典》编写组，万仁元、方庆秋、王奇生编：《中国抗日战争大辞典》，第 388 页；王宗华主编：《中国现代史辞典》，河南人民出版社 1991 年版，第 455 页；李侃等主编：《中国革命史人名大辞典》，三环出版社、海南出版社 1992 年版，第 585 页；廖盖隆：《中国共产党历史大辞典》（增订本），第 312 页。

② 《法租界纳税华人会昨日市民代表大会》，《申报》1930 年 12 月 21 日第 13 版。

③ 《蒋总司令今晨由杭返沪》，《申报》1928 年 3 月 4 日第 13 版。

④ 《杜月笙等赴汉》，《申报》1932 年 11 月 1 日第 14 版；《杨虎等一行过京来沪》，《申报》1932 年 11 月 13 日第 7 版。

美龄返回浙江奉化扫墓，短暂停留上海时，上海警备司令部司令杨
虎偕杜月笙、张啸林晋见。[①] 而 1932 年 11 月这次，恰是张啸林等
应蒋介石之召赴汉，正与信函中的该年"汉口行营"晋谒相呼应。
张啸林毕竟是帮会人物，蒋介石授之的又是虚职，因此得到蒋介石
之召见，并非寻常，故该信函竭力提起这次见面，并落款署名为
"张寅"，可见其对该次见面之重视及对蒋的讨好。与之相反，蒋
介石在日记中，并无只言片语记载与其见面之事。[②]

综合以上分析，这封 1933 年 11 月 20 日信函的发信人张寅，
为上海青帮大佬之一的"张啸林"，当无疑议。

二　择机建言谋仕途

张啸林作为帮会人物，为什么在 1932 年和 1933 年这两年，连
续向蒋介石提出实施遗产税的建议呢？毕竟，遗产税属于国家财政
问题，与帮会背景的张啸林似乎并不相干。

其实，张啸林一直在力图褪掉自身帮会色彩，形塑热心国家社
会事务的正面形象。从事慈善事业，赢得较好声望，并借此与军政
大员展开交际，是其为提高自身身份地位而采取的策略。如 1926
年 7 月 20 日，他回到浙江杭绍等处调查水灾，即"顺道"晋谒浙
江省政府主席张静江。[③] 同为青帮大佬的张啸林与杜月笙，无论是
在应对自然灾害的救济活动，还是在救济日本攻占上海的"一·二
八"事变造成的战争灾难，往往都非常积极，如影随形，焦不离
孟，由此获得上海市民和新闻媒体很高评价。[④] 如 1932 年 7 月，上
海市市民联合会请求减免房租，分别呈函上海特别市党部、上海特
区第一地方法院、上海特区第二地方法院、上海地方法院等机关请

---

① 《蒋委员长昨乘舰赴甬》，《申报》1932 年 12 月 27 日第 8 版。

② 《蒋介石日记》，1932 年 11 月，斯坦福大学胡佛研究所藏。

③ 《张啸林赴杭调查水灾》，《新闻报》1926 年 7 月 21 日第 2 版。

④ 顾建娣：《杜月笙的救济行为浅议（1927—1936）——以〈申报〉为中心》，
《中国社会科学院近代史研究所青年学术论坛（2004 年卷）》。

愿时，即公开称赞杜月笙和张啸林为"热心社会国家事业者"。①

除了通过新闻媒体塑造自己的高大形象外，张啸林还注重通过媒体曝光家人的正面活动。如"一·二八"事变期间，张啸林的夫人独自前往红十字和红卍字会医院，送钱捐物，慰问受伤官兵，鼓励他们速上前线为国效劳。② 1932 年 11 月，张啸林夫人还感念东北义勇军的爱国行动，与江苏省政府主席顾祝同夫人、国民政府训练总监李济深夫人及法工部局董事杜月笙夫人，发起组织妇女东北义勇军后援会，并最终于次月组成中华妇女救济东北协会，为东北义勇军筹募钱物。③ 媒体还报道张啸林之子张法尧，学生时就在募捐活动中表现颇为踊跃。④ 1931 年他尚在法国留学时，其关于社会保险或财政经济的著作，尚未出版，即已为媒体宣扬不已，称卷首有于右任、王正廷、王宠惠、章士钊等名人题词，推崇备至。⑤ 通过媒体传播，张啸林竭力塑造自己一门忠烈、奉献国家社会的正面形象，从而影响舆论，让自己有个好名声，借此遮掩帮会色彩，以图能在仕途上获得更好发展。

除借助媒体力量塑造正面形象之外，张啸林更注重的是结交权势人物。张啸林之所以能在青帮成为三大佬之一，在法租界成为举足轻重的人物，与他善于与实力人物交好不无密切关系。他最初借助军阀之力，大大增强了在帮会中的影响力。例如他最初与江南军阀卢永祥及何风林关系交好。而卢永祥 1924 年 9 月在江浙战争中一败涂地后，他转而与军阀孙传芳、张宗昌结交。⑥ 国民党的势力从广州一隅扩展到江浙一带后，他转向国民党。1926 年 7 月赴杭调查浙江

---

① 《市民会请促成减免房租》，《申报》1932 年 7 月 21 日第 14 版。

② 《张啸林夫人慰劳伤兵》，《申报》1932 年 2 月 16 日第 2 版；《张啸林夫人至医院慰劳》，《申报》1932 年 2 月 19 日第 2 版。

③ 《妇女义军后援会发起》，《申报》1932 年 11 月 27 日第 14 版；《妇女救济东北协会定期举行成立大会》，《申报》1932 年 12 月 5 日第 8 版。

④ 《关于输捐之消息》，《申报》1925 年 6 月 11 日第 16 版。

⑤ 《张法尧著作将出版》，《申报》1931 年 7 月 9 日第 14 版；《社会保险要义风行一时》，《申报》1931 年 12 月 24 日第 15 版。

⑥ ［澳］布赖恩·马丁：《上海青帮》，上海三联书店 2002 年版，第 78 页。

省杭绍地区的水灾情况时，开始与浙江省政府主席张静江交好。①
1927 年"四·一二"政变时，他与其他青帮大佬一道成为蒋介石镇
压中共领导工人群众的得力工具，借此进一步与以蒋介石为首的国
民党政府合作，社会影响力进一步扩大。从新闻报道可知，1929 年 8
月下旬他受张静江委派"公干"，奔赴吉林、辽宁、绥远等地推销西
湖博览会有奖游券。② 1935 年 12 月张啸林偕子张法尧到南京晋见蒋
介石时，多名国民党党政高级官员与他聚会，如"中央党务指挥
官"③ 戴笠、军事参议院院长陈调元、陕西绥靖主任杨虎城、军事委
员会军事厅副官处处长姚琮、南京警备司令谷正伦、《朝报》总经理
王公弢、闽浙绥靖主任卫立煌、参谋本部次长杨杰，交通部次长俞
飞鹏、上海保安司令杨虎等人，分别联衔或个人设宴款待张啸林父
子。湖南省主席何键更是亲赴其下榻的中央饭店访晤。可见，张啸
林之前早已与这些国民党政府要员有良好交往，这些要人方会在这
时或设宴款待，或亲往晤谈。④ 而蒋介石作为国民党魁首、军政实权
人物，自然更是张啸林竭力想要结交的对象。

不过，此封信函提及的 1932 年去晋见蒋介石之时，张啸林很
可能内心是非常忐忑的。这是因为此前张啸林有三件事，恐并不讨
得蒋介石喜欢。

第一件事是张啸林对孙科短命政府的财政支持问题。1931 年
底因囚禁胡汉民，蒋介石被迫下野，孙科政府取而代之。次年初，
孙科政府面临严峻的财政难关，不得已向张啸林、杜月笙等人借
款。据媒体报道，张、杜等人虽未达到孙科每月 1000 万的筹款要
求，但仍多方筹措了 750 万元。⑤ 财政问题，正是蒋介石竭力遏制

---

① 《张啸林赴杭调查水灾》，《新闻报》1926 年 7 月 21 日第 2 版。
② 《张啸林奉委赴吉》，《新闻报》1929 年 8 月 29 日第 14 版；《张啸林昨日返沪》，
《新闻报》1929 年 9 月 15 日第 14 版。
③ 此为《新闻报》报道中的原文。
④ 《张啸林氏昨日返沪》，《新闻报》1935 年 12 月 14 日第 12 版。
⑤ 《吴铁城与各界会商财政问题》，《申报》1932 年 1 月 16 日第 13 版；《吴铁城昨
与各界续商财政问题》，《申报》1932 年 1 月 17 日第 13 版；《特会来电》，《申报》1932
年 1 月 19 日第 13 版；《孙科致六公团电》，《申报》1932 年 1 月 23 日第 13 版。

孙科政府的利器。张、杜等人为之筹款续命，恐并不合蒋介石之意。

第二件事是 1932 年 4 月张啸林联署国难会议上海会员不到洛阳参会且通电国民政府之事。此时，孙科政府已垮台，蒋介石与汪精卫联合执政。此次召开的国难会议，是南京国民政府成立以来，首次召集民间人士共商国是。1932 年 1 月底国民政府行政院公布国难会议会员名单，张啸林（张寅）、杜月笙（杜镛）在列。① 但会议召开前夕，张、杜与其他代表一起，抵制该国难会议，并在谴责国民党实行一党专政、要求国民党实行宪政的通电上签名。② 张、杜当然并非抵制会议为首之人，现有材料亦无一披露他们签名的缘由，但在揭露国民党一党专政黑幕、要求实施宪政的通电上签名，自然无异于批蒋介石的逆鳞。

如果说以上两件事，张啸林或只是从众为之，那么第三件事则恐更引起蒋介石的不满。那就是 1932 年 7 月张啸林违背蒋介石的命令，一再请辞太湖"剿匪"副指挥职务。1932 年 6 月 26 日，据《中央日报》报道，蒋介石任命朱绍良为太湖"剿匪"总指挥、张寅（啸林）为副总指挥，③ 意图剿灭安徽省太湖地区的中共武装力量。④ 此前的 1929 年春，中共党员甘信元以任教为掩护，在安徽太湖地区建立中共党支部，次年 3 月与孙敬纯等人，成立中共太湖县委员会。⑤ 随即，组建太湖赤卫队，有 60 余人及部分枪支。4 月 14 日，甘信元指挥赤卫队发动武装暴动于太湖、宿松、望江三县交界的大石岭地区。随后，赤卫队发展到 120 余人，成立中国工农红军

---

① 《行政院公布国难会议名单》，《申报》1932 年 1 月 22 日第 3 版。
② 《国难会议沪会员不赴洛》，《申报》1932 年 4 月 6 日第 1 版。
③ 该报道特意注明，张寅，即张啸林。参见《朱绍良为太湖剿匪指挥 张寅为副总指挥》，《中央日报》1932 年 6 月 26 日第 2 版。
④ 苏州大学社会学院副教授黄鸿山提醒笔者，中国有两个太湖地区，一个是安徽太湖，一个为江浙太湖。特此致谢。
⑤ 吴器成：《望江首次农运简记》，中国人民政治协商会议安徽省望江县委员会文史资料委员会编《望江文史资料》第 3 辑，望江县委员会文史资料委员会 1992 年版，第 24 页。

大望赤卫队。这引起国民党安徽太湖县政府的极度恐慌，马上抽调太湖县自卫队，击散赤卫队。[①] 此后有报道称已肃清这一地区的中共力量。[②] 然而，革命的星星之火已在这一地形复杂地区点燃，中共力量在这一地区实际仍在继续发展。安徽省毕竟与江浙接壤，中共力量在安徽省太湖地区的发展，威胁着蒋介石统治的重心江浙地区，自然得到他的重视，意图派兵剿灭。朱绍良曾在 1927 年蒋介石下野时与他共同进退，在蒋介石复出后，成为蒋手下大将之一。不过，1932 年初因围剿中央苏区不力，为蒋免职。是年 5 月，他被调任"剿匪"总司令部参议。[③] 安徽太湖一带亦是青帮势力活动范围，蒋介石任命青帮大佬之一的张啸林为副总指挥，恐不无借助青帮力量的考量。[④] 既委派手下大将朱绍良出马，又委派有帮会背景的张啸林相助，可见蒋介石对镇压太湖地区中共革命力量的审慎。

不过，朱绍良与张啸林恐并不理解蒋介石的"良苦用心"。7 月初两人以太湖为江浙扼要之区，"剿匪"乃地方至重之事，而"剿匪"与绥缉宜相辅而行，军事与行政有密切关系，太湖"剿匪"总指挥暨副总指挥二职，责任非轻，断非两人所能胜任为由，电呈蒋介石请辞。[⑤] 言下之意，需要拥有支配江浙两省的权力。7 月 5 日，军政部部长何应钦呈奉军委会决定，以朱绍良为太湖"剿匪"总指挥、张寅为副总指挥的简派案，为行政院通过。[⑥] 之后蒋介石致电慰留，称已分行江浙两省"会剿"部队及地方警区，悉受两人裁度。[⑦] 两人通过"请辞"的策略，得到江浙两省"会剿"部

---

① 中国人民革命军事博物馆编著：《中国战典》下卷，解放军出版社 2008 年版，第 190 页。

② 《安庆、太湖匪祸已告肃清》，《中央日报》1931 年 3 月 2 日第 7 版。

③ 《蒋介石与他的幕僚们》（下），团结出版社 2014 年版，第 488、489 页。

④ 蔡少卿：《中国近代社会史研究》，生活·读书·新知三联书店 2014 年版，第 109 页；［澳］布赖恩·马丁：《上海青帮》，第 65 页。

⑤ 《朱绍良张寅电辞太湖剿匪总副指挥》，《申报》1932 年 7 月 2 日第 19 版。

⑥ 《行政院决议案》，《申报》1932 年 7 月 6 日第 8 版。

⑦ 朱张的再辞电，引用了蒋介石的慰留电。参见《朱张再电辞谢太湖剿匪指挥》，《申报》1932 年 8 月 5 日第 13 版。

队及警队的指挥权。随即有消息称，朱、张已允就职，将于日内由沪来南京就职。① 8 月 1 日，又有消息称，两人将俟"剿匪"经费确定，再行筹备总指挥部及通电就职。② 言下之意，如无经费，两人将无法走马上任。8 月 5 日，媒体公布朱、张的再辞电，两人以"才力实难胜任，事关两省、办理倍感困难"等为由，再次向蒋介石致电辞职。③ 蒋介石又一次复电慰留，两人仍坚辞。④ 蒋介石没有再次慰留。朱绍良毕竟是蒋介石的亲信大将，即使他违背蒋介石的意思，一再坚辞，蒋介石仍未怪罪。到了 10 月，有消息即称朱绍良被调任湘鄂赣边区"剿匪"总指挥，统辖第十二军、二十八军各部，二十六、八十、八十五等三师以及鄂北保安队。⑤ 但张啸林显然不具备朱绍良与蒋介石之间的深厚关系，此后，蒋介石对张啸林再无军政职务的任用。

张啸林尚有另一隐忧，即他与蒋介石的合作，没能达到青帮另一大佬杜月笙与蒋介石那样的密切程度。1932 年开始，因张啸林不如杜月笙会做人做事，对待弟子较为苛刻，越来越多青帮弟子转而投靠杜月笙，张啸林的势力大为削弱。这一定程度上影响了他在青帮与法租界的势力、地位与利益。⑥ 此前三件不太令蒋介石满意之事，以及与杜月笙形成的竞争关系越来越明显，很可能使得张啸林迫切需要寻求并把握在蒋介石面前的表现机会，借此改善与蒋介石的关系，以扩充自己的势力。

1932 年 11 月初，据报道，杜月笙、张啸林等人应蒋介石邀请，前往汉口晋见。⑦ 有研究者指出，杜月笙此次前往汉口，实际是寻

---

① 《朱绍良将偕张寅来京》，《中央日报》1932 年 7 月 13 日第 2 版。

② 《朱绍良张寅就职有待》，《中央日报》1932 年 8 月 1 日第 2 版。

③ 《朱张再电辞谢太湖剿匪指挥》，《申报》1932 年 8 月 5 日第 13 版。

④ 《朱绍良张寅坚辞太湖剿匪指挥》，《中央日报》1932 年 8 月 9 日第 3 版。

⑤ 《何成浚今赴老河口剿鄂东残匪　朱绍良任湘鄂赣边剿匪总指挥》，《中央日报》1932 年 10 月 31 日第 3 版。

⑥ ［澳］布赖恩·马丁：《上海青帮》，第 199 页。

⑦ 《杜月笙等赴汉》，《申报》1932 年 11 月 1 日第 14 版；《杨虎等一行过京来沪》，《申报》1932 年 11 月 13 日第 7 版。

求蒋介石能允许他在上海公开买卖鸦片。① 很有可能，张啸林将这次见面，视作重获蒋介石好感与信任的难得机会，因此根据之前所掌握的信息，迎合蒋介石，提出征收遗产税的主张。

　　20 世纪 30 年代初，中国开征遗产税的呼声颇高。卷入者除了地方实力派，还有教育、司法、慈善等界人士，以及参加 1931 年 5 月中国国民党全国代表大会的代表。② 经历第二次下野后复出的蒋介石，1932 年正处于从军事领袖向政治领袖转变的关键时期，对内政和外交方面关注较多。③ 加上繁重的军费压力，恐亦未忽视社会上要求开征遗产税的强烈呼声。1932 年 10 月，蒋介石拍发电报给帐前军师杨永泰，晓谕需要急办的四件事情，其中之一即为遗产税。关于遗产税的电文如下："电宋部长速定遗产税规例，最好由党政委会速拟法规，由中名义交行政院提出亦可，否则先从湖北实施。此事务于十日内办妥。"从"速定遗产税规例""速拟法规"和"此事务于十日内办妥"可知，蒋介石急于实施遗产税的心情是何等急切。④ 蒋介石在这时提出实施遗产税，可能与张寅跟他面谈过实施遗产税一事有关。⑤ 不过，从现有材料看来，蒋介石发给杨永泰的电报虽无具体日期，但可知是在 1932 年 10 月，而张啸林晋见蒋介石在是年 11 月初，可见蒋介石命令杨永泰筹办遗产税等事情在前，张啸林建议蒋介石实施遗产税在后。因张啸林与国民党上层许多人物有诸多交往，不排除张啸林晋见蒋介石时，其实已探知蒋介石具有实施遗产税的想法，故而当面向他建议实施遗产税，以迎合蒋介石，表明自己热心为国、为领袖考虑的态度，从而期望获

　　① ［澳］布赖恩·马丁：《上海青帮》，第 168 页。
　　② 雷家琼：《抗战前中国遗产税开征的多方推进》，《近代史研究》2016 年第 4 期，第 123—139 页。
　　③ 汪朝光等：《天下得失：蒋介石的人生》，山西人民出版社 2012 年版，第 51—110 页。
　　④ 《蒋介石致杨永泰函》（1932 年 10 月），台北"国史馆"藏，蒋中正总统文物档案，档号：002/080200/00411/141。
　　⑤ 雷家琼：《抗战前中国遗产税开征的多方推进》，《近代史研究》2016 年第 4 期，第 123—139 页。

得蒋介石对他才干的认可，重获他的重视与任用。

加上是年 11 月 29 日媒体公开报道，蒋介石下令政务处和党务处研究办法，筹划征收遗产税，由政务处办理筹备，① 次年 2 月，浙江省财政厅长周骏彦谈论称，蒋介石饬令浙江省率先举办遗产税，② 张啸林很可能将晋见时蒋介石对他的客套赞誉，视为蒋介石的真实心意表达，以为自己在促使蒋介石下令筹办遗产税上起了作用。因此，在晋见蒋介石一周年之际，1933 年 11 月 20 日写信给蒋介石，请求再次见面详谈遗产税实施问题。一方面心情急切欲迎合蒋介石，图谋在仕途上有所发展，另一方面作为帮会人物，不乏冒险精神，因而曾任法租界纳税华人会主席的张啸林，会不管不顾地在蒋介石面前谈论并不擅长的遗产税问题。

三　晋升之梦终成空

张啸林想要再次晋见蒋介石，凭借所献实施遗产税方略，借机得到蒋赏识，在仕途上有所发展的愿望，并未实现。1933 年 11 月 24 日，蒋介石的侍从室收到此封信函。③ 次日，蒋介石的秘书长杨永泰在此呈函上批示"希就近径向孔部长商陈为祷"，④ 并未允许张啸林晋见蒋介石。

1932 年是蒋介石从军事领袖向政治领袖转变的关键一年，他确实很重视物色和选拔人才，并提拔了一些人。⑤ 1932 年 9 月 1 日，他在日记里写道："时以不得襄助之人为念，世道日非，人欲横流，欲得一贤能之士为助，如何求之。旧党员多皆腐败无能，新

---

① 《蒋令政党会研究党政设施办法》，《申报》1932 年 11 月 29 日第 7 版。

② 《浙省将举办遗产税》，《申报》1933 年 2 月 10 日第 11 版。

③ 蒋介石的侍从室建立于 1933 年 5、6 月，参见孔庆泰等编著《国民党政府政治制度史词典》，安徽教育出版社 2000 年版，第 318、319 页。

④ 《张寅致蒋介石函》（1933 年 11 月 20 日），台北"国史馆"藏，蒋中正总统文物档案，档号：002/080200/00134/070。

⑤ 汪朝光等：《天下得失：蒋介石的人生》，山西人民出版社 2012 年版，第 51—110 页。

党员多恶劣浮嚣，而非党员则接近不易，考察更难。古之山林之贤，今不可复见，而租界反动之流，多流氓之亚者。"① 蒋介石是急欲寻求贤能之士，但贤能之士，在他眼里，并不包括张啸林等帮会之人。"租界反动之流，多流氓之亚者"的语句，恰好出现在张啸林、朱绍良再次拒绝蒋介石任职挽留之后不久，或可一定程度上反映蒋介石真实内心里，实际对张啸林等租界帮会之众非常不屑。虽然蒋介石也曾为青帮弟子，但作为中国当时的最高权力人物，他并不愿意给这些帮会人物提供官方的晋升之道，加上发现张啸林又不服从自己安排，因此内心更是瞧不起张啸林，是不可能让张啸林在仕途上有所发展的。

此后，蒋介石可以继续利用张啸林、杜月笙等人做一些事，如在1935年1月张啸林再次谒晤蒋介石时，允准其请拨地方公债百万元举办浙省旱灾急赈之事。② 也会对张啸林进行嘉奖，如在1935年初破格给予张啸林、杜月笙、黄金荣这三位青帮大佬以三等采玉勋章，以嘉奖其在慈善方面的突出贡献。③ 在1935年12月张啸林携其子张法尧晋谒蒋介石，想要为其子求得好职位时，他还予以接见，与之畅谈，在口头上对张法尧奖勉有加，④ 实际却并无重用。⑤ 他甚至还允许张啸林与杜月笙成为国民经济建设运动委员会总会的委员。⑥ 不过，这些荣誉或虚职，只是他安抚张啸林等人的手段罢了，而实际任用则是不会给予的。毕竟蒋介石内心里，一再认为"余以为欲挽救国家，只有恢复民族性，与注重孔孟陆王之道也。故必先在端正人心始"，⑦ "欲救中国，如不从救人心入手，则缘木

---

① 《蒋介石日记》，1932年9月1日。

② 《张啸林抵杭谒蒋》，《新闻报》1935年1月1日第23版。

③ 《许世英请嘉奖沪绅六人》，《申报》1935年1月22日第9版；《命令》，《申报》1935年1月24日第8版；《国府明令颁给杜镛等采玉章》，《申报》1935年2月18日第12版；《国府嘉奖张寅等热心赈务》，《申报》1935年3月24日第12版。

④ 《张啸林氏昨日返沪》，《新闻报》1935年12月14日第12版。

⑤ 林葳：《张啸林全传》，第247页。

⑥ 《国民经济建设会总会委员专员名单》，《申报》1936年6月28日第6版。

⑦ 《蒋介石日记》，1932年9月7日。

而求鱼也。欲救人心，如不从注重德性入手，则亦不能见效"，①"以知礼义，明廉耻，负责任，守纪律四者为正风易俗，救国革命之声"。② 可见，一心站在权力巅峰的蒋介石，标榜着以传统德性正风易俗，从而"救国"的旗帜。张啸林、杜月笙的帮会背景，与他的这一主张，并不契合。故他可以一定程度上利用帮会人士，并与之虚与委蛇，但不会真正委以实职，加以重用。

　　总之，张啸林借建言施行遗产税以迎合蒋介石，意图在仕途上有所发展的想法和努力，终成黄粱一梦。

四　结语

　　张啸林一面在公众面前塑造自己热心社会公益事业和国家事务的正面形象，一面努力结交实权人物，从地方军阀，到国民党要员，至国民党党魁蒋介石，力图扩展自己的势力。向蒋介石建言开征遗产税，是他力图攀附当时中国最高权力人物，以在仕途上有所发展的大胆尝试。不过，其帮会底色实际与蒋介石从传统道德入手救治中国的标榜相冲突，因此其借机迎合蒋介石以得其赏识求得仕途发展的意图，终成黄粱一梦。从张啸林向蒋介石建议实施遗产税，并向其致信欲与之继续面谈来看，张啸林作为帮会大佬，竭力迎合蒋介石等权贵人物，意图在仕途上有所发展之行动，充分展现了其投机性的一面。张啸林建议实施遗产税，竭力与蒋介石等人交好之事，集中体现了他除了黄、毒、赌、骗的一面外，尚有其他复杂面向。研究历史人物，应该突破线性发展的思维定式，这样才能更客观、准确、全面地把握历史人物。③

---

　　① 《蒋介石日记》，1932 年 9 月 16 日。
　　② 《蒋介石日记》，1932 年 9 月 19 日。
　　③ 姜义华：《超越思维定势，全面推进民国人物历史研究》，吴景平主编《民国人物的再研究与再评价》，复旦大学出版社 2013 年版，第 1—3 页。